中原文化概论

赵爱华 等著

经济管理出版社

ECONOMY & MANAGEMENT PUBLISHING HOUSE

图书在版编目（CIP）数据

中原文化概论/赵爱华等著. —北京：经济管理出版社，（2024.2重印）
ISBN 978-7-5096-3964-1

Ⅰ.①中… Ⅱ.①赵… Ⅲ.①文化史—河南省—汉、英 Ⅳ.①K296.1

中国版本图书馆 CIP 数据核字（2015）第 227168 号

组稿编辑：申桂萍
责任编辑：侯春霞
责任印制：司东翔
责任校对：雨　千

出版发行：经济管理出版社
　　　　　（北京市海淀区北蜂窝 8 号中雅大厦 A 座 11 层　100038）
网　　址：www. E-mp. com. cn
电　　话：(010) 51915602
印　　刷：北京厚诚则铭印刷科技有限公司
经　　销：新华书店
开　　本：720mm×1000mm/16
印　　张：20.75
字　　数：349 千字
版　　次：2015 年 11 月第 1 版　2024 年 2 月第 3 次印刷
书　　号：ISBN 978-7-5096-3964-1
定　　价：45.00 元

序　言

　　《国务院关于支持河南省加快建设中原经济区的指导意见》、《河南省建设中原经济区纲要》和《中原经济区规划（2012~2020年)》明确提出要传承弘扬中原文化，建设中原历史文化旅游区，打造华夏历史文明传承创新区。《河南省全面建成小康社会加快现代化建设战略纲要》提出要弘扬社会主义先进文化，提升中原文化整体实力和影响力，打造文化软实力强、文明素质高的文化强省。厚重的中原文化是建设华夏历史文明传承创新区和文明河南的资源禀赋。

　　据统计，河南现已查明的有价值的不可移动文物3万余处，国有文物收藏单位收藏的各类可移动文物140多万件，数量居全国首位。全省有5处世界文化遗产（洛阳龙门石窟、安阳殷墟、登封"天地之中"历史建筑群、大运河、丝绸之路），358处全国重点文物保护单位，6000余处省级和市县级文物保护单位；有洛阳、安阳、开封、郑州、南阳、浚县、商丘、濮阳8座国家历史文化名城；有洛阳、开封、安阳、郑州4座全国历史古都名城；有安阳殷墟、隋唐洛阳城、汉魏洛阳故城、郑州商城、内黄三杨庄等8处国家考古遗址公园；有禹州神垕镇、淅川荆紫关镇、郏县临沣寨等12座历史文化名村名镇以及227座博物馆、纪念馆，200余万件馆藏文物。同时，河南省还有国家非物质文化遗产78项，全国文化先进县18个，全国民间艺术之乡16个，国家级森林公园21个，国家重点风景名胜7处，国家级自然保护区8个，国家级地质公园11个以及河南省历史文化名城（镇）20座。原河南省委书记徐光春曾用形象的语言"一部河南史，半部中国史"来概括和评价河南历史文化在中国历史文化发展进程中的地位和作用。由此可见，中原文化是中华民族之根、华夏文明之源。

　　中原文化博大精深、源远流长。中原地区是中国有人类出现和开发最早的地区之一。考古发现证明，人类较早在河南出现。约50万年前，河南境内已有人类"原始群"，其中"南召人"是较早的直立人，与"北京人"生活的时代相当。

距今 10 万年前的"卢氏人",被公认为中国较早的智人。8 万~10 万年前的"许昌人",是东亚古人类演化和中国现代人类起源的重要例证。从夏朝到北宋的 3000 多年,先后共有 20 多个朝代的 200 多位帝王在这里建都,河南一直处于全国的政治中心,代表着中国经济发展的最高水平,孕育和产生的众多思想学说、科技文明和文学艺术,成为炎黄子孙寻根谒祖的心灵故地,构成了中国传统优秀文化的灵魂,深刻影响着中华民族精神的形成。传承创新中原文化不仅对于打造富强河南、文明河南、平安河南、美丽河南发挥着重大作用,而且有利于加快中原经济区建设及河南全面建成小康社会,从而早日实现"两个一百年"奋斗目标和中华民族伟大复兴的中国梦。

就现有的中原文化研究成果来看,代表性的有杨玉厚的《中原文化史》(文心出版社,2000 年)、徐光春的《中原文化与中原崛起》(河南人民出版社,2007 年)、张新斌的《中原文化解读》(文心出版社,2007 年)、李民的《中原文化大典·总论》(中州古籍出版社,2008 年)、王星光和贾兵强的《中原历史文化遗产可持续发展研究》(科学出版社,2009 年)、贾文丰的《中原文化概论》(中州古籍出版社,2010 年)等,这些著作有的侧重于学理研究,有的侧重于普及宣传,有的侧重于典藏,但还没有一本真正"接地气"的中原文化研究专著。

基于此,我们整合现有的学术资源和师资力量,结合建设文化强省和华夏历史文明传承创新区战略,撰写《中原文化概论》,详细阐述中原文化的内容、地位和特征以及中原文化在华夏历史文明传承创新中的地位和作用。本书的框架结构由集体商定,共分八章。除第一章总论外,其余七章分述中原文化,每章均由四节内容组成,每一小节下面写三部分内容,基本思路是:首先界定小节文化内涵,其次对小节文化进行总结性概述,最后具体论述有代表性、典型性的文化。书后附有相关参考文献。本书各章节撰写人员的分工是:绪论、第一章和第八章由贾兵强撰写,第二章由刘丽丽撰写,第三章、第五章由赵爱华撰写,第四章、第六章由王笑艳撰写,第七章由刘桂华撰写。书稿完成后,绪论由刘桂华审阅,第一章、第八章由刘丽丽审阅,第二章、第四章由赵爱华审阅,第三章、第五章由王笑艳审阅,第六章、第七章由贾兵强审阅;最后由赵爱华对全书进行统稿。

本书凝聚了多位学者的才智,是集体智慧的结晶。在写作过程中,河南省哲学学会副会长、华北水利水电大学党委书记兼水文化研究中心首席专家朱海风教授对本书的框架结构、写作风格以及资料收集等方面提出了宝贵意见并题写了书名。河南省科技史学会副理事长、郑州大学历史学院博士生导师王星光教授在繁忙的工作之余，对本书的撰写提出了许多建设性建议并审阅了书稿。同时，在本书的写作和出版过程中，河南省社会科学院、河南省社会科学联合会、郑州大学、河南大学、华北水利水电大学、河南省历史学会、河南省宗教文化研究会的有关专家、学者等给予了大力支持和指导。另外，经济管理出版社的编辑也为本书的出版付出了辛劳。在本书付梓之际，我们向所有支持和帮助本书出版的前辈、师友们表示诚挚的谢意。

在编撰本书时，我们参阅了大量文献，并尽可能在文后标注相应的出处以示尊重和感谢，但有些内容可能属于表述上的雷同或者很难查到原始出处，因而未能全部标出参考文献，在此谨向这些文献的作者一并致谢。

由于中原文化研究涉及多门学科且内容繁杂，加之作者的知识水平有限，本书难免出现这样或那样的不足，敬请各位专家学者和读者批评指正。

作　者

2015 年 4 月

目　录

第一章　中原文化概述

《国务院关于支持河南省加快建设中原经济区的指导意见》、《河南省建设中原经济区纲要》和《中原经济区规划（2012~2020年）》明确提出要传承弘扬中原文化，建设中原历史文化旅游区，打造华夏历史文明传承创新区。河南地处中原，历史悠久，文化光辉灿烂，是中华民族的发祥地之一。在漫长的历史长河中，河南长期居于核心区域，在中国的政治、军事、经济、文化、科技等方面始终占据重要地位，积淀了厚重的中原文化。

据统计，河南现已查明的有价值的不可移动文物3万余处，国有文物收藏单位收藏的各类可移动文物140多万件，数量居全国首位。河南省有5处世界文化遗产（洛阳龙门石窟、安阳殷墟、登封"天地之中"历史建筑群、大运河、丝绸之路），358处全国重点文物保护单位，6000余处省级和市县级文物保护单位；有洛阳、安阳、开封、郑州、南阳、浚县、商丘、濮阳8座国家历史文化名城；有洛阳、开封、安阳、郑州4座古都；有安阳殷墟、隋唐洛阳城、汉魏洛阳故城、郑州商城、内黄三杨庄等8处国家考古遗址公园；有禹州神垕镇、淅川荆紫关镇、郏县临沣寨等12座历史文化名村名镇以及227座博物馆、纪念馆，200余万件馆藏文物。同时，河南省还有国家非物质文化遗产78项，全国文化先进县18个，全国民间艺术之乡16个，国家级森林公园21个，国家重点风景名胜7处，国家级自然保护区8个，国家级地质公园11个。另外，河南省拥有历史文化名城（镇）如淇县、济源、许昌、鹤壁、汝南、沁阳、卫辉、邓州、睢县等20处。

河南作为中华民族和华夏历史文明的重要发祥地，在五千年中华文明史中有三千年是全国的政治、经济、文化中心，因而河南历史曾是中国历史的主流和浓缩，影响和推动着中国历史的发展进程，并且厚重的中原文化是建设华夏历史文明传承创新区的资源禀赋。中原文化在华夏历史文明发展进程中的地位和作用，既是河南历史时空气脉之使然，也是河南历史现实张力之使然；既是回溯历史长河思考得出的结论，也是立足现实角度透视得出的结论。因此，建设华夏历史文明传承创新区对中原文化的传承创新乃至打造富强河南、文明河南、平安河南、美丽河南都发挥着重大作用。

面对厚重的中原文化，首先要对中原与河南的关系进行界定，从而对中原文化的概念有科学的认识。因此，本章我们主要对中原文化的内涵进行较为系统、全面的论述，在此基础上，概述历史上不同时期中原文化的主要内容，初步总结中原文化的特征，阐述中原文化在实现"建小康富人民，兴河南强中原"的中原梦过程中的地位和作用。

第一节　中原文化的内涵

在《中原经济区规划（2012~2020 年）》中，"中原"主要指河南 18 个地市及山东、安徽、河北、山西 12 个地市、3 个县区，规划中明确将打造华夏历史文明传承创新区作为中原经济区五大战略定位之一，这不仅是中原经济区有别于其他经济区的显著特点，也是我国主体功能区划中唯一明确了传承文化使命和功能的经济区域。华夏历史文明传承创新区的战略定位为：传承弘扬中原文化，充分保护和科学利用全球华人根亲文化资源；培育具有中原风貌、中国特色、时代特征和国际影响力的文化品牌，提升文化软实力，增强中华民族凝聚力，打造文化创新发展区。在传承弘扬中原文化过程中，首先，我们要科学地认识和界定"中原文化"的内涵，这是因为截至目前在学术界对"中原"和"文化"的认识都有广义和狭义之分，还没有达成共识。在一定程度上，如何理解这两个概念及其内涵，将直接影响我们对"中原文化"的理解，为此，我们首先要对"中原"、"文化"进行科学的界定，在此基础上，进一步探讨"中原文化"的含义。

一、"中原"的由来

"中"和"原"二字出现得很早。殷墟甲骨文中有"中"字，西周金文中有"原"字。据古字形分析，"原"就是泉源丰沛、适合生存的地方；"中"字，本义为徽帜，"古时有大事，聚众于旷地，先建中焉，群众望见中而趋赴，群众来自四方，则建中之地为中央矣。然则中本徽帜，而其所立之地，恒为中央，遂引申为中央之义，因更引申为一切之中。"① 在文献中，"中原"一词最初是平原、原野之意。"中"，即是中间，"原"，为广阔平坦之地。《尔雅·释地》曰："广平曰原。"② "中原"一词在《辞海》中有两种解释：其一是指平原之地；其二"谓中国也，别于边疆而言"，"古称河南及其附近之地为中原，至东晋南宋亦有统指黄河下游为中原者"。《辞源》在解释作为地域名的"中原"时也说："狭义的中原，指今河南一带。广义的中原，指黄河中下游地区或整个黄河流域。"③

"中原"一词最早见于西周时期的《诗经》，《诗经·小雅·南有嘉鱼之什·吉日》有"瞻彼中原，其祁孔有"之句。《诗经·小雅·小宛》曰："中原有菽，庶民采之。"在这里，"中原"的含义主要指平坦之地的原野。此后，在先秦史籍里面，"中原"一词频繁出现。《国语·越语上》："寡人不知其力之不足也，而又与大国执仇，以暴露百姓之骨于中原，此则寡人之罪也，寡人请更。"《国语·晋语三》公孙枝曰："不可。耻大国之士于中原，又杀其君以重之，子思报父之仇，臣思报君之仇。虽微秦国，天下孰弗患？"《荀子·王制》："兵革器械者，彼将日日暴露毁折之中原，我今将修饰之，拊循之，掩盖之于府库。"《左传·僖公二十三年》记载："若以君之灵，得反晋国，晋、楚治兵，遇于中原，其辟君三舍。"

先秦时期，"中原"主要取"原野"的本义，大约在春秋时期，中原地区开始出现作为地理意义上的概念，但是并没有被人们所接受。秦汉时期，"中原"一词仍然是原野和地理概念并存。汉景帝时期发生七国之乱，主父偃评价说："然不能西攘尺寸之地而身为禽于中原者"，是因为"先帝之德泽未衰，而安土乐俗之民众，故诸侯无境外之助。"④ 这里的中原是指黄河中下游地区。东晋时期，中原地区作为一个地理概念开始为人们广泛接受。据不完全统计，《晋书》中就有55卷涉及"中原"一词，出现了92次，而以东晋时期出现的频率最高，且大多与晋朝君臣光复中原的志向有关。⑤ 宋元以后，"中原"一词主要指河南省，大概范围为北到安阳一带，东抵豫东及鲁西南部分地区，南至淮河沿岸，西南至南阳

① 唐兰：《殷墟文字记》，转引自罗家湘：《"中原"述义》，《光明日报》2008年2月5日。
② 舒新城：《辞海》，中华书局1936年版。
③ 商务印书馆编辑部：《辞源》，商务印书馆1979年版。
④ 《史记》卷112《平津侯主父列传》。
⑤ 薛瑞泽：《中原地区概念的形成》，《寻根》2005年第5期。

盆地，西达潼关以东。《宋史·李纲传》记载："自古中兴之主，起于西北则足以居中原而有东南。"《明实录·永乐十四年》记载："伏维北京，南俯中原。"

"中原"一词作为地域之名，意为"天下之中"。在古代，中原有很多不同称谓，主要有"中国"、"中华"、"中州"、"中土"、"中夏"和"河洛"等。从历史上看，中原作为地域之名，有广义和狭义之分。狭义的中原主要指今天的河南省行政区域；广义的中原泛指黄河中下游甚至整个黄河流域。

总之，无论是从地域上界定，还是从行政区域上理解，"中原"的形成经历了一个很长的历史发展演变和文化积淀过程，从而确定了中原文化在华夏历史文明中的历史地位。

二、学术界关于"中原"的认识

目前，我国学术界关于"中原"的界定也是不同的，大都是出于研究的需要而进行取舍，还没有形成一个完整的评判标准。大体来说，对"中原"的认识，可以分为广义和狭义之分，但在广义和狭义的理解和认识上，不同学者的界定有所不同。

从研究现状来看，对"中原"广义的理解存在很多不同观点。很多学者认为广义的中原泛指我国中部的黄河中下游地区，包括今河南全省及陕西、山西、河北、山东等省的一部分地区，古代人所说的"中原"一般是广义的中原。[①] 也有部分学者根据《史记·货殖列传》中"昔唐人都河东，殷人都河内，周人都河南。夫三河在天下之中"的记载，把"中原"的范围界定在今陕西、山西、河北部分与河南全境，以河南为中心。[②] 也有的研究认为，广义的中原指黄河流域，甚至范围更广。[③]

---

① 赵保佑：《中原文化及其现代价值》，《中州今古》2001 年第 5 期；薛瑞泽：《论河洛文化与中原文化的关系》，《学习论坛》2006 年第 3 期；杨翰卿：《论中原文化及其精神》，《学习论坛》2004 年第 10 期；王彦武：《谈中原文化的几个问题》，《中州学刊》2001 年第 4 期；徐光春：《中原文化与中原崛起》，《河南日报》2007 年 2 月 25 日；范毓周：《中原文化在中国文明形成进程中的地位与作用》，《郑州大学学报（哲学社会科学版）》2006 年第 2 期；许顺湛：《中原远古文化》，河南人民出版社 1983 年版；董守义、马天东：《辽河文化与中原文化、中华文化关系论》，《黑龙江社会科学》2002 年第 1 期；王星光、贾兵强：《中原历史文化遗产可持续发展研究》，科学出版社 2009 年版。

② 陈昌远：《谈中原文化研究》，《河南大学学报（社会科学版）》1994 年第 2 期。

③ 陈飞：《"中原文化"涵义概说——关于中原文化图标的阐释》，《寻根》2005 年第 3 期；韩建业：《论新石器时代中原文化的历史地位》，《江汉考古》2004 年第 1 期；杨翰卿：《论中原文化及其精神》，《学习论坛》2004 年第 10 期；朱仲玉：《试论中原文化与地方文化》，《天中学刊》1995 年第 1 期；吴家振：《论中原文化的内涵特征》，《学习论坛》1995 年第 2 期。

但是，对狭义"中原"的界定，学术界一般都认为是指今天的河南省，而不包括其他地区。这是因为中原作为河南的代称，有其历史的和地理的原因。《尚书·禹贡》将当时的天下划分为九个区域，称九州，豫因在九州之中，谓之中州。此外，黄河中游地区最早亦曾用中国、中夏、中原等称谓为代称，由于华夏族多居于此，与南蛮、北狄、东夷、西戎四方少数民族对比而言，华夏族称中州，在当时蕴含着文明先进和民族优越的意义。中原、中州虽然是河南历史上的地名，但是因其符合河南古代特征和地理位置，以及令人追忆神往的辉煌历史发展时期，故至今仍旧被人们用作河南的代称。①

"河南"一词渊源很早。《周礼·职方》及《尔雅·释地》曰："河南曰豫州。"而"豫州"一词最早出现在《尚书·禹贡》。《尚书·禹贡》称："荆、河惟豫州。"在这里，"荆"主要指的是湖北省南漳县西的荆山，"河"主要指的是黄河，因此，《禹贡》时代之黄河，自今焦作市武陟县东北流经浚县、内黄等县，入河北境内。故《禹贡》之豫州的范围，大体与狭义中原地区的范围相当。

秦始皇统一中国后，废封建，推行郡县制，在今洛阳置"三川郡"。西汉时，将秦之三川郡改称"河南郡"，此应为"河南"作为行政区域之名的开始。东汉时，又改河南郡为"河南尹"，仍治洛阳。西晋仍称为"河南郡"。唐初设"河南道"，辖区包括今黄河以南、淮河以北的广大地区。元代初年，河南属中书省，在洛阳设河南府路；元代后期设河南江北行省，治汴梁路（今开封），辖今河南省黄河以南部分和湖北、安徽、江苏三省的江北部分。明代设"河南省"，治开封府，辖区扩至黄河以北，包括鲁西南地区。但因已成为习俗，仍称"河南省"。清代的河南省，与今河南省辖区接近。

截至 2014 年 12 月，河南省共有 17 个地级市，1 个省辖市，10 个省直管县市，17 个县级市，82 个县，50 个市辖区。17 个地级市包括豫北的安阳、鹤壁、濮阳、新乡、焦作，豫东的开封、商丘，豫中的郑州、许昌、平顶山、漯河，豫西的洛阳、三门峡，豫东南的周口、驻马店，豫南的南阳、信阳。1 个省辖市是济源市，10 个省直管县市是巩义市、兰考县、汝州市、滑县、长垣县、邓州市、永城市、固始县、鹿邑县、新蔡县。

由于中原具有独特的地理位置，使其成为中华文化的诞生地。钱穆先生认

---

① 张志孚：《中州文化》，辽宁教育出版社 1995 年版。

为，中国文化发生在黄河流域，所依凭的是黄河的各条支流，如夏文化发生在现在河南之西部，黄河大曲之南岸，伊水、洛水两岸及其流入黄河的椵权地带。①

三、文化的内涵

文化是人类认识自然、改造自然中形成的社会价值系统的总和，是国家和民族之根，也是国家和民族不断前进的推动力。"文化"由"文"和"化"两个字组成。"文"是精神、是思想、是艺术；"化"是渗透、是改造、是变化。"文化"是精神力量的显示，是思想作用的发挥，是艺术功能的展现。"文化"的着力点，在"化"字上，要以"文"化人、以"文"化物、以"文"化事，通过"文化"来提高人的素养，提升物的价值，提炼事的本质，最终达到改造人类、改造世界、促进社会发展进步的目的。前蜀杜光庭的《贺鹤鸣化枯树再生表》曾言："修文化而服遐荒，耀武威而平九有。"

那么，什么是"文化"？近百年来，海内外学者议论纷纷，莫衷一是。根据美国文化学家克鲁伯（A. Kroeber）等在 20 世纪 50 年代早期的统计，从 1871 年到 1951 年，文化概念已经有 164 种之多。如今按国内学者统计，文化的概念已达 200 多种。由此可见，文化概念具有跨学科性、复杂性、不确定性和乏共识性。

在我国，最早把"文"和"化"两个字联系起来的是《易经》："观乎天文，以察时变；观乎人文，以化成天下。""文化"一词，在我国最早出现在刘向《说苑·指武篇》："圣人治天下，先文德而后武力。凡武之兴，为不服也；文化不改然后加诛。"晋人束皙《补之诗》："文化内辑，武功外悠。"南齐王融《曲水诗序》："设神理以景俗，敷文化以怀远。"从这里我们可以看出，文化最初是"文治和教化"的意思，用儒家的诗书礼乐来教化天下，使社会变得文明而有秩序。在先秦时期，"文化"等同于"文明"、"文学"。

最先给文化下定义的，是英国人类学家爱德华·泰勒。他认为："文化，就其在民族志中的广义而论，是个复合的整体，它包含知识、信念、艺术、道德、法律、习俗和个人作为社会成员所必需的其他能力及习惯。"②《大英百科全书》对文化的定义是："人类社会由野蛮至于文明，其努力所得之成绩，表现于各方面，

① 钱穆：《中国文化史导论》，商务印书馆 1994 年版。
② ［英］爱德华·泰勒：《原始文化：神话、哲学、宗教、语言、艺术和习俗的发展研究》，转引自［美］马文·哈里斯：《文化 人 自然——普通人类学导引》，顾建光、高云霞译，浙江人民出版社 1992 年版。

如科学、艺术、宗教、道德、法律、学术、思想、风俗、习惯、器用、制度等，其综合体，则谓之文化。"《现代汉语词典（第 6 版）》认为："（文化）广义指人类在社会历史实践中所创造的物质财富和精神财富的总和。狭义指社会的意识形态以及与之相适应的制度和组织机构。作为意识形态的文化，是一定社会的政治和经济的反映，又作用于一定社会的政治和经济。随着民族的产生和发展，文化具有民族性。每一种社会形态都有与其相适应的文化，每一种文化都随着社会物质生产的发展而发展。社会物质生产发展的连续性，决定文化的发展也具有连续性和历史继承性。"从这里可以看出，文化具有系统性、政治性、地域性和延续性的特点。

按照文化学的理论，文化可以分为物质文化和精神文化，物质文化即人类加工自然创制的各种器物，是人的物质生产生活方式和产品的总和，是整个文化的物质基础。物质文化与精神文化是不可以截然两分的，因为精神文化总是受制于和附属于一定的物质条件，并且人类的物质创造往往凝结着智慧、意向、情绪等精神因素。[1] 因此，我们可以这样理解文化：它是人类在社会历史发展过程中所创造的物质财富和精神财富的总和，不仅包括一切有形的物质，而且包括无形的语言、信仰、习惯以及作为生活规范的伦理、道德、礼仪、宗教等。

四、中原文化的内涵

前述"中原"和"文化"都有广义和狭义之分，那么，我们所述的中原文化时空范围如何界定？我们认为中原文化的时间范围为从史前时期至今，空间范围为河南，因此，中原文化主要指的是历史时期河南的文物、建筑群和遗址、历史文化名城、历史文化保护区、风景名胜区等物质文化遗产和传统戏剧、舞蹈、音乐、文学、艺术、工艺技术及其民俗文化或民间文化等非物质文化遗产。

在这里，为什么把中原文化的地域限制在狭义的河南省，而把文化的内涵匹配为广义的呢？

首先，由于广义的中原范围较大，涉及今天黄河中下游的河南省以及山东省、河北省、山西省、陕西省等其他省份的部分地区，而这些省份又都形成了具有一定特色的、被当今社会所认可的地域文化，如齐鲁文化、燕赵文化等。这些

---

① 李可可、谌洁：《河姆渡遗址史前水文化探讨》，《中国水利》2007 年第 5 期。

区域文化积淀所形成的历史文化遗产，与河南省内的文化遗产虽然有一定联系，但也有很大的不同。若把广义的中原地区的文化都视为中原文化，那么中原文化的特征就不是很明显了。同时，以河南省为中心的区域是广义中原的中心地带，也是我国华夏历史文明圈的核心区域，再加上三面环山、相对自成一体的地理特征，从而形成独具特色的地域文化底蕴，也形成富有浓郁中原色彩的历史文化。

其次，河南历史悠久，文化灿烂，是中华民族的发祥地之一。距今 8000 年的新石器时代，中原人民就创造了著名的"裴李岗文化"，此后"仰韶文化"和"龙山文化"一脉相承。在漫长的历史长河中，河南长期居于核心区域，在中国的政治、军事、经济、文化、科技等方面始终占据重要地位，河南积淀了丰厚的历史文化遗存，物质文化遗产和非物质文化遗产丰厚。据统计，河南现已查明的有价值的不可移动文物 3 万余处，国有文物收藏单位收藏的各类可移动文物 140 多万件，数量居全国首位。悠久灿烂的历史文化不仅造就了众多的物质文化遗迹，同时也孕育了丰厚的非物质文化遗产。河南是戏剧大省，有豫剧、曲剧、越调三大剧种以及蒲剧、坠剧、宛梆等 20 多个小剧种活跃在城乡舞台上，深受广大人民群众欢迎。河南是民族民间文化大省，全省有全国文化先进县 18 个，全国民间艺术之乡 16 个，省级文化先进县 33 个，河南省民间艺术之乡 69 个，省级民族民间文化保护工程保护项目 46 个。美术、音乐、舞蹈、戏曲、杂技、文学、社火等各类民间文化艺术，都具有丰富的历史文化内涵。特别是少林功夫、太极拳、马街书会、朱仙镇木版年画等，在全国乃至世界都有着很高的知名度。在河南的广大地域至今还遗留和传承着许多古老的民间习俗和富有地方特色的乡土工艺，被专家、学者称为"活化石"、"活文物"。如淮阳的"人祖庙会"、"泥泥狗"，源于唐宋时期的开封汴绣，以及宣和风筝、唐三彩、汝瓷、钧瓷、皮影艺术等，都有着深厚的传承发展基础。省内重点风景名胜区共 25 处，其中国家级的有鸡公山、嵩山、龙门、王屋山和云台山 5 处，省级的有石人山、环翠峪、黄河游览区等 20 处，自然保护区 23 处，丰富多彩的文化遗产资源，为中原崛起提供了得天独厚的条件。①

因此，面对种类繁多的文化，如果我们用狭义的文化来界定河南的文化资源，就不可能全面深入地探讨中原文化的文化积淀，也就不能够彰显厚重河南和

① 《河南省文化厅副厅长董文建在第六届网上看河南启动仪式上的发言》，大河网 2007 年 4 月 21 日。

文化河南的魅力，凸显不出中原在我国文明发展史中的历史地位，从而不利于河南由文化资源大省向文化强省的迈进，及在建设中原经济区的进程中发挥排头兵的作用。

第二节 中原文化的内容

文化是民族的血脉，是人民的精神家园。河南是文化资源大省，文化积淀深厚，文化资源丰富，是中华民族之根、华夏文明之源。中原文化博大精深，源远流长。早在新石器时期，文明的曙光就已在河南升起，裴李岗文化和仰韶文化的精美陶器以及8000多年前的文字契刻符号和乐器等都足以震烁古今。以裴李岗文化遗址、仰韶文化遗址、河南龙山文化遗址为代表的史前文化，以夏商周文化、汉魏文化、唐宋文化为代表的中原传统文化，以老子、庄子、张衡、许慎、张仲景、吴道子、杜甫、韩愈、岳飞、朱载堉为代表的名人文化，以新县鄂豫皖苏区首府、确山竹沟中共中央中原局所在地为代表的红色文化，以郑州、安阳、开封、洛阳为代表的古都文化，以白马寺、少林寺、相国寺和龙门石窟为代表的宗教文化，以嵩山、南太行、伏牛山、大别山、桐柏山为代表的山水文化，以汴绣、钧瓷、唐三彩、南阳玉雕、朱仙镇木版年画、汤阴剪纸、浚县泥塑、豫南民间歌舞、少林拳和豫剧为代表的非物质文化，战国的青铜器、两汉的石刻、三国的古战场、北魏的禅林、隋唐的石窟、北宋的古城、明清的寺庙以及武术文化、根亲文化、农耕文化、黄河文化、老子文化、科技文化等构成中原文化的多样性和丰富性，河南因而被誉为"中国历史自然博物馆"。[1]原河南省委书记徐光春在《中原文化与中原崛起》一书中，曾用形象的语言"一部河南史半部中国史"来概括和评价中原历史文化在中国历史文化发展进程中的地位和作用。[2]

中原文化从表层看，是一种地域文化，从深层看，又不是一般的地域文化，而是中华民族传统文化的根源和主干，在中华文化发展史上占有突出地位。徐光春在《中原文化与中原崛起》一书中，把史前文化、神龙文化、政治文化、圣贤文

[1] 李立新：《迁徙与传播同进 生聚和成长共动——中原文化再生论》，《文明与宣传》2002年第10期。
[2] 徐光春：《中原文化与中原崛起》，河南人民出版社2007年版。

化、思想文化、名流文化、英雄文化、农耕文化、商业文化、科技文化、医学文化、汉字文化、诗文文化、宗教文化、戏曲文化、民俗文化、武术文化和姓氏文化 18 种文化作为中原文化的代表。① 张新斌在《中原文化解读》一书中，列举有代表性的中原文化包括史前文化、夏商文化、汉魏文化、北宋文化、始祖文化、姓氏文化、名人文化、都城文化、村镇文化、山水文化、易学文化、诸子文化、道教文化、佛教文化、商业文化、军事文化、教育文化、天文文化、农耕文化、陶瓷文化、冶铸文化、医药文化、汉字文化、书画文化、诗文文化、戏剧文化、武术文化、节庆文化、传说文化、饮食文化 8 大类 30 个文化。② 贾文丰在《中原文化概论》一书中，选取了诗词文化、散文文化、书画艺术、戏曲艺术、民间艺术、道家文化、儒家文化、法家文化、佛教文化、墨家文化、兵家文化、科技文化、民俗文化、名胜文化、饮食文化、教育文化 8 大类 16 个文化。③

根据前述中原文化的内涵，除去重复和交叉部分，我们认为中原文化主要包括政治文化、诸子文化、宗教文化、名人文化、始祖文化、姓氏文化、神龙文化、河洛文化、习俗文化、节令文化、传说文化、武术文化、汉字文化、诗文文化、书画文化、戏曲文化、农耕文化、医药文化、天文文化、陶瓷文化、豫菜文化、名酒文化、器具文化、养生文化、治水文化、节水文化、调水文化、崇水文化 7 大类 28 个文化。现择要介绍 17 个代表性的中原文化的主要内容。

一、政治文化

历史上的中原大地长期是政治角逐、政权更迭、政体演变的大舞台，发生了众多的重大政治事件和政治活动，积累了大量的政治智慧和政治经验，形成了非常丰富的政治文化。黄帝是华夏民族公认的先祖，开创了初始的政权制度，建立了国家治理的雏形。从尧、舜、禹的禅让制到夏、商、周的世袭制，完成了部落联盟向奴隶制国家的转变。之后，国家与国家之间的纷争、交往与联盟等政治行为，不断地推动政体的发展，开启了封建社会的先河，形成了比较完善的封建制度。从夏朝到宋朝 3000 多年间，河南一直是我国政治、经济和文化的中心，先后有 200 多位帝王建都或迁都于此，几度形成政治文明的巅峰。中国八大古都

---

① 徐光春：《中原文化与中原崛起》，河南人民出版社 2007 年版。
② 张新斌：《中原文化解读》，文心出版社 2007 年版。
③ 贾文丰：《中原文化概论》，中州古籍出版社 2010 年版。

中，河南就有开封、洛阳、安阳、郑州四个，中国自古"逐鹿中原"、"问鼎中原"、"得中原者得天下"的说明就是由此而来。

二、诸子文化

作为中华文化重要发祥地的中原，涌现出了许多文化圣人先贤，他们是百家思想的集大成者，创制了一大批经典著作，成为中华文化发展史上的不朽丰碑。例如，孔子是儒学的开山人物，虽然出生在山东，但祖籍是河南，而且孔子讲学、游说的主要活动地域在中原。洛阳人程颢、程颐开创的宋代理学，又把儒学推向一个新的思想高峰，成为宋、元、明、清以来居统治地位的主流意识形态。春秋时期思想家老子是河南鹿邑人，长期生活与活动在河南，《道德经》就是在河南完成的。《道德经》以"道"解释宇宙万物的演变，阐述了大量的朴素辩证法观点，对我国 2000 多年来思想文化的发展产生了深远的影响，在世界的发行量仅次于《圣经》。法家思想的主要代表人物韩非子，也是河南人。墨子提出的"兼相爱、交相利"的观点，庄子提出的"天地与我并生，万物与我为一"，韩非子提出的以"法"为中心、"法、术、势"三者合一的统治思想，都受到了历代统治者的重视，也在普通民众中产生了巨大影响。总的来看，诸子文化传达着刚健有为、自强不息、中庸尚和的生活哲学，不仅隐含着"日新"的变革进取精神，而且也体现了友好共处、向往和平的精神境界。这些思想文化塑造了中华民族的基本文化形态和性格，丰富了中华民族的精神宝库，并对世界文化产生了很大影响。西方许多杰出人物如伏尔泰、狄德罗、托尔斯泰、布莱希特都曾受到《道德经》的影响。托尔斯泰直至暮年还在阅读《道德经》，他说孔子、孟子对他的影响是大的，而老子对他的影响是巨大的。

三、宗教文化

中华民族传统文化的一个重要特点就是儒、释、道"三教合流"，其中"释"（佛）、"道"都属于宗教文化，其繁荣发展都与河南息息相关。道教是中国的本土宗教，被奉为鼻祖的老子是河南鹿邑人。登封中岳庙是历代皇帝祭祀中岳神的地方，是我国现存最早、规模最大的道教建筑群之一。济源的王屋山为道教"十二洞天"之一，是唐代著名道长司马承祯携玉真公主出家修道的地方。佛教传入中国后，第一座佛寺白马寺就建在河南洛阳。洛阳的龙门石窟是佛教三大艺术宝库之一，已被列入世界文化遗产名录。推动佛教信仰大众化的净土宗，其祖庭就在开封相国寺。标志着佛教文化中国化初步完成的禅宗，其祖庭就在嵩山少林寺。在佛教文化史和中外文化交流史上鼎鼎大名的玄奘法师，是河南偃师人，也是《西游记》中唐僧的原型。

四、名人文化

名人以其文化素养、文化格调和文化创造影响着社会，形成一种社会文化效应和文化风尚。中原历史名人辈出，据统计，在《二十四史》中立传的历史人物共5700余人，其中河南籍的历史名人为912人，占总数的15.8%。唐代留名的2000多名作家中，河南占两成。[①] 在中原名流中，既有思想家、哲学家、政治家、军事家、科学家、文学家，也有社会贤达和社会名士，如纵横家张仪、苏秦，兵家吴起，政治家子产、李斯、张良、晁错、司马懿、姚崇、赵普等。尧舜时代的贤士许由，坚辞帝尧的禅让，被奉为隐士的鼻祖。魏晋时期的"竹林七贤"，当时主要在河南焦作一带活动，其中阮籍、阮咸、山涛、向秀都是河南人。历史上第一次农民起义的领袖陈胜，是河南登封人。代父从军的巾帼英雄花木兰，是河南虞城人，其孝举令世人赞叹不已。河南邓州人、唐代名将张巡在抵御叛军中，坚守睢阳，"守一城，捍天下"，被后人奉为神灵。宋代的包拯权知开封府，刚正不阿、铁面无私、不畏权贵、惩恶扬善，成为世人景仰、万代传颂的"包青天"。南宋爱国将领岳飞是河南汤阴人，其"精忠报国"的壮志、"还我河山"的呐喊、"驾长车踏破贺兰山阙"的豪情，一直激励着中华儿女。总之，这些名人对社会历史进程或者社会风尚的形成产生了重要影响。

五、姓氏文化

河南是中华姓氏的摇篮，中华姓氏无论肇始还是大量衍生都与中原关系密切。《中华姓氏大典》中的4820个汉族姓氏中，起源于河南的有1834个，占38%；在当今的300大姓中，根在河南的有171个，占57%；在依人口数量多少而排列的100大姓中，有78个姓氏的源头与部分源头在河南，无论是李、王、张、刘为代表的中华四大姓，还是林、陈、郑、黄为代表的南方四大姓，其根均

---

① 《名流文化：中华文化的灿烂星河》，《河南日报》2007年3月7日。

在河南。① 近年来，河南以"万姓同根，万宗同源"为主题举办姓氏文化节，得到了海内外的广泛认可与响应，在全球华人中掀起了寻根到河南、朝觐到河南、拜祖到河南的热潮。姓氏文化是河南独有的文化现象。

六、神龙文化

神龙是智慧、勇敢、吉祥、尊贵的象征。河南是龙的故里。被称为人文始祖的太昊伏羲，在今周口淮阳一带"以龙师而龙名"，首创龙图腾，实现了上古时期多个部族的第一次大融合；被称为又一人文始祖的黄帝，在统一黄河流域各部落之后，为凝聚各部族的思想和精神，在今新郑一带也用龙作为新部落的图腾，中国人被称为"炎黄子孙"和"龙的传人"，就是因此而来。从发掘出土的文物来看，河南省发现的龙文物不但历史久远，而且最为正宗。濮阳蚌龙距今6400年，是中国最早的龙形象，被考古学界誉为"中华第一龙"；在"华夏第一都"偃师二里头遗址发现的大型绿松石龙形器，距今至少3700年，被学者命名为"中国龙"；等等。这些龙文化的遗存从夏、商、周到汉唐、明清一脉相承，都是中华民族龙图腾的源头，在形态上可以说都是北京故宫里各种龙形象的祖先。中原和全国各地的民俗，也有不少与龙有关，如每逢喜庆之日舞龙灯，农历二月二祭龙王、吃龙须面，端午节赛龙舟等。这些文化除了在中华大地传播承继外，还被远渡海外的华人带到了世界各地，在世界各国的华人居住区或中国城内，最多和最引人注目的饰物就是龙。从中原大地产生并完善的龙形象，目前已成为中华民族的象征、中华文明的精神内核、中华民族团结的纽带和共同的精神支柱。

七、习俗文化

中原地区民俗文化特色鲜明，斑斓多姿，集中体现在饮食、服饰、日常起居、生产活动、礼仪、信仰、节令、集会等各个方面。西周时期在中原形成的婚仪"六礼"，逐步演化为提亲、定礼、迎娶等固定婚俗，并延续至今。与生产生活密切相关的岁时风俗，如春节祭灶、守岁、吃饺子、拜年，正月十五闹元宵，三月祭祖扫墓，五月端午节插艾叶，七月七观星，八月中秋赏月，九月重阳登高等，大多起源于中原，并通行全国。中原民俗还创造了民间的生活形态和艺术

---

① 《姓氏文化：中华民族的血脉之根》，《河南日报》2007年4月18日。

品，如太昊陵庙会、洛阳花会、信阳茶叶节、马街书会、开封夜市等古代的民间节会至今不衰，开封的盘鼓和汴绣、朱仙镇木版年画、南阳玉雕、濮阳和周口的杂技等民间艺术享誉中外。中原因其"中天下而立"，民俗文化广泛影响了周边地区乃至华夏和世界华人族群。比如饮食方面，广东人在豆腐上挖个洞，填满肉馅，蒸熟后食用，其实就是客家人从中原带去的吃饺子风俗的变异，中原民俗的广泛影响可见一斑。

八、武术文化

武术文化又称功夫文化，是中原文化的鲜明特色。中原武术文化技冠天下，德播神州。"天下功夫出少林"之说，形象地表明了少林武术在中国武术文化中的重要地位。"十三棍僧救唐王"的历史传奇，帮助戚继光抗倭立功的光辉业绩，使少林寺退迩闻名，成为中华武术的荟萃之所、流播之处、发扬光大之地，使"少林"成为中国武术的品牌，成为中原文化乃至中华文化的品牌。河南温县陈家沟人创立的太极拳，是中国武术文化的又一重要流派，其以刚柔并济为特征，以强身健体、修心养性为主旨，已推广到五大洲，成为上亿民众生活中的重要组成部分。

九、汉字文化

汉字是传承和弘扬中华文化的重要载体，是中华民族的基本符号，也是中华文明的显著标志，并对朝鲜、韩国、日本等国的文字文化产生了巨大而深远的影响。连续4000多年的汉字文化史，可以说是一部中原汉字史，汉字的产生及其每一个重要发展阶段几乎都发生在中原大地上。传说中，黄帝时代的仓颉造字发生在河南；第一套完善的汉文字系统甲骨文在河南出土；帮助秦始皇"书同文"、制定规范书写"小篆"的李斯，是河南上蔡人；编写世界第一部字典、归纳汉字生成规律、统一字义解析的文字学家许慎是河南漯河人，他在家乡完成了《说文解字》这部汉文字学巨著；至今我们还在使用的规范性字体"宋体"字产生在河南开封；著名的活字印刷术也发生在这里。

十、诗文文化

河南是中国文学的发祥地。中国最早的散文总集《尚书》，是经过东周洛阳的史官整理成书的。我国第一部诗歌总集《诗经》中，属于今河南省境内的作品有100

多篇，占总篇目的 1/3 以上。鲁迅说过，在秦代可称之为作家的，仅河南上蔡的李斯一人。汉魏时期，有"汉魏文章半洛阳"之说。洛阳贾谊开骚体赋之先河，张衡《二京赋》则为汉大赋之极品，贾谊、晁错将西汉政论推向巅峰。汉魏时期"建安七子"中的应场和阮瑀都是河南人。左思的《三都赋》名动天下，留下了"洛阳纸贵"的佳话。宋词的故乡在开封，"梁园文学"的主阵地在商丘，都留下了许多千古绝唱。东晋以后，河南大族南迁，以谢灵运的山水诗、江淹的抒情赋为代表的中原文人作品，推动了江南文学的繁荣。唐代最著名的三大诗人中，河南有其二。"诗圣"杜甫是河南巩义人，他以沉郁顿挫的笔调反映了一个时代的沧桑巨变，其诗歌被赞为"诗史"；把现实主义和浪漫主义完美结合的诗人白居易是河南新郑人，他创作的《长恨歌》、《琵琶行》成为千古传诵的佳篇。"文起八代之衰"的孟州人韩愈，位居"唐宋八大家"之首，开创了中国散文的高峰。岑参、刘禹锡、李贺、李商隐等河南人，也以其卓越的文学成就跻身于著名诗人之列。

十一、戏曲文化

戏曲起源与中国古代乐文化的关系最为密切。作为中华民族文明发祥地的河南，从远古时代就有人类居住生息，他们在创造物质文明的同时，也在创造着精神文明。可以说，随着中华民族的先祖在中原大地上劳动生息，音乐歌舞也就相伴而生了。此后，20 多个朝代在中原大地建都，推动了戏曲艺术的长期繁盛。中国戏曲从起源到形成，都离不开中原大地的滋养。从原始巫术用歌舞娱神，到夏商宫廷俳优以表演娱人，到汉魏角抵百戏，隋唐参军戏，直到宋杂剧、金元本，多元血统使得戏曲厚积薄发，而大器晚成的元杂剧的出现，标志着戏曲艺术的真正成熟。可以说，中国戏曲之根在中州，源于河南，形成于河南，如今繁盛于河南，并从整体上影响着中国戏曲的创作与发展。中原戏曲具有起源早、种类多、受众广、影响大等特点。如"诸宫调"创始于开封，标志着戏曲作为一门综合艺术开始成熟的《目连救母》搬演于开封，北宋的杂剧也形成于开封。仅从明万历之后的 400 余年间，先后在河南境内产生、存在或流行过的各类戏剧品种即有近 80 个，其中戏曲剧种 60 多个，最终形成了以豫剧、曲剧、越调为主体，大平调、大弦戏、宛梆、道情、二夹弦、怀梆、四平调、蒲剧、豫南花鼓戏等多种剧种百花齐放的戏曲体系。目前，河南尚有 35 个剧种在活动或有残留踪迹可查；

16 个剧种有专业剧团演出。2006 年第一批进入国家级非物质文化遗产保护名录的是豫剧、曲剧、越调等 10 个剧种；2007 年 2 月，进入河南省第一批非物质文化遗产名录的除前述外，又有二夹弦、落腔、花鼓戏等 12 个剧种，其品种、数量均居全国各省前列。尤其是享誉神州的豫剧，从 1984 年起，在全国专业剧团的数量即达 239 个，流行区域有 22 个省（市、区），包括上座率、经济自给率、从业人数和观众覆盖面等在内，当今的豫剧确已名副其实地成为我国最大的地方戏品种。这些都表明中原是中国戏曲的重要发源地。中原戏曲种类之多、密度之广，全国少见。

十二、农耕文化

农业最早是在中原地区兴起来的。中原农耕文化包含了众多特色耕作技术、科学发明。裴李岗文化有关遗存中出土了不少农业生产工具，为早期农耕文化提供了实物证据，尤其是琢磨精制的石磨盘棒，成为我国所发现的最早的粮食加工工具。大家知道，三皇之首的伏羲教人们"作网"，开启了渔猎经济时代；炎帝号称"神农氏"，教人们播种收获，开创了农业时代。大禹采用疏导的办法治水，推进了我国水利事业的发展，也促进了数学、测绘、交通等相关技术的进步。战国时期，由河南人郑国主持修建的"郑国渠"，极大地改善了关中地区的农业生产条件。随着民族的融合特别是中原人的南迁，先进的农业技术与理念传播到南方，促进了中国古代农业水平的提高。可以说，中国农业的起源与发达、农业技术的发明与创造、农业的制度与理念，均与河南密切相关。

十三、医药文化

中原医学文化以整体的治疗思想、多角度观察病理的方法、奇特的治疗技术、和谐的用药手段而著称于世，是传统文化中的精华与国粹。黄帝被后人公认为中医药的创始人，战国时期编著的《黄帝内经》至今仍是中医学工作者必读的指导性医学著作。东汉南阳人张仲景的《伤寒杂病论》，提出了六经辨证的理论体系，是我国第一部理、法、方、药兼备的中医经典专著，被誉为"中国医方之祖"。洛阳龙门石窟的"药方洞"，保留有北齐时期完整的中医药方 118 个，治疗的病种达 37 个，这些药方为中国现存最早的石刻药方。北宋都城开封设有"尚医局"、"御药院"、"药密库"、"太医局"、"翰林医官院"等机构，设置之全在当时首屈一指。在"医宫院"放置的制作精细的"针灸铜人",成为世界针灸医学发祥地的象征。可以说,中医药文化起源于中原,中医药大师荟萃于中原,中医药文化发达于中原,中医药巨著诞生于中原。

十四、豫菜文化

民以食为天,由饮食而产生的文化现象也是中原文化的重要组成部分。豫菜起始于上古三代,至北宋形成了独具特色的菜系。殷商时期的饮食主要是炖、蒸、煮、烤。秦汉时期,中原人已开始将粮食加工成粉制作各种饼食,烹饪方法更加多样。魏晋南北朝时,中原地区在少数民族的统治下,饮食习惯也受到了游牧民族的影响,出现了大吃羊肉和喝酪浆的方式。唐朝时期,洛阳水席盛行。北宋是豫菜文化发展的鼎盛时期,具有讲究色、香、味、形的完整体系。豫菜在发展过程中,形成了具有自己地域特色和适合本地老百姓生活习俗的文化特征:第一,米面结合,以面食为主。第二,坚持五味调和、质味适中的传统。第三,讲究荤素搭配,以素食为主。第四,地域特征鲜明,具有中扒(扒菜)、西水(水席)、南炖、北面(面食、馅饭)的特点。

十五、养生文化

养生文化根植于中国古人的哲学思想,又在古老的医药文化、体育文化中进一步发扬光大。创作于中原地区的《老子》一书提出了著名的"人法地,地法天,天法道,道法自然"的思想,这是事物变化的一般规律,但也是生命发展的基本规律。庄子继承并发扬了老子的思想,分别阐述了"形"、"神"、"性"三者的内涵及相互关系,认为"气"在"身"内,养形的关键在于"养神"和"养性"。道家主张"致虚极,守静笃",这其实就是道家的养生思想。而"无所不包"的《易经》主张"一阴一阳之谓道",则体现了阴阳协调的养生智慧和"天人合一"的养生思维;《黄帝内经》作为传统医学的经典著作之一,很早就提出了"上工治未病"的思想,"医圣"张仲景在《金匮要略》中把这一思想做了进一步的延伸和阐释。太极则是融武术与养生为一体的体育运动方式,太极中的动静结合、阴阳协调和道家的思想是一致的。如今,在社会经济快速发展、人们生活工作压力较大的情况下,养生又成了新时代推崇的生活方式,而这些离不开发源于中原的养生文化。

十六、治水文化

"水兴则邦兴，水安则民安"。兴水利、除水害，历来是治国安邦的大事。一部中华文明史，某种意义上就是一部治水史。史前时期，中原地区治水活动始于大禹治水，构成华夏文明之源。夏商周时期，黄河以南，黄河与洛水之间的洛阳和郑州地区出现沟洫农业，推广水稻种植。商代的甲骨文中，有田间沟渠的文字，表明中原已出现农田灌溉。春秋战国时期，郑国渠、芍陂是当时著名的大型灌区，有力地推动了中华农业文明的发展。秦汉时期，秦始皇治水和王景治水，促使我国农业经济重心在黄河流域形成。三国至南北朝时期，淮河中下游成为继黄河流域之后的又一重要经济区。隋唐以后，我国经济重心逐渐南移，主要原因是南方农田水利发展迅速，超过了北方。研究表明，这与上述区域的治水实践和水利工程兴修，沟渠纵横，极适宜发展农业生产密切相关。中原地区先民在与水患旱涝等自然灾害作斗争的过程中，修建的治水工程、使用的治水工具、选取的治水方式以及所形成的治水精神、治水思想、治水理念等构成独具特色的中原治水文化。

十七、调水文化

中原地区调水工程源于春秋时期列国战争。春秋时期，诸侯林立，各自为政。楚国为了吞并宋、郑等国，在宋国（商丘）边界的睢水、汴水上堵坝拦水，淹没了宋国的大片土地。公元前651年，齐桓公为中原霸主，集诸侯于葵丘（今民权县境）会盟，订立盟约，为解决边界水事纠纷，以周天子的名义下达禁令，并制定"无曲堤、毋壅泉"等规定，不准以邻为壑，搞边界阻水工程。郑国大夫邓析发明桔槔提水工具、西门豹修建漳河十二渠、魏惠王开古运河鸿沟等，是中原调水物质文化的代表。秦汉以降，中原地区调水工程日益发展成为防洪、灌溉、航运等。秦修沁河枋口渠、汉武帝修建鸿隙陂、南阳郡太守召信臣建马仁陂、贾让治河三策、杜诗造作水排、王景治理黄河和汴渠、曹操修睢阳渠、杜预建陂堰、隋开凿南北大运河、唐代邓门陂（同时期还有李氏陂、中牟的24陂、许昌的堤塘、平舆的葛陂、永城的大剂陂等）、宋开通淮入汴漕运、王安石的《农田利害条约》、元代黄河频繁改道、明代的清河灌区、清代整治豫东平原河道和吴其濬的《治淮上游论》，以及当代人工天河红旗渠、南水北调工程等为代表的工程水文化、制度水文化、政治水文化、法制水文化构成中原调水文化。

第三节　中原文化的特征

从中原文化的主要内容可以看出，中原文化的确源远流长、博大精深、内涵丰富、光辉灿烂。概括起来，有以下四个主要特点：

一、主导性

中原文化在整个中华文明体系中具有发端和母体的地位。从"盘古开天"、"女娲造人"、"三皇五帝"、"河图洛书"等神话传说，到早期的裴李岗文化、仰韶文化等考古学文化，以及夏、商、周三代，都发端于河南。中原地区在北宋以前始终处于支配地位，在以后的朝代里也有着重要的影响。在中国历史上先后有22个朝代在河南建都，历时长达2200多年。每一个朝代建都中原某地，都颁行法律、制定政策、形成制度，其商贸、军事、思想、道德等无不源于此，从而形成厚重的中原文化。目前，河南省有洛阳、安阳、开封、郑州、南阳、浚县、商丘、濮阳8座国家历史文化名城，有洛阳、开封、安阳、郑州4座全国古都城市，还有淇县、济源、许昌、鹤壁、汝南、沁阳、卫辉、邓州、睢县等20处河南省历史文化名城（镇）。在史念海先生所确定的全国65座最重要、最具研究和保护价值的古都中，河南有8座，即洛阳、开封、安阳、新郑、淮阳、禹州、淮阳、许昌，数量为全国第一。①

谭其骧先生将我国古代建都史划分为前后两期，前期为从殷周至北宋的2400年间，因都城主要在中原内地，称为中原期。②史书记载黄帝都有熊，有熊即今天的河南新郑。《大戴礼记》、《续汉书·郡国志》、《元和郡县志》、《括地志》、《路史》、《通鉴外纪》以及《河南通志》均称有熊在新郑，黄帝之所都。祝融氏都郐，即今新密古城寨。《路史·前纪八》云："（祝融氏）都于郐，故郑为祝融之墟，其治百年。"夏禹都阳城，在今登封市告成镇一带。《竹书纪年》（古本）云："夏

---

① 史念海：《中国古都概说》，转引自史念海：《中国古都与文化》，中华书局1998年版。
② 谭其骧：《中国历史上的七大古都》，转引自谭其骧：《长水集续集》，人民出版社1994年版。

后氏，禹居阳城。"《世本》曰："禹都阳城。"《史记·夏本纪》、《水经·颍水注》、《括地志》等均证明禹都阳城，在今登封市告成镇附近的王城岗一带。①

研究表明，从夏商到宋，中国古都尽管迁徙频繁，但都城的位置基本上都在中原地区，并且形成了几个相当集中的古都群：其一是豫中古都群，位于今登封、新郑、新密、荥阳、巩义、郑州、许昌区域内，这里有夏、商（早商）、管、郑、韩等多次为都，历时达千年之久。其二是豫西古都群，位于今洛阳、三门峡、偃师一线，历史上先后有东周、东汉、曹魏、西晋、北魏、隋、唐、后梁、后唐定都或迁都于此，时间长达 1500 多年。其三是豫北古都群，包括今天安阳、濮阳一带，有殷商、卫、曹魏、后赵、前燕、东魏、北齐等朝代多次为都。其四是豫东古都群，包括今天的开封、淮阳、商丘等地，历史上有梁、陈、蔡、后梁、后晋、北周、北宋、金等朝在此建都。② 例如，作为古都城市的安阳为殷商之都，洛阳有"十四朝古都"之称，开封有"八朝古都"之称，郑州是商代早中期的国都。在国家级历史文化名城中，洛阳在历史上先后有夏、商、西周、东周、西汉、东汉、曹魏、西晋、北魏、隋、唐以及五代的后梁、后唐、后晋 14 个王朝建都于此，城市发展史长达 4000 余年，其中建都史有 1693 年。③ 开封被誉为"八朝古都"，夏朝、战国时期的魏，五代时期的后梁、后晋、后汉、后周，以及北宋和金均在此建都。特别是在北宋时期，这里不仅是全国的政治、经济、文化中心，也是当时世界上最繁华的大都市之一，繁荣兴旺达到鼎盛，风光旖旎，人物荟萃，城郭恢弘，经济发达，富丽甲天下。开封至今还保留有宋代三重城墙，层层套叠。④

可以说，中原地区的都城文化，是任何地区所不能比拟的。因此，中原文化是中国传统文化的重要组成部分，代表了华夏历史文明的主流方向，具有主导性的特征。

李济先生曾经说过："从文化上看，应当认为黄河流域的居民早在新石器时代就已有很高的成就。"⑤ 正因为古代中原地区是华夏文明的核心，所以尽管经历了漫长的历史，仍然有大量具有主导性的历史遗存得以保留至今。中原历史文化

---

① 刘玉娥：《中原文化与中华文明》，《中华文化论坛》2006 年第 1 期。
② 王保国：《地理环境、农耕文明与中原文化的基本趋向》，《殷都学刊》2006 年第 1 期。
③ 李久昌：《古代洛阳都城空间演变研究》，陕西师范大学博士学位论文 2005 年。
④ 赵会军：《略论河南历史文化名城保护问题》，《中原文物》2006 年第 1 期。
⑤ 李济：《中国文明的开始》，江苏教育出版社 2005 年版。

的主导性，不仅表现在物质文化遗产方面，而且还表现在非物质文化遗产之中。

　　在非物质文化遗产中，由于传说中的人文始祖太昊伏羲，在今周口淮阳一带"以龙师而龙名"，首创龙图腾，实现了上古时期多个部族的第一次大融合，从而使淮阳太昊伏羲祭典成为首批国家非物质文化遗产。其他与帝王有关的省级非物质文化遗产如桐柏盘古神话、禹州大禹传说、西平王莽撵刘秀传说、灵宝黄帝传说、濮阳帝舜传说等，都说明中原地区在古代文化中的中心地位。再如我国第一部诗歌总集《诗经》中，属于今河南省境内的作品有100多篇，占总篇目的三分之一以上。《诗经·国风》中保存了大量的中原民间歌曲，"十五国风，豫居其半"，这些民歌大多坦荡率真、清新豪放，对后世文学的发展产生了积极的影响，奠定了中国文学艺术的基本精神。

　　总的来说，中原文化在中华文化系统中处于主体、主干的地位。中原文化在与其他文化的不断融合交流中，自身的外延也在不断扩大，并由此催生了中华文化的形成。中原文化的核心思想，如"大同"、"和合"，都成为了中华文化的核心思想；中原文化的核心价值观，如礼义廉耻、仁爱忠信，都成为了中华民族的核心价值观；中原文化的重大民俗活动，如婚丧嫁娶、岁时节日等，都成为了中华民族的民俗活动。长期以来，中原文化都以其文化理想引领着东方文明的进程。近古以来，中原文化的文化理想甚至远播西方并绽放出瑰丽的文化魅力。《马可·波罗游记》对当时和谐的东方国度的赞誉，至今还为人们称道。中原文化在精神层面建构的文化理想，已经成为全人类共同的文明成果。如天下大同的文化气度，天人合一的理念境界，尊道贵德的理性气质，大德曰生的人文情怀，中庸辩证的思维理路，在环境恶化、能源危机、人为灾难频繁发生的今天，不仅是人类社会的美好理想，而且对于我们今天进行道德建设、人格完善，对于整个民族素质的提升乃至世界文明的进步，都仍具有积极的引领作用。

二、厚重性

　　从旧石器时代晚期开始，河南地区的文化发展链条基本没有中断过，是一部连绵不绝的中华文明编年史。"盘古开天"、"女娲造人"、"三皇五帝"、"河图洛书"等神话传说都是中原文化的重要内容，在一定意义上，以河南地区为代表的中原文化成了中华民族的"根"之所系、本之所在，也造就了厚重的中原文化。秦汉以来，中原文化不仅是岭南文化、闽台文化、客家文化以及潮汕文化的源头，而且通过陆路交通向东向西广泛传播，影响了朝鲜、日本的古代文明，并开辟了延续千年的丝绸之路。班超出使西域，玄奘西天取经，鉴真东渡扶桑等历史记载，都书写了中原文明传播的壮丽画卷。从北宋开始，中原文化凭借当时最发达的航海技术，远播南亚、非洲各国，也开辟了世界文明海路传播的新纪元。

中原历史文化遗产的厚重性主要表现为历史久远和影响深远。在三门峡水磨沟、陕县张家湾、灵宝孟庄、渑池任村、安阳小南海、许昌灵井等地，都先后发现了旧石器时代早、中、晚期遗址。舞阳贾湖遗址、新郑唐户遗址、长葛石固遗址、新密莪沟遗址表明中原已经进入裴李岗时代。郑州大河村、邓州八里岗、淅川下王岗、灵宝西坡、灵宝北阳平、安阳后冈、三门峡庙底沟、郑州西山、濮阳西水坡遗址是仰韶文化的代表。安阳后冈、陕县庙底沟、洛阳王湾、汝州煤山、永城王油坊遗址标志着中原地区进入阶级社会。距今4000~3600年的二里头文化，被认为是夏代的开始，在二里头遗址发现的中国最早的宫殿遗址，布局完整，功能合理，被学者们称为华夏第一王都。商代的首都西亳和殷均在中原。在安阳殷墟发现的甲骨文，是世界上最早的文字，也是世界上最早的历史文献。因此，正如司马迁在《史记》中所说："昔三代之居，皆在河洛。"

两汉时期，尤其是东汉，洛阳为繁华帝都，南阳为皇室故里，整个经济文化的发展都占有得天独厚的条件。中原重要的历史文化遗存包括河南巩县大型冶铁遗址、南阳汉画像石、洛阳白马寺、淮阳太昊陵、鹿邑太清宫、新安汉函谷关等。魏晋南北朝时期，河南留下了龙门石窟、北魏皇陵、北魏洛阳城、风穴寺、香山寺等无数珍贵的文化遗产。龙门石窟既是佛教文化的艺术表现，又折射出当时的政治、经济和社会文化时尚。石窟中保留有大量的宗教、美术、建筑、书法、音乐、服饰、医药等方面的实物史料，堪称一座大型石刻艺术博物馆。它将中国的传统石刻艺术与外来的犍陀罗、秣菟罗及波斯、中亚民族艺术之精华相融合，达到了中国石窟艺术的高峰。洛阳龙门石窟与敦煌莫高窟、大同云冈石窟并称为中国三大石刻艺术宝库，同时也是世界现存的古典艺术宝库之一。

明清时期出现了很多新的文化类型，如清代开封的山陕甘会馆、社旗山陕会馆、洛阳山陕会馆和潞泽会馆，明清叶县县衙和清代南阳知府衙门，又如光山邓颖超故居、清末民初开封刘青霞故居、民国时期开封河南留学欧美预备学校旧址和扶沟吕潭学校旧址等国家级历史文化遗产，具有浓厚的时代气息。由于国家级文物保护单位——清代淅川荆紫关古建筑群保存完好，有很高的研究价值，2005

年 11 月 13 日，淅川荆紫关镇被国家建设部命名为国家历史文化名镇。

荆紫关镇史称荆子口关，位于河南省淅川县，西临丹江，北依伏牛山，是连接河南、陕西、湖北三省的交通要冲，故有"一脚踏三省"、"鸡鸣三省荆紫关"之称。荆紫关原名"草桥关"，是秦汉时的一座村落，因丹江河上有座木头桥，上铺杂草，加上此地又是险关隘口而得其名。到了明朝，草桥关一带满山荆条丛生，紫色荆花飘香，加之草桥已被洪水冲掉，"草桥关"就被"荆紫关"一名代用至今。

荆紫关的古街道俗称"清代一条街"，呈南北走向，全长 1250 米，分南、北、中三街。街两旁商业店铺林立，火墙高耸，木作格扇门古朴典雅。高达 7 米的砖石结构关门屹立于镇之南端。尤其是平浪宫、禹王宫、湖广会馆（湖北、湖南、广东、广西）、山陕会馆、万寿宫（江西会馆）、清真寺等清代建筑群错落有致地分布于街道两侧，使古镇成为一处古建筑大观园。其中，山陕会馆是山西、陕西两省商人集资而建的办事处，建于清代道光年间，占地面积 4000 平方米，现存大门楼、钟楼、春秋阁等 6 座建筑，房屋 29 间，建筑风格气势宏大，可以看出这两省商人的豪富；禹王宫是为纪念治水的大禹专门建造的，也是湖广商人的会馆，如今保存还算完整的前、中、后三宫，清代建筑风格十分明显；万寿宫是江浙人的会馆，现在还有 12 间宫室；而平浪宫则比较独特，它是那些给巨商大贾下力的船工们集资修建的，建筑的雕饰、风格都与船工们的生活有关，而且极其精美。①

总之，历史时期的中原文化内涵丰富，影响深远。以裴李岗文化遗址、仰韶文化遗址、河南龙山文化遗址为代表的史前文化，以夏商周文化、汉魏文化、唐宋文化为代表的中原传统文化，以老子、庄子、墨子、韩非、程颢、程颐、李斯、刘秀、张衡、张仲景、杜甫、韩愈、白居易、李贺、李商隐、吴道子、岳飞以及近现代的李季、冯友兰、姚雪垠、李准、二月河、任长霞、李文祥为代表的名人文化，以郑州"二七"纪念塔和纪念馆、鄂豫皖苏区首府革命博物馆、永城淮海战役陈官庄烈士陵园、确山竹沟革命纪念馆、刘邓大军渡黄河纪念地、杨靖宇将军纪念馆、彭雪枫将军纪念馆、吉鸿昌将军纪念馆、红旗渠、焦裕禄纪念馆等为代表的红色文化，以郑州、安阳、开封、洛阳为代表的古都文化，以白马

---

① 李长需、袁晓强：《荆紫关：丹江河畔的繁华烟云》，《东方今报》2007 年 4 月 14 日。

寺、少林寺、相国寺和龙门石窟为代表的宗教文化，以嵩山、南太行、伏牛山、大别山、桐柏山、南北水调中线工程为代表的山水文化，以汴绣、汝瓷、民歌、玉雕、少林拳和豫剧为代表的非物质文化，构成中原文化的主干，代表中原文化的主流方向。

三、多样性

阮炜先生说："具备了基本的生存和发展能力，一个文明在其成长过程中才有可能逐渐形成真正的规模。形成了真正的规模，一个文明才能实现文化的精致化和深刻化，才能更合理、更有效地使用其人力物力资源，才能把数量巨大的个人的能动性和才智严密地整合在一个经济、政治和文化的大型的能量实体中。只有形成了真正的规模，一个文明方有可能实现广泛而有深度的精神和物质积累，或一种从信仰形态、思维方式、政治—经济制度到文字、文学、艺术、习俗等方方面面的规模性积累。"① 中原地区作为华夏文明的重要发祥地，与其优越的地理环境与社会环境是分不开的。在不同历史时期，齐鲁、荆楚和巴蜀历史文化与中原历史文化的交流和融合，在一定程度上对中原文化的形成发展起到了推动作用，这也是中原文化具有多样性特征的原因之一。中原文化的多样性主要表现如下：

（一）中原地区的文化在规模、数量上都处于优势地位

中原文化多样性的表现是十分丰富的。首先，中原文化表现形态的多样性。其中，有以文物或遗址为主体的文化遗产，有以地质记录、物种、自然景观为主体的自然遗产，有综合文化遗址与自然景观的风景名胜区类型的双重价值遗产。中原文化中的人文景观有新郑黄帝故里、登封少林寺、巩义宋皇陵、洛阳龙门石窟、白马寺、偃师玄奘故里、开封宋都御街、包公祠、安阳殷墟、汤阴羑里城、三门峡虢国墓地车马坑、函谷关、南阳武侯祠、张衡墓、医圣祠、商丘阏伯台、燧人氏墓、花木兰祠、淮阳太昊陵等；自然景观有三门峡水库、郑州黄河游览区、开封黄河"悬河"奇观、信阳鸡公山、济源王屋山、鲁山石人山、林州林虑山、焦作云台山等；非物质文化遗产有开封汴绣、登封少林武功、温县太极拳、宝丰马街书会、信阳民歌、淮阳泥泥狗、洛阳唐三彩、汝州汝瓷。

其次，中原文化价值内涵的多样性，涉及多个领域，如美学、思想史、历

---

① 阮炜：《文明的表现》，北京大学出版社 2001 年版。

史、科学与工程技术、生态价值等。以河南境内出土文物的音乐价值为例，据考古发现，史前时期已经创造出灿烂的音乐文化。如豫中的长葛石固、豫西的汝州中山寨、豫南的舞阳贾湖等裴李岗文化遗址，都发现了骨制原始乐器实物。郑州大河村、新郑唐户、渑池仰韶、陕县庙底沟、临汝大张、内乡朱岗及禹州谷水河、尉氏桐刘、汤阴白营、淅川下王岗等仰韶文化和河南龙山文化遗址中均出土有不同类型、不同形制的陶制、石制乐器。在先秦时期，偃师二里头文化、郑州二里岗、安阳殷墟、新郑郑韩故城、上蔡蔡国故城、新蔡蔡国故城、潢川黄国故城、淇县卫国故城、淮阳陈楚故城、辉县共城、信阳楚王城、宜阳韩城、平顶山应国故城、登封阳城等城址都发现数量丰富、艺术类型多样的音乐文物遗存或遗迹。从文物藏量来看，目前已知出土音乐文物总量已超过 3000 件，全国名列前茅。①

又如国家城市湿地公园，把自然环境与生态环境有机结合起来，具有很高的生态价值。河南省首批国家城市湿地公园——三门峡天鹅湖国家城市湿地公园是在黄河与青龙涧河、苍龙涧河交汇处的天鹅湖风景区基础上建立的保护区，规划面积 573 公顷，其中水面、滩涂面积 180 公顷，自 2002 年保护区成立以来，其独特的生态系统吸引着数以万计的白天鹅等野生动物每年冬春季节在此栖息，为三门峡赢得了"天鹅之城"的美誉。因此，该湿地保护区又被称为"天鹅湖风景区"。据不完全统计，目前湿地内有鸟类 175 种、兽类 22 种、鱼类 60 种，其中珍稀濒危动物 41 种、木本植物 38 种、草本植物 560 种。②南阳白河国家城市湿地公园，位于白河南阳市区段上，公园面积 24.5 平方公里，其中水城面积 16000亩，上下延伸长达 15.6 公里。多年来，南阳市政府投资数亿元用于白河湿地公园的保护和建设，公园绿地总面积已达 25 万平方米，吸引了白鹭、天鹅、赤麻鸭、绿翅鸭等 20 多种国家级保护动物在这里栖息。③同样，位于焦作修武县的云台山，是全球首批世界地质公园，同时又是河南省唯一一个集国家重点风景名胜区、国家首批 AAAAA 级景区、国家地质公园、国家自然遗产、国家森林公园、国家水利风景名胜区、国家文化产业示范基地、全国文明风景旅游区、国家级猕猴自然保护区于一体的风景名胜区，荣获世界杰出旅游服务品牌等多项荣誉，拥

---

① 孙敏：《试论河南音乐文物的文化特征》，《中国音乐学》2005 年第 2 期。
② 李宜鹏：《三门峡天鹅湖成国家城市湿地公园》，《河南日报》2007 年 2 月 13 日。
③ 李天密：《南阳白河国家城市湿地公园获准设立》，《河南日报》2007 年 6 月 18 日。

有许多得天独厚的生态旅游资源。

最后，中原文化品类的多样性。中原文化品类十分丰富，河南省不仅有世界文化遗产 5 处，世界地质公园 4 处，世界预备文化遗产 16 处，世界预备非物质文化遗产 4 处，而且还有国家级全国重点文物保护单位 358 处，国家非物质文化遗产 78 项，全国文化先进县 18 个，全国民间艺术之乡 16 个，国家级森林公园 21 个，国家历史文化名城 8 座，国家重点风景名胜 7 处，国家级自然保护区 8 个，国家级地质公园 11 个，古都城市 4 座，中国历史文化名镇 20 个，中国历史文化名村 1 个，国家 AAAA 级景区 24 个，国家预备自然遗产 1 处，国家预备自然与文化双遗产 1 处，国家城市湿地公园 2 处。同时，还有举不胜举的省、市、县各级各类文化遗产，充分体现了中原文化品类的多样性。

（二）从具体某一类型的文化来说，在规模、数量和种类上同样处于优势地位

如中原地区的古建筑文化，从目前的考古发现来看，新石器时代的房屋建筑类别有地穴式建筑、半地穴式建筑、高台式建筑和高层建筑。在偃师汤泉沟遗址发现的灰坑，为圆形袋穴式，被认为是地穴式建筑的肇始。[1] 在舞阳贾湖遗址，发现有半地穴式建筑，多在单间的基础上依次扩建成 2~4 间不等，每间 2~6 平方米不等，各间有门道相连。[2] 类似的半地穴式建筑在密县莪沟遗址、三门峡庙底沟遗址、孟津小潘沟遗址均有发现。[3] 地面式建筑是较进步的建筑形式，可分为单间和连排排房建筑。在汤阴白营遗址，发现的 61 座地面式建筑多呈圆形，直径为 2.8~5.2 米，屋顶多呈圆锥形。[4] 同时，在郑州大河村遗址、淅川下集遗址、禹县谷水河和荥阳点军台遗址发现有连间排房式建筑。[5] 高台式建筑是在岗丘上修建各式建筑，如鹿邑栾台遗址，面积 7000 平方米，现高出地面 5 米左右，地层堆积在 7 米以上，最高达 8 米，包括大汶口晚期、龙山、岳石、二里岗下层、殷墟及春秋战国等不同时期的堆积。[6] 高层建筑是在高台式建筑的基础上发展而来的。传说时代的伏羲画卦台、黄帝的轩辕台、尧的灵台、禹的共工台等，都应

① 河南省文化局文物工作队：《河南偃师汤泉沟新石器时代遗址的试掘》，《考古》1962 年第 11 期。
② 河南文物研究所：《河南贾湖新石器时代遗址第二至六次发掘简报》，《文物》1989 年第 1 期。
③ 河南省博物馆等：《河南密县莪沟新石器时代遗址发掘简报》，《文物》1979 年第 5 期；杨鸿勋：《仰韶文化居住建筑发展问题的探讨》，《考古学报》1975 年第 1 期；洛阳博物馆：《孟津小潘沟遗址试掘简报》，《考古》1978 年第 4 期。
④ 安阳地区文物管理委员会：《河南汤阴白营龙山文化遗址》，《考古》1980 年第 3 期。
⑤ 河南省文物研究所编：《河南考古四十年》，河南人民出版社 1994 年版。
⑥ 河南省文物研究所：《河南鹿邑栾台遗址发掘简报》，《华夏考古》1989 年第 1 期。

属这类高层建筑。在辉县赵固发掘的战国一号墓中，出土了建筑图形的铜鉴，表现的是带有栏杆平台的二层建筑。[①] 从焦作、密县、灵宝、淮阳等汉墓出土的高层陶明器，[②] 也能说明在汉代已经比较流行高层建筑。

又如，近现代革命历史遗存也表现出多样性的特征。如鄂豫皖革命根据地旧址，位于省级历史文化名城新县；中共中央中原局旧址，位于省级历史文化名城确山县的竹沟镇；在商丘睢阳区的中共中央中原局扩大会议旧址是刘伯承、邓小平、陈毅、李先念等老一辈革命家战斗过的地方；郑州"二七"纪念塔便是为了纪念京汉铁路工人大罢工这一重大历史事件而建造的，如今成了郑州的象征；还有开封的中共豫陕区委旧址、洛阳的八路军驻洛阳办事处旧址、安阳内黄县农民革命起义旧址等，[③] 都是各具特色的。

总之，无论是古都名城还是宗教建筑，无论是民俗民艺还是名家名人，无论是思想学术还是科学技术，无论是社会组织还是礼乐典制，中原文化都呈现出多样性的特点。

四、标志性

河南历史悠久，文化光辉灿烂，是中华民族的发祥地之一。在漫长的历史长河中，河南长期居于核心区域，在中国的政治、军事、经济、文化、科技等方面始终占据重要地位，积淀了厚重的历史文化，拥有丰厚的物质文化遗产和非物质文化遗产。因此，中原文化时间跨度长、门类全、价值高、分布广泛，构成了河南种类繁多、独具特色的人文景观和自然景观，其中，中原历史文化有很多在文明发展史上具有里程碑的性质。

上古神话如盘古开天辟地、女娲造人补天、伏羲氏画八卦、燧人氏钻燧取火、大禹治水等保存着中国最为丰富的神话文献资料和民间神话故事。太昊伏羲祭典是祭祀人文始祖太昊伏羲氏的文化大典。鹤壁浚县正月古庙会，庙会会期从正月初一至二月初二，长达月余，波及周围5省80多个市县，高峰期日人流量近30万。县城四关四街，人流如潮，社会各界会聚，泥咕咕上市，数省商贾如期赶会，被称为"华北第一古庙会"。洛阳的"唐三彩"，代表了历史上制陶技术

---

① 刘敦桢：《中国古代建筑史》，中国建筑工业出版社1980年版。
② 杨焕成：《河南陶建筑明器简述》，《中原文物》1991年第2期。
③ 赵会军：《略论河南历史文化名城保护问题》，《中原文物》2006年第1期。

的最高水平。灵宝和罗山的皮影戏在我国历史悠久，源远流长。元代时，皮影戏曾传到波斯、阿拉伯、土耳其，稍后，又传至东南亚。清代乾隆年间，皮影戏传入法国巴黎、马赛和英国伦敦，这种源于中国的艺术形式，吸引不少国外戏迷，人们亲切地称它为"中国影灯"。①百泉药王庙会是我国著名的药材集散地之一。河南省图书馆馆藏明嘉靖刻本《广舆图》是罕见的珍贵图册，共有三册，合为一函，是中国明代仅存的历史图册。张择端的《清明上河图》是中国北宋时代东京汴梁（今河南开封市）城市设施和城市居民生产、生活的真实写照。

新郑裴李岗遗址发现的数百件磨制石器和陶器，是中原地区进入文明时代的标志。舞阳贾湖遗址出土的世界上年代最早、保存最完整的骨笛，在世界音乐史中占有重要地位。仰韶遗址的大型定居村落和家畜饲养业，说明农业进入了锄耕（或耜耕）阶段。偃师二里头遗址发现了中国最早的宫殿遗址，其布局完整，功能合理，被学者们称为华夏第一王都。郑州大河村遗址房基内出土的双连壶，对研究原始社会的生活习俗和制陶艺术有重要价值，是中国古代造型最美的彩陶器之一。濮阳西水坡遗址中发掘出的用蚌壳堆塑的龙虎图，被誉为"中华第一龙"。临汝阎村遗址出土的瓮葬棺"鹳鱼石斧"彩陶缸，是我国最早的绘画作品。隋唐洛阳城遗址的含嘉仓，是用作储藏京都以东州县所交租米的皇家粮仓，为我国最大的古代粮仓。巩义铁生沟冶铁遗址发掘出各式炼炉、熔炉、锻炉20座，为研究中国冶金史提供了大量的实物例证。宝丰凉寺村汝官窑址，是北宋五大名窑之冠，它与钧窑、官窑、哥窑、定窑齐名，有"汝窑为魁"之誉。登封观星台遗址是中国现存最古老的天文观测建筑，也是世界著名的天文科学建筑物之一。郾城许慎墓是编著世界第一部字典、归纳汉字生成规律、统一字义解析的语言学家、经学家、文字学家、训诂学家许慎的安息之地。新郑李诫墓的墓主——李诫所著的《营造法式》，集中反映了中国传统的建筑技术和艺术水平，是中国最早的建筑学巨著。汤阴羑里城是我国现存最早的监狱。安阳修定寺塔是我国唯一的一座精致的琉璃花塔。内乡县衙为中国保存最好的古代县衙。巩义康百万庄园，是清代康百万家族创造的"富过十二代、历经400年而不败"的商业神话的见证。

世界文化遗产的龙门石窟是记录着宗教、美术、建筑、书法、音乐、服饰、医药等方面信息的实物史料，堪称一座大型石刻艺术博物馆。安阳殷墟是第一套

---

① 汤淑君：《河南传统的民俗文化——一笔珍贵的无形文化遗产》，《中国博物馆》2002年第4期。

完善的汉字系统甲骨文的出土地。洛阳白马寺是佛教传入中国后的第一座寺院，为中国"释源"。社旗山陕会馆是天下第一会馆。登封嵩岳寺塔是中国现存最古老的砖塔。巩义石窟寺石窟保留有全国最为完整、面积最大的帝后礼佛图。登封启母阙、少室阙和太室阙，是我国最古老的庙前神道阙。登封中岳庙是历代皇帝祭祀中岳神的地方，是我国现存最早、规模最大的道教建筑群之一。

　　总的来说，中原文化对构建整个中华文明体系发挥了原创作用。无论是元典思想和政治制度的建构，还是汉文字和商业文明的肇造，以及重大科技的发明与中医药的发现，都烙下了中原文化的胎记。《易经》、《道德经》对宇宙、社会、人生的独特发现，极大地影响了中国人的民族性格和民族文化心理。黄帝"都有熊"置百官和李斯提出的郡县制，确立了中国几千年封建社会的基本制度模式；张仲景的《伤寒杂病论》、张衡的浑天仪等，在中国历史乃至世界历史上占据着举足轻重的地位。

第四节　中原文化的地位与作用

　　著名历史学家、古文字学家李学勤先生指出："历史文献和考古成果的研究分析表明，我们的先人摆脱原始野蛮的状态，真正开始进入文明时期，正是在中原地区。"[1]研究表明，中原文化始终引领着华夏文明的走向和中华文化的发展方向。比如都城文化，青铜文化，甲骨文化，儒、道、法、佛等元典思想文化，无不以河南为圆心向外发散；老庄哲学、汉代经学、魏晋玄学、宋明理学、佛教文化、易学文化等，都在中原地区孕育而生。中原文化在北宋以前作为中华民族的主流文化，其物质财富、精神遗产和制度准则，通过文化融合和文化传播，彻底突破了中原地域的局限，而成为华夏历史文明的主干和重要组成部分，并对其周边的三晋文化、燕赵文化、齐鲁文化、吴越文化、荆楚文化、关中文化等产生过强烈影响，并衍生出了客家文化、闽台文化和岭南文化。所以说，中原文化是华夏历史文明的主体，在中国历史乃至世界历史上占据着举足轻重的地位。

---

[1] 李学勤：《河洛文化研究的重要意义》，《光明日报》2004年8月24日。

一、中原文化是大河文明的重要组成部分

研究表明，公元前 1600 年左右是世界文明史上的一个辉煌时期。在古埃及，在两河流域，在印度河地区，在黄河、长江流域都出现了灿烂的古代文明，被称为"世界四大文明古国"。[①] 由于四大文明古国分别位于尼罗河、幼发拉底河与底格里斯河、印度河和黄河河畔的平原上，与大河具有明显联系，故有人称其为"大河文明"。[②] 关于古代文明古国起源地与文明起源的关系，钱穆在《中国文化史导论》中指出："人类文化的最先开始，他们的居地，均赖有河水灌溉，好使农业易于产生。……人类文化始易萌芽。埃及尼罗河流域，巴比伦美索不达米亚平原，印度印度河流域，莫不如此。"关于中国，他说："黄河本身适于灌溉"，"两岸流着泾、渭、伊、洛、汾、涑几条支流，每一条支流的两岸……都合宜于古代农业之发展"。[③] 中国文明的发祥地之一，就是黄河流域的中原地区。它是以黄河中游地区（以晋南、豫西、陕东为中心，遍及陕西、山西、河北、河南四省）为代表形成的文明。[④] 中原文化就是大河文明的典型代表。毫无疑问，如果没有黄河，也就不会有中国的大河文明，也就不会出现灿烂久远的中华文明。下面，我们以中原农耕文明和汉字文明，来论述中原文化在世界大河文明中的地位。

美国学者阿·托夫勒曾指出："凡是农业兴起的地方，文明就在那里扎下了根。"[⑤] 世界最早的文明发源地是古埃及和两河流域，这里也是原始农业的发祥地。考古发掘表明，埃及阿斯旺以北地区发现有 18300~17000 年前栽培的大麦粒。[⑥] 中国也是世界上农业发展最早的地区之一。目前黄河流域已发现了距今至少 8000 年的农业文化遗址，虽然比西亚最早的农业文化遗址（出现在公元前 7000 年以前）晚，但它们已有发达的粟作农业，绝不是农业刚刚发生时的情形。[⑦] 黄河流域的文明可以说是在旱地粟作农业的基础上发展起来的。早在公元前 6000 多年以前，黄河流域就已经种植粟、黍等旱地作物，以后逐渐增加了小麦、大豆、

---

① 东北师范大学世界古典文明研究所：《世界诸古代文明年代学研究的历史与现状》，世界图书出版公司 1999 年版。
② 王恩涌：《文明起源的地理分析》，《北京大学学报（哲学社会科学版）》1995 年第 2 期。
③ 钱穆：《中国文化史导论》，商务印书馆 1994 年版。
④ 项永琴：《中国古代的两河文明与儒道互补》，《寻根》2002 年第 4 期。
⑤ 鲁品越：《西方科学历程及其理论透视》，中国人民大学出版社 1992 年版。
⑥ 孔令平：《埃及的农业起源问题》，《东北师大学报》1981 年第 1 期。
⑦ 梁家勉：《中国农业科学技术史稿》，农业出版社 1992 年版。

高粱和稻谷的栽培，但产量不多。大约到汉代以前，都是以粟和黍为主要粮食作物。农业的发生对人类社会生活产生了全面的影响，如技术进步，经济发展，人口增加，文化生活的内容大为丰富。这是一场影响深远的革命，从而为以后走向文明社会奠定了初步的基础。[①]

在我国文明起源中占重要地位的夏、商、周三朝的都城核心区所在地，恰好在从安阳到郑州，再经洛阳到西安，形成一个马蹄形。这个马蹄形恰好又与气候及土壤、地貌发生巧合。在气候上，它与600~650毫米的等雨线一致；在地貌上，它又是黄土高原的边缘。因小米属耐旱作物，低于600毫米仍可以生长、发育，但因供水少，产量就会下降。如果多于650毫米，则易引起洪、涝，不利夏季谷子生长。而且降雨多，雨季长，不易于谷子秋季的结实与收获。总之，降雨过多或过少都会使产量下降，只有在600~650毫米，才能获得最佳结合。在土壤上，黄土母质本身不仅矿物质含量相对丰富，有利于作物生长；而且黄土质地疏松，有利于耕作。在农业发展早期，人们既未掌握洪、涝灾害规律，又无技术与能力克服灾害，农田多位于山麓与河谷高地。所以，马蹄形反映了气候、土壤以及耕作技术之间的最佳结合。与埃及一样，由于最佳结合为农业发展提供了物质基础，才使文明在该地首先出现。但与埃及不同的是，它不是靠灌溉技术迅速获得高产的，而是经过了一个缓慢发展的过程，这使其与其他三个小麦文明起源中心在时间上出现了差异。[②]

中原地区是我国农耕文化的摇篮，也是世界上最大的农业起源中心之一。在距今8000年左右的裴李岗文化遗址中，已经发掘出大量的农业生产工具，其中有用来砍伐林木、开垦耕地的石斧，翻土播种的石铲，进行收割的石镰，加工粮食的石磨盘和石磨棒等，这表明当时的农业已经脱离原始阶段而进入农耕阶段。仰韶和龙山文化时期，农具有了改进，出现了大型石铲和厚重的石斧，以及半月形穿孔石刀和蚌刀等。河南临汝大张和郑州大河村出土有石耜，三门峡庙底沟和三里桥发现过龙山时期人们用双齿木耒掘土时留下的痕迹，标志着当时已经进入耜耕农业阶段。[③]考古发现也可证明，中原地区是多种作物的起源地。如1957

① 严文明：《黄河流域文明的发祥与发展》，《华夏考古》1997年第1期。
② 王恩涌：《文明起源的地理分析》，《北京大学学报（哲学社会科学版）》1995年第2期。
③ 马世之：《试论中原地区的古代文化与文明》，《中州学刊》1983年第4期。

年，在陕县庙底沟遗址的红烧土上有麦类印痕。[①] 1977~1979 年，在新郑裴李岗新石器遗址中，发现碳化的黍粒作物。在同属于裴李岗文化遗址的新郑沙窝李遗址，发现有分布面积 0.8~1.5 平方米的粟的碳化颗粒。[②] 在临汝大张遗址和洛阳王湾遗址，均发现有粟作物。在洛阳西南部汉墓中的陶仓上有"大豆万石"的文字，部分陶仓中还有大豆食物。[③] 在浚县辛村西周遗址发现有大麻纤维织成的布。[④] 在郑州大河村新石器遗址出土了大量碳化高粱谷粒和莲子。[⑤] 同时，在渑池仰韶村、洛阳西高崖、淅川黄楝树等都发现新石器时代的稻作遗存。[⑥] 可以说，中原农业文明是世界大河文明的重要组成部分，中原地区留下的渑池仰韶遗址、新郑裴李岗遗址、舞阳贾湖遗址、三门峡庙底沟遗址、郑州大河村遗址等国家重点文物保护单位就是历史的见证。

尽管古埃及、古巴比伦、古印度和古代中国这"四大文明古国"都是以"大河文明"著称于世的，但是无论是尼罗河畔的古埃及文明、两河流域的古巴比伦文明，还是恒河及印度河流域的古印度文明，都早已随着人类社会的历史变迁被迫中断了，只有中华民族的古代文明一直延续下来，直到今天仍对人类文明的进程产生着极为重要的影响。[⑦] 其中，汉字在人类文明的传承与发展中起到了重要作用，因为汉字不仅是用来记录语言的工具，它还承载了丰富、深厚的中国文化，是中华民族五千年文明最具生命力的载体。对此，夏鼐先生早就指出："现今史学界一般把'文明'一词用来以指一个社会已由氏族制度解体而进入有了国家组织的阶级社会的阶段。这种社会中，除了政治组织上的国家以外，已有城市作为政治（宫殿和官署）、经济（手工业以外，又有商业）、文化（包括宗教）各方面活动的中心。它们一般都已经发明文字和能够利用文字作记载（秘鲁似为例外，仅有结绳记事），并且都已知道冶炼金属。文明的这些标志中以文字最为重要。"[⑧]

目前，在河南考古发现了具有文字萌芽性质的符号，如在登封王城岗遗址出

---

① 王玉堂：《农业的起源与发展》，南京大学出版社 1996 年版。
② 王吉怀：《新郑沙窝李遗址发现碳化粟粒》，《农业考古》1984 年第 2 期。
③ 中国科学院考古研究所洛阳发掘队：《洛阳西郊汉墓发掘简报》，《考古学报》1963 年第 2 期。
④ 郭宝钧：《浚县辛村》，科学出版社 1964 年版。
⑤ 郑州市博物馆：《郑州大河村发掘简报》，《考古学报》1979 年第 3 期。
⑥ 陈文华：《漫谈出土文物中的古代农作物》，《农业考古》1990 年第 2 期。
⑦ 赵显明：《中国古代文明进程的三个高峰期及其成因》，《山西青年管理干部学院学报》2006 年第 4 期。
⑧ 夏鼐：《中国文明的起源》，文物出版社 1985 年版。

土的陶杯底部有烧前刻画的文字，形似"共"字，[①]在舞阳贾湖遗址也发现龟骨上有单符类图形符的文字。[②]关于这类符号的性质，郭沫若指出："刻画的意义至今虽未阐明，但无疑是具有文字性质的符号。"[③]于省吾也认为："这种简单文字，考古工作者以为是符号，我认为这是文字起源阶段所产生的一些简单文字。"[④]在一定程度上，考古发现的具有文字萌芽性质的刻画符号可以证明河南是汉字的起源地。在公元前3500年早期王国时期，埃及的象形文字即逐渐形成，这种文字通常被刻在庙墙和宗教纪念物的石质材料上，以后经过改进的文字被大量书写在尼罗河畔盛产的纸草上，因此被称为"纸草文书"。雕刻在建筑物上的文字数量不可能太多，并且常会随着建筑物的破坏而损毁；而纸草长时间干燥会裂成碎片，这样幸存下来的为数很少。在公元前1500年左右，古代印度也开始使用文字，这些文字多见于印章、陶器、金属器及石刻上。其中还有一种流行于公元前7世纪~公元前6世纪的婆罗谜字母，是写在棕叶上的文字，可惜今天已荡然无存。[⑤]1899年，在安阳殷墟发现了甲骨文，这种文字的记录载体龟甲、牛胛骨都是耐腐蚀、易长久保存的材料，且文字多采用金属刀具雕刻其上，印痕深刻，不易消退。甲骨文内容涉及政治、经济、军事、天象、历法、交通、数学等各个方面，目前已发现的15万余片的甲骨上，发现单字4500个，可识者仅2000个左右。[⑥]与古埃及的纸草文书、古巴比伦的泥板文书、古印度的棕叶婆罗谜字母相比，以甲骨文为龙头的中国汉字，薪火相传，绵延不断，更显出独特的魅力和旺盛的生命力，成了维系中华民族传统文化的纽带，这也是我国大河文明绵延不断的重要原因之一。安阳殷墟是中国第一个有文献记载并为甲骨文和考古发掘所证实的商代都城遗址。2001年3月，在由国内48家权威考古机构参加的"中国20世纪100项考古大发现"的评选中，殷墟以最高票数名列榜首。安阳殷墟成为河南省13处首批国家重点文化保护单位之一，也是河南省5处世界文化遗产之一。同时，与文字有关的中原文化遗迹还有郾城许慎墓、南乐仓颉陵遗址、上蔡李斯墓等，也是人类文明的见证。所以说，作为中华文明主要载体的中原历史文化遗

① 河南省文物研究所等：《登封王城岗与阳城》，文物出版社1992年版。
② 河南省文物研究所：《河南舞阳贾湖新石器时代遗址第二至六次发掘简报》，《文物》1989年第1期。
③ 郭沫若：《古代文字之辩证的发展》，《考古学报》1972年第1期。
④ 于省吾：《关于古文字研究的若干问题》，《文物》1973年第1期。
⑤ 王星光：《甲骨文与人类古代文明》，《档案管理》1999年第4期。
⑥ 吴浩坤等：《中国甲骨学》，上海人民出版社1985年版。

产是世界大河文明的主要体现，在世界文明中占有重要地位。

二、中原文化是华夏文明的载体

中华民族有悠久灿烂的文明史，中原地区不仅地处我国史前文化发展与交融的中心地带，同时也是夏商文明的发祥地。"历史文献和考古成果的研究分析表明，我们的先人摆脱原始野蛮的状态，真正开始进入文明时期，正是在中原地区"。[1] 中国古代文明起源有多个源头，但又有主源与核心。中国古代文明的特点是有一个全国性的先进中心与核心。中原文明在当时各人群文化中水平最高，代表了中国古代文明诞生时期的最高水平与特点，因而，中原文明是我国古代文明的主源与核心。[2]

关于中原文明在整个中华文明中的地位和作用，严文明曾指出："整个中国的古代文化就像一个重瓣花朵，中原是花心，周围的各文化中心好比是里圈花瓣，再外围的一些文化中心则是外围的瓣。这种重瓣花朵式的结构乃是一种超稳定的结构，又是保持多样性因而充满自身活力的结构，中国文明的历史之所以几千年连绵不断，是与这种多元一体的重瓣花朵式的文化结构与民族结构的形成与发展分不开的。"[3]

下面，我们以中原地区史前文化遗址、先周以前古代城址为例，分析中原文化为何是华夏文明的载体。

中国文明的发祥地之一，就是黄河流域的中原地区。1978 年 9 月，河南南召云阳镇杏花山发现了"南召人"的右下第二前臼齿化石，距今 40 万~50 万年，大体上同"北京人"的时代相当。迄今为止，我国已发掘的近百处重要的旧石器时代遗址中，除上述几处外，尚有不少遗址分布在中原地区，如河南三门峡会兴镇、安阳小南海等。[4] 在河南新蔡诸神庙、陕县张家湾、赵家湾、侯家坡、灵宝孟村、朱阳、邢家庄、函谷关等地，也发现过旧石器时代的石器或动物化石。这些旧石器时代遗存，对探索我国人类起源问题而言，无疑是十分重要的。许昌灵井出土的细石器，是中原地区的中石器时代遗存。许昌人的发现，表明最接近现

---

① 李学勤：《河洛文化研究的重要意义》，《光明日报》2004 年 8 月 24 日。

② 吴海文：《伏羲文化在中原古代文明起源中的地位和作用》，《中州今古》2002 年第 3 期。

③ 严文明：《长江流域在中国文明起源中的地位和作用》，《农业发生与文明起源》，科学出版社 2000 年版。

④ 邱中郎：《我国旧石器时代地点分布》，《化石》1979 年第 4 期。

代人的早期人类在这里繁衍生长。除新石器时代遗址新郑裴李岗外，在河南的密县、登封、巩县、长葛、中牟、郑州、尉氏、项城、潢川等地，发现了同类文化遗址达四五十处。[①] 这类遗址出土的石磨盘、石磨棒、两端圆刃的长条形石铲、带锯齿刃石镰，以及陶器中的小口双耳圈底壶、大口深腹罐、圜底钵、三足钵、椭圆形碗、假圈足碗和瓢形器等，显示了这种文化的独特风格。存在少量的打制石器，陶器均系手制，其胎质极不坚实，表明它具有早期新石器时代文化的特征。继裴李岗文化之后，在中原地区兴起了仰韶文化。仰韶文化是 1921 年在河南渑池仰韶村首先发现的。河南龙山文化是直接继承仰韶文化而发展起来的，由于各地区文化内涵不同，又可分作三里桥、煤山、王油坊和大寒四个类型。[②] 如上所述，从旧石器时代起，就有人类广泛活动于黄河流域的中原地区，到裴李岗文化时期，已经形成以农业为基础的聚落遗址，"仰韶文化和龙山文化的农业经济日益巩固，聚落扩大，分布广泛，形成中原文化的主体"。[③]

史前时期，分布于河南境内的中原城址群基本沿太行山东麓及属于秦岭山系的熊耳山、伏牛山东麓一线南北分布，目前已知的有 7 座。[④] 其中，属于仰韶时代的郑州西山古城遗址是目前黄河流域也是中国境内发现的年代最早的城址，距今 5300 年。西山古城址的平面略近于圆形，面积大约 10 万平方米，已发掘 4700 平方米，发现屋基 120 余座，窖穴、灰坑 1600 余座，墓葬 200 余座，出土大量陶、石、骨等人工制品。[⑤] 据推测，西山古城为黄帝时代的古城。[⑥] 就面积而言，安阳后岗城址不明[⑦]，登封王城岗城内面积 8000 平方米[⑧]，淮阳平粮台城址面积为 3.4 万平方米[⑨]，辉县孟庄城址面积为 16 万平方米[⑩]，新密古城寨城址面积超过 15 万平方米。[⑪] 据统计，国家级史前重点文物保护单位有郑州西山遗址、登封王城岗及阳城遗址和羑里城遗址 3 处，河南省重点文物保护单位有濮阳高城

① 马世之：《试论中原地区的古代文化与文明》，《中州学刊》1983 年第 4 期。
② 吴汝柞：《关于夏文化及其来源的初步探索》，《文物》1978 年第 9 期。
③ 安志敏：《中国的新石器时代》，《考古》1981 年第 3 期。
④ 张玉石：《史前城址与中原地区中国古代文明中心地位的形成》，《华夏考古》2001 年第 1 期。
⑤ 张玉石、杨肇清：《新石器时代考古重大发现》，《中国文物报》1995 年 9 月 10 日。
⑥ 许顺湛：《郑州西山发现黄帝时代古城》，《中原文物》1996 年第 1 期。
⑦ 梁思永：《后冈发掘小记》，《梁思永考古论文集》，科学出版社 1959 年版。
⑧ 河南省文物研究所等：《登封王城岗与阳城》，文物出版社 1992 年版。
⑨ 河南省文物研究所等：《河南淮阳平粮台龙山文化城址试掘简报》，《文物》1983 年第 3 期。
⑩ 中国考古学会编：《中国考古学年鉴（1993）》，文物出版社 1995 年版。
⑪ 蔡全法等：《龙山时代考古的重大收获——河南新密发现中原面积最大、保存最好的龙山时代晚期城址》，《中国文物报》2000 年 5 月 21 日。

遗址、濮阳咸城遗址、焦作颍城寨遗址等。

中原地区是夏商文明的发祥地，也是城址发现相对较多的地域之一。按照文献记载和新发现的考古资料，我国历史上第一个奴隶制国家夏和代夏而兴的商王朝及其创造的夏商文明，最早都发生在中原地区。直到西周时期，这里仍是中国文明的中心。春秋战国时期，长江流域经济发展很快，出现过楚、吴、越等强国，但文明的中心仍在黄河流域。① 在中原地区发现的该时期城址以偃师二里头遗址、尸乡沟遗址、郑州商城遗址、安阳殷墟最具代表性。偃师的二里头遗址，被认为是夏朝最早的都城，是中国历史进入文明的标志；郑州的商城遗址、小双桥遗址，是郑州列为中国八大古都的明证；焦作的府城遗址、荥阳的大师姑遗址，是商代势力在河南发展的缩影；安阳的大寒寨遗址、原阳谷堆遗址、新郑望京楼遗址、鹿邑鹿台遗址、杞县竹林遗址、睢县乔寨遗址、洛阳矬李遗址、汝州李楼遗址、方城八里桥遗址、确山赵楼遗址等都是商代的遗址，几乎遍及河南的全部地域，也从侧面说明河南是商代主要的活动地域。其中，郑州商城是我国迄今发现的第一座具有一定规划布局的都城遗址，是商代前期的政治、经济中心，在世界文明史上也有重要地位。②

当然，中原地区文明的发生和发展不是孤立的。早在龙山文化时期，长江流域中下游也已达到了相似的发展水平，有些地方甚至还要超过中原地区。例如，湖北天门石家河发现的城址，规模远大于龙山城址。浙江余杭良渚遗址的巨大夯土台基、祭坛和贵族坟山组成的复合体，也是在中原没有见到的。到夏商周三代，中原地区的中心地位日益突出，但周围仍然有许多国家，创造了各具特色的文化。其中许多因素为夏商周文明所继承，中原文明的许多因素也影响到周围地区，从而形成一种非常复杂的复合体。在这个复合体中，中原始终起着主导作用。

三、中原文化是中原梦的动力

中原文化是五千年中华文明的缩影，是河南历史发展的脉络，是民族精神传承的载体。透过中原文化可以从总体上认识中国社会和中原发展，并从中总结出可供借鉴的有益经验。与此同时，中原文化的先贤们发现并阐发的许多精辟思想，至今仍闪烁着真理的光芒，具有重要的世界观和方法论意义。例如，格物致

① 张二勋、秦耀辰：《中国古代文明可持续发展的原因分析》，《人文地理》2003 年第 1 期。
② 李民：《郑州商城在古代文明史上的历史地位》，《江汉论坛》2004 年第 8 期。

知、有无相生等朴素精辟的思想，仍是我们今天认识自然和社会的重要方法与途径。又如，老子"天下难事必作于易，天下大事必作于细"，就是对许许多多规律性社会现象的高度概括，至今仍有启发意义。

实现中原梦是一项复杂的社会系统工程，必须坚持科学发展观，坚持以人为本，推动经济社会全面、协调、可持续发展。实现中原梦不仅需要发展硬力量，也需要软力量支撑。硬力量一般指物质力，包括经济规模、科技水平、能源状况等。软力量也称精神力，是指一个国家或地区的社会凝聚力，文化与意识形态的吸引力与传播力。① 其中，软力量主要包括中原人民在追求财富、创造价值、促进生产力发展过程中所形成的思想观念、价值体系和心理意识，内含着一系列相关的精神，其中主要有：抓住机遇、加快发展的发展精神；解放思想、与时俱进的创新精神；立党为公、执政为民的民本精神；奋发向上、永不满足的进取精神；吃苦耐劳、百折不挠的拼搏精神；甘冒风险、无所畏惧的历险精神；自力更生、有所作为的自强精神。中原文化所体现的中原梦是一种重要的软实力。因此，在实现中原崛起的过程中，要重视中原文化所体现的中原精神，为中原梦提供智力支持和精神动力。

历史时期，中原人都表现出爱国奉献、自强不息和勤俭务实的精神等，这些都是中原崛起的强大精神推动力。数千年的河南历史上，精英时贤堪称不可胜数。伏羲、黄帝、老子、庄子、张衡、张仲景、韩愈、杜甫、程颢、程颐等历史文化名人灿若星辰，为河南古代灿烂的文化增添了夺目的光彩。在中国新民主主义革命时期，吉鸿昌、杨靖宇、彭雪枫等河南籍的共产党员，在其革命斗争实践中充分表现出舍生取义、无私无畏的高尚精神，用鲜血和生命谱写了爱国主义的光辉篇章。② 他们都是中原儿女的杰出代表，是河南人民的形象大使，被河南人民引以为豪，同时，也留下了体现中原崛起精神的历史文化遗产，对于增强河南人民的自信心和自豪感具有重要作用。

范仲淹是北宋伟大的思想家、政治家、军事家和文学家，作为庆历新政改革的主持者，他时刻把国家、民族的生存与发展放在心上，其"先天下之忧而忧，后天下之乐而乐"的忧国忧民意识，激励着一代又一代中国人。现在成为国家重点文物保护单位的伊川范仲淹墓，仍然能够使人们感受到这种爱国精神。像这样

① 叶春涛：《红旗渠精神与中原崛起》，《学习论坛》2006年第5期。
② 杨军剑：《析中原文化为建设和谐河南提供精神支持的动力机制》，《学习论坛》2007年第3期。

的文化遗产还有汤阴岳飞庙、虞城花木兰传说、大禹治水开封禹王台和禹州大禹神话传说、济源愚公移山传说、"人造天河"的林州红旗渠等。尤其是刚健有为、艰苦创业、自强不息的红旗渠精神，"亲民爱民、艰苦奋斗、科学求实、迎难而上、无私奉献"的焦裕禄精神，体现了中原梦的时代精神与优秀文化传统的有机融合和创新发展。这些历史文化，既有物质文化，也有非物质文化，在实现中原梦的进程中，我们要充分利用历史文化潜在的资源优势，使其转变为强大的推动力，从而为中原梦提供精神力量。

中原文化对中华民族精神的塑造发挥了重要的作用。无论是愚公移山等激励人们奋发向上的神话故事，还是岳飞报国、木兰从军等宣扬爱国主义的历史故事，都是中华民族极其宝贵的精神财富，今天仍然给我们以强大的精神支撑。尤其在民族存亡的危难关头，这种精神成为支撑全民族的坚强力量。中原文化所包含的"民为贵，社稷次之，君为轻"等治国思想，"上兵伐谋，其次伐交，其次伐兵，最下伐城"等军事思想，至今仍闪烁着智慧的光芒，中原文化正以其无可比拟的系统性、丰富性、完整性，为中国经济社会的发展提供不竭的智力支撑。

中原文化固有的向心力在促进民族伟大复兴的过程中发挥着聚合作用。中原文化是广泛吸收众多民族的优秀品质而形成的中华文明的主流文化，团结和谐、爱国统一始终是其倡导的主题。千百年来，报效国家、热恋故土等炽热情怀成为全球华人的民族意识和价值追求。中原文化作为中华民族的根文化，作为传承中华文明的主干文化，长期以来就是海内外华人魂牵梦绕的精神寄托，大家无论身在何方，都有"常回家看看"的心理愿望。新郑黄帝拜祖大典和周口姓氏文化节的成功举办，正是中原文化特有的历史震撼力和时空穿透力的生动展现。历史发展反复证明，中华民族无论怎样一波三折，甚至分分合合，但维护团结、追求统一的历史主流始终没有改变。

总之，中原梦的实现应有相应的精神文化来支撑。没有精神文化上的建设以及由此而衍生的心理上的认同、观念上的转换、思想上的解放，没有积极向上和饱满昂扬的精神状态，是不可能实现中原崛起的。缺乏精神文明建设的社会建设是片面的、畸形的、不完整的，不可能有建设的广度、推进的深度和发展的力度。①

---

① 梁周敏、王奎清：《河南精神与中原崛起》，《学习论坛》2005 年第 12 期。

与此同时，中原文化是一种潜在的文化资源，能够产生巨大的社会效益和经济效益。在由文化资源大省向文化强省迈进的过程中，应大力发掘中原文化资源内涵，依托郑州、开封、洛阳、安阳四大古都的历史文化优势，建立以中华历史文化为主题的古都名城体验区域；依托始祖文化、姓氏文化、神龙文化等寻根文化资源优势，打造全球华人根亲文化圣地；依托以河洛文化为代表的华夏历史文明圣河，以洛阳等地为代表的华夏历史文明圣城，以嵩山为代表的华夏历史文明圣山，以姜太公、老子、庄子、许慎、张衡、张仲景、吴道子、杜甫、韩愈等为代表的华夏历史文明圣贤，建设主题鲜明的文化社区和特色文化体验区，大力发展新兴文化产业，打造一批具有中原风貌、时代特征和国际影响的文化品牌，为实现中原梦提供强大的精神支持和智力保证，为打造华夏历史文明传承创新区，打造富强河南、文明河南、平安河南、美丽河南发挥重要的推动作用。

众所周知，旅游是开发历史文化资源的重要途径之一，而旅游在本质上属于一种文化活动，旅游资源特色与文化的正确定位和开发层次是提升旅游产品档次的关键，也是旅游资源转化为高效益旅游产品的重要条件。对文化旅游产业而言，建设华夏历史文明传承创新区，重点建设中原历史文化旅游区、黄河文化旅游带和南水北调中线生态文化旅游带等一批旅游景区和精品旅游线路，建成世界知名、全国一流的旅游目的地，对于中原经济区的发展具有重要意义，能够带来丰厚的经济收入。河南不仅有很多物质文化遗产，像少林寺、龙门石窟、红旗渠等，而且还有不少非物质文化遗产，如饮食文化（开封小吃）、茶文化（信阳毛尖）、戏曲（豫剧）、民间艺术、字画、酒文化等在全国乃至全世界都有很大影响，具有很高的无形品牌价值。如被列为河南省第一批非物质文化遗产的信阳毛尖茶采制技艺，是河南重要的文化资源。自1992年以来，信阳市以茶为依托，通过举办茶文化论坛、名茶博览交易会、茶道茶艺比赛等茶文化活动以及茶文化一日游等经贸、文化、旅游活动，取得了可观的经济效益和社会效益，为信阳的可持续发展注入了新的活力。通过举办茶文化节，不仅吸引了各级领导和省内外客商的关注，而且美国、日本、德国、英国、俄罗斯、加拿大、新加坡、马来西亚、韩国、泰国、菲律宾、印度尼西亚、匈牙利、波兰、荷兰、澳大利亚、希腊、埃及、哥斯达黎加等20多个国家的外商，以及海外侨胞、港澳台同胞共5万余人光临信阳，给信阳带来了先进的管理信息和技术，为信阳的可持续发展注入了活力。据统计，在2013年信阳第21届国际茶文化节上，有73个合作项目签约，总投资 178.5 亿元人民币（包括合同成交和现货成交额），其中茶产业项目 16 个，投资总额 14.8 亿元人民币。[1] 这些招商引资项目的实施和基础设施项目的建成，不仅提高了城市的综合服务功能，改善了投资环境，而且为信阳经济发展增添了充足的后劲。信阳毛尖茶采制技艺被列为首批非物质文化遗产中的民间手工技艺项，也是对信阳茶文化节在宣传、推介、传承与发展茶文化技艺方面的肯定和认可。

史学家李先登曾经指出："中国古代文明起源的特点是，中原地区首先进入文明，是中国古代文明的核心，随着历史向前发展，中国古代文明区域以中原这个核心为中心像滚雪球一样地逐步扩大，将周围地区不断地汇入中国古代文明区域之中，同时也将周围地区的优秀文化因素不断吸收到中国古代文明之中，使中国古代文明不断向前发展。"[2] 秦汉时期，随着以皇权为核心的中央集权制的确立，中原文化不仅在政治上高度统一，而且开始在意识形态、道德风范等各个方面以一体化的形象出现在人们面前。

---

① 肖宏伟等：《信阳第 21 届国际茶文化节招商引资 178.5 亿》，http：//news.dahe.cn/2013/04-28/102139172.html，2013 年 4 月 28 日。
② 李先登：《关于中国古代文明起源的若干问题》，《天津师范大学学报》1988 年第 2 期。

第二章　中原思想文化

中原思想文化是中华民族思想文化的核心，也是百家思想的集大成者。中原文化在整个中华文明体系中具有发端和母体的地位，中原地区是中国有人类出现和开发最早的地区之一。从"盘古开天"、"女娲造人"、"三皇五帝"、"河图洛书"等神话传说，到早期的裴李岗文化、仰韶文化等考古学文化，都发生在河南。从夏朝到北宋的 3000 多年，先后共有 20 多个朝代的 200 多位帝王在这里建都。河南一直处于全国的政治中心，代表着中国经济发展的最高水平，孕育和产生的众多思想学说、诸子文化、宗教信仰、名人文化等，成为炎黄子孙寻根谒祖的心灵故地，构成了中国传统优秀文化的灵魂，深刻影响着中华民族精神的形成。

第一节　政治文化

一、政治文化内涵

政治文化是一个非常现代的概念，1956 年，美国政治学家阿尔蒙德（G. A. Almond）首次使用"政治文化"一词。政治文化是一个主观价值范畴，是人们对于政治生活的政治价值取向模式，包括政治认知、感情、态度、价值观等政治心理层次诸要素，政治理想、信念、理论、评价标准等政治思想意识是其表现形式，与物质的政治系统是互动平衡的关系。

历史上的中原大地长期是政治角逐、政权更迭、政体演变的大舞台，发生了难以数计的重大政治事件和政治活动，积累了大量的政治智慧和政治经验，形成了非常丰富的政治文化。黄帝是华夏民族公认的先祖，开创了初始的政权制度，建立了国家治理的雏形。以伏羲、女娲、炎帝为代表的"三皇"，无论他们出生在何处，都建都于中原。五帝中的黄帝、颛顼、帝喾，甚至尧、舜也都是以"大中原"为政治中心。夏禹、商汤、周武王都有到中原建都立业的光辉历史。从尧、舜、禹的禅让制到夏、商、周的世袭制，完成了部落联盟向奴隶制国家的转变。之后，国家与国家之间的纷争、交往与联盟等政治行为，不断地推动政体的发展，开启了封建社会的先河，形成了比较完善的封建制度。从夏朝到宋朝3000多年间，河南一直是我国政治、经济和文化的中心，先后有200多位帝王建都或迁都于此，几度形成政治文明的巅峰，中国自古"逐鹿中原"、"问鼎中原"、"得中原者得天下"的说法就是由此而来。中国八大古都中，河南就有开封、洛阳、安阳、郑州四个。所以，中国历史，尤其是中国早期历史在中原这块沃土上留下了很多政治文化的痕迹，没有中原，就没有国人完整的历史与文化。

二、政治文化概述

河南龙山晚期文化、二里头文化、二里岗文化、殷墟文化，被考古工作者锁定为夏商文化。在东汉和魏晋南北朝时期，处于"天下之中"的中原洛阳，见证了汉魏文化的精彩。以开封为中心的北宋王朝，是中国文化勃发的伟大时代。

三、政治文化内容

(一) 夏商文化

夏商文化是指夏文化、郑州商文化和郑州商城、偃师商城、小双桥遗址等与夏商两代相关的文化的总称。

如果不是1959年考古学者的发现和挖掘，有谁知道在河南省洛阳市偃师市二里头村一片绿油油的麦田下，竟隐藏着3000多年前华夏民族的一段辉煌历史？公元前19世纪至公元前16世纪，这里曾是中国第一个王朝的都城所在地，上演过夏的繁荣和夏、商、周三代王朝更替的壮阔史剧，这里便是被誉为华夏第一王都遗址的"二里头遗址"。自遗址发现以来，考古发掘工作持续了整整50年，大量的中国乃至东亚"之最"在这里揭晓，如迄今所知中国最早的大型宫殿建筑群、最早的青铜礼器群、最早的铸铜作坊、最早的车辙痕迹等，但最重要的是这里还是迄今可确认的中国最早的王朝都城遗址，在中华文明发展史上具有划时代的意义。

1. 二里头文化

偃师二里头遗址：河南省偃师市二里头村位于伊、洛二水之间，距离洛阳市约 18 公里。二里头遗址东西长约 2.5 公里，南北宽约 1.5 公里，是夏代都城遗址。考古学家在该遗址发现了始建于二里头文化晚期的大型建筑基址。

2. 二里岗文化

二里岗遗址：二里岗遗址位于郑州市东南部陇海马路东段两侧。这里原是一个高出周围平地 5~10 米的土岗，遗存有房基、灰坑、水井、壕沟、墓葬、祭祀坑、夯土墙等。从地层关系和出土遗物的类比分析看，该遗址可分上下两大期四个阶段，是距今 3500 年前的典型商代遗存。二里岗遗址是我国考古学史上的重要成果之一，考古界以该遗址命名了"二里岗文化"。

郑州商城文化遗址：郑州商城是商代早中期的都城遗址，坐落在郑州管城区内，即今河南省郑州市区偏东部的郑县旧城及北关一带。郑州商城外城墙是先周时期仅次于殷墟的庞大都城遗址，根据文献记载与考证，大部分学者认为是"汤始居亳"的亳都，属商代早中期；不过也有很多学者认为它是"仲丁迁隞"的隞都，属商代中期。无论如何，郑州商城的发掘，对于研究商代历史和古代城市发展史都具有重要价值。

安阳殷墟：殷墟是中国商朝晚期的都城遗址，古称"北蒙"，甲骨卜辞中又称为"商邑"、"大邑商"，是中国历史上第一个有文献可考、并为考古学和甲骨文所证实的都城遗址，位于河南省安阳市西北殷都区小屯村周围，由殷墟王陵遗址、殷墟宫殿宗庙遗址、洹北商城遗址等构成。自 1928 年发掘以来，殷墟出土了大量都城建筑遗址和以甲骨文、青铜器为代表的文化遗存，系统展现了中国商代晚期辉煌灿烂的青铜文明，确立了殷商社会作为信史的科学地位，被评为 20 世纪中国"100 项重大考古发现"之首、国家 AAAAA 级景区，2006 年被联合国教科文组织列为世界文化遗产。殷墟甲骨文的发现，不仅把中国有文字记载的可信历史提前到了商朝，而且由于甲骨文内容丰富，涉及殷商政治、经济、文化、意识形态的各个方面，对全面复原殷商社会史具有重要意义，被称为中国古代乃至人类最早的"档案库"。对甲骨的研究，也产生了一门新的学科——甲骨学。

（二）汉魏文化

1. 荀悦《汉纪》

荀悦（148~209 年），字仲豫，颍川颍阴（今河南许昌）人，东汉末期政论家、史学家。荀悦幼时聪颖好学，但家贫无书，阅读时多用强记，过目不忘。汉灵帝时由于宦官专权，荀悦隐居不出。献帝时，应曹操之召，任黄门侍郎，累迁至秘书监、侍中。侍讲于献帝左右，日夕谈论，深为献帝嘉许。献帝以《汉书》文繁难懂，命荀悦用编年体改写。乃依《左传》体裁，写成《汉纪》30 篇，时间起于汉元年（公元前 206 年），止于王莽地皇四年（23 年）。荀悦《汉纪》的地位，主要体现在促进了《春秋》和《左传》所用的编年体形式的成熟化。通过他的努力，编年体逐渐完善起来，成为和纪传体并重的两种基本史书体裁。书中常用"荀悦曰"的形式发表有见地的史论，行文流畅，成就很高，受到后人赞扬。

2. 建安文学

东汉末年一大批文学家，如曹操、曹丕、曹植、蔡文姬、邯郸淳等，用自己的笔直抒胸臆，抒发渴望建功立业的雄心壮志，掀起了我国诗歌史上文人创作的第一个高潮。由于其时正是汉献帝建安年代，故后世称为建安文学。代表作家主要是曹氏父子（曹操、曹丕、曹植），建安七子（孔融、陈琳、王粲、徐干、阮瑀、应玚、刘桢）和蔡文姬。建安文人开阔博大的胸襟、追求理想的远大抱负、积极通脱的人生态度，直抒胸臆、质朴刚健的抒情风格，形成了建安诗歌所特有的梗概多气、慷慨悲凉的风貌，为中国诗歌开创了一个新的局面，并确立了"建安风骨"这一诗歌美学风范。

3. 竹林七贤

竹林七贤指的是三国时期曹魏正始年间（240~249 年）的嵇康、阮籍、山涛、向秀、刘伶、王戎及阮咸七人。因其常在当时的山阳县（今博爱一带）竹林之下喝酒、纵歌，肆意酣畅，世谓竹林七贤。竹林七贤的作品基本上继承了建安文学的精神，但由于当时的血腥统治，作家不能直抒胸臆，所以不得不采用比兴、象征、神话等手法，隐晦曲折地表达自己的思想感情。

4. 范晔《后汉书》

范晔（398~445 年），字蔚宗，顺阳（今河南淅川东）人，南朝宋史学家。官至左卫将军，太子詹事。宋文帝元嘉九年（432 年），范晔因为"左迁宣城太守，不得志"，开始撰写《后汉书》，至元嘉二十二年（445 年）以谋反罪被杀止，共写成十纪、八十列传。《后汉书》是一部记载东汉历史的纪传体史书，与《史记》、《汉书》、《三国志》合称"前四史"。书中分十纪、八十列传和八志（司马彪续作），全书主要记述了上起东汉的汉光武帝建武元年（25 年）下至汉献帝建安二十五年（220年）共195年的史事。

（三）北宋文化

1. 天波杨府

天波杨府是北宋抗辽英雄杨业的府邸，原位于北宋首都东京（今开封）城内西北隅、天波门的金水河旁，故名"天波杨府"。新址建成于1994年，位于开封市龙亭湖风景区，是一处集湖光山色历史文化和宋代建筑群于一体的大型私家园林，是开封市极具特色的国家AAA级旅游景区。

2. 洛学

洛学是北宋时期以程颢、程颐兄弟为首的学派。二程同受业于周敦颐，他们提出了"理"的哲学范畴，认为理存在于天地万物之中，"一草一木皆有理"，还认为理是"天理"，乃人类社会永恒的最高准则，并以此阐释封建伦理道德，把三纲五常视为"天下之定理"。洛学以儒学为核心，并将佛、道渗透于其中，旨在从哲学上论证"天理"与"人欲"之间的关系，规范人的行为，维护封建秩序。二程洛学是保守的和唯心的，但也包含有辩证法因素。他们提出"万物莫不有对"、"动静相因，物极必反"，承认事物是相互制约、发展变化的。其后，宋代的朱熹、陆九渊，明代的王阳明，又在二程开辟的方向上发展了理学，宋明理学是宋代之后漫长的中国封建社会的理论基础和精神支柱。

3. 宋朝书院

书院制度是中国古代有别于官学的重要教育制度。它始于晚唐，盛于宋，历经元、明，延至清末。据不完全统计，我国历代创建的大小书院有7000余所。宋朝四大书院是应天书院（位于今河南商丘睢阳区南湖畔）、岳麓书院（位于今湖南长沙岳麓山）、嵩阳书院（位于今河南郑州登封嵩山）和白鹿洞书院（位于今江西九江庐山），其中两个在河南境内。嵩阳书院原名嵩阳寺，位于登封市城北3公里峻极峰下，因坐落于嵩山之阳而得名。应天书院为五代后晋时的商丘人杨悫所开办。

4. 铁塔

铁塔位于河南省开封市北门大街铁塔公园的东半部，是园内重要的文物，也是主要的景点，始建于北宋皇祐元年（1049年），是1961年中国首批公布的国家重点保护文物之一，素有"天下第一塔"之称。铁塔高55.88米，八角十三层，因此地曾为开宝寺，又称"开宝寺塔"，又因遍体通砌褐色琉璃砖，浑似铁铸，从元代起民间称其为"铁塔"。在 900 多年中，历经了 37 次地震，18 次大风，15 次水患，仍巍然屹立。开封铁塔是宋都开封最具代表性的文物，是文物价值最高、分量最重的宝物。

5. 北宋皇陵

北宋皇陵是国家重点文物保护单位，位于河南省巩义市的西村、芝田、市区、回郭镇一带。北宋九个皇帝，除徽、钦二帝被金兵掳去死于五国城外，其余七个皇帝及赵弘殷（赵匡胤之父）均葬在巩义，通称"七帝八陵"，再加上后妃和宗室亲王、王孙及高怀德、蔡齐、寇准、包拯、杨六郎、赵普等功臣名将，共有陵墓近千座。从公元 963 年开始营建宋陵，前后经营达 160 余年之久，形成了一个规模庞大、气势雄伟的皇家陵墓群，堪称露天艺术博物馆，是研究宋代典章制度和石刻艺术的十分珍贵的实物资料。

第二节　诸子文化

作为中华文化重要发祥地之一的中原，涌现出了许多文化圣人先贤，他们是百家思想的集大成者，创制了一大批经典著作，成为中华文化发展史上的不朽丰碑。总的来看，诸子文化传达着刚健有为、自强不息、中庸尚和的生活哲学，不仅隐含着勇于变革、积极进取的精神，而且也体现了友好共处、向往和平的境界。这些思想文化塑造了中华民族的基本文化形态和性格，丰富了中华民族的精神宝库，并对世界文化产生了很大影响。

一、诸子文化内涵

中国古籍的分类一般是四大类，即经、史、子、集，诸子的意思就是"子"部各书的总称。《庄子·天下篇》、《史记·太史公自序》和《汉书·艺文志》等都对先秦诸子之学有所论说。20 世纪 30 年代出版的《诸子集成》列出了 16 位先秦诸子，其中一半以上都是河南人。

二、诸子文化概述

历史上的中原地区是中国传统思想的萌发和荟萃之地。春秋战国时期，儒家、道家、墨家、法家、名家、兵家、纵横家等活跃于中原地区，他们的学说与著作被奉为中华文化的元典，且其创始人或集大成者多为河南人。

儒家是先秦诸子百家中的一个主要学派，由孔子所开创。孔子为宋国贵族后裔，祖籍今河南夏邑，其讲学、游说的主要活动地域在中原，其思想言行记载在《论语》中。孔子建立了以"仁"为核心的思想体系，在政治上主张礼治和德治。战国时，儒家内部产生分化，"儒分为八"，即子张之儒、子思之儒、颜氏之儒、孟氏之儒、漆雕氏之儒、仲良氏之儒、孙氏之儒、乐正氏之儒。其中"子张之儒"的子张，是今河南淮阳人。

道家是先秦诸子百家中的一个主要学派，由老子所开创，并在庄子那里得到继承和发展。老子，今河南鹿邑人，"周守藏室之史"，孔子曾数度向他问礼，后退隐，著《老子》。老子以"道"为最高范畴，将道视为天地万物的本原、本体及其运行的总规律，提出道生万物、执一统众、顺应自然、无为而治、物极必反、和谐有度、俭啬寡欲、抱朴守真等思想与主张。庄子，今河南民权人，他集道家思想之大成，将道家的人生学说与精神境界推到了顶峰。庄子的思想体现在《庄子》中，其思想的中心是要追求人的精神自由。

墨家是春秋战国时期的重要学派，因创始人墨子而得名。墨子，今河南鲁山人，墨子共有十项基本的思想主张，即兼爱、非攻、尚贤、尚同、节用、节葬、非乐、天志、明鬼、非命。此外，在自然科学、工程技术等方面，墨家也有卓越成就。墨家的主要思想汇集在《墨子》中。

法家是先秦诸子中颇具影响的一个学派，主张以"法"治国，反对仁义；强调明刑尚法、信赏必罚；主张发展经济，富国强兵；主张君主专制，尊主卑臣。韩国（今河南新郑）贵族韩非是法家思想的集大成者，主张法、术、势三者相辅而相成，不可偏废，他又吸收道家思想，提出"抱法处势则治"，建立起了一套完整的法治理论体系，所著《韩非子》共55篇。

中原先哲所倡导的天人合一精神、礼治精神、德治精神、仁爱精神、举贤精神、民本精神、人本精神、内圣外王精神、立人立己精神、诚敬精神等，经过现代的转化和洗礼，必然会成为一种具有世界性的精神文化资源。

三、诸子文化内容

古往今来，无数中原的思想家用自己的思考深刻地影响着历史的进程。他们的思想所闪现的光辉汇聚到一起，形成了星空中最耀眼的区域，而他们的学说经过漫长岁月的积淀，熔铸成华夏文明的思想精髓，成为中国思想文化的主干，深刻影响了中华民族的文化发展和民族精神的塑造。例如，"大同"、"和合"，成为了中华文化的核心思想；礼义廉耻、仁爱忠信，成为了中华民族的核心价值观。

（一）儒家

儒家是先秦诸子百家之一，其创始人是孔子。儒家在先秦时期和其他学说地位平等，但在秦始皇时因"焚书坑儒"而受到重创，又在汉武帝"罢黜百家，独尊儒术"的主张下兴起。儒家是中国古代最有影响的学派，对中国文化的影响很深，几千年来，代代传授的不外乎《四书》、《五经》等儒家经典，传统的责任思想、节制思想和忠孝思想，都是儒家思想与专制统治结合的结果。

1. 孔子

孔子（公元前551~公元前479年），名丘，字仲尼，春秋后期鲁国人。孔子为春秋末期思想家、教育家、儒家学派的创始人，任鲁国司寇；后携弟子周游列国；最终返鲁，专心执教。孔子在世时已被誉为"天纵之圣"、"天之木铎"、"千古圣人"，是当时社会上最博学者之一，并且被后世尊为至圣、万世师表。孔子曾修《诗》、《书》，定《礼》、《乐》，序《周易》，作《春秋》，其思想及学说对后世产生了极其深远的影响。

孔子思想与学说的精华，比较集中地见于《论语》一书。《论语》是孔子弟子及其再传弟子对孔子言行的追记，也有一些是对孔子弟子言行的记录。此书对中国历史产生了巨大而深远的影响。它的思想内容、思维方式、价值取向都早已融入我们民族的血液，沉淀在我们的生命中，铸成了我们民族的个性。《论语》一书集中阐述了儒家思想的核心内涵——仁。孔子的思想以"仁"核心，以为"仁"即"爱人"，提出"己所不欲，勿施于人"，"己欲立而立人，己欲达而达人"等论点，提倡"忠恕"之道，又认为推行"仁政"应以"礼"为规范，"克己复礼为仁"。孔子首创私人讲学风气，主张因材施教，"有教无类"，提出"学而不厌，诲人不倦"，强调"君子学道则爱人，小人学道则易使也"。政治上提出"正名"主张，认为"君君、臣臣、父父、子子"，都应实副其"名"，并提出"不患寡而患不均，不患贫而患不安"的观点。西汉以后，孔子学说成为两千余年封建社会的文化正统，影响极深。

2. 孟子

孟子（约公元前 372~约公元前 289 年），名轲，字子舆，战国时期的思想家、教育家，儒家著名代表人物之一。孟子继承并发扬了孔子的思想，成为仅次于孔子的一代儒家宗师，有"亚圣"之称，与孔子并称为"孔孟"。孟子著有《孟子》一书。性善论是孟子学说理论的出发点，他认为应以"仁"为中心，其主要主张有"仁政"、"王道"理论。南宋时朱熹将《孟子》与《论语》、《大学》、《中庸》合在一起，称"四书"。直到清末，"四书"一直是科举必考内容。

（二）道家

春秋时期，老子集古圣先贤之大智慧，总结了古老的道家思想的精华，形成了"无为无不为"的道德理论，标志着道家思想已经正式成型。道家以"道"为核心，认为天道无为，主张道法自然，提出无为而治、以雌守雄、以柔克刚、刚柔并济等政治、军事策略，具有朴素的辩证法思想，是"诸子百家"中一个极为重要的哲学流派，存在于中华各文化领域，对中国乃至世界的文化都产生了巨大的影响。道家哲学发展大致经历了五个阶段，即先秦道家、秦汉黄老之学、魏晋玄学、隋唐重玄学与宋元内丹生命学五种历史形态（以及现代正在酝酿构建的新道家）。玄学过后，道家虽然不再占据主流，但儒显道隐的儒道互补的华夏文化内涵，几千年中长期居于社会思想文化的正宗和主导地位。

1. 老子

老子（约公元前 571~公元前 471 年），谥曰聃，姓李名耳，字伯阳，楚国苦县（今河南鹿邑东太清宫镇，古属亳州谯城）厉乡曲仁里人，春秋时思想家，道家创始人。他做过周朝"守藏室之史"（管理藏书的史官），孔子曾向他问礼，后退隐，著《老子》。老子的思想主张是"无为"，理想政治境界是"邻国相望，鸡犬之声相闻，民至老死不相往来"。

《老子》以"道"解释宇宙万物的演变，认为"道生一，一生二，二生三，三生万物"，"道"乃"夫莫之命（命令）而常自然"，因而"人法地，地法天，天法道，道法自然"。"道"为客观自然规律，同时又具有"独立不改，周行而不殆"的永恒意义。《老子》书中包括大量朴素辩证法观点，如认为一切事物均具有正反两面，"反者道之动"，并能由对立而转化，"正复为奇，善复为妖"，"祸兮福之所倚，福兮祸之所伏"。认为世间事物均为"有"与"无"之统一，"有无相生"，而"无"为基础，"天下万物生于有，有生于无"。认为"天之道，损有余而补不足，人之道则不然，损不足以奉有余"；"民之饥，以其上食税之多"；"民之轻死，以其上求生之厚"；"民不畏死，奈何以死惧之?"。老子的学说对中国哲学发展具有深刻影响，他的哲学思想和由他创立的道家学派，不仅对我国古代思想文化的发展作出了重要贡献，而且对我国思想文化的发展产生了深远的影响。

2. 庄子

庄子（公元前 369~公元前 286 年），名周，字子休（一说子沐），战国时代著名思想家、哲学家、文学家，是道家学派的代表人物，老子哲学思想的继承者和发展者，先秦庄子学派的创始人。他的学说涵盖了当时社会生活的方方面面，但根本精神还是归依于老子的哲学。后世将他与老子并称为"老庄"，他们的哲学称为"老庄哲学"。

庄子的思想包含着朴素辩证法观点，认为一切事物都在变化，他认为"道"是"先天生地"的，"道未始有封"。主张"无为"，放弃生活中的一切争斗。又认为一切事物都是相对的，因此他否定知识，否定一切事物的本质区别，极力否定现实，幻想一种"天地与我并生，万物与我为一"的主观精神境界，安时处顺，逍遥自得，倒向了相对主义和宿命论。庄子的文章，想象力很强，文笔变化多端，具有浓厚的浪漫主义色彩，并采用寓言故事形式，富有幽默讽刺的意味，对后世的文学语言有很大影响。著作有《庄子》，亦称《南华经》，为道家经典之一。《汉书·艺文志》著录《庄子》52 篇，但留下来的只有 33 篇，其中内篇 7 篇，一般定为庄子著，外篇杂篇可能掺杂有他的门人和后来道家的作品。《庄子》在哲学、文学上都有较高的研究价值，名篇有《逍遥游》、《齐物论》、《养生主》等，《养生主》中的"庖丁解牛"尤为后世传诵。

（三）墨家

墨家约产生于战国时期，创始人为墨翟（墨子）。墨家是一个纪律严密的学术团体，其首领称"巨子"，其成员到各国为官时必须推行墨家主张，所得俸禄亦须向团体奉献。墨家学派有前后期之分，前期思想主要涉及社会政治、伦理及认识论问题，关注现世战乱；后期墨家在逻辑学方面有重要贡献，开始向科学研究领域靠拢。墨家主张人与人之间平等的相爱（兼爱），反对侵略战争（非攻），重视文化传承（明鬼），掌握自然规律（天志）。以墨家、儒家、道家为代表的三大汉族哲学体系形成了诸子百家争鸣的繁荣局面。

墨家学派的代表人物墨子，姓墨名翟，鲁国人。墨子出身平民，自称"北方之鄙人"（《吕氏春秋·爱类》），人称"布衣之士"（《吕氏春秋·博志》）和"贱人"（《渚宫旧事》），汉代王充甚至说："孔墨祖愚，丘翟圣贤。"（《论衡·自纪》）墨子曾为宋国大夫，自诩"上无君上之事，下无耕农之难"（《墨子·贵义》），是同情"农与工肆之人"的士人。曾师从史角之后，传其清庙之法。又学于儒者，习孔子之术，称道尧舜大禹，明于《诗》、《书》、《春秋》，因不满儒家礼乐烦苛，于是弃周道而用夏政。宣扬兼爱、非攻、尚贤、尚同、节用、节葬、非乐、天志、明鬼、非命，而以兼爱为核心，以节用、尚贤为支点。其为人"以绳墨自矫，而备世之急"（《庄子·天下》）。为宣扬自己的主张，墨子广收生徒，寻常亲从弟子数百人，形成声势浩大的墨家学派。墨子的事迹分别见于《荀子》、《韩非子》、《庄子》、《吕氏春秋》、《淮南子》等书，其思想则主要保存在《墨子》一书中。

（四）法家

法家是中国历史上提倡以法制为核心思想的重要学派，《汉书·艺文志》列为"九流"之一。其思想源头可上溯于夏商时期的理官，春秋、战国亦称之为刑名、刑名之学，经过管仲、士匄、子产、李悝、吴起、商鞅、慎到、申不害、乐毅、剧辛等人予以大力发展，遂成为一个学派。战国末，韩非对他们的学说加以总结、综合，集法家之大成。其范围涉及法律、经济、行政、组织、管理等。法家是战国时期平民的政治代言人，强调"不别亲疏，不殊贵贱，一断于法"。法家思想作为一种主要派系，他们提出了至今仍然影响深远的以法治国的主张和观念，以及把法律视为一种有利于社会统治的强制性工具，这些体现法制建设的思想，一直被沿用至今，成为中央集权者稳定社会的主要统治手段。

法家的代表人物韩非子（约公元前280~公元前233年），是战国末期韩国（今河南新郑）贵族，著名的哲学家、法家学说集大成者和散文家。他与李斯同师荀卿，继承和发展了荀子的法术思想，同时又吸取了以前的法家学说，成为法家的集大成者。韩非子多次上书韩王变法图强，不见用，乃发愤著书立说，以求闻达。秦王政慕其名，遗书韩王强邀其出使秦国。在秦遭李斯、姚贾诬害，死狱中。韩非子比较各国变法得失，提出"以法为主"，法、术、势结合的理论，集法家思想之大成，今存《韩非子》55篇。韩非子创立的法家学说，为中国第一个统一专制的中央集权制国家的诞生提供了理论依据。

(五) 名家

名家以辩论名实问题为中心，是以善辩成名的一个学派，又称"辩者"、"刑（形）名家"。名家之所以被称为"名家"，是因为他们是在"思以其道易天下"的过程中，为了播其声、扬其道、释其理，最先围绕"刑名"问题，以研究刑法概念著称。以后逐渐从"刑名"研究延伸到"形名"研究、"名实"研究，围绕"名"和"实"的关系问题，展开论辩并提出自己的见解。名家流传下来的代表著作大部分都是儒家的版本《邓析子》、《尹文子》、《惠子》、《公孙龙子》等，今仅存《公孙龙子》、《邓析子》、《尹文子》。《庄子》一书中曾有许多惠子和庄子的对话。名家在战国中期是一个非常活跃的学派，标志着中国古人思想学与逻辑学大融合达到了相当的高度，在秦朝以后退出政治舞台，名家后世传人的影响均不及儒、墨、道、易、兵、法等诸家影响面广，他们的学说被不同程度地融入诸家文化之中。

惠施（约公元前 370~公元前 310 年），战国时政治家、辩客和哲学家，是名家的代表人物。惠施是宋国人，但他最主要的活动地区是魏国，惠施是合纵抗秦最主要的组织人和支持者。他主张魏国、齐国和楚国联合起来对抗秦国，并建议尊齐为王。魏惠王在位时，惠施因为与张仪不和而被驱逐出魏国，他首先到楚国，后来回到家乡宋国，并在那里与庄子成为朋友。公元前 319 年魏惠王死后，由于东方各国的支持，魏国改用公孙衍为相国，张仪失宠离去，惠施重回魏国。作为合纵的组织人，他在当时各个国家里都享有很高的声誉，因此经常因外交事务被魏王派到其他国家，曾随同魏惠王到齐国的徐州，朝见齐威王。他还为魏国制定过法律。惠施的著作没有能够流传下来，因此他的哲学思想只有通过其他人的转述而为后人所知。其中最重要的是他的朋友庄子的著作中提到了他的思想，最主要的有"历物十事"，他主张广泛地分析世界上的事物来从中总结出世界的规律。除了《庄子》外，《荀子》、《韩非子》、《吕氏春秋》等书中也有对其思想的记载。

(六) 兵家

兵家是中国先秦、汉初研究军事理论、从事军事活动的学派，其学说是古代汉族军事思想的精华。据《汉书·艺文志》记载，兵家又分为兵权谋家、兵形势家、兵阴阳家和兵技巧家四类。兵家的代表人物有春秋时的孙武、司马穰苴，战国时的孙膑、吴起、尉缭、赵奢、白起，汉初的张良、韩信等。今有兵家著作《孙子兵法》、《孙膑兵法》、《吴子》、《六韬》、《尉缭子》等。兵家著作中含有丰富的朴素唯物论和辩证法思想。

兵家的代表人物孙武，俗称孙子，字长卿，齐国人，春秋末期著名军事家。曾以《兵法》十三篇见吴王阖闾，受任为将，领兵打仗，战无不胜，与伍子胥率吴军破楚，五战五捷，率兵 6 万打败楚国 20 万大军，攻入楚国郢都。孙子北威齐晋，南服越人，显名诸侯。孙武的一生，除了其赫赫战功以外，更主要的是他给后人留下了不少珍贵的论兵、论政的篇章，其中以流传下来的《孙子兵法》最为著名。这短短的 13 篇 5000 字，体现了孙武完整的军事思想体系，是我国最早的兵法，被誉为"兵学圣典"，置于《武经七书》之首，被译为英文、法文、德文、日文，成为全球最著名的兵学典范之书。孙武的军事思想具有朴素的唯物论和辩证法观点，他强调战争的胜负不取决于鬼神，而是与政治清明、经济发展、外交努力、军事实力、自然条件诸因素有联系，预测战争胜负主要就是分析以上这些条件如何，这就体现了朴素的唯物论观点。孙武不仅相信世界是客观存在的，而且认为世界上的事物都在不停地运动变化着，强调在战争中应积极创造条件，发挥人的主观能动性，促成对立面朝着有利于自己的方向转化，这表明孙武掌握了生动活泼的辩证法。

（七）纵横家

纵横即合纵连横的政治主张。纵横家指那些凭借辩才进行政治活动的人，他们大多朝秦暮楚、事无定主、反复无常，其设计谋划多从主观的政治要求出发。合纵派的主要代表是公孙衍、苏秦，连横派的主要代表是张仪。他们都师承鬼谷子。

鬼谷子，又名王禅，民间称其为王禅老祖，长于持身养性和纵横术，精通兵法、武术、奇门八卦，有《鬼谷子》传世。他是纵横家的鼻祖，也是卓有成就的教育家。常入云梦山采药修道，因隐居清溪之鬼谷，故自称鬼谷先生。苏秦与张仪为其最杰出的两个弟子，另有孙膑与庞涓亦为其弟子之说。纵横家所崇尚的是权谋策略及言谈辩论的技巧，其指导思想与儒家所推崇的仁义道德大相径庭。因此，历来对《鬼谷子》一书推崇者甚少，而讥诋者极多。其实，外交战术之得益与否，关系国家之安危兴衰；而生意谈判与竞争策略得当与否，则关系到经济上之成败得失。即使在日常生活中，言谈技巧也关系到处世为人得体与否。当年苏秦凭其三寸不烂之舌，合纵六国，配六国相印，统领六国共同抗秦，显赫一时。

而张仪又凭其谋略与游说技巧，将六国合纵土崩瓦解，为秦国立下不朽功劳。所谓"智用于众人之所不能知，而能用于众人之所不能"，"潜谋于无形，常胜于不争不费"，这些都是《鬼谷子》之精髓所在。

第三节　宗教文化

中华民族传统文化的一个重要特点就是儒、释、道"三教合流"，其中"释"（佛）、"道"都属于宗教文化，其繁荣发展都与河南息息相关。

一、宗教文化内涵

宗教是人类社会发展进程中的特殊文化现象，是人类传统文化的重要组成部分，它影响到人们的思想意识、生活习俗等方面。广义上讲，宗教本身是一种以信仰为核心的文化，同时又是整个社会文化的组成部分。我国是一个多宗教的国家，到新中国成立前，逐步形成了以佛教、道教、伊斯兰教、天主教、基督教（新教）、儒家六大宗教为主体，兼有少数其他宗教和多种民间信仰的基本格局。

二、宗教文化概述

道教是中国的本土宗教，被奉为道教鼻祖的老子是河南鹿邑人。登封中岳庙是历代皇帝祭祀中岳神的地方，是我国现存最早、规模最大的道教建筑群之一。济源的王屋山为道教"十二洞天"之一，是唐代著名道长司马承祯携玉真公主出家修道的地方。

佛教传入中国后，第一座佛寺白马寺就建在河南洛阳。洛阳的龙门石窟是佛教三大艺术宝库之一，已被列入世界文化遗产名录。推动佛教信仰大众化的净土宗，其祖庭就在开封相国寺。标志着佛教文化中国化初步完成的禅宗，其祖庭就在嵩山少林寺。在佛教文化史和中外文化交流史上鼎鼎大名的玄奘法师，是河南偃师人，也是《西游记》中唐僧的原型。

中原伊斯兰教文化是中原宗教文化的重要组成部分。伊斯兰教随着迁移流动的穆斯林传入中原，在适应中原社会文化环境的过程中得到传播、发展。清末，河南清真寺的总数已达 500 余座。郑州管城回族区北大寺就是回族群众聚居处的一个礼拜地点。随着清真寺数量的增多，伊斯兰教成为中原大地上令人瞩目的宗教文化存在。

三、宗教文化内容

中原宗教文化具有根源性、原创性、包容性、基础性和辐射性等显著特点。这些特点奠定了中原宗教在中国宗教史和中国传统文化中特别重要的地位，以至于要了解中国宗教史和中国传统文化，就必须了解中原宗教和中原文化。例如，我们通常说儒、释、道三教融合、交流，而三教合流的典型代表就在登封嵩山脚下。因为在嵩山脚下，既有中国化的佛教禅宗的祖庭——少林寺，又有历代皇帝祭祀中岳神的道教圣地——中岳庙，还有儒家二程讲学的著名书院——嵩阳书院等，中原文化的包容性可见一斑。

（一）道教文化

道教是中国唯一的土生土长的宗教，集中国古代文化思想之大成，以道学、仙学、神学为主干，并融入医学、巫术、数理、文学、天文、地理、阴阳五行等学问。其内容讲求长生不老，画符驱鬼。道教创立后，尊老子为教主，尊道贵德。

道教思想之所以在中国存在了二千多年，就是因为它的主张符合人们热爱和平、向往自由的美好愿望。它对人类要求的行为规范，符合历代统治者的意愿，对于稳定社会、发展生产有着现实意义和深远影响。在当今构建社会主义和谐社会的过程中，道教的教理教义对平和人们的心态，指导人与人之间如何相处，怎样融于社会，不争权夺利，自强不息地建设美好家园有着不可替代的作用，它的思想对稳定社会有着积极意义。

1. 老子故里鹿邑太清宫

太清宫位于鹿邑县城东十里的太清宫集，为老子的诞生地。据史志记载，东汉延熹八年（165 年），桓帝刘志派中常侍管霸前来创建，始名老子庙。唐代李渊为了便于对天下的统治，抬高家族地位，认老子为祖宗。后经唐高宗李治、武则天、玄宗李隆基等扩建追封，规模达到鼎盛，宫内建筑排列有序，琼楼玉宇，金碧辉煌。太清宫称前宫，洞霄宫称后宫；前宫祀老子，后宫祀李母。两宫中隔一河，河上有桥，河名"金水"，桥称"会仙"。

1997 年，考古专家在太清宫发掘出一处含龙山文化遗址、西周墓葬、东周夯土基址和大型马坑、唐宋建筑基址、碑刻及明清建筑的大型文物古迹群。该遗址时代早，跨度大，保存完好，文化内涵丰富，具有很高的历史、科学和艺术价值，被评为 1997 年度全国十大考古发现之一，从而载入史册，震惊海内外。

2. 河南登封中岳庙

在河南省登封县城东 4 公里处，有一座古老的庙院，它就是坐落在太室山东南麓黄盖峰下的中岳庙。中岳庙是历代皇帝祭祀中岳神的地方，岳神是道教的尊神之一。中岳庙原名为"太室祠"，始建于秦代，至北魏时才改名为"中岳庙"。汉武帝元封元年游览嵩山，命祠官加以扩建。据《登封县志》载，历史上各个朝代都曾增建扩修，中岳庙的规模不断扩大，庙房多达 400 余间，主要的建筑有天中门、峻极门、峻极坊、中岳大殿、寝殿等，是我国五岳之中现存规模最大的古代建筑群。中岳庙四周群山环抱，景色秀丽，庙内古木参天，建筑精美。因此，中岳庙历来是帝王将相、达官显贵中原之旅的必到之处。

3. 南召五朵山风景区

五朵山位于南阳市南召县西南部伏牛山东南麓，是集道教文化、旅游观光、休闲度假为一体的山岳型风景旅游区。景区占地面积 100 多平方公里，地质结构奇特，地势地貌复杂，山势巍峨，峰峦叠嶂，在南北一线三公里内并连矗立的五朵突兀山峰高耸入云，势成五极，气势宏伟。景区内林茂水秀、怪石嶙峋，是道教圣地，文化底蕴深厚，兼有自然人文之景，并蓄北雄南秀之美。明清以来，"朝北顶"成为中原和江汉地区的重要典祀活动，被誉为"北顶神仙地，中原小华山"。

4. 太行之脊——王屋山

王屋山位于济源市西北 40 公里处，总面积 265 平方公里，是中国古代九大名山之一，愚公移山的故事就发生在这里。汉魏时，王屋山被列为道教十大洞天之首，称为"天下第一洞天"。主峰天坛山海拔 1715 米，是中华民族祖先轩辕黄帝设坛祭天之所，世称"太行之脊"、"擎天地柱"。传说中愚公移山的地方在王屋山之阳，这是一条从王屋山主峰延伸下来的南北走向的大山梁。山梁西面是愚公村，东面是小有河，愚公村的人每天要到小有河去取水，正是这条大山梁给他们带来了许多不便，所以愚公要带领他的子子孙孙挖掉它。现在在这条大山梁中间，确实断开一条很大的山口，远远看去，真似人工开挖的一样。

5. 济源王屋山清虚宫

济源王屋山清虚宫是道教宫观,在河南省济源市境内的王屋山庭芒村。清虚宫创建于唐代,元大德年间重修,清代重建。现存三清大殿、王母殿、东配殿等,均为清代建筑。三清大殿因原奉三清,故而得名,殿面阔五间,进深四间,单檐悬山式木构建筑,为王屋山道教三大宫之一。

6. 焦作武陟嘉应观

嘉应观位于河南焦作武陟县城东南 12 公里处,总面积 9.3 平方公里,始建于清雍正元年,是雍正皇帝为祭祀河神、封赏历代治河功臣而修建的一座宫、庙、衙三位一体的黄淮诸河龙王庙,建筑风格形似故宫,有"河南小故宫"之美誉。嘉应观是我国历史上唯一记述治黄史的庙观,也是河南省保存最完好、规模最宏大的清代建筑群,文化内涵丰富,是黄河文化的代表之一。

7. 开封延庆观

延庆观,原名重阳观,是为纪念全真教创始人王喆而兴建的。经过多次毁坏和重建,建筑共三层,通高 18.25 米,全用青砖,琉璃构件仿木建造,不是梁架,颇似一座蒙古包,内供明代真武铜像一尊。中层为八角实心,每面装饰歇山式山墙,均设鸱吻垂兽。上层为八角楼阁,外设琉璃栏杆,内供汉白玉雕玉皇大帝坐像及左右侍臣,上盖脊饰犹存蒙古骑士形象,正顶装有火焰宝珠铜饰。整个建筑是蒙古包和楼阁的巧妙结合,造型奇特,色彩绚丽,国内罕见。

(二)佛教文化

佛教是距今 3000 多年前由迦毗罗卫国(今尼泊尔境内)王子乔达摩·悉达多所创,于西汉末年传入中国。佛教有八大祖庭:天台宗、三论宗、法相宗、华严宗、禅宗、律宗、密宗、净土宗。佛,意思是"觉者"。佛又称如来、应供、正遍知、明行足、善逝、世间解、无上士、调御丈夫、天人师、世尊。佛教重视人类心灵和道德的进步和觉悟。佛教信徒修习佛教的目的在于从悉达多所悟的道理中,看透生命和宇宙的真相,最终超越生死和痛苦,断尽一切烦恼而得到解脱。

佛教对中国文化产生过很大影响和作用,在中国历史上留下了灿烂辉煌的佛教文化遗产。

1. 白马寺

白马寺位于中国河南洛阳城东 12 公里处,古称金刚崖寺,号称"中国第一古刹",是佛教传入中国后第一所官办寺院。它建于东汉明帝永平十一年(68年),

距今已有 1900 多年的历史。相传汉明帝夜梦金人，身有日光，飞行殿前，欣然悦之。明日，传问群臣，此为何神？有臣答曰，此神即"佛"。明帝即派遣大臣蔡愔、秦景出使天竺（今印度）寻佛取经。蔡愔、秦景取回了佛经佛像，并与天竺高僧摄摩腾、竺法兰东回洛阳，藏经于鸿胪寺，并进行翻译工作。次年建寺，名白马寺。寺址在汉魏洛阳故城雍门西 1.5 公里处。白马寺在我国佛教史上占有重要地位，被尊为"释源"和"祖庭"，享有独特的地位。

2. 少林寺

少林寺位于河南登封市嵩山五乳峰下，由于其坐落于嵩山腹地少室山的茂密丛林之中，故名"少林寺"，始建于北魏太和十九年（495 年），是孝文帝为了安置他所敬仰的印度高僧跋陀尊者而建的。少林寺是汉传佛教的禅宗祖庭，号称"天下第一名刹"。少林寺因其历代少林武僧潜心研创和不断发展的少林功夫而名扬天下，有"天下功夫出少林，少林功夫甲天下"之说。包括少林寺常住院、塔林和初祖庵在内的"天地之中建筑群"是著名的世界文化遗产。

3. 玄奘

玄奘（602~664 年），名陈祎，洛州缑氏（今河南偃师滑国故城）人，法名玄奘，世称三藏法师，俗称唐僧。玄奘在中国佛教史上是一位有多重贡献的高僧，在世界文化史上也有着极其重要的地位。玄奘 13 岁出家，贞观二年（628年），从长安（今西安）出发，西行求经，贞观十九年携大乘、小乘佛教经典回到长安。后在太宗、高宗的支持下，召集各大寺高僧组成译经场，译出经、论75 部，共 1335 卷，主要有《大般若经》、《心经》、《解深密经》、《瑜伽师地论》、《成唯识论》等，后世将他与鸠摩罗什、真谛并称为中国佛教三大翻译家。玄奘所著的《大唐西域记》，记述了他西游的亲身经历和 100 多个国家的山川、地邑、物产、习俗等。玄奘不畏生死西行取经的精神受到人们的崇敬，被世界人民誉为中外文化交流的杰出使者。他的思想和行为是中国、亚洲乃至世界人民的共同财富。

4. 龙门石窟

河南洛阳龙门石窟位于洛阳市东南，分布于伊水两岸的崖壁上，南北长达 1公里。龙门石窟始凿于北魏年间，先后营造 400 多年。现存窟龛 2300 多个，雕像 10 万余尊，是我国古代雕刻艺术的典范之作，与大同云冈石窟、敦煌千佛洞石窟齐名，体现出我国古代劳动人民很高的艺术造诣。其中，以宾阳中洞、奉先寺和古阳洞最具有代表性。龙门石窟是北魏、唐代皇家贵族发愿造像最集中的地方。皇室贵族拥有雄厚的人力、物力条件，他们所主持开凿的石窟必然规模庞大，富丽堂皇，汇集了当时石窟艺术的精华，因而龙门石窟是十分具有代表性的。这些洞窟的开凿是皇家意志和行为的体现，具有浓厚的国家宗教色彩，所以龙门石窟的兴衰，不仅反映了中国 5~10 世纪皇室崇佛信教的盛衰变化，而且从某些侧面反映出中国历史上一些政治风云的动向和社会经济态势的发展，它的意义是其他石窟所无法比拟的。另外，龙门石窟还保留有大量的宗教、美术、书法、音乐、服饰、医药、建筑和中外交通等方面的实物史料。因此，它又是一座大型的石刻艺术博物馆。

（三）伊斯兰教

伊斯兰系阿拉伯语音译，原意为"顺从"、"和平"，又译作伊斯俩目，指顺从和信仰创造宇宙的独一无二的主宰安拉及其意志，以求得两世的和平与安宁。信奉伊斯兰教的人统称为"穆斯林"（Muslim，意为"顺从者"，与伊斯兰"Islam"是同一个词根）。伊斯兰教是世界性的宗教之一，与佛教、基督教并称为世界三大宗教。中国旧称其为大食法、大食教、天方教、清真教、回回教、回教、回回教门等。截至 2009 年底，世界约 68 亿人口中，穆斯林总人数为 15.7 亿，分布在 204 个国家和地区，占全世界的 23%。

中国的伊斯兰教一般认为是在唐朝永徽二年（651 年）从阿拉伯传入中国的泉州、广州等地。伊斯兰教分逊尼派和什叶派两大教派，中国主要是逊尼派。在回族、维吾尔族、塔塔尔族、柯尔克孜族、哈萨克族、乌孜别克族、塔吉克族、东乡族、撒拉族、保安族等少数民族 2000 多万人口中，大多数信仰伊斯兰教，在其他的汉、满、蒙古、藏、傣等民族中也有信仰者。中国穆斯林大多数聚居在宁夏、甘肃、青海、河南、云南、新疆等省和自治区，其他各省、自治区、直辖市也有分布。

1. 郑州管城回族区北大寺

北大寺位于郑州老城内管城回族自治区东侧，此地古称回回营，是回族群众聚居处。从回回在元朝的社会地位与经济力量看，北大寺可能始建于元代。该寺坐西向东，占地十余亩。中轴线上有大门、望月楼、大殿，两侧有陪殿、讲堂、沐浴房，负有传播宗教常识、进行宗教教育的使命，被列为省级文物保护单位。

2. 开封朱仙镇清真北寺

清真北寺位于河南省开封市朱仙镇，始建于明朝嘉靖十年（1531 年），占地面积 9000 多平方米。大门外有石狮子一对，大门正面石柱上刻有门对，两边是八字墙，门内有精美雕花石柱 12 根。整个建筑庄严肃穆、雄伟壮观，带有浓厚的民族色彩与装饰风格。

第四节　名人文化

名人以其文化素养、文化格调和文化创造影响着社会，形成一种社会文化效应和文化风尚。在中原名人中，既有思想家、哲学家、政治家、军事家、科学家、文学家，也有社会贤达和社会名士，这些名人对社会历史进程或者社会风尚的形成发挥了重要影响。

一、名人文化内涵

名人是一种文化，是一种关于传承与发展人类文明的文化，一种关于振奋与弘扬民族精神的文化，更是一种关于如何做人的文化、一种关于社会和谐的文化。名人以个性化的彰显、独特的建树而影响社会、影响他人，从而得到他人的景仰而成为效仿的楷模。中原名人文化博大精深，名人资源能量充足，名人资源和名人效应历来受到人们的关注和重视。

二、名人文化概述①

中原名人文化是名人文化最重要的组成部分，是由中原历史文化名人群体创造的，在中国历史长河中闪耀着光芒。

根据丁文江先生对《二十四史》中立有列传的历史人物的籍贯进行的考证和统计，历代名人共有 5700 余人。其中西汉时期，河南籍名人为 39 人，占全国总数的 19%，名列第二；东汉时期，河南籍名人为 170 人，占全国总数的 37%，名列第一；唐代，河南籍名人为 219 人，占全国总数的 17%，名列第三；北宋时期，河南籍名人为 324 人，占全国总数的 22%，名列第一；南宋时期，河南籍名人为

---

① 张新斌：《中原文化解读》，文心出版社 2007 年版。

37 人，占全国总数的 6%，名列第四；明代，河南籍名人为 123 人，占全国总数的
7%，名列第四。汉唐宋明河南籍名人共 912 人，占全国总数的 15.8%，名列第一。

王天兴等主编的《河南历代名人辞典》，收录自传说时代至现代的河南名人共
3730 人，其中清代以前（含清代）3057 人，历代的情况分别为：先秦时期 120
人，秦汉时期 422 人，魏晋南北朝时期 365 人，隋唐五代时期 548 人，宋辽金元
时期 756 人，明清时期 846 人。

姚泽清先生在《古代河南历史名人》中收录了在中国历史上有重要影响与杰出
贡献的 198 位河南历史名人。其中，春秋战国时期有老子、庄子、墨子、韩非、
商鞅、吕不韦等 18 人，与此时期的历史大背景相适应，名人中以思想家居多，
政治家次之，其余各类则比较少；秦汉时期有李斯、陈胜、陈平、张苍、贾谊、
杜诗、邓禹等 54 人，这一时期是中国历史由分裂走向统一的时期，所以政治家
和军事将领居多，其余诸如文学和科技等方面的名人也有一些；魏晋南北朝时期
有钟繇、司马懿、阮籍、向秀、干宝、谢安、谢灵运、范晔、范缜等 39 人，这
一时期以文化界名人居多，其余各方面分布比较均匀；隋唐五代时期有张巡、玄
奘、姚崇、僧一行、杜甫、吴道子、韩愈等 44 人，这一时期以文学领域内的名
人为最多，显示了隋唐时期文化的发达；宋元明清时期有吕蒙正、韩琦、程颢、
程颐、郭熙、李诫、岳飞、许衡、史可法等 43 人，这一时期是封建社会由鼎盛
逐步走向没落的时期，名人的类型分布没有特别集中的特点，显示了各个领域的
繁荣和共同发展的态势。古代河南历史名人可总结如表 2-1 所示。

表 2-1　古代河南历史名人

时　代	人　物
先秦	阏伯、丹朱、共工、舜、禹、许由、太康、伊尹、比干、箕子、召伯、刘累、伯夷、叔齐、卜商、子路、子贡、墨子、蘧伯玉、叶公、毛公、子夏、子产、邓析、子羽、列子、苏秦、孙叔敖、吕不韦、聂政、申不害、商鞅、惠施、白圭、宋钘、尉缭、荆轲
秦汉	李斯、陈胜、吴广、周文、武臣、郦食其、张耳、陈平、灌婴、申屠嘉、张苍、贾谊、晁错、张释之、韩安国、汲黯、桑弘羊、虞初、黄霸、桓宽、翟方进、褚少孙、祭遵、姚期、冯异、侯霸、吴汉、杜诗、邓禹、马武、祭肜、袁安、许慎、郑众、邓太后、许杨、虞诩、左雄、张衡、陈蕃、杜密、陈寔、服虔、应劭、袁术、李膺、袁绍、蔡邕、荀悦、许劭、张仲景、应场、阮瑀、蔡文姬
魏晋南北朝	钟繇、黄忠、荀彧、郭嘉、司马懿、魏延、陈群、邓芝、何晏、邓艾、阮籍、钟会、王弼、司马炎、山涛、荀勖、向秀、阮咸、潘岳、张昌、司马彪、郭象、干宝、庾亮、冉闵、支遁、谢安、袁宏、谢玄、邓道昭、谢灵运、范晔、范缜、钟嵘、阮孝绪、庾信、江淹、江总

续表

时 代	人 物
隋唐五代	韩擒虎、智顗、贺若弼、翟让、李延寿、长孙无忌、刘仁轨、神秀、上官仪、陈元光、朱敬则、杜审言、孙过庭、姚崇、沈佺期、上官婉儿、张说、一行、祖咏、崔颢、郑虔、岑参、张巡、白居易、元结、独孤及、刘希夷、王建（唐）、刘禹锡、姚合、元稹、李贺、李商隐、吴兢、司马承祯、卢仝、王仙芝、王建（五代前蜀）、毋乙、马殷、高季兴、王审知、王晏球、王峻
宋辽金元	薛居正、赵普、王审琦、石守信、王怀隐、苏舜钦、邵雍、吕蒙正、向敏中、富弼、韩琦、程颐、程颢、种师道、谢良佐、郭熙、李唐、贺铸、张叔夜、童贯、牛皋、杨再兴、岳云、韩侂胄、岳珂、王应麟、张从正、许衡、王恽、姚枢、姚燧、郑廷玉、马祖常、胡闰儿、酒贤、钟嗣成
明清	李贤、高拱、滑寿、刘通、王廷相、何景明、马文升、李化龙、卢镗、史尚诏、沈鲤、吕坤、杨东明、史可法、李岩、侯方域、王铎、周亮工、汤斌、张伯行、李文成、吴其濬、李棠阶、蒋湘南、李绿园、苌乃周

中原名人不止表现为数量众多，而且也体现在名人的地位上。作为中华文化与民族发源地的中原地区，其名人特别是古代名人大多具有奠基性的地位和开创性的贡献，在中原文化乃至中华文化史上产生过较大影响。许多学者提出的"中原圣贤"概念，就集中体现了中原名人的这种特点。中原圣贤名号如表2-2所示。

表2-2　中原圣贤名号

圣 贤	姓 名（或名号）	圣 贤	姓 名（或名号）	圣 贤	姓 名（或名号）
帝圣	伏羲、皇帝	字圣	仓颉、许慎	道圣	老子、庄子
文圣	韩愈	商圣	范蠡	法圣	韩非
科圣	张衡	医圣	张仲景	诗圣	杜甫
律圣	朱载堉	画圣	吴道子	酒圣	杜康
厨圣	伊尹	谋圣	姜尚、鬼谷子	僧圣	玄奘
武圣	岳飞				

三、名人文化内容

名人以其文化素养、文化格调和文化创造影响着社会，形成一种社会文化效应和文化风尚。中原历史名人辈出，据统计，在《二十四史》中立传的历史人物5700余人，其中河南籍的历史名人为912人，占总数的15.8%。唐代留名的2000多名作家中，河南占两成。① 在中原名流中，既有思想家、哲学家、政治

---

① 《名流文化：中华文化的灿烂星河》，《河南日报》2007年3月7日。

家、军事家、科学家、文学家，也有社会贤达和社会名士，如纵横家张仪、苏秦，兵家吴起，政治家子产、李斯、张良、晁错、司马懿、姚崇、赵普等。尧舜时代的贤士许由，坚辞帝尧的禅让，被奉为隐士的鼻祖。魏晋时期的"竹林七贤"，当时主要在河南焦作一带活动，其中阮籍、阮咸、山涛、向秀都是河南人。历史上第一次农民起义的领袖陈胜，是河南登封人。代父从军的巾帼英雄花木兰，是河南虞城人，其孝举令世人赞叹不已。河南邓州人、唐代名将张巡在抵御叛军中，坚守睢阳，"守一城，捍天下"，被后人奉为神灵。宋代的包拯权知开封府，刚正不阿、铁面无私、不畏权贵、惩恶扬善，成为世人景仰、万代传颂的"包青天"。南宋爱国将领岳飞是河南汤阴人，其"精忠报国"的壮志、"还我河山"的呐喊、"驾长车踏破贺兰山阙"的豪情，一直激励着中华儿女。这些名人对社会历史进程或者社会风尚的形成发挥了重要影响。从 2002 年起，"感动中国"评选已经经历了 13 届，河南曾有张荣锁、任长霞、洪战辉、魏青刚、王百姓、李剑英、谢延信、武文斌、李隆、李灵、胡佩兰和刘洋 12 位人物感动中国。河南人民正以自己的勤劳和努力诠释着"吃苦耐劳、诚实守信、见义勇为、乐于助人、大度包容、开放创新、忠诚爱国、奋发进取"的当代河南人新形象。

（一）先秦时期

（1）共工，中国上古汉族神话传说中的水神，掌控洪水。据中国古代奇书《山海经》记载，传说共工素来与火神祝融不合，因"水火不相容"而发生惊天动地的大战，最后共工失败而怒触不周山。另外还有一种说法，共工氏是黄帝时代的部落名，后来黄帝把共工与驩兜、三苗、鲧列入了四凶。

（2）禹，史称大禹、帝禹，为夏后氏首领、夏朝开国君王。禹是黄帝的玄孙、颛顼的孙子（但也有说法认为禹应为颛顼六世孙）。其父名鲧，被帝尧封于崇，为伯爵，世称"崇伯鲧"或"崇伯"，其母为有莘氏之女脩己。相传，禹治理黄河有功，受舜禅让而继承帝位。在诸侯的拥戴下，禹王正式即位，以阳城为都城，国号夏。禹是夏朝的第一位天子，因此后人称他为夏禹。禹是中国古代传说时代与尧、舜齐名的贤圣帝王，他最卓著的功绩就是历来被传颂的治理滔天洪水和划定中国国土为九州。

（3）商汤，即成汤，子姓，名履，又名天乙（殷墟甲骨文称成、唐、大乙，宗周甲骨与西周金文称成唐），商丘人，汤是契的第十四代孙，主癸之子，商部落首领。商汤在伊尹、仲虺等人的辅助下陆续灭掉邻国，成为当时的强国，而后作《汤誓》，与桀大战于鸣条（今河南封丘东），最终灭夏。经过三千诸侯大会，汤被推举为天子，定都南亳（今河南商丘谷熟镇），建号为商，商汤成为商朝的开国君主。商汤为商部落首领17年，建立商朝后称王在位13年。死后庙号为商太祖，葬处据传在今河南商丘北面。

（4）墨子，名翟，春秋末期战国初期宋国人，是宋国贵族目夷的后代。他是墨家学派的创始人，也是战国时期著名的思想家、教育家、科学家、军事家。墨子是中国历史上唯一一个农民出身的哲学家，创立了墨家学说，墨家在先秦时期影响很大，与儒家并称"显学"。他提出了兼爱、非攻、尚贤、尚同、天志、明鬼、非命、非乐、节葬、节用等观点。以兼爱为核心，以节用、尚贤为支点。墨子在战国时期创立了以几何学、物理学、光学为突出成就的一整套科学理论。在当时的百家争鸣中，有"非儒即墨"之称。墨子死后，墨家分为相里氏之墨、相夫氏之墨、邓陵氏之墨三个学派。其弟子根据墨子生平事迹，收集其语录，完成了《墨子》一书。

（5）叶公，原名沈诸梁，字子高。春秋末期楚国军事家、政治家，大夫沈尹戌之子，其封地在叶邑（今河南叶县南旧城），自称叶公。他在叶地治水开田，颇具治绩。曾平定白公之乱，担任楚国宰相。因楚国封君皆称公，故称叶公。叶公是全世界叶姓华人的始祖，也是中国历史上有文字记载以来的叶地第一任行政长官，还有叶公好龙的成语故事流传至今。

（6）列子，本名列御寇，战国时期郑国圃田（今河南省郑州市）人，道家学派的杰出代表人物，著名的思想家、文学家，对后世哲学、文学、科技、宗教影响深远。他一生安贫乐道，不求名利，不进官场，隐居郑地40年，潜心著述20篇，约10万字。所著《列子》，现存《天瑞》、《黄帝》、《周穆王》、《仲尼》、《汤问》、《力命》、《杨朱》和《说符》8篇。其中，《愚公移山》、《杞人忧天》、《两小儿辩日》、《纪昌学射》、《汤问》等寓言故事，可谓家喻户晓。

（7）苏秦，字季子，雒阳（今河南洛阳）人，战国时期著名的纵横家、外交家和谋略家。苏秦师从鬼谷子，学成后，外出游历多年，潦倒而归。随后刻苦攻读《阴符》，一年后游说列国，得到燕文公赏识，出使赵国。苏秦到赵国后，提出合纵六国以抗秦的战略思想，并最终组建合纵联盟，任"从约长"，兼佩六国相印，使秦十五年不敢出函谷关。联盟解散后，齐国攻打燕国，苏秦说齐归还燕国城池。后自燕至齐，从事反间活动，被齐国任为客卿，齐国众大夫因争宠派人刺杀苏秦，苏秦死前献策诛杀了刺客。《汉书·艺文志》纵横家有《苏子》31篇，早佚。

（8）商鞅（约公元前395~公元前338年），卫国（今河南省安阳市内黄县梁庄镇）人，卫国国君的后裔，姬姓公孙氏，故又称卫鞅、公孙鞅，战国时期政治家、改革家、思想家，法家代表人物。后因在河西之战中立功获封商于十五邑，号为商君，故称之为商鞅。商鞅通过变法使秦国成为富裕强大的国家，史称"商鞅变法"。政治上，商鞅改革了秦国户籍、军功爵位、土地制度、行政区划、税收、度量衡以及民风民俗，并制定了严酷的法律；经济上，商鞅主张重农抑商、奖励耕织；军事上，商鞅作为统帅率领秦军收复了河西。公元前338年，秦孝公去世，其子秦惠文王继位。秦孝公去世的同年，商鞅因被公子虔诬陷谋反，战败死于彤地，其尸身被带回咸阳，处以车裂后示众。

（9）惠施（约公元前370~公元前310年），战国中期宋国（今河南商丘）人，著名的政治家、哲学家，是名家学派的开山鼻祖和主要代表人物。惠施是合纵抗秦最主要的组织人和支持者，他主张魏国、齐国和楚国联合起来对抗秦国，并建议齐、魏互尊为王。

（10）荆轲（？~公元前227年），姜姓，庆氏（古时"荆"音似"庆"），战国末期卫国朝歌（今河南鹤壁淇县）人，著名刺客。荆轲喜好读书击剑，为人慷慨侠义。后游历到燕国，随之由田光推荐给太子丹。秦灭赵后，兵锋直指燕国南界，太子丹震惧，决定派荆轲入秦行刺秦王。荆轲献计太子丹，拟以秦国叛将樊於期之头及燕督亢地图进献秦王，相机行刺。太子丹不忍杀樊於期，荆轲只好私见樊於期，告以实情，樊於期为成全荆轲而自刎。公元前227年，荆轲带燕督亢地图和樊於期首级，前往秦国刺杀秦王。临行前，燕太子丹、高渐离等在易水边为荆轲送行，场面十分悲壮。"风萧萧兮易水寒，壮士一去兮不复还"，这是荆轲在告别时所吟唱的诗句。荆轲与秦舞阳入秦后，秦王在咸阳宫隆重召见了他，在交验樊於期头颅后，献督亢（今河北涿县、易县、固安一带）之地图，图穷匕首见，荆轲刺秦王不中，被秦王拔剑击成重伤后为秦侍卫所杀。

（二）秦汉时期

（1）李斯（约公元前284~公元前208年），字通古，战国末期楚国上蔡（今河南上蔡）人，著名的政治家、文学家和书法家。李斯早年为郡小吏，后从荀子学帝王之术，学成入秦。初被吕不韦任以为郎，后劝说秦王政灭诸侯、成帝业，被任为长史。秦王采纳其计谋，遣谋士持金玉游说关东六国，离间各国君臣，又任其为客卿。秦王政十年（公元前237年），由于韩人间谍郑国入秦，秦王下令驱逐六国客卿。李斯上《谏逐客书》阻止，被秦王所采纳，不久官为廷尉。李斯在秦王政灭六国的事业中起了较大作用。秦统一天下后，与王绾、冯劫议定尊秦王政为皇帝，并制定有关的礼仪制度，李斯被任为丞相。他建议拆除郡县城墙，销毁民间的兵器；反对分封制，坚持郡县制；又主张焚烧民间收藏的《诗》《书》等百家语，禁止私学，以加强中央集权统治。还参与制定了法律，统一车轨、文字、度量衡制度。李斯政治主张的实施对中国和世界产生了深远的影响，奠定了中国两千多年政治制度的基本格局。秦始皇死后，他与赵高合谋，伪造遗诏，迫令始皇长子扶苏自杀，立少子胡亥为二世皇帝。后为赵高所忌，于秦二世二年（公元前208年）被腰斩于咸阳闹市，并夷三族。

（2）陈胜（？~公元前208年），字涉，楚国阳城人。秦朝末年农民起义的领袖之一，与吴广一同在大泽乡（今安徽宿州西南）率众起兵，成为反秦义军的先驱；不久后在陈郡称王，建立张楚政权。后被秦将章邯所败，遭车夫刺杀而死，陈胜死后被辗转埋葬在芒砀山。刘邦称帝后，追封陈胜为"隐王"。

（3）吴广（？~公元前208年），字叔，秦国阳夏（今河南太康）人，秦末农民起义领袖。秦二世元年（公元前209年）七月，朝廷征发闾左屯戍渔阳，陈胜、吴广为屯长。他们行至大泽乡（今安徽宿县东南），为大雨所阻，不能按期到达。按照秦法，过期要杀头。陈胜、吴广便发动戍卒起义，提出"大楚兴，陈胜王"的口号。陈胜自立为将军，以吴广为都尉，用已被赐死的秦始皇长子扶苏和楚将项燕的名义号召群众反秦。次年，吴广在攻打荥阳时，被同为起义军将领的陈胜手下田臧所杀。

（4）贾谊（公元前200~公元前168年），洛阳（今河南洛阳东）人，西汉初年著名政论家、文学家，世称贾生。贾谊少有才名，18岁时，以善文为郡人所称。文帝时任博士，迁太中大夫，受大臣周勃、灌婴排挤，谪为长沙王太傅，故后世亦称贾长沙、贾太傅。三年后被召回长安，为梁怀王太傅。梁怀王坠马而死，贾谊深自歉疚，抑郁而亡，时仅33岁。司马迁对屈原、贾谊都寄予了同情，为二人写了一篇合传，后世因而往往把屈原与贾谊并称为"屈贾"。贾谊的著作主要有散文和辞赋两类，散文的主要文学成就是政论文，风格朴实峻拔，议论酣畅，鲁迅称之为"西汉鸿文"，代表作有《过秦论》、《论积贮疏》、《陈政事疏》等。其辞赋皆为骚体，形式趋于散体化，是汉赋发展的先声，以《吊屈原赋》、

《鹏鸟赋》最为著名。

（5）晁错（公元前200~前154年），颖川（今河南禹州）人，西汉政治家、文学家。汉文帝时，任太常掌故，后历任太子舍人、博士、太子家令；景帝即位后，任为内史，后迁至御史大夫。晁错发展了"重农抑商"政策，主张纳粟受爵，增加农业生产，振兴经济；在抵御匈奴侵边问题上，提出"移民实边"的战略思想，建议募民充实边塞，积极备御匈奴攻掠；政治上，进言削藩，剥夺诸侯王的政治特权以巩固中央集权，损害了诸侯利益，以吴王刘濞为首的七国诸侯以"请诛晁错，以清君侧"为名，举兵反叛。景帝听从袁盎之计，腰斩晁错于东市。晁错的政论文"疏直激切，尽所欲言"，鲁迅称为"西汉鸿文，沾溉后人，其泽甚远"。代表作有《言兵事疏》、《守边劝农疏》、《论贵粟疏》、《贤良对策》等。

（6）桑弘羊（？~公元前80年），洛阳人，西汉政治家、财政大臣，事汉武帝、汉昭帝两朝，历任侍中、大农丞、治粟都尉、大司农、御史大夫等职，因功赐爵左庶长。桑弘羊出身商人家庭，13岁时以精于心算入侍宫中。自元狩三年（公元前120年）起，在武帝大力支持下，先后推行一系列经济政策和外交政策，为武帝继续推行文治武功事业奠定了雄厚的物质基础。后元二年（公元前87年），汉昭帝即位，桑弘羊迁任御史大夫，与霍光、金日磾等受武帝遗诏，同为辅政大臣。始元六年（公元前81年），盐铁会议召开，因贤良文学指责盐铁官营和均输、平准等政策"与民争利"，桑弘羊与之展开辩论。会后，废止酒类专卖改为征税，其他政策仍沿袭不变。元凤元年（公元前80年）九月，桑弘羊因与霍光政见发生分歧，被卷入燕王刘旦和上官桀父子的谋反事件，牵连被杀。

（7）许慎（58~147年），字叔重，汝南召陵人，东汉著名经学家、文字学家。许慎倾尽毕生精力，从事于弘扬和发展中国传统文化。《说文解字》是许慎一生最经心之作，前后花费了他半生的心血。由于许慎对文字学做出了不朽贡献，后人尊称他为"字圣"。许慎所著的《说文解字》闻名于世界，因而研究《说文解字》的人，皆称许慎为"许君"，称《说文解字》为"许书"，称传其学为"许学"。

（8）张衡（78~139年），字平子。南阳西鄂（今河南南阳市石桥镇）人，东汉时期伟大的天文学家、数学家、发明家、地理学家、文学家，南阳五圣之一，与司马相如、扬雄、班固并称汉赋四大家。张衡在天文学方面著有《灵宪》、《浑仪图注》等，数学著作有《算罔论》，文学作品以《二京赋》、《归田赋》等为代表。张衡为中国天文学、机械技术、地震学的发展作出了杰出的贡献，发明了浑天仪、地动仪，是东汉中期浑天说的代表人物之一，被后人誉为"木圣"（科圣）。由于他的贡献突出，联合国天文组织将月球背面的一个环形山命名为"张衡环形山"，太阳系中的 1802 号小行星命名为"张衡星"。后人为纪念张衡在南阳建设有张衡博物馆。

（9）张仲景（约 150~154~约 215~219 年），名机，字仲景，东汉南阳人。著名医学家，被后人尊称为"医圣"。张仲景广泛收集医方，写出了传世巨著《伤寒杂病论》。他确立的辨证论治原则，是中医临床的基本原则，是中医的灵魂所在。在方剂学方面，《伤寒杂病论》也作出了巨大贡献，创造了很多剂型，记载了大量有效的方剂。其所确立的六经辨证的治疗原则，受到历代医学家的推崇。《伤寒杂病论》是中国第一部从理论到实践的医学专著，是中国医学史上影响最大的著作之一，是后学者研习中医必备的经典著作。

（10）蔡琰，字文姬，生卒年不详，东汉陈留圉人，是大文学家蔡邕的女儿。初嫁于卫仲道，丈夫死后而回到自己家里，后值匈奴入侵，蔡琰被匈奴掳走，嫁给左贤王刘豹，并生育了两个儿子。十二年后，曹操统一北方，用重金将蔡琰赎回，并将其嫁给董祀。蔡琰同时擅长文学、音乐、书法。《隋书·经籍志》著录有《蔡文姬集》一卷，但已经失传。现在能看到的蔡文姬作品只有《悲愤诗》二首和《胡笳十八拍》。历史上记载蔡琰的事迹并不多，但"文姬归汉"的故事却在历朝历代被广为流传。

（三）魏晋南北朝时期

（1）钟繇（151~230 年），字元常，颍川长社（今河南许昌长葛东）人，三国曹魏时期著名书法家、政治家。钟繇在书法方面颇有造诣，是楷书（小楷）的创始人，被后世尊为"楷书鼻祖"。钟繇对后世书法影响深远，王羲之等书法家都曾经潜心钻研学习钟繇书法。南朝庾肩吾将钟繇的书法列为"上品之上"，唐张怀瓘在《书断》中则评其书法为"神品"。

（2）荀彧（163~212 年），字文若，颍川颍阴（今河南许昌）人，东汉末年著名政治家、战略家，曹操统一北方的首席谋臣和功臣，被称为"王佐之才"。荀彧在建计、密谋、匡弼、举人方面多有建树，被曹操称为"吾之子房"。荀彧官至侍中，守尚书令，封万岁亭侯。因其任尚书令，居中持重达十数年，被人敬称为"荀令君"。后因反对曹操称魏公而受曹操所忌，调离中枢，在寿春忧郁成病而亡（一说受到曹操暗示而服毒自尽）。死后被追谥为敬侯，后又被追赠太尉。

（3）司马懿（179~251 年），字仲达，河内郡温县孝敬里（今河南省焦作市温县）人。三国时期魏国杰出的政治家、军事家，西晋王朝的奠基人。曾任职曹魏的大都督、大将军、太尉、太傅，是辅佐了魏国四代的重臣，后期成为掌控魏国朝政的权臣。司马懿善谋奇策，多次征伐有功，其中最显著的功绩是两次率大军成功对抗诸葛亮北伐和远征平定辽东。另外，他对屯田、水利等农耕经济发展有重要贡献。

（4）魏延（？~234 年），字文长，义阳（今河南省信阳市浉河区三里店）人。三国时期蜀汉名将，深受刘备器重。刘备入川时，魏延因数有战功被任命为牙门将军，刘备攻下汉中后又将其破格提拔为镇远将军，领汉中太守，镇守汉中，成为独当一方的大将。魏延镇守汉中近十年，之后又屡次随诸葛亮北伐，功绩显著。魏延曾多次请诸葛亮让他统领一万兵，另走一路攻关中，最后与诸葛亮会师于潼关，但诸葛亮一直不许，因而认为自己无法完全发挥才能，心怀不满。魏延与长史杨仪不和，诸葛亮死后，两人矛盾激化，相互争权，魏延败逃，为马岱所追斩，并被夷灭三族。

（5）阮籍（210~263 年），字嗣宗，陈留尉氏人，三国时期魏国诗人，竹林七贤之一，是建安七子之一阮瑀的儿子。曾任步兵校尉，世称阮步兵。崇奉老庄之学，政治上则采取谨慎避祸的态度。阮籍是"正始之音"的代表，著有《咏怀》、《大人先生传》等，其著作收录在《阮籍集》中。

（6）荀勖（？~289 年），字公曾，颍川颍阴（今河南许昌市）人。东汉司空荀爽曾孙，西晋的开国功臣，是三国至西晋时的音律学家、文学家、藏书家。

（7）干宝（？~336 年），字令升，东晋新蔡（今河南省新蔡县）人。著述颇丰，主要有《搜神记》、《周易注》、《五气变化论》、《论妖怪》、《论山徙》、《司徒仪》、《周官礼注》、《晋纪》、《干子》、《春秋序论》、《百志诗》等。

（8）谢灵运（385~433 年），原名公义，字灵运，小名客，人称谢客，祖籍陈郡阳夏（今河南太康县），东晋名将谢玄之孙，谢瑍之子，生母刘氏，世袭为康乐公，世称谢康乐。谢灵运是南北朝时期杰出的诗人、文学家，也是一位旅行家。谢灵运的创作活动主要集中在刘宋时代，并开创了中国文学史上的山水诗派，代表作有《山居赋》。谢灵运还兼通史学，工于书法，翻译佛经，曾奉诏撰《晋书》。《隋书·经籍志》、《晋书》录有《谢灵运集》等 14 种。

（9）范缜（约 450~515 年），字子真，南乡舞阴人。南北朝时期著名的唯物主义思想家、道家代表人物、杰出的无神论者。范缜出身于顺阳范氏，父早逝，待母至孝。弱冠前拜名师求学，入南齐后始出仕，历任宁蛮主簿、尚书殿中郎、领军长史，宜都太守。萧衍建立南梁后，任为晋安太守、尚书左丞，后因王亮一事流放广州，终官中书郎、国子博士。范缜一生坎坷，然而他生性耿直，不怕威胁利诱，其哲学著作《神灭论》是中国古代思想发展史上具有划时代意义的不朽作品。

（10）钟嵘（约 468~约 518 年），字仲伟，颍川长社（今河南长葛）人，南朝文学批评家。著有诗歌评论专著《诗品》，以五言诗为主，全书将两汉至梁作家 122 人，分为上、中、下三品进行评论，故名为《诗品》，《隋书·经籍志》又称之为《诗评》。在《诗品》中，钟嵘提倡风力，反对玄言；主张音韵自然和谐，反对人为的声病说；主张"直寻"，反对用典，提出了一套比较系统的诗歌品评标准。

（四）隋唐五代时期

（1）李延寿，生卒年待考，史学家，今河南安阳市人。贞观年间，任太子典膳丞、崇贤馆学士，后任御史台主簿，官至符玺郎，兼修国史。他曾参加过《隋书》、《五代史志》（《经籍志》）、《晋书》及当朝国史的修撰，还独立撰成《南史》、《北史》和《太宗政典》（已佚）。《新唐书》对两书评价颇高，称"其书颇有条理，删落酿辞，过本书远甚"。

（2）姚崇（651~721 年），本名元崇，字元之，陕州硖石（今河南陕县）人，唐代著名政治家，寓州都督姚懿之子。姚崇文武双全，历仕武则天、中宗、睿宗三朝，两次拜为宰相，并兼任兵部尚书。他曾参与神龙政变，后因不肯依附太平公主，被贬为刺史。唐玄宗亲政后，姚崇被任命为兵部尚书、同平章事，进拜中书令，封梁国公。他提出十事要说，实行新政，辅佐唐玄宗开创开元盛世，被称为救时宰相。姚崇执政三年，与房玄龄、杜如晦、宋璟并称唐朝四大贤相。

（3）上官婉儿，又称上官昭容，陕州陕人，祖籍陇西上邽，唐代女官、诗人、皇妃。其祖父上官仪获罪被杀后随母郑氏配入内庭为婢，十四岁时因聪慧善文为武则天重用，掌管宫中制诰多年，有"巾帼宰相"之名。唐中宗时，封为昭容，权势更盛，在政坛、文坛有着显要地位，以皇妃的身份掌管内廷与外朝的政令文告。曾建议扩大书馆，增设学士，在此期间主持风雅，代朝廷品评天下诗文，一时词臣多集其门，《全唐诗》收其遗诗 32 首。

（4）崔颢（？~754 年），汴州（今河南开封市）人，著名诗人。唐开元年间进士，官至太仆寺丞，天宝中为司勋员外郎。最为人们津津乐道的是他那首《黄鹤楼》，据说李白为之搁笔，曾有"眼前有景道不得，崔颢题诗在上头"的赞叹。《全唐诗》收录其诗42首。

（5）岑参（约715~770年），边塞诗人，南阳人，太宗时功臣岑文本重孙，后徙居江陵。岑参早岁孤贫，从兄就读，遍览史籍。天宝三年（744年）进士，初为率府兵曹参军。后两次从军边塞，先在安西节度使高仙芝幕府掌书记；天宝末年，封常清为安西北庭节度使时，为其幕府判官。代宗时，曾官嘉州刺史，世称岑嘉州。岑参工诗，长于七言歌行，代表作是《白雪歌送武判官归京》。现存诗360首，因其对边塞风光、军旅生活，以及少数民族的文化风俗有亲切的感受，故其边塞诗尤多佳作。其风格与高适相近，后人多并称"高岑"。有《岑参集》十卷，已佚。今有《岑嘉州集》行世。

（6）白居易（772~846年），字乐天，号香山居士，又号醉吟先生，祖籍太原，到其曾祖父时迁居下邽。白居易是唐代伟大的现实主义诗人，唐代三大诗人之一。白居易与元稹共同倡导新乐府运动，世称"元白"，与刘禹锡并称"刘白"。白居易的诗歌题材广泛，形式多样，语言平易通俗，有"诗魔"和"诗王"之称。白居易官至翰林学士、左赞善大夫。死后葬于洛阳香山。有《白氏长庆集》传世，代表诗作有《长恨歌》、《卖炭翁》、《琵琶行》等。

（7）刘希夷（约651~约680年），一名庭芝，字延之，汝州（今河南省汝州市）人。高宗上元二年进士，善弹琵琶。其诗以歌行见长，多写闺情，辞意柔婉华丽，且多感伤情调。他的《代悲白头翁》中"年年岁岁花相似，岁岁年年人不同"一句备受世人称赏，相传其舅宋之问欲据为己有，希夷不允，之问竟遣人用土囊将他压死，死时年未三十。《旧唐书》本传谓："善为从军闺情之诗，词调哀苦，为时所重。志行不修，为奸人所杀。"《大唐新语》卷八谓："后孙翌撰《正声集》，以希夷为集中之最。"《全唐诗》存其诗1卷，《全唐诗外编》、《全唐诗续拾》补诗7首。

（8）刘禹锡（772~842年），字梦得，洛阳人。自称"家本荥上，籍占洛阳"，又自言系出中山靖王刘胜，晚年自号庐山人。刘禹锡为唐代大儒、哲学家、文学家、诗人，有"诗豪"之称。其诗文俱佳，涉猎题材广泛，与柳宗元并称"刘柳"，与韦应物、白居易合称"三杰"，并与白居易合称"刘白"，有《陋室铭》、《竹枝词》、《杨柳枝词》、《乌衣巷》等名篇。哲学著作《天论》三篇，论述天的物质性，分析"天命论"产生的根源，具有唯物主义思想。有《刘宾客集》存世。

（9）李商隐（约813~约858年），字义山，号玉溪（谿）生，又号樊南生，原籍怀州河内（今河南沁阳），祖辈迁荥阳（今河南郑州荥阳市）。唐文宗开成二年（837年）进士，任秘书省校书郎、弘农尉。李商隐由于被卷入"牛李党争"的政治旋涡，备受排挤，一生困顿不得志。李商隐擅长诗歌写作，其骈文的文学价值也很高，和杜牧合称"小李杜"，与温庭筠合称"温李"。其诗构思新奇，风格秾丽，尤其是一些爱情诗和无题诗，写得缠绵悱恻、优美动人、朦胧含蓄，因而广为传诵。

（10）毋乙（？~920年），陈州（今河南省淮阳县）人，五代时后梁农民起义军领袖。与董乙等人以宗教形式（摩尼教）组织群众，夜聚明散，进行武装反梁，屡败官军。陈、颍、蔡（即今河南省淮阳县、安徽省阜阳市、河南省汝南县）诸州民众望风而来，众至千余人，毋乙被拥为天子。920年兵败，与其他诸首领80余人同时遇难。

（五）宋辽金元时期

（1）赵普（922~992年），字则平，幽州蓟人，后徙居洛阳，北宋著名的政治家。显德七年（960年）正月，与赵匡胤发动陈桥兵变，以黄袍加于赵匡胤之身，推翻后周，建立宋朝。赵普虽读书少，但喜《论语》，有"半部《论语》治天下"之说，对后世很有影响，成为以儒学治国的名言。

（2）石守信（928~984年），浚仪（今河南开封）人，北宋开国将领。五代后周时累官至殿前都指挥使、义成军节度使，与赵匡胤结为异姓兄弟。赵匡胤建宋后，参加平定潞州、扬州等战役；建隆二年（961年）任侍卫亲军马步都指挥使。乾德元年（963年）春，被宋太祖杯酒释兵权。

（3）苏舜钦（1008~1048年），北宋词人，字子美，祖籍梓州铜山（今四川中江），曾祖时迁至开封（今属河南）。与宋诗"开山祖师"梅尧臣合称"苏梅"。有《苏学士文集》存世。

（4）邵雍（1011~1077年），字尧夫，生于范阳（今河北涿州大邵村），幼年随父邵古迁往衡漳（今河南林县康节村）。邵雍少有大志，喜刻苦读书并游历天下，并悟到"道在是矣"，而后师从李之才学《河图》、《洛书》与伏羲八卦，学有大成，并著有《皇极经世》、《观物内外篇》、《先天图》、《渔樵问对》、《伊川击壤集》、《梅花诗》等。

（5）韩琦（1008~1075 年），字稚圭，自号赣叟，相州安阳（今河南安阳）人，北宋政治家、词人，天圣进士。他与范仲淹率军防御西夏，在军中享有很高的威望，人称"韩范"。韩琦一生，历经北宋仁宗、英宗和神宗三朝，亲身经历和参加了许多重大历史事件，是封建社会的官僚楷模。

（6）程颢（1032~1085 年），字伯淳，洛阳人，学者称明道先生。嘉祐进士，神宗朝任太子中允监察御史里行。学术上，程颢提出"天者理也"和"只心便是天，尽之便知性"的命题，认为"仁者浑然与物同体，义礼知信皆仁也"，识得此理，便须"以诚敬存之"；倡导"传心"说；承认"天地万物之理，无独必有对"。程颢曾和其弟程颐师从周敦颐，世称"二程"，同为北宋理学的奠基者，其学说在理学发展史上占有重要地位，后来为朱熹所继承和发展，世称程朱学派。其所亲撰的作品有《定性书》、《识仁篇》等，后人集其言论所编的著述书籍《遗书》、《文集》等，收入《二程全书》。

（7）程颐（1033~1107 年），字正叔，洛阳人，世称伊川先生，北宋理学家和教育家。历官汝州团练推官、西京国子监教授。元祐元年（1086 年）除秘书省校书郎，授崇政殿说书。幼承家学熏陶，其政治思想颇受父亲影响。其兄程颢在学术思想和教育思想上与他基本一致，合称"二程"。与其兄程颢共创"洛学"，为理学奠定了基础。其著作有《周易程氏传》、《遗书》、《易传》、《经说》，被后人辑录为《程颐文集》。明代后期与程颢的著作被合编为《二程全书》。

（8）郭熙（约 1000~约 1090 年），字淳夫，河阳温县（今河南孟县东）人，北宋画家、绘画理论家。他出身平民，早年信奉道教，游于方外，以画闻名。熙宁元年召入画院，后任翰林待诏直长。山水师法李成，山石创为状如卷云的皴笔，后人称为"卷云皴"。树枝如蟹爪下垂，笔势雄健，水墨明洁。早年风格较工巧，晚年转为雄壮，常于巨幛高壁作长松乔木，曲溪断崖，峰峦秀拔，境界雄阔而又灵动缥缈。存世作品有《早春图》、《关山春雪图》、《窠石平远图》、《幽谷图》等。其子郭思纂集其画论为《林泉高致集》。

（9）贺铸（1052~1125 年），北宋词人，字方回，自号庆湖遗老，祖籍山阴（今浙江绍兴），出生于卫州（今河南卫辉市），为宋太祖贺皇后族孙，所娶亦宗室之女。自称远祖本居山阴，是唐代贺知章后裔，以知章居庆湖（镜湖），故自号庆湖遗老。贺铸长身耸目，面色铁青，人称贺鬼头，不附权贵，喜论天下事。能诗文，尤长于词。其词内容、风格较为丰富多样，兼有豪放、婉约二派之长，长于锤炼语言并善融化前人成句。用韵特严，富有节奏感和音乐美。部分描绘春花秋月之作，意境高旷，语言浓丽哀婉，近秦观、晏几道。其爱国忧时之作，悲壮激昂，又近苏轼。南宋爱国词人辛弃疾等对其词均有续作，足见其影响。

（10）岳云（1119~1142年），字应祥，号会卿，相州汤阴（今河南汤阴县）人，民族英雄岳飞长子，是中国历史上少有的少年将军。历任武翼郎、左武大夫、忠州防御使等职。岳云与巩氏有二子一女，长子岳甫，次子岳申，女儿岳大娘。绍兴十一年除夕和父亲岳飞及张宪一起惨遭宋高宗赵构及奸臣秦桧陷害而死，此时岳云年仅23岁，死后葬于杭州栖霞岭。绍兴三十年，宋孝宗赵昚为岳飞父子平反昭雪，追封继忠侯。

（11）王应麟（1223~1296年），字伯厚，号深宁居士，又号厚斋，祖籍河南开封。理宗淳祐元年进士，宝祐四年复中博学宏词科。其为人正直敢言，因屡次冒犯权臣丁大全、贾似道而遭罢斥，后辞官回乡，专意著述20年。为学宗朱熹，涉猎经史百家、天文地理、熟悉掌故制度，长于考证。一生著述颇富，计有20余种、600多卷，相传《三字经》为其所著。

（六）明清时期

（1）李贤（1408~1467年），字原德，谥文达，河南邓州长乐林（今邓州市孟楼镇长乐岭）人，进士出身，明朝重臣。明英宗、代宗时曾历任吏部侍郎、吏部尚书、文渊阁大学士，官至华盖殿大学士、明朝内阁首辅，进少保，一生从政三十余年，为官清廉正直，政绩卓著，是明朝历史上难得的治世良臣之一。

（2）王廷相（1474~1544年），字子衡，号浚川，世称浚川先生，河南仪封（今兰考）人，明代著名文学家、思想家、哲学家。官至南京兵部尚书、都察院左都御史，谥"肃敏"。王廷相幼年聪慧奇敏，好为文赋诗，且留心经史。《明史》称他"博学强记，精通经术、星历、舆图、乐律，河图洛书，周邵程张之书，皆有论驳"。明孝宗时，与李梦阳、何景明等人，提倡古文，反对台阁体，时称"七子"（"前七子"）。

（3）何景明（1483~1521年），字仲默，号白坡，又号大复山人，河南信阳人。自幼聪慧，八岁能文，弘治十五年（1502年）19岁时中进士，授中书舍人，并任职于内阁。何景明是明代"文坛四杰"中的重要人物，也是明代著名的"前七子"之一。著有辞赋32篇，诗1560首，文章137篇，另有《大复集》38卷。

（4）沈鲤（1531~1615年），归德府（今河南商丘）人，生于明世宗嘉靖十年，嘉靖四十四年（1565年）进士，授检讨。神宗立，进左赞善。累迁吏部左侍郎，好荐贤士。擢礼部尚书，修《景帝实录》。拜东阁大学士，加少保，进文渊阁。万历十二年（1584年）拜礼部尚书。

（5）史可法（1601~1645年），字宪之，又字道邻，祖籍北京大兴县，河南开封祥符县人，明末抗清名将、民族英雄。史可法为崇祯元年（1628年）进士，任西安府推官。后转平各地叛乱。北京城被攻陷后，史可法拥立明福王（弘光帝），继续与清军作战。官至督师、建极殿大学士、兵部尚书。弘光元年（1645年），清军大举围攻扬州城，不久后城破，史可法拒降遇害，尸体不知下落。南明朝廷谥之为"忠靖"，清高宗追谥为"忠正"。其后人收其著作，编为《史忠正公集》。

（6）侯方域（1618~1655年），字朝宗，归德府（今河南商丘）人，明末清初散文家，明末"四公子"之一。著作有《壮悔堂文集》10卷，《四忆堂诗集》6卷。侯方域是明户部尚书侯恂之子，祖父及父辈都是东林党人，均因反对宦官专权而被黜。与冒襄、陈贞慧、方以智，合称明末"四公子"，与陈贞慧交情尤深。清初作家孔尚任撰《桃花扇》剧本，即是写侯方域与秦淮名妓李香君的爱情故事。

（7）王铎（1592~1652年），字觉斯，一字觉之，号十樵，孟津（今河南孟津）人，明末清初贰臣、书画家。天启二年（1622年）中进士，入翰林院庶吉士，累擢礼部尚书。崇祯十六年（1643年），王铎为东阁大学士。1644年满清入关后被授予礼部尚书、官弘文院学士，加太子少保，于永历六年（1652年）病逝故里，葬于河南巩义洛河边，谥文安。

（8）汤斌（1627~1687年），字孔伯，号荆岘，晚号潜庵，河南睢州（今睢县）人。清朝政治家、理学家暨书法家，官至工部尚书，卒谥文正。汤斌一生清正廉明，是实践朱学理论的倡导者，所到之处体恤民艰，弊绝风清，政绩斐然，被尊为"理学名臣"。汤斌上任潼关后体察民情，"汤青天"的美名家喻户晓、妇孺尽知。

（9）张伯行（1651~1725年），字孝先，号恕斋，晚号敬庵，河南仪封（今河南兰考）人，清朝大臣，理学家。康熙二十四年（1685年）进士，累官至礼部尚书。历官二十余年，以清廉刚直称。其政绩在福建及江苏最为著名。学宗程、朱，及门受学者数千人。去世后，朝廷追赠其为太子太保，谥"清恪"。光绪初年，从祀文庙。

（10）苌乃周（1724~1783 年），字洛臣，河南汜水（今河南省荥阳市）苌村人。自幼博学，苦习搏击之术。后潜心周易，洞彻阴阳起伏之理，创拳立派，成为技术精湛的武术实战家和伟大的武术理论家，被誉为"中国武术史上旷古罕见之通才"。著有《二十四拳谱序》等书，其所创立的苌家拳入选国家级非物质文化遗产。

（七）近现代时期（1840 年至今）

近现代以来，河南地区也涌现了许多著名人物，他们有的为新中国的成立和建设作出了杰出贡献；有的推动了祖国科学技术的发展；有的通过文学创作和艺术表演为人民带来了美的享受；有的为祖国体育事业的发展奉献了自己的青春。

政治界方面，主要有如下人物：

（1）邓颖超，河南省光山县人，周恩来夫人，第六届全国政协主席，全国人大常委会副委员长，中国现代妇女运动的先驱和领导人。

（2）曹刚川，河南舞钢人，中共中央政治局委员、中央军事委员会副主席，中华人民共和国中央军事委员会副主席，国务委员兼国防部部长。

（3）许世友，河南新县人，开国上将，并担任中国人民解放军副总参谋长、南京军区司令员、国防部副部长等。

（4）李德生，河南新县人，上将军衔，原党中央副主席。

（5）侯镜如，河南永城人，全国政协原副主席、黄埔军校同学会会长。

（6）张思卿，河南洛阳人，全国政协副主席。

（7）赵紫阳，河南滑县人，原国务院总理，中央政治局常务委员、中央委员会总书记，并任中央军委第一副主席、中央副主席等。

（8）吴桂贤，河南巩义人，曾任国务院副总理，中央政治局候补委员。

（9）杨靖宇，河南确山人，伟大的抗日民族英雄，东北抗日联军第一路军总司令兼政治委员，东北抗日联军创建人，1940 年壮烈牺牲于抗日战场。

（10）吉鸿昌，河南扶沟人，著名的抗日爱国将领，民族英雄，察绥抗日同盟军领导人之一。

（11）彭雪枫，河南镇平人，新四军第四师师长兼政委，抗战中新四军牺牲的最高将领之一，豫皖苏抗日根据地创始人。

（12）宋学义，河南沁阳县人，八路军"狼牙山五壮士"之一。

（13）史来贺，河南新乡县刘庄村原党委书记，全国著名劳动模范，"50 年红旗不倒的刘庄村"缔造者，毛主席九次接见的农村党支部书记楷模。

科学与文化界方面也名家辈出、影响深远，主要有以下人物：

（1）崔琦，河南宝丰县人，美籍华人，诺贝尔物理学奖获得者。

（2）王永民，河南南召县人，五笔字型发明者，被称为"当代毕昇"。

（3）侯振挺，河南新密人，著名数学家，他得到的 Q 过程唯一性定理，荣获 1978 年度英国"戴维逊奖"，被国外学者称为"侯氏定理"，成为世界数学界令人瞩目的人物。

（4）杨永年，河南偃师人，国际著名微生物学家，英国皇家学会终身会员。曾任河南医科大学一级教授、卫生部上海生物制品研究所一级主任技师。上海生物制品研究所、武汉生物制品研究所创始人。

（5）杨廷宝，河南南阳市人，中科院院士，一级教授，著名建筑学家。曾主持或参与天安门广场、人民英雄纪念碑、人民大会堂、中国革命历史博物馆、北京火车站、南京长江大桥、江苏省体育馆、南京机场候机楼、毛主席纪念堂、周恩来纪念馆和武夷山风景区的设计规划。

（6）张效房，河南开封市人，河南医科大学教授，著名眼科专家。曾任第一届国际眼外伤学术会议主席。2005 年中美眼科学会"金苹果奖"全国唯一的获得者。

（7）董作宾，河南南阳市人，甲骨文的主要发现者之一，山东龙山文化的发现者。

（8）袁家骝，河南项城市人，世界著名物理学家，袁世凯之孙，夫人为"东方居里夫人"吴健雄。

（9）张武，河南杞县人，2008 年北京奥运会会徽"北京印"的设计者。

（10）肖红，河南开封市人，中国香港和澳门特别行政区区旗、区徽的主要设计者。

（11）冯友兰，河南唐河县人，著名哲学家，重要著作为《中国哲学史》。

（12）白寿彝，河南开封市人，著名史学家，由他任总主编的《中国通史》被学术界誉为"20 世纪中国史学的压轴之作"。

（13）时乐蒙，河南伊川县人，著名音乐家，中国音乐家协会顾问，中国音乐家协会第三、第四届副主席，解放军艺术学院原副院长，中国音乐"金钟奖终身成就奖"获得者，著名作曲家、指挥家。

(14) 张海，河南偃师人，中国书法协会主席，河南省文联主席。其书法四体皆能，以隶书、行草为最。

(15) 穆青，河南杞县人，当代新闻工作者的楷模，著名记者，新华社原社长，成名作为《县委书记的榜样——焦裕禄》。

(16) 王怀让，河南济源人，著名诗人，代表作"三人"（即《我骄傲：我是中国人》、《中国人：不跪的人》、《我们光荣的名字：河南人》），发表诗作5000余首，文章200多万字，被誉为"中原诗魂"、"人民诗人"。

(17) 柏杨，河南辉县人，著名作家，成名作《丑陋的中国人》。

(18) 李季，河南唐河县人，著名诗人，成名作《王贵和李香香》。

(19) 刘知侠，河南卫辉市人，著名作家，成名作《铁道游击队》。

(20) 白桦，河南信阳市人，著名作家，成名作《今夜星光灿烂》。

(21) 叶楠，河南信阳市人，著名军旅作家，成名作 《巴山夜雨》、《甲午风云》。

(22) 魏巍，河南郑州市人，著名作家，成名作《谁是最可爱的人》。

(23) 姚雪垠，河南邓州市人，著名作家，成名作《李自成》。

(24) 二月河，河南南阳人，原名凌解放，著名作家，其创作的清廷帝王小说系列《康熙大帝》、《雍正皇帝》、《乾隆皇帝》等，翻拍成电视剧后红遍大江南北。

(25) 李准，河南洛阳孟津县人，著名剧作家，成名作《李双双》、《高山下的花环》、《清凉寺的钟声》。

(26) 宗璞，河南唐河县人，著名作家，成名作《宗璞小说散文选》，冯友兰之女。

(27) 李佩甫，河南许昌人，著名作家，代表作《羊的门》，整部小说可作为窥探中国政治生活的一面镜子，李佩甫由此被视为描写中国"官场"运作最深刻、最有力度的作家。其他作品还有《城的灯》、《颍河故事》、《难忘岁月——红旗渠的故事》等。

(28) 刘震云，河南新乡延津县人，当代著名作家，代表作有《手机》、《一地鸡毛》、《官场》、《我叫刘跃进》等新写实小说，众多作品被拍成家喻户晓的影视剧。

(29) 阎连科，河南洛阳嵩县人，著名作家，代表作为长篇小说《风雅颂》。2004年新作《受活》引起文坛强烈关注，被称为中国的《百年孤独》。

（30）卧龙生，河南镇平县人，中国台湾著名武打小说家，与金庸、古龙齐名，代表作有《飞燕惊龙》、《飞花逐月》、《金剑雕翎》等。

体育界方面，成绩突出的主要有以下人员：

（1）葛新爱，河南长垣县人，著名乒乓球世界冠军，戴着眼镜，使用削球打法，人称"乒坛怪杰"。

（2）邓亚萍，河南郑州人，著名乒乓球世界冠军，乒乓球历史上最伟大的女子选手，曾经获得过18个世界冠军，连续2届4次奥运会冠军。以"速度快，打法凶狠"著称，退役后连续获得清华大学学士、诺丁汉大学硕士和剑桥大学博士学位。

（3）巫兰英，河南滑县人，中国体育史上第一个射击世界冠军。

（4）张蓉芳，河南新蔡县人，排球奥运世界冠军，有世界"怪球手"之称，现为国家体委体育训练局副局长。

（5）刘国梁，河南新乡市人，乒乓球奥运世界冠军，现任国家乒乓球队总教练。中国采取直拍横打技术第一人，获得了11个世界冠军，中国第一位世乒赛、世界杯和奥运会"大满贯"获得者。

（6）陈中，河南焦作市人，中国跆拳道史上的第一枚奥运金牌获得者，2000年悉尼奥运会冠军、2004年雅典奥运会冠军，2008年北京奥运会陈中比赛结果被仲裁委员会改判导致无缘半决赛。

（7）赵长军，河南开封市人，十次荣获国际国内武术比赛"个人全能冠军"，夺得金牌54枚，成为中国武坛迄今为止唯一的一位"十连冠"和"金牌大户"，主演电影有《武当》、电视剧《海灯法师》等。

（8）周鹤洋，河南洛阳市人，全国围棋冠军。

（9）汪见虹，河南洛阳市人，著名围棋选手，创办北京汪见虹围棋俱乐部。

（10）刘小光，生于河南开封，著名围棋国手，中国围棋的杰出代表，曾获4届中国围棋天元赛冠军。

（11）杜威，河南郑州市人，前中国足球国奥队队长，韩日世界杯第一次获得世界杯出线权的主力队员。

（12）陆峰，河南洛阳人，河南建业足球队队长，多次入选国家队，人称"铁人"、"绿茵场上的许三多"。

（13）范运杰，河南郑州市人，前中国女足著名中后卫，中国女足的"范大将军"，后防线上的"移动长城"，曾获奥运会和世界杯女足团体亚军。

（14）贺璐敏，河南焦作市人，第一位夺得跆拳道国际比赛冠军的中国人。

（15）孙甜甜，河南郑州人，著名网球运动员，我国网球史上第一位奥运会冠军，在 2004 年雅典奥运会上与李婷合作获女双金牌，为中国取得了历史性突破。

（16）贾占波，河南信阳人，著名射击运动员，2004 年雅典奥运会上获奥运会射击金牌。

（17）郑海霞，河南柘城县人，中国篮坛著名"女巨人"，身高 2.06 米，曾为国家女篮第一中锋，获巴塞罗那奥运会世界团体亚军。

（18）王富洲，河南西华县人，世界上首次从北坡登上珠穆朗玛峰。

（19）朱振华，河南安阳滑县人，现役军人三军仪仗队军旗手，三军仪仗队总教练，2009 年"国庆受阅第一兵"。

（20）李晓峰，网名 Sky，河南汝州人，中国电子竞技著名选手，魔兽争霸世界冠军。

艺术界方面也涌现了许多知名的人物和作品，主要有下列名人艺术家：

（1）李瑞英，河南南乐县人，中央电视台著名新闻节目主持人，《新闻联播》播音员。

（2）朱军，祖籍河南洛阳市孟津县，中央电视台著名节目主持人，继赵忠祥之后历届春晚主持人，央视《艺术人生》主持人。

（3）海霞，河南郑州市人，中央电视台著名新闻节目主持人，《新闻联播》播音员。

（4）张泽群，河南郑州市人，中央电视台著名节目主持人，担任《12 演播室》节目主持八年，2006 年以后一直担任春晚主持人。

（5）沙桐，河南郑州市人，中央电视台著名体育节目主持人，2008 年入选"中国奥运报道主持人国家队"，担任总主持人。

（6）陈鲁豫，河南周口人，中国香港凤凰卫视著名主播、主持人，被媒体称为"东方奥普拉"，主持节目《鲁豫有约》。

（7）任鲁豫，生于河南新乡市，曾在河南卫视工作多年，获得河南省播音与主持作品省政府奖和广播电视新闻特等奖，现为中央电视台著名节目主持人。

（8）陈明，河南洛阳人，著名歌手，成名曲《寂寞让我如此美丽》、《为你》、《快乐老家》。

（9）程琳，河南洛阳人，著名歌手，20世纪80年代红极一时的少年歌星，成名曲《小螺号》、《风雨兼程》、《酒干倘卖无》和《信天游》。

（10）关牧村，河南新乡人，著名歌唱家，代表曲目《打起手鼓唱起歌》、《吐鲁番的葡萄熟了》。

（11）冷漠，河南新乡古固寨前辛庄人，知名网络歌手，代表作《小三》。

（12）李娜，河南郑州人，著名歌手，曾获"中国十大最受欢迎歌手"称号，成名曲《青藏高原》、《嫂子颂》、《女人是老虎》。

（13）黄鹤翔，河南平顶山人，著名歌手，成名曲《九妹》、《一生离不开的是你》。

（14）孙国庆，生于河南三门峡人，著名歌手，成名曲《篱笆墙的影子》。

（15）李延亮，河南洛阳人，"中国吉他第一人"，吉他中国网站形象代言人，被誉为中国内地的"首席吉他"。

（16）马艳丽，河南郸城县人，世界著名服装设计师，世界名模，曾被评为"令人羡慕的34位中国女人"。

（17）翟俊杰，河南开封人，著名导演，曾成功指导《血战台儿庄》、《大决战》和《长征》等影片。

（18）寇世勋，祖籍河南洛阳，中国台湾著名演员，代表作品有《一剪梅》、《昨夜星辰》、《情义无价》和《橘子红了》等。

（19）向梅，河南巩义人，著名电影演员，代表作品有《红色娘子军》、《女篮五号》和《保密局的枪声》。

（20）王晓棠，生于河南开封，电影表演艺术家，八一电影制片厂厂长，中国电影家协会副主席，少将军衔，代表作品有《野火春风斗古城》。

（21）张丰毅，河南唐河县人，著名电影演员，代表作品有《骆驼祥子》、《霸王别姬》和《赤壁》。

（22）赵雅芝，祖籍河南开封，中国香港著名演员，代表作品有《上海滩》、《新白娘子传奇》和《雪山飞狐》。

（23）李亚鹏，祖籍河南叶县，著名演员，代表作有《笑傲江湖》、《将爱情进行到底》。

（24）陈德容，祖籍河南叶县，中国台湾著名演员，因主演琼瑶剧《梅花三弄》而成名。其他作品有《一帘幽梦》、《绝代双骄》等。

（25）修庆，河南籍著名演员，曾饰演《天龙八部》中的慕容复，《射雕英雄传》中的欧阳克，《水浒传》中的花荣等角色。

（26）毛孩，河南平顶山人，饰演《炊事班的故事》中"小毛"后一夜成名。

（27）释小龙，河南登封人，两岁时被少林寺方丈释永信收为俗家弟子，著名功夫童星，主演《旋风小子》、《新乌龙院》、《无敌反斗星》、《少年黄飞鸿》、《少年包青天》等影视剧。

（28）买红妹，河南平顶山人，著名小品演员。

（29）常香玉，河南巩义市人，豫剧大师，著名表演艺术家，开创豫剧"常派"，代表作有《花木兰》、《拷红》、《断桥》、《大祭桩》、《红灯记》等，为抗美援朝志愿军捐助"常香玉剧社号"战斗机一架。

（30）申凤梅，河南临颍县人，著名越调表演艺术家。曾任河南省戏剧家协会主席。代表作有《诸葛亮吊孝》、《七擒孟获》等，被誉为"中原活诸葛"。

（31）牛得草，河南开封人，豫剧名丑，演活了"官丑"一角，代表剧目《七品芝麻官》，被中国香港《大公报》称为"东方的卓别林"。

（32）小香玉，河南郑州市人，著名豫剧演员，豫剧大师常香玉之孙女，代表作《白蛇传》、《红娘》，主演电视连续剧《常香玉》，创办了全国第一所专门培养有艺术天赋的山里娃和农村孤儿的艺术学校"小香玉希望艺术学校"。

在河南，有许多企业家奋发有为，为当地甚至全国的经济建设作出了贡献。知名企业家有下列人员：

（1）许加印，河南周口太康人，恒大地产集团董事局主席、党委书记。2009年度胡润内地富豪排行榜新首富，获"中国房地产十大风云人物"、"中国民营经济十大风云人物"、"推动中国城市化进程十大杰出贡献人物"、"中国十大慈善家"称号。

（2）庞玉良，河南省驻马店市上蔡县人，"新中国60年物流业杰出人物"，北京林德国际运输代理有限公司董事长，2007年出资10亿元收购德国帕希姆国际机场。

（3）胡葆森，河南濮阳人，河南建业集团董事长兼总裁。房地产界曾有"南有王石，北有冯仑，中有胡葆森"的说法。他支持下的河南建业足球俱乐部是中国唯一没有易帜的职业足球俱乐部，也是中国足球史上第一家规范化完成股份制改造的足球俱乐部股份有限公司。

（4）郑有全，河南许昌人，河南瑞贝卡控股（集团）有限公司董事长，从一个普通农民成长为"世界假发大王"，2008 年胡润百富榜河南新首富。因为郑有全，许昌县成为全国最大的发制品原材料和成品集散地。

（5）孙耀志，河南省内乡县人，河南省宛西制药股份有限公司党委书记、董事长，旗下月月舒、仲景牌六味地黄丸和仲景牌逍遥丸等产品驰名全国，被称为"伏牛山药王"。宛西制药为中国最大的中医药浓缩丸生产基地，六味地黄丸的销量也成为行业第一。

（6）董留生，河南开封尉氏县人，上海金伯利钻石有限公司董事长，人称"钻石大王"。

（7）景柱，河南兰考人，海南汽车集团有限公司董事长。

（8）张朝阳，祖籍河南孟津，当今中国互联网界的风云人物，因成功创办中国三大门户网站之一的"搜狐网"而闻名全国。

（9）张志诚，河南开封人，中国魔鬼训练第一人，中国十大超级培训师之一。

（10）张芝庭，河南镇平人，贵州神奇制药公司董事长。

一大批河南人不畏艰险、敢打敢拼，不仅实现了自己的人生价值，而且为社会创造了物质财富和精神财富。他们的行为和精神成为河南人民的象征，影响和感动着身边甚至是全国的人们。下列是历年当选"感动中国"年度人物的河南人：

2002 年，张荣锁，河南辉县上八里镇回龙村党支书，"当代愚公"。

2003 年，高耀洁，河南中医学院退休教授，中国"民间防艾第一人"。

2004 年，任长霞，河南登封人，河南登封市公安局原局长，"人民的好卫士"。

2005 年，魏青刚，河南信阳固始县人，"麦莎"肆虐青岛时他三次下水救人，被誉为"见义勇为民工英雄"。

2005 年，洪战辉，河南周口西华县人，携妹求学，"当代大学生的楷模"。

2006 年，王百姓，全国知名排爆专家，河南省公安厅治安总队调研员，三级警监警衔，亲手排除战争时期遗留的各类炸弹 1.5 万多枚。

2007 年，李剑英，河南郑州人，飞行中三次放弃跳伞求生机会，为了保护国家和人民群众的生命财产安全而不幸殉难。

2007 年，谢延信，河南滑县人，"全国道德模范"，受到胡锦涛等中央领导同志的亲切接见。

2008 年，武文斌，河南南阳邓州人，驻豫"铁军"士官。因过度劳累牺牲在抗震救灾一线的"抗震救灾英雄战士"。

2008 年，李隆，河南开封人，郑州市消防支队特勤大队副大队长，"抗震救灾尖兵"、"全国抗震救灾模范"。

2009 年，李灵，河南周口人，周口淮阳许湾乡希望小学校长，"80 后最美女校长"。

2013 年，胡佩兰，医生，中国著名心血管病专家胡大一的母亲。1916 年，胡佩兰出生于河南省驻马店市汝南县县城北关。1938 年，以优异的成绩考入河南大学医学部。1986 年从郑州铁路中心医院的妇产科主任位上退休，八年间捐建了 50 多个"希望书屋"。

2013 年，刘洋，1978 年生于河南省郑州市，1997 年毕业于郑州十一中，以超过当年地方重点院校录取线 31 分的高分考入空军长春飞行学院，成为一名女飞行员。2012 年 3 月，入选神舟九号任务飞行乘组，执行神九与天宫一号载人交会对接任务。2013 年 2 月 1 日，当选为 2012 中华儿女年度人物。她所在的载人航天英雄群体获得 2013 年感动中国集体奖。

2014 年，"陇海大院"，郑州市二七社区和谐友爱的老院落，大院里邻居们自发形成爱心群体照顾病人，38 年从没间断。陇海大院的故事在当地群众中反响强烈，荣获 2008 年河南"十大爱心集体"、2010 年中国文明网"中国好人榜"、2011 年郑州市"首届慈孝集体"、2012 年"感动郑州"爱心集体，2013 年该事迹被翻拍成电影《好好的活着》。

第三章　中原根祖文化

　　早期人类的生产活动基本上全部依靠自然条件，以河南为中心的中原地区因为地势平坦而且河流众多，尤其是黄河穿流而过，是当时最适合人类生存的地方。禹定九州的时候，"豫州"为九州之中心，是天下最重要的地区。在人类已有自主生产意识的新石器时代，河南就因为其优越的自然地理环境和较先进的农业生产而成为中华民族活动的中心区域。

　　中原是中华民族形成和发展的重要地方，是人类告别野蛮、迈进文明社会的主要场所，在这里孕育了丰富的根祖文化。

第一节　始祖文化

　　中华文明源远流长，作为中国早期文明发祥地的中原地区，在很早的时候就留下了许多先祖创世的传说和印迹。在"自从盘古开天地，三皇五帝到如今"的历史进程中，中原是先祖活动的中心地区。他们在这里创造了人类社会，发明了生产工具，创立了农业文明，创制了文字，制定了历法和各种管理制度，推动了人类社会的向前发展。

一、盘古文化

　　盘古是我国神话传说中开天辟地的祖先，是人类在推断天地、人类产生原因时幻想出来的英雄人物。

　　在先民眼中，盘古是最古的神。他分清天地，给人类创造了生存空间。古籍中关于盘古神话的最早记载是三国时吴人徐整的《三五历纪》和《五运历年纪》，

《艺文类聚》卷一引《三五历纪》："天地混沌如鸡子，盘古生其中。万八千岁，天地开辟，阳清为天，阴浊为地。盘古在其中，一日九变，神于天，圣于地。天日高一丈，地日厚一丈，盘古日长一丈，如此万八千岁，天数极高，地数极深，盘古极长。后乃有三皇。数起于一，立于三，成于五，盛于七，处于九，故天去地九万里。"①

盘古不仅开天辟地，而且以无私的奉献精神为人类创造了赖以生存的日月土地，可以依凭的山川，用来享受的珠玉，以及感知自然气候的风雨等。《绎史》卷一引《五运历年纪》："元气濛鸿，萌芽滋始，遂分天地，肇立乾坤。启阴感阳，分布元气，乃孕中和，是为人也。首生盘古，垂死化身，气成风云，声为雷霆，左眼为日，右眼为月，四肢五体为四极五岳，血液为江河，筋脉为地里，肌肉为田土，发髭为星辰，皮毛为草木，齿骨为金石，精髓为珠玉，汗流为雨泽，身之诸虫，因风所感，化为黎甿。"

由于盘古开创了天地万物和人类社会，因此在中国的很多地方都有盘古的传说，人们以此表达对盘古的敬仰和崇拜之情。《述异记》中记载："今南海有盘古氏墓，亘三百余里，俗云，后人追葬盘古之魂也。桂林有盘古氏庙，今人祝祀。"②

在遍及各地的盘古神话中，与中原有关的故事影响较大。任昉在《述异记》中有"秦汉间俗说，盘古氏头为东岳，腹为中岳，左臂为南岳，右臂为北岳"的记载，中岳即河南嵩山一带。明代董斯张在《广博物志》中引《五运历年纪》曰"（盘古死后）体为江海，血为淮渎"，明确地将盘古与淮河发源地相联系。宋朝编修的《元丰九域志·唐州·桐柏》中有"州东一百六十里，二乡，有桐柏山、淮水、柘河"③的记载。清代学者贡愈淳作《桐柏山赋》，指明桐柏山是阴阳未分、大水茫茫的混沌之时盘古首出开天的地方。纵观古今典籍，只有桐柏山、淮河源的地理名词与盘古神话密切关联。直到如今，豫南桐柏山仍有一处盘古山，相传就是盘古开天辟地的地方，附近有盘古庙、盘古洞、盘古井等与盘古神话密切相关的遗迹。现在河南桐柏县有"盘古文化之乡"的美誉，这里每年都会举办盛大的节会纪念活动。

豫南的盘古庙会是当地非常重视的祭祖大会。每年的阴历三月三，豫南及周

---

① ［唐］欧阳询：《艺文类聚》，上海古籍出版社 2013 年版。
② ［南朝·梁］任昉：《述异记》，中华书局，丛书集成初编本。
③ ［宋］王存撰：《元丰九域志》，中华书局 1984 年版。

边省市的人群蜂拥而至，烧香拜祖。庙会一般持续五至七天，农历三月三前三天为头会，会期时山上山下人流如织，旗帜招展，锣鼓喧天，香烟缭绕。庙会期间每日赶会的不下十万人，三月三日当天更盛。盘古山庙会是基于盘古神话而形成的富有中原文化特色的始祖信仰类庙会，显示了中原人们对祖先的崇拜和敬仰之情。

二、三皇文化

根据传说中历史发展的顺序，盘古之后，就是三皇。从三皇开始，人类社会逐渐产生了上下尊卑等制度观念。《绎史》卷二引《白虎通》曰："帝王者何？号也。号者，功之表也。所以表功名德，号令臣下者也。德合天地者称帝，仁义合者称王，别优劣也。皇者，何谓也？亦号也。皇，君也，美也，大也，天之总美大称也，时质故总之也。号之为皇者，煌煌人莫违也。凡一夫扰一土以劳天下，不为皇也，不扰匹夫匹妇故为皇。"①《绎史》卷二引《风俗通义》曰："三皇垂拱无为，设言而民不违，道德玄泊，有似皇天，故称曰皇。皇者，中也，光也，弘也。含弘履中，开阴布刚，上含皇极。其施光明，指天画地，神化潜通，煌煌盛美，不可胜量。天立五帝以为相，四时施生，法度明察，春夏庆赏，秋冬刑罚。帝者，任德设刑，以则象之，言其能行天道，举措审谛。"可见"三皇五帝"的内涵体现了人们对这些伟人品德和功业的认同。

有关三皇的界定，不同的典籍中所确定的对象不太一致。在相关的典籍中，有的比较概念化，如《春秋纬》中是"天皇、地皇、人皇"（《艺文类聚》卷十一引），《史记·秦始皇本纪》中是"天皇、地皇、泰皇"，实际上这些记载反映的是后人对宇宙中最重要事物如天、地、人和高山等的肯定和敬畏之情。有的则所指不一，如西汉孔安国《尚书序》等书中是"伏羲、神农、黄帝"，大概成书于秦汉时期的《尚书大传》中记载的是"燧人、伏羲、神农"，《春秋运斗枢》中是"伏羲、女娲、神农"。《绎史·太古》篇引《潜夫论》说："世传三皇五帝，多以伏羲、神农为三皇，其一者，或曰燧人，或曰祝融，或曰女娲，其是与非未可知也。"虽然说法有别，但燧人、伏羲、女娲、神农、共工、祝融、黄帝等人物的事迹几乎都与中原有关，中原地区确实是中国始祖文化形成的中心区域。

伏羲、神农等人之所以被尊为"皇"，就是因为他们对人类社会有开创之功。

---

① ［清］马骕撰、王利器整理：《绎史》，中华书局 2002 年版。

《绎史》卷二引《尚书大传》曰:"遂人为遂皇,伏羲为戏皇,神农为农皇也。遂人以火纪。火,太阳也。阳尊,故托遂皇于天,伏羲以人事纪,故托戏皇于人,神农悉地力,种穀疏,故托农皇于地。天、地、人道备,而三五之运兴矣。"他们为人类社会创造了生存条件和生存手段,因此是人类的始祖。

在人类如何出现这个问题上,不同的地域和种族有着不同的传说和观点,但在中国的广大地区,最盛行的应该是女娲造人的故事。

(一)女娲传说

人类的形成和社会的创立不是一朝之事,因此,在古代有关创世的故事中,除了盘古神话外,女娲的传说也非常盛行。与后来才流传的盘古神话不同,古代典籍中很早就有女娲故事的记载。而且与相对模糊又笼统的盘古有别,女娲的形象和事迹都比较具体。

女娲的贡献很多,主要有造人、补天、制乐和制酒等,也就是说女娲不仅带来了宇宙的主宰——人类,而且为他们解除了生存危机,教会他们繁衍后代,让人们懂得追求美的享受。

第一,女娲是化生万物的神。大概成书于先秦之时的《山海经·大荒西经》中说:"有神十人,名曰女娲之肠,化为神,处栗广之野,横道而处。"西晋的郭璞解释说:"女娲,古神女而帝者,人面蛇身,一日中七十变。"①屈原的《楚辞·天问》中有:"登立为帝,孰道尚之?女娲有体,孰制匠之?"西汉王逸注释说:"女娲人头蛇身。一日七十化。其体如此,谁所制匠而图之乎?"②西汉淮南王刘安主持编纂的《淮南子》认为女娲化生人类,连黄帝也是由其而来,《说林篇》说:"黄帝生阴阳,上骈生耳目,桑林生臂手,此娲所以七十化也。"到了东汉,许慎在《说文解字》中解释道:"娲,古之神圣女,化万物者也。"对女娲的化生之功做了总体的评价和归结。

第二,女娲创造了人类,为天地带来了生机。《太平御览》引《风俗通义》说:"俗说天地开辟,未有人民,女娲抟黄土作人,剧务,力不暇供,乃引绳于絚泥中,举以为人。故富贵者,黄土人也;贫贱凡庸者,絚人也。"③女娲不仅造人,而且因其造人的方法不同,而导致了人的身份贵贱的差异。

---

① 袁珂:《山海经校注》,上海古籍出版社 1980 年版。
② 〔宋〕洪兴祖:《楚辞补注》,中华书局 1983 年版。
③ 中华书局影印:《太平御览》,中华书局 1960 年版。

第三，女娲炼石补天，为人类解除了生存危机。《列子·汤问》中说："然则天地亦物也。物有不足，故昔者女娲氏炼五色石以补其阙；断鳖之足以立四极。"西汉的刘安等人对此加以阐发，《淮南子·览冥训》："往古之时，四极废，九州裂，天不兼覆，地不周载，火爁炎而不灭，水浩洋而不息，猛兽食颛民，鸷鸟攫老弱，于是女娲炼五色石以补苍天，断鳖足以立四极。杀黑龙以济冀州，积芦灰以止淫水。苍天补，四极正，淫水涸，冀州平，狡虫死，颛民生。"充分肯定了女娲制止灾难、为人类创造生存空间的丰功伟绩。

第四，女娲为人类带来了繁衍的方法。《绎史》卷三引《风俗通义》："女娲祷祠神祈而为女媒，因置婚姻。"直到当代，到女娲庙求子祷祝的习俗仍体现着女娲置婚姻传说的不朽魅力。

第五，女娲制作乐器，为人类寻找到了娱乐的方式。《帝王世纪》中说："女娲氏，风姓，承庖羲制度，作笙簧。"[1]

由此可见，在先人看来，女娲无所不在、无所不做。《淮南子·览冥训》就说："伏羲、女娲不设法度，而以至德遗于后世。何则？至虚无纯一，而不喋喋苟事也。"《风俗通义》卷一载："《春秋运斗枢》说：'伏羲、女娲、神农是三皇也。'皇者天，天不言，四时行焉，百物生焉；三皇垂拱无为，设言而民不违，道德玄泊，有似皇天，故称曰皇。皇者，中也，光也，弘也；含弘履中，开阴阳，布纲上，含皇极，其施光明，指天画地，神化潜通，煌煌盛美，不可胜量。"[2]

女娲对人类社会产生和发展的功劳是巨大的，后人都以其为荣，许多地方都以当地有女娲活动的痕迹作为纪念她的最好方式。但是从地域上看，与女娲关系最密切的还是中原地区。《世本·氏姓篇》："女氏，天皇封娣娲于汝水之阳，后为天子，因称女皇，其后为女氏，夏有女艾，商有女鸠、女方，晋有女宠，皆其后也。"汝水源于今河南嵩县龙池曼山西麓，流经汝阳、汝州、郏县、舞阳、汝南、新蔡至淮滨入淮河。由此说明女娲族的居住地域南达汝水沿岸。《隋书·地理志》河内郡济源县有"母山"，即王母山。《新定九域志·孟州》卷一说："皇母山，又名女娲山。其上有祠，民旱水祷之。"[3]清代顾祖禹《读史方舆纪要》卷四十六《河南一》说："太行山，一名五行山，亦名王母山，又名女娲山。在怀庆府城北

① ［晋］皇甫谧：《帝王世纪》，齐鲁书社1998年版。
② ［汉］应劭撰、王利器校注：《风俗通义校注》，中华书局1981年版。
③ ［宋］王存撰：《元丰九域志·附录·新定九域志》，中华书局1984年版。

二十里。"① 这说明女娲部族活动的地域北达济源、孟县境内的太行山南麓。

河南西部有女娲陵墓。因为女娲氏姓风，其墓称为风陵堆，风陵在闵乡县（今属灵宝市）西 20 公里的黄河中。《新唐书·五行志》载："天宝十一载六月，虢州闵乡黄河中女娲墓，因大雨晦冥失其所在，至乾元二年六月乙未夜，濒河人闻有风雷声，晓见其墓踊出，下有巨石，上有双柳，各长丈余，时号风陵堆。"这里以灾异的形式指明了女娲墓的具体位置。《太平寰宇记·闵乡县》也载："闵乡津，去县三十里，即旧风陵关"，"女娲墓，自秦、汉以来，皆系祀典。唐乾元二年，虢州刺史王奇光奏所部闵乡县界有女娲墓，于天宝末失其所在，今月一日夜，河上侧近忽闻风雷声，晓见墓踊出，上有双柳树，下有巨石，其柳各高丈余"②。风陵堆正值豫、陕、晋三省交界处，黄河流经此地，波涛汹涌，"风陵波浪"成为灵宝胜景之一。河南东部的西华、沈丘、淮阳等地也遍布女娲的遗迹，今周口市西华县有女娲城，相传为"女娲氏之故墟"或"女娲之都"。《太平寰宇记·西华县》载："县西二十里，古老传云女娲氏之都，本名娲城。"20 世纪 80 年代新建的女娲阁占地 200 多平方米，整个建筑飞檐斗拱，周围古柏参天，绿水荡漾，是一个祭祀、赏游的好去处。

女娲的遗迹遍布河南各地，除了西华、灵宝等处外，还有新郑风后陵、登封三皇庙、汜水白玉岭女娲祠与女娲洞、沁阳女娲山与女娲祠、济源王屋山女娲补天五色石、信阳鸡公山女娲祠等与女娲传说有关的历史遗迹。

（二）伏羲传说

据传，伏羲生于陇西成纪（今甘肃天水市），后来率领他的部落沿黄河东下，在中原一带开创功业。他定居并建都于陈（今河南淮阳），《左传·昭公十七年》中说："陈，太昊之虚也。"③

伏羲与女娲关系非常密切，他们的传说常常合在一起流传。汉代石刻画像砖中有伏羲、女娲交尾像。唐代李冗的志怪小说《独异志》对二人传说记载尤详："昔宇宙初开之时，只有女娲兄妹二人在昆仑山，而天下未有人民。议以为夫妻，又自羞耻。兄即与其妹上昆仑山，咒曰：'天若遣我兄妹二人为夫妻而烟悉合，若不，使烟散。'于是烟即合，其妹即来就兄，乃结草为扇以障其面。今时人取妇

---

① ［清］顾祖禹：《读史方舆纪要》，中华书局 2005 年版。
② ［宋］乐史：《太平寰宇记》，中华书局 2007 年版。
③ 李梦生：《左传译注》，上海古籍出版社 1998 年版。

执扇，象其事也。"①

除了与女娲结婚，开创人类社会之外，伏羲还立下了很多关系着人类生存发展的大功绩。第一，始造文字，取代了以往结绳记事的形式，画八卦，开启了中华民族的文化之源。《帝王世纪》曰："伏羲氏仰观象于天，俯观法于地，观鸟兽之文与地之宜，近取诸身，远取诸物，于是造书契以代结绳之政，画八卦以通神明之德，以类万物之情。"

第二，发明网罟，教民作网渔猎，驯养牲畜，提高了人类的生产能力和生活水平。《汉书·律历志》载："作网罟以田渔，取牺牲，故天下号曰炮牺氏。"

第三，"正姓氏，通媒妁，制嫁娶"，变革婚姻习俗，倡导男聘女嫁的婚俗礼节，使姓氏作为"远禽兽，别婚姻"的符号，结束了长期以来子女只知其母不知其父的原始群婚状态。《绎史》卷三引《白虎通》说："古之时，未有三纲六纪，民人但知其母，不知其父，能覆前而不能覆后，卧之法法，起之吁吁，饥即求食，饱即弃余，茹毛饮血，而衣皮革。于是伏羲仰观象于天，俯察法于地，因夫妇，正五行，始定人道。"

第四，发明陶埙、琴瑟等乐器，将音乐带入人们的生活，《帝王世纪》曰："太昊帝庖牺氏，风姓也。蛇身人首，有圣德，都陈。作瑟三十六弦，长八尺一寸。"

第五，造干戈，作甲历，制礼作乐，增强人们的生活能力。《绎史》卷三引《三坟》记载伏羲"命臣飞龙氏造六书，命臣潜龙氏作甲历，伏制牺牛，冶金成器，教民炮食，易九头为九牧，因尊事为礼仪，因龙出而纪官，因凤来而作乐。命降龙氏倡率万民，命水龙氏治平水土，命火龙氏炮治器用，因居方而置城郭"。

伏羲死后葬于陈地。今周口淮阳有太昊陵，即伏羲的陵庙。太昊陵始建于春秋，增制于唐代，完善于明清，历来被称为"天下第一皇朝祖圣地"。今存陵园占地500多亩，多为明代建筑，分为外城、内城、紫禁城。殿宇巍峨，规模宏大，被誉为"天下第一陵"。

每年农历二月太昊陵有盛会，俗称"二月会"，也称"人祖会"。人们每年在二月二至三月三期间到太昊陵求神拜祖，祈求伏羲神灵的庇护保佑。人们在朝祖进香的同时，也利用各种形式进行文化、物资交流，如今，朝圣者已经遍及全国各地，不少国际学者在此期间也来太昊陵探古寻幽，研究古老的东方文明。港、澳、台同胞以及侨居国外的华夏子孙，也组团到此朝拜，以示不忘祖先。

在淮阳县城东南有新石器时代城址——平粮台，平粮台遗址的位置与文献记载的宛丘位置一致，被认为是"太昊之墟"。在河南还有很多有关伏羲的文化遗存，如上蔡伏羲庙、商水伏羲祠、荥阳汜水紫金山伏羲庙、巩义伏羲画卦处、孟津龙马负图寺等。

女娲、伏羲的时代大概处在新旧石器交替的旧石器时代晚期。在他们之前的是结束人类茹毛饮血时代的燧人氏。《太平御览》引《皇王世纪》说："燧人氏没，庖牺氏代之，继天而王。首德于木，为百王先。"燧人氏是传说中的部落首领，《太平御览》引《尚书大传》载："燧人以火纪，火，阳也。阳尊，故托燧皇于天。"据传，他是华胥氏之夫，也是伏羲与女娲的父亲，曾在今河南商丘一带钻木取火，结束了远古人类茹毛饮血的历史。《韩非子·五蠹》中记载："上古之世，人民少而禽兽众，人民不胜禽兽虫蛇。有圣人作，构木为巢以避群害，而民悦之，使王天下，号之曰有巢氏。民食果蓏蚌蛤，腥臊恶臭而伤害腹胃，民多疾病。有圣人作，钻燧取火，以化腥臊，而民说之，使王天下，号之曰燧人氏。"[①]可见燧人氏的主要贡献是教会人们用火，让人们掌握了基本的生存技能。

因燧人氏在商丘钻木取火，因此商丘被誉为"火的故乡"。商丘有燧皇陵，据《归德府志》记载："燧皇陵在阏伯台西北，相传为燧人氏葬处"。燧皇陵位于商丘城南，曾历经多次修复、扩建。现今的燧皇陵占地 4 万多平方米，有庄严肃穆的神道、石雕，十分壮观。

伏羲之后是神农氏，《周易·系辞下》："包牺氏没，神农氏作。"[②]

(三) 神农文化

有关神农氏的传说很多，时至今日，炎帝神农氏的说法基本被世人认可。炎帝部落的活动范围在黄河中下游一带，早期定都于陈（今河南淮阳），并和蚩尤部落、黄帝部落等发生了长期的冲突与融合，最终形成了中华民族早期的主干部分，使后世人成为"炎黄子孙"。

神农氏的功业很多，西晋挚虞作《神农赞》曰："神农居世，通变该极。民众

---

① 陈秉才译注：《韩非子》，中华书局 2007 年版。

② 李学勤主编：《十三经注疏·周易正义》，北京大学出版社 1999 年版。

兽鲜，乃教稼穑。聚货交市，草木播植。务济其本，不道其饰。"① 第一，他发明了农业和农耕工具耒耜，教人们种植粮食作物，完成了由游猎到农业定居的历史转变。《周易·系辞下》有"包牺氏没，神农氏作，斫木为耜，揉木为耒，耒耨之利，以教天下，盖取诸益。制器致丰，以益万物"的记载，《淮南子·修务训》中称："古者，民茹草饮水，采树木之实，食蠃蚌之肉。时多疾病毒伤之害，于是神农乃始教民播种五谷"。皇甫谧《帝王世纪》中也称炎帝神农"都于陈"，"做耒耜，始教民耕农"，"始教天下耕种五谷而食之，以省杀生"。这些文献资料都可证明神农对发展原始农业所作的贡献。

第二，神农尝百草，发展了医药业。《淮南子·修务训》记有神农"尝百草之滋味，水泉之甘苦，令民知所辟就。当此之时，一日而遇七十毒"的事迹；南朝梁任昉在《述异记》卷下中载"太原神釜冈中，有神农尝药之鼎存焉。成阳山中，有神农辨药处，一名神农原药草山，山上紫阳观，世传神农于此辨百药"；《帝王世纪》说神农"尝味草木，宣荣疗疾，救夭伤人命。百姓日用而不知，著《本草》四卷"。神农氏与中医的起源和发展确实关系密切。

第三，立市廛，开辟市场交易，使商业出现。《周易·系辞下》称神农"日中为市，致天下之民，聚天下之货，交易而退，各得其所"。

第四，作五弦琴，以乐百姓。据《世本·下篇》载，神农发明了乐器，他削桐为琴，结丝为弦，这种琴后来叫神农琴。它发出的声音，能道天地之德，能表神农之和，能使人们娱乐。

第五，削木为弓，发明弓箭，有效地保卫了人们的生命安全和劳动成果。

第六，制作陶器，使人们可以储存食物、加工产品，改善了人们的生活。

由于神农氏对人类的贡献巨大，在以中原为中心的很多地区都有神农氏的传说。如位于湖北随州市的烈山上有神农洞碑，洞中原有石桌、石凳、石碗及石榻等，传说是神农氏所用的器物，除此之外，还有神农井、神农宅、神农观、炎帝庙等古建筑；湖北省西部有一片群峰耸立、林涛起伏的高大山地，被称为神农架，相传是炎帝神农搭架采药、疗民疾病的地方；河南省沁阳市西北的太行山麓有座神农山，相传是神农辨百谷、尝百草、登坛祭天的地方；五谷台位于周口市淮阳县，据说是神农教民稼穑之地，曹魏时被封为陈王的曹植曾来此祭拜，作

---

① ［清］严可均辑：《全上古秦汉三国六朝文》，商务印书馆 1999 年版。

《神农赞》，以"少典之胤，火德承木。造为耒耜，导民播谷。正为雅琴，以畅风俗"等语来赞扬神农氏的巨大贡献。

除了这些与神农氏有关的传说故事外，考古发掘更具有可靠性。20世纪50年代在河南新郑裴李岗地区出土了大量的石器和陶器，其中以农业和生活用具居多。后来又在豫中、豫南、豫西等地发现同类型的遗址120多处。史学工作者通过考古材料和文献记录印证了在河南出土的裴李岗文化遗址正处于传说中的炎帝神农氏时期。结合炎帝神农氏定都于陈的记载，可以推断裴李岗文化应该是神农氏部族所创造的文化之一。河南地处中原，境内河流众多，以平原为主，极利于原始农业的生产和发展，直到当代，依然是我国的产粮大省，在河南地区流传的神农氏传说是符合中国的地理历史文化特点的。

有着三皇头衔的共工和祝融也都是上古的部落首领，曾在中原一带活动。据说共工是炎帝的后代，是与黄帝同时代的部族首领，主要在豫北一带活动。《淮南子·天文训》中说："昔者共工与颛顼争为帝，怒而触不周之山，天柱折，地维绝，天倾西北，故日月星辰移焉；地不满东南，故水潦尘埃归焉。"《管子·揆度》篇载："共工之王，水处十之七，陆处十之三，乘天势以隘制天下。"共工氏是神农氏之后，也为农业生产发展作出过重要贡献。他发明了筑堤蓄水的办法，虽未能根治洪水，但是为后人治水积累了经验，因此被誉为"水神"。"火神"祝融也是在中原建立的功业，《左传·昭公十七年》曰："郑，祝融之虚也。"郑，即新郑，由此可见祝融的活动范围是以新郑为中心的。

三、五帝文化

"三皇五帝"是中国人在追溯祖先时最常用的说法。与三皇的传说性质有所不同，五帝故事在传说中还洋溢着浓郁的历史气息。相对于三皇模糊、混杂的面目来说，五帝的形象逐渐清晰。虽然五帝的所指也有不同的说法，但以黄帝为始而世系相连的观念渐渐成为共识，具体而言，五帝就是黄帝、颛顼、帝喾、唐尧、虞舜。《绎史》卷二引《白虎通》曰："五帝者何谓也？《礼》曰：'黄帝、颛顼、帝喾、帝尧、帝舜，五帝也。'黄者，中和之色，自然之性，万世不易。黄帝始作制度，得其中和，万世常存，故称黄帝也。谓之颛顼何？颛者，专也。顼者，正也。能专正天人之道，故谓之颛顼也。谓之帝喾者何也？喾者，极也。言其能施行，穷极道德也。谓之尧者何？尧，犹峣峣也，至高之貌，清妙高远，优游博衍，众圣之主，百王之长也。谓之舜者何？舜，犹僢僢也。言能推信尧道而行之。"五帝的活动区域也主要在以河南为中心的中原地区。

五帝之中，黄帝为首。黄帝本来是神话中的人物，如《山海经·西山经》中记载："又西北四百二十里，曰密山。……丹水出焉，西流注于稷泽，其中多白玉。是有玉膏，其原沸沸汤汤，黄帝是食是飨。是生玄玉。玉膏所出，以灌丹木，丹木五岁，五色乃清，五味乃馨。黄帝乃取密山之玉荣，而投之钟山之阳。"在我国第一部纪传体通史《史记》中，黄帝被列为本纪第一，五帝之首。《史记》中说："黄帝者，少典之子，姓公孙，名曰轩辕。生而神灵，弱而能言，幼而徇齐，长而敦敏，成而聪明。轩辕之时，神农氏世衰。诸侯相侵伐，暴虐百姓，而神农氏弗能征。于是轩辕乃习用干戈，以征不享，诸侯咸来宾从。"①根据历代流传，人们基本上勾勒出了黄帝的生平事迹，他是少典之子，本姓公孙，因居在姬水边，又姓姬，后居轩辕之丘，建国于有熊（今河南新郑），世称有熊氏。《帝王世纪》曰："黄帝都有熊，今河南新郑是也。"

黄帝被尊为"人文初祖"、"文明之祖"，其贡献很多，主要有以下几点：

第一，战炎帝，伐蚩尤，殚精竭虑，统一各部诸侯，奠定了华夏民族的基础。《史记·黄帝本纪》："炎帝欲侵陵诸侯，诸侯咸归轩辕。轩辕乃修德振兵，治五气，艺五种，抚万民，度四方，教熊罴貔貅貙虎，以与炎帝战于阪泉之野。三战，然后得其志。蚩尤作乱，不用帝命。于是黄帝乃征师诸侯，与蚩尤战于涿鹿之野，遂禽杀蚩尤。而诸侯咸尊轩辕为天子，代神农氏，是为黄帝。天下有不顺者，黄帝从而征之，平者去之，披山通道，未尝宁居。"

第二，治国有方，"修德振兵，治五气，艺五种，抚万民"，让人们种植"黍、稷、菽、麦、稻"五谷，发展了农业。

第三，有许多发明创造，促进了中华文化的大发展。我国上古时期的衣食住行、农商工矿、文字、图画、医药、婚丧、阴阳五行、天文历法等均始于黄帝。《帝王世纪》称黄帝"使岐伯尝味百草，典医疗疾，今《经方》、《本草》之书咸出焉。其史仓颉，又取象鸟迹，始作文字。史官之作，盖自此始。记其言行，策而藏之，名曰书契"。

第四，开创姓氏制度，"黄帝二十五子，其得姓者十四人"。这14人共得到

---

① 〔汉〕司马迁：《史记》，中华书局1996年版。

12个姓，后来不断繁衍，成为华夏族的主体。相传颛顼、帝喾、尧、舜、禹、汤等都是他的后裔。正因为如此，黄帝被奉为中华民族共同的始祖。

由于黄帝"未尝宁居"，所到之处，"东至于海，登丸山，及岱宗。西至于空桐，登鸡头。南至于江，登熊、湘。北逐荤粥，合符釜山，而邑于涿鹿之阿。迁徙往来无常处"，因此很多地方都有黄帝的传说，当地人们也以各种形式纪念他。时至当代，比较有名的黄帝遗迹有涿鹿的"黄帝故城"、黄山的"黄帝源"、浙江缙云县的"黄帝祠"、河南灵宝的"黄帝陵"等，在众多的遗迹中，位于陕西黄陵县城北桥山的黄帝陵和位于河南新郑的黄帝故里影响最大。

新郑市位于河南省中部，西连新密市，古称有熊，是轩辕黄帝定都之地。至今在新郑和新密一带还留有众多的黄帝遗迹，如新郑的轩辕丘、黄帝故里、始祖山、黄帝古枣园等，新密的大鸿山、轩辕洞、黄帝宫、黄帝问道的修德观和黄帝葬女之所天仙庙等。

如今，河南省非常重视黄帝文化及其影响力，对黄帝故里进行了重点保护和开发。位于新郑市的黄帝故里是国家级重点文物保护单位，该景区总面积7万多平方米，突出寻根拜祖主题，从北至南依次为拜祖区、故里祠区、广场区三大区域。自春秋战国以来，华夏炎黄子孙就于黄帝故里轩辕之丘祭拜先祖黄帝，唐代后升格为官方祭奠。现在每年农历三月初三在新郑举办的黄帝故里拜祖大典是国家级非物质文化遗产，在"首届全球根亲文化盛事颁奖大典"中被评选为"全球最具影响力的十大根亲文化盛事"之一。

位于郑州市黄河风景区内的炎黄二帝塑像是目前国内最雄伟的雕塑之一。它依山就势，以山为体，以80多米高的整座向阳山作为像身，再在山顶塑造20多米高的头像，总高达到106米。头胸内部是楼层式结构，内设天象、渔猎、农牧、石器、冶炼、兵器、科技、民族等展厅。整体设计构思新颖，匠心独具。二帝像坐南朝北，背依邙山，面对黄河。巨像前是一个开阔场地，周围遍植松柏，中间建筑祭坛。祭坛至塑像的轴线上建有长200米的神道，两侧各列四座铸铜大鼎，连同山前一座共九鼎，寓意"九州一统，四方永固"。

黄帝是人文初祖，其元妃嫘祖则被誉为"人文女祖"。《史记·五帝本纪》载："黄帝居轩辕之丘，而娶于西陵之女，是为嫘祖。嫘祖为黄帝正妃，生两子，其后皆有天下。"嫘祖的贡献主要有二：第一，作为元妃辅佐黄帝统一中原；第二，首创养蚕种桑之法，教民纺织。南宋罗泌的《路史·后纪五》称嫘祖为蚕神，"黄帝之妃西陵氏曰嫘祖，以其始蚕，故又祀先蚕。"所谓先蚕，即为最先教人们采桑养蚕织丝的神，又称先蚕神。后来又称祭蚕的仪式为先蚕。

基于嫘祖的巨大影响和人们对她的崇敬之情，全国许多地方都出现了嫘祖故里的说法，比较有影响的如河南的开封、荥阳和西平，湖北的宜昌、远安、黄冈和浠水，四川的盐亭、茂县等地，山西的夏县，山东的费县和浙江的杭州等。考察嫘祖的家乡，历代典籍大都沿用司马迁在《史记》中所说的"西陵之女"，因此研究"西陵"的所在地就是关键。根据相关研究成果，今河南西平县及其附近地区，相对来说具有更大的可信性。首先，西汉以前，西平一带称为西陵，而西陵之名可能源于远古时期的西陵氏部族。《汉书·地理志》中汝南郡有西平县。其次，与传说中的其他地方相比，西平与新郑地缘相近。原始社会交通极为不便，部族之间相互交往存在着地域局限性，地缘邻近是远古部族之间进行通婚的重要条件，而且通婚也是增强部落之间政治、军事联盟的重要手段，因此西陵氏部族应该与居于"轩辕之丘"的黄帝部族有较为接近的地缘关系。与其他说法相比，西平距离新郑最近。最后，西平县当地的民风民俗都增强了它与嫘祖的关系。西平境内的蜘蛛山，又称为"始祖山"，相传嫘祖就是在这里受到蜘蛛结网的启发后，发明了养蚕、缫丝、织绸技术。蜘蛛山上建有嫘祖庙，每年农历四月二十三，当地都要在这里举办盛大的庙会，用来纪念嫘祖发明养蚕缫丝的功德，所以庙会又被称为"蚕桑节"。西陵冈上，有一座高大的娘娘坟，当地人称之为嫘坟和嫘祖陵。

河南人民非常重视嫘祖所代表的文化底蕴，并且采用多种方式纪念她。驻马店市西平县成功通过了"中国嫘祖文化之乡"的申报工作，在黄帝故里新郑也多次举办过嫘祖纪念节。

嫘祖不仅开启了人类蚕桑的历史，而且她的孙子颛顼也是上古很有作为的帝王，对中国文化的发展作出了杰出的贡献。

颛顼，黄帝之孙，昌意之子，又称黑帝或玄帝，在天神传说中是主管北方的天帝。《山海经·大荒东经》载："东海之外大壑，少昊之国，少昊孺帝颛顼，弃其琴瑟。"颛顼最初在高阳立国，所以称为高阳氏，后来迁都于帝丘（今河南濮阳）。

颛顼在天文历法和国家治理方面对后世影响深远。《史记·五帝本纪》称颛顼："静渊以有谋，疏通而知事；养才以任地，载时以象天，依鬼神以制义，治气以教化，洁诚以祭祀。北至于幽陵，南至于交阯，西至于流沙，东至于蟠木，动静之物，大小之神，日月所照，莫不砥属。"

第一，大胆改革，重振统治秩序，实行政教合一。少昊末期，"九黎乱德，民神杂糅，不可方物。夫人作享，家为巫史，无有要质。民匮于祀，而不知其福。烝享无度，民神同位。民渎齐盟，无有严威"①。颛顼执政后，强化中央集权，实现天下大统，设立南正重和火正黎司天理地，统理神事和民事，称为"绝地天通"。

第二，创制历法。汉初的历法基本上是沿用秦以来的颛顼历。一些考古资料证明古历中的黄帝历、颛顼历等历法应该是周朝人伪造编定的。但既然以颛顼等名字命名，或说明这些历法与之有不可分割的关系。

第三，创作了中国第一首乐曲《承云》。根据《山海经》中的记载可知，颛顼帝在少昊抚养他的时期就打下了良好的音乐基础。《吕氏春秋·仲夏纪·古乐》："惟天之合，正风乃行，其音若熙熙凄凄锵锵，帝颛顼好其音，乃令飞龙作效八风之音，命之曰《承云》，以祭上帝。"②

颛顼之后，嫘祖另一个儿子的后代帝喾继位，他是黄帝的曾孙，前承炎黄，后启尧舜，奠定华夏根基。帝喾"生而神灵，自言其名"，少年时期就因辅佐其伯父颛顼帝有功而被封于高辛（河南商丘），三十岁时，继承颛顼帝位，定都于亳。帝喾敬天爱民，在位七十年，天下太平。《史记》中称："普施利物，不于其身。聪以知远，察以知微。顺天之意，知民之急。仁而威，惠而信。修身而天下服。取地之财而节用之，抚教万民而利诲之。历日月而迎送之，明鬼神而敬事之。其色郁郁，其德嶷嶷。其动也时，其服也士。帝喾溉执中而遍天下，日月所照，风雨所至，莫不从服。"

帝喾的业绩很多。他迁都于亳，使人们免于洪水灾害；他订立节气，有利于农业的生产和发展；他品德高尚，大公无私，深受百姓爱戴；他治理公正，知人善任，开创了一幅上古的盛世图景。而他在文化史上影响最大的是由他而分衍出了众多的姓氏，对中国的血缘传统和家族观念影响深远。

从中国后世的宗族意识上来看，帝喾的影响是最大的。据说他的元妃姜嫄踩踏巨人脚迹，怀孕生弃（后稷），后稷是周的始祖。"厥初生民，时维姜嫄。生民

---

① 《国语·楚语》，齐鲁书社 1998 年版。
② [秦] 吕不韦撰、纪丹阳译注：《吕氏春秋译注》，上海三联书店 2014 年版。

如何？克禋克祀，以弗无子。履帝武敏歆，攸介攸止，载震载夙，载生载育，时维后稷"①（《诗经·大雅·生民》）。次妃简狄吞食鸟卵而生契，契是商的始祖。"天命玄鸟，降而生商"（《诗·商颂·玄鸟》）。次妃庆都生尧，尧是继帝喾之后有名的圣贤之君。据统计，由帝喾之后繁衍的古今姓氏多达 1500 多个，几乎占全国人口的半数。

颛顼和帝喾都在中原定都，建立统治基础，他们的遗迹也主要在中原地区。河南安阳市内黄县有被称为"二帝陵"的颛顼和帝喾的陵墓。在河南省商丘市的高辛镇有帝喾陵，据史料记载，帝喾陵曾于西汉时维修，宋太祖赵匡胤登基后下诏大修帝喾陵寝并为之树碑，确认是真的帝喾陵，在元、明时期又经多次修复。其殿宇雄伟壮观，松柏苍郁，碑碣林立，庙堂内中央有一口古井，梁上绘有彩龙，彩龙映入井中，栩栩如生，相传大旱之年求雨多有灵验，所以被人们誉为"灵井"。因为帝喾之后已分化千余姓氏，所以，海内外帝喾后裔们纷纷来此拜谒王陵，寻根祭祖。

帝喾之后尧在山西立国定都，后将帝位禅让给舜。舜长期活动在濮阳一带，近年来濮阳地区加强了对帝舜文化的研究和开发，将濮阳市瑕丘村命名为"帝舜故里"。

四、开启国家形态的夏文化

尧舜时期，洪水滔天，威胁人们生存。禹的父亲鲧奉命治水，却惨遭失败，其后禹采用疏导的办法，消除了水灾，舜就将帝位传给了大禹。相传禹生于西羌，是夏后氏的部落首领，后随父东迁，来到中原。他吸取其父治水的失败教训，在十三年的治水过程中，历尽艰辛，三过家门而不入，为后世敬仰。在治水的过程中，禹走遍天下，对各地的地形、习俗、物产等了如指掌，于是将天下规划为九个州，并制定了各州的贡物品种。《绎史》卷十一引《尸子》曰："古者，龙门未开，吕梁未凿，河出于孟门之上，大溢逆流，无有丘阜高陵，尽皆灭之，名曰鸿水。禹于是疏河决江，十年不窥其家，手不爪，胫不生毛。"《绎史》引《淮南子》也说："舜乃使禹疏三江五湖，辟伊阙，导瀍、涧，平流沟陆，流注东海，鸿水漏，九州干，万民皆宁其性。禹沐浴霪雨，栉扶风，决江疏河，凿龙

---

① 程英俊：《诗经注析》，中华书局 1999 年版。

门，辟伊阙，修彭蠡之防，乘四载，随山刊木，平治水土，定千八百国。"近年发现的西周青铜器遂工盨上有98字的铭文，其中"天命禹敷土，随山浚川，乃差地设征，降民监德，乃自作配乡（享）民，成父母"的文字记载了大禹的主要事迹，证明了大禹治水传说的可信性。

除了治水之外，禹的主要功绩是定九州，确立统治权威。《尚书·禹贡》："禹别九州岛，随山浚川，任土作贡。"禹所定的冀州、兖州、青州、徐州、扬州、荆州、豫州、梁州、雍州成为后世中国的基本行政区划。禹在位时臣服的诸侯国很多，《左传·哀公七年》记载："禹合诸侯于涂山，执玉帛者万国。"据说在一次部落联盟大会上，防风氏首领因为迟到而被禹处死，可见禹的权威性和号召力已经非常强大。

夏部族的活动区域主要在中原地区，古代文献中有"禹都阳城"的记载。新中国成立后，在登封市告成镇的王城岗发掘出土了龙山文化晚期的大城与城壕。王城岗所在的位置与文献记载中所说阳城在"嵩山之阳，箕山之阴"的说法相吻合。这座大城址的出土发掘为"禹都阳城"之说提供了有力的证据。

禹死后，他的儿子启继承王位，建立了中国历史上第一个朝代——夏朝，开创了王朝世袭的统治方式，中国社会进入文明阶段。夏文化的中心区域在今河南偃师、登封、新密、禹州一带。

从夏朝开始中国正式进入有统治秩序的国家时代，对中国的历史产生了深远的影响，中华民族称为"华夏民族"也足可证明夏文化的影响力。20世纪50年代以后，学者们根据文献记载中的夏文化活动区域用考古学的方法寻找夏文化遗迹，最终发现了二里头文化。二里头文化因河南偃师的二里头遗址而得名，地域范围涉及河南中、西部以及伊河、洛河、颍河、汝河等流域。在二里头文化遗址里出土了大型的宫殿基址、大型青铜器作坊、各种青铜礼器和玉器，证明了二里头遗址为中国最早的都城遗址。

第二节　姓氏文化

中国古代对血缘关系极为重视，姓氏就因此而产生。姓氏本是两个概念，南宋郑樵《通志·氏族略》曰："三代以前，姓氏分而为二，男子称氏，妇人称姓。氏所以别贵贱，贵者有氏，贱者有名无氏……姓所以别婚姻，故有同姓异姓庶姓之别。氏同姓不同者，婚姻可通。姓同氏不同者，婚姻不可通。三代之后，姓氏合而为一，皆所以别婚姻，而以地望明贵贱。"① 也就是说，在夏商周三代之前，姓氏内涵不同，社会职能也不一样。姓是决定族群之间能否通婚的依据，氏是用来区分男子身份的，只有尊贵之人才有氏。

姓氏的起源可以追溯到人类原始社会时期，姓源于母系氏族社会，《说文解字》对"姓"的解释是"人所生也。古之神圣母，感天而生子，故称天子。从女，从生，生亦声"。中国上古时代的姓大都带"女"字，如上古八姓"姬、姚、妫、姒、姜、嬴、姞、妘"就是如此。姓代表着具有共同血缘关系的族群，他们名下的成员都出自一个母系祖先。与姓相比，氏产生的时间较晚，它起源于父系氏族社会时期。父系社会后，姓随父亲。随着同一祖先的子孙繁衍增多，这个家族往往会分成若干支派而散居各处。各个分支的子孙除了保留姓以外，另外为自己取一个称号作为标志，这就是"氏"。

战国之后，姓与氏逐渐合二为一。司马迁的《史记》中已将姓氏混用。如《秦始皇本纪》中秦始皇"姓赵氏"，《项羽本纪》中项羽"姓项氏"，《高祖本纪》中刘邦"姓刘氏"等。姓氏合流以后，在极讲究贵贱等级的古代社会又出现了另一种区别家族身份的标志——郡望。"郡"是行政区划，"望"是名门望族，"郡望"连用，即表示某一地域范围内的名门大族。郡望的出现与汉代所实行的选人制度有关。汉代的察举、征辟制度使社会上逐渐出现了一些世代拥有权力和地位的大家族，如东汉末年弘农杨氏与河南袁氏都是四世三公的大族。自曹丕开始实行的九品中正制加快了门阀制度的正式形成。清代钱大昕《十驾斋养新录·郡望》中说："自魏晋以门第取士，单寒之家，屏弃不齿，而士大夫始以郡望自矜。"② 当时陈郡阳夏的谢氏和山东琅琊的王氏都是名震天下的大家族。唐人对郡望也极为痴迷，当时有五大姓之说，即陇西和赵郡的李氏、清河和博陵的崔氏、范阳卢氏、荥阳郑氏和太原王氏，并称"五姓七族"。唐文宗对当时的郡望观念颇感无奈，曾发出"我家二百年天子，顾不及崔、卢耶"的感慨。

对当代姓氏观念影响最大的当数宋朝编撰的《百家姓》。人们脱口而出的

① ［宋］郑樵撰、王树民点校：《通志二十略》，中华书局1992年版。
② ［清］钱大昕：《十驾斋养新录》卷十二，上海书店出版社1983年版。

"赵钱孙李，周吴郑王"即是《百家姓》的前八姓。赵姓是皇帝之姓，位居榜首，钱为吴越王之姓，其余六姓皆是皇后外戚之姓。时至今日，人们对姓氏虽没有以前那么重视，子女之姓既可随父也可随母，但是在中华五千年的文明史中所形成的姓氏文化仍是民族凝聚力的重要组成部分。

中原地区从远古到宋代一直是古代文化发展的主阵地，中国的姓氏文化也从这里起步发展。在《中华姓氏大典》中的 4820 个汉族姓氏中，起源于河南的有 1834 个，占 38%；在依人口数量多少而排列的 100 大姓中，有 78 个姓氏的源头与部分源头在河南，无论是李、王、张、刘为代表的中华四大姓，还是林、陈、郑、黄为代表的南方四大姓，其根均在河南。近年来，河南省以"万姓同根，万宗同源"为主题举办的姓氏文化节，影响极大，在海内外华人中掀起了寻根到河南、朝觐到河南、拜祖到河南的热潮。姓氏文化是河南颇具特色的文化现象之一。

一、河南姓氏文化发展概况

河南地处中原，历史悠久，是中华姓氏的主要发源地。中国从古至今曾产生过上万个姓氏，其中源于河南的有 1500 余个。在当今排名前 300 位的大姓中，源于河南的有 171 个，前五大姓的李、张、陈都源自河南，王、刘二姓的最早一支也在河南形成。

传说中的三皇五帝时期是河南姓氏文化形成的早期源头。中华民族的人文始祖炎黄二帝都以中原地区为统治中心，根据文献资料，他二人应该是中国姓氏的开端，黄帝姬姓，炎帝姜姓，《国语·晋语》载："昔少典娶于有蛴氏，生黄帝、炎帝。黄帝以姬水成，炎帝以姜水成。成而异德，故黄帝为姬，炎帝为姜。"其后代支脉众多，派生了许多姓氏。尤其是黄帝，对中国姓氏的发展影响巨大，"凡黄帝之子，二十五宗，得其姓者十四人，为十二姓"。同时由于颛顼、帝喾、尧、舜、禹等都是黄帝的后裔，因此他可算是中国姓氏的根祖。在新编的百家大姓中，属于炎帝族的有 6 姓，属于黄帝族的有 70 余姓，与黄帝族有关的还有 18 姓。

夏商时期中原姓氏文化继续发展。禹都阳城，夏的都城在嵩山一带，许多中原属国如许（许昌）、顾（原阳）、莘（开封）都成为了姓氏。周朝是中原姓氏的大发展时期。在周公"非我族类，其心必异"的方略下，中原地区被分封成多个诸侯国，如卫、滑、向、温、樊、原、苏、宋、蔡、杞、戴、陈、管、祭、密、华、康、许、鄢、应、胡、虢、焦、毛、申、曾、吕、沈、鄂、江、息、蒋、黄、邓等 50 余个。在发展过程中又出现了郑、韩等国，这些国名逐渐都演变成了姓氏。

魏晋南北朝时期，北魏孝文帝迁都洛阳，力主汉化政策，将很多鲜卑姓氏改为汉姓，出现了诸如仆、连、略、寇、阿、那等姓。西晋末年，少数民族不断入主中原，五胡乱华。为了生存，很多中原人被迫向南迁移，林、黄、陈、郑、詹、丘、何、胡被称为"入闽八族"。唐初为了平定闽地骚乱，光州固始人陈政、陈元光父子带大量中原士卒入闽，共有 80 余姓在闽地生根开花。唐末时固始人王潮、王审知兄弟率领农民起义军入闽，统一福建，建立闽国，带去了固始籍百姓 30 余姓。中原人为闽地的开发和姓氏文化的发展作出了卓越的贡献。陈元光在后世被封为"开漳圣王"，王审知三兄弟被封为"开闽三王"。宋元明清，南迁的中原人依然很多。历史上中原人历次南迁，又有南迁的中原人移居东南亚，形成了客家文化根在固始的文化现象。

中原姓氏文化从最古老的部落中产生，逐渐发展，在发展过程中日益丰富壮大，在向外传播时又与当地地方文化相结合，在异地开花结果。

二、中原姓氏文化的特点

姓氏文化是中原文化的重要组成部分，在中国姓氏文化的发展过程中形成了自己的独有特色。

第一，根源性。中华姓氏大半源于河南。由于三皇五帝大都以中原为统治中心，在这里产生了姓氏，因此，归根结底，万姓同源，根在中原。黄帝的 25 个儿子中有 14 人得到分封共产生 12 个姓。黄帝的曾孙帝喾及其子孙大都立国建朝，分衍出了 300 余个姓氏。以孝名闻天下的舜生于濮阳，有 100 余个姓氏起源于他，如陈、胡、王、孙、袁等大姓。中华第一大姓——李姓源于《道德经》的创作者老子李耳，其故乡鹿邑也成了李氏家族的祖根地。其他如刘姓源自尧的后裔刘累，他因为孔甲氏御龙犯错而逃到鲁山；许姓源于葬在箕山的隐士许由；郑、韩等姓因周朝时期的诸侯国名而产生；等等。

中国现在的姓氏大都由周朝在河南建立的诸侯国发展而来。周运中在《中国现代姓氏主要来源于周代河南》[①] 中认为，周代在河南境内的封国多，产生的姓

---

① 周运中：《中国现代姓氏主要来源于周代河南》，《中州学刊》2014 年第 7 期。

氏多，人口多，历代河南又在四战之地，外迁移民多，所以河南产生的姓氏扩展到四方。如从汝颍流域扩展到长江流域的大姓有周、胡、袁、蒋、戴、夏、江等；江浙地区来源于中原的大姓有潘、丁、沈、项、应等；东南地区源自中原的大姓有陈、郑、谢、许、曾、蔡、叶、廖、温、赖等；西南的罗、唐、邓等大姓则由南阳传入；东北、华北的宋、范、石、申、商、温、卫、樊等大姓也源自中原的宋国、卫国、温国等。

第二，包容性。中原不仅是中国姓氏文化的主要发源地，而且它还有极强的包容性，能容纳其他民族的姓氏。尤其是在北魏孝文帝迁都洛阳实行改革时期，很多鲜卑姓氏都由原先的复姓改为汉族常用的单字姓。如"拓跋"氏改为"元"姓，"独孤"氏改为"刘"姓，"贺兰"氏改为"贺"姓等。孝文帝的姓氏改革使鲜卑族与汉族在文化习俗上的差异被去除了，促进了鲜卑人对汉族文化的认同，同时也争取到了汉族地主的支持，有力地推动了北魏政权向汉族王朝统治模式的转化。

第三，生命力强。中原的姓氏文化虽然经历了坎坷的旅程，甚至有时候面临倾覆的危机，但是在灾难之后，仍能继续发展，影响至今。如在西晋灭亡之后中原沦为五胡十六国的分裂割据时期，由于政权的统治者多是少数民族如匈奴、鲜卑、羯、羌及氐等，统治手段非常残暴，尤其是石勒、石虎统治的后赵，汉族人几乎被杀光。但在其后冉闵通过政变夺取政权之后，汉族身份和姓氏重新得到恢复，继续繁衍生息。

第四，传播地域广。由于战乱、自然灾害等原因，一些中原家族向他方迁移，随之而去的还有他们所属的姓氏。这些姓氏在家族的迁徙过程中不但没有消失，反而到迁移之地后重新生根发展。在东南沿海和中国台湾等地，许多华人宗谱上祖籍地都写着"光州固始"的字样，可见现今河南省信阳市固始县在东南姓氏文化中的根祖地位。在中国漫长的历史长河里，固始有四次较大规模的入闽移民举动，是中原地区向东南沿海大规模移民的肇始地和集散地，在中原移民史上具有重要的位置和深远的影响。这些入闽先人的后裔逐渐播迁至粤、台、港、澳及海外各地，形成了"台湾访祖到福建，漳江思源溯固始"的根祖文化现象。由于闽国王潮、王审知均为固始人，宋代以后，不少福建人谈及自己的祖先时，都说是从"光州固始"迁来。明清时期又有不少福建人迁至台湾，从而形成了闽台人对"光州固始"的祖根认同。据1953年台湾户籍统计，当时户数在500户以上的 100 个大姓中，有 63 个姓氏的族谱上记载其先祖来自"光州固始"，固始被誉为"唐人故里，闽台祖地"和"中原第一侨乡"。自 2009 年以来固始每年举办的"中原根亲文化节"受到了社会各界的高度关注，在社会上刮起了"根亲文化"的风潮，带动了固始经济文化的发展。

广东南雄市有珠玑巷，《广东新语·地语》："吾广故家望族，其先多从南雄珠玑巷而来。盖祥符有珠玑巷，宋南渡时诸朝臣从驾入岭，至止南雄，不忘枌榆所自，亦号其地为珠玑巷，如汉之新丰，以志故国之思也。"[①] 可见，南雄珠玑巷是北宋灭亡后朝臣随皇帝南行移居此地根据祥符（今河南开封）的珠玑巷而命名的，以示不忘故土之意。当今，这些移居南雄的中原子孙已遍及粤、港等地，追根溯源，河南开封就是它的源头。

在中国民族种系中有"客家人"之说。客家人，又称客家民系，是中国南方广东、福建、江西等省的本地汉族民系，是世界上分布范围广阔、影响深远的民系之一。惠州、梅州、赣州、龙岩、河源、韶关、贺州、玉林等地是客家人重要的聚居城市，梅州、惠州、赣州、汀州被誉为"客家四州"。有关客家的起源存在多种说法，主要的有客家中原说和客家土著说。许多历史学家更赞成"中原说"，认为客家人是从中原迁徙到南方的，是汉民族在中国南方的一个分支。他们虽身在异乡，但对故乡河洛（以洛阳为中心的洛河流域）地区充满眷恋，自称"河洛郎"。客家人的南迁，最早可以追溯到秦始皇时代，彼时中原汉民大举南迁，经赣南、闽西到达梅州，最终形成相对成熟的、具有很强稳定性的客家民系。此后，客家人又以梅州为基地，大量外迁到全国乃至世界各地。因此，客家文化一方面保留了中原文化的主流特征，另一方面又容纳了所在地民族的文化精华。在今天的福建泉州和河南洛阳，还都有洛阳桥等见证着中原文化走向的历史遗存。时至今日，还有不少台湾人和海外华人称自己是"河洛郎"。

中原姓氏文化是弘扬民族精神、发展中原文化的主要依托，无论是古代还是当代，它都有着巨大的影响力。在当代寻根文化的热潮中，中原姓氏文化以它独特的魅力成为海内外华人关注的中心。

---

① ［清］屈大均：《广东新语》，中华书局 1985 年版。

第三节 神龙文化

在中国文化符号中没有任何一种物象的影响力能与龙比肩，它是智慧、勇敢、吉祥、尊贵的象征。河南是龙的故里。太昊伏羲"以龙纪，故为龙师而龙名"，首创龙图腾，实现了上古时期多部族的第一次大融合；黄帝在统一黄河流域各部落之后，为凝聚各部族的思想和精神，在今新郑一带也用龙作为新部落的图腾，今天的中国人被称为"龙的传人"，就是因此而来。

中国的龙文化在发展过程中大概经历了三个过程。第一阶段是从原始动物向虚拟神物的演化，它以某种动物如蛇、鳄为主体原型，再和其他动物的器官相组合，形成了一种具有多种动物特点的形象，濮阳西水坡的蚌塑龙就具有这一特点。第二阶段是从氏族图腾向民族图腾的转变，如伏羲部落的龙图腾经过五帝时代的发展直至夏朝的建立，逐渐成为整个中华民族的图腾。第三阶段是从民族图腾向宗教信仰的转化。在中国，龙不仅是民族的图腾，更是民族精神的象征，以及人们生存希望的寄托。如在古代农耕社会，龙是万民敬仰的水神，各地都建有龙王庙，是人们祭祀、祈雨、渴望风调雨顺的主要场所。

从发掘出土的文物来看，在河南省发现的龙文物不但历史久远，而且最为正宗。濮阳蚌龙距今 6400 年，是中国最早的龙形象，被考古学界誉为"中华第一龙"；在"华夏第一都"偃师二里头遗址发现的大型绿松石龙形器，距今至少3700 年，被学者命名为"中国龙"；等等。这些龙文化的遗存从夏、商、周到汉唐、明清一脉相承，在形态上可以说都是北京故宫里各种龙形象的祖先。中原和全国各地的民俗，也有不少与龙有关，如每逢喜庆之日舞龙灯，农历二月二祭龙王、吃龙须面，端午节赛龙舟等。这些文化现象除了在中华大地传播承继外，还被远渡海外的华人带到了世界各地，在世界各国的华人居住区或中国城内，最多和最引人注目的饰物就是龙。从中原大地产生并完善的龙形象，不仅是中华民族的象征，而且也是中华民族团结的纽带和共同的精神支柱。

一、中原龙文化的内涵

在原始氏族社会里，出于对大自然和其他神秘现象的敬畏，每一个部落都会以某种动物、植物或其他物体作为本族的象征或者标志，这就是族徽，也即所谓的图腾。图腾崇拜源于人类在生产力低下的情况下，对许多自然现象无法解释又无能为力时，便把自然事物人格化，赋予它超自然的力量。它以氏族为基础单位。在出土的仰韶文化彩陶上，除了有鸟、鱼、鹿等图案外，还有人面鱼、人首虫身等图像，这些很有可能就是氏族的族徽。这些族徽或者图腾作为一种文化现象，有区分各氏族群体、维系氏族成员团结和维护本部落安定的作用。《列子·黄帝》云："黄帝与炎帝战于阪泉之野，帅熊、罴、狼、豹、貙、虎为前驱，雕、鹖、鹰、鸢为旗帜，此以力使禽兽者也。"从原理上来讲，熊、罴、狼、豹、貙、虎等禽兽是不可能参加人类战争的，它们和作为旗帜的雕、鹖、鹰、鸢应该都是服从黄帝统治的各部族的图腾。由此可见，在传说中的黄帝时期作为图腾的物象是很多的，有日月风云等自然现象，也有虫豸禽兽等各种动物。而在这些图腾崇拜中，占主导地位的则是龙。许顺湛在《中国远古文化》中指出，炎黄时代有33种主要图腾，到尧舜禹时期只有7种。但无论是多部族的多图腾时代还是氏族部落日益融合的少图腾时期，龙图腾始终都占据主导地位。在反映上古社会的百科全书式作品《山海经》中，龙的地位非常重要，各种神的形象几乎全是龙的各种变体，如"鸟身龙首"、"龙身鸟首"、"龙身人面"、"人面龙身"、"人身龙首"、"马身龙首"等，早期部落首领也是乘龙而出，如祝融、夏启、蓐收、句芒等都是"乘两龙"。《大戴礼记·五帝德》也有"颛顼乘龙而至四海"、"帝喾春夏乘龙"等的记载。

龙是中华民族的先祖创造出来的一种神物，代表着权威和力量，体现了上古时代人们的思想、情感、理想和愿望。中原地区是龙图腾诞生和流传的主要区域。与龙图腾关系密切的黄帝及其后世子孙颛顼、帝喾等分别在河南新郑、开封、商丘等地建都立国，夏朝的建立者启的定都地也在洛阳附近。龙不仅作为传说中的神物在中原一带活动，而且也有现实的物证阐释着它的文化特征。1987年在颛顼故都——河南省濮阳市西水坡的仰韶文化遗址中出土了距今6000余年的蚌塑龙。蚌塑龙是在墓葬中发现的，和墓主人放在一起，墓主人居中，左侧是蚌塑虎，右侧是蚌塑龙。龙、虎形体都是由大小不一的自然蚌壳摆放而成。龙身长达 1.78 米，高 0.67 米，昂首、曲颈、躬身、长尾，形态粗壮，如腾飞之状，根据蚌壳凸凹的自然特征而摆塑的龙头、龙身、龙爪等巧妙地显出了龙的威风和神态，活灵活现。蚌龙的造型和商周青铜器以及汉唐古器上的龙一脉相承，专家认为"龙的形象在中国史前时代是多源的，但是，以西水坡蚌龙为最古老，可以称为'中华第一龙'，从这一点可以证明，黄河流域是中国古代文明的摇篮，可以说龙的主要故乡在黄河流域，在濮阳"。

在濮阳发现的这条蚌塑龙显示了中原人民早期的幻想意识。这条龙与我们当今流传的龙的形象不大相同，有关龙各部位的解释也因人而异，有人说它是马头、鹿角、蛇躯、鹰爪、麟身、鱼尾，也有学者认为"龙头似牛似猪似熊似虎，龙身似蛇似鱼，龙爪又似禽"。这些说法显示出先民创造的龙是以现实中存在的动物为原型的。也有人认为这种由动物的大聚合而形成的龙，反映了当时在部族、氏族融合的基础上，作为各氏族标志的族徽相互拼合，这条龙是中国早期民族文化融合的产物。因此，不论它是各种动物的大汇聚还是氏族融合的象征，这条龙都显示出在打破了血缘关系而按照地域划分人群的文明时代，龙是中国先民共同崇拜的全民族的保护神。濮阳"中华第一龙"的发现印证了龙是早期人类的主要图腾之一，说明了河南是龙的故乡，我们炎黄子孙是"龙的传人"。

不仅濮阳西水坡的"中华第一龙"证明了中原龙文化的根源性，在河南偃师的二里头文化遗址出土的绿松石龙形器进一步显示出中原龙文化发展的足迹。

二里头文化的时间大概为公元前 21 世纪至公元前 17 世纪，上承河南龙山文化，下接郑州二里岗文化，属于中国早期青铜时代的文化，因在偃师二里头遗址发掘出土而得名。地域范围包括河南中、西部的郑州附近和伊河、洛河、颍河、汝河等流域以及山西南部的汾河下游地区，目前二里头文化遗址已发现近百处。2002 年春，考古工作者在偃师二里头遗址宫殿区的一座贵族墓中发现了一件大型绿松石龙形器。这件器物长 64.5 厘米，2000 多片形状各异的小绿松石片组成。龙形器的龙头为扁圆形，放置于梯形托座上，鼻子和眼睛填充着白玉和绿松石，龙身起伏有致，色彩绚丽，形象生动。其体量之大，制作之精，在中国早期龙形器文物中十分罕见，被专家誉为"中国龙"。绿松石龙形器的出土发现，为中华民族的龙图腾找到了最直接、最正统的根源。

二、中原龙文化发达的原因

无论是濮阳的"中华第一龙"还是偃师的绿松石龙形器，都显示了中原地区龙文化的根源性与正统性。龙文化之所以能在中原地区生根流传，原因是多方面的。

第一，中原地区在古代有着得天独厚的地理优势。当人类摆脱游猎生活而走向农业定居生活时，生存环境是非常重要的。中原地处黄河流域，区域内河流众多，而且地势平坦，这在科技非常不发达的原始社会，是农业生产和发展的最佳地区，这也是中国龙生存的基础。粮食是人类生存的依据，龙是人们信仰的灵魂，它们都是在中原自然条件下出现和形成的。龙虽然是人类幻想的产物，但它的形象集合了天上飞的、地上爬的、水里游的等各种动物的形体特征。中原相对发达的农业文明和自然条件，能为这些"水陆空"动物提供生存基础，这也是人类能从它们身上得到灵感而创造龙形象的现实条件。

从龙的习性来看，"喜水"位居第一。在中国古代的神话传说中，龙虽然能腾云驾雾、上天入地，但它主要的活动场所和威力的施展都与水有关。《山海经·大荒北经》载"蚩尤作兵伐黄帝，乃令应龙攻之冀州之野，应龙蓄水"，《左传·昭公十九年》载"郑大水，龙斗于时门之外洧渊"，可见龙是以水作为攻伐敌人的条件。在唐代的神话故事中，水下有一个与人类社会相似的龙宫世界。如唐代李朝威的传奇名作《柳毅传》中，龙王洞庭君和钱塘君都是生活在水下，根据这个故事演化出的《灵应传》等也是如此。水是龙的精魂，龙应水而来，顺天施水。

第二，中原是古代部落首领的中心统治区。虽然远古时代人类敬畏的事物很多，各氏族部落的族徽各不相同，但作为图腾崇拜，龙不仅占据主流位置，而且能一脉相承流传至今，使中国人成为"龙的传人"，而这与中原地区长期作为统治中心有关。陈地（今河南淮阳）是三皇之一太昊伏羲氏的定都和长眠之地。《竹书纪年》记载伏羲氏各氏族中有飞龙氏、潜龙氏、居龙氏、降龙氏、土龙氏、水龙氏、青龙氏、赤龙氏、白龙氏、黑龙氏、黄龙氏等与龙有关的部落，《左传·昭公十七年》说："太皞氏以龙纪，故为龙师而龙名。"可见早在伏羲氏时龙就是占据主流位置和影响最大的文化符号。被誉为"人文初祖"的黄帝其部落早期的图腾可能是熊，皇甫谧《帝王世纪》说："（黄帝）受国于有熊，居轩辕之丘，故因以为名，又以为号"。但当他取代炎帝而掌握统领诸侯部落的权力后，为了融合各部族的人文信仰，也用龙作为主要的图腾。黄帝之后，"绝地天通"的颛顼帝将龙作为民族之神的地位确定了下来。颛顼帝的贡献很多，他不仅廓清了混乱的现状，建立了比较完善的统治秩序，设立南正重、火正黎司天理地，分别管理天下民事和神事，而且统一部族图腾，使龙成为人们共同崇拜的灵物。《左传·昭公十七年》记录了郯子的话："昔者黄帝氏以云纪，故为云师而云名，炎帝氏以火纪，故为火师而火名，共工氏以水纪……太昊氏以龙纪，故为龙师而龙名，我高祖少昊挚之立也，凤鸟适至，故纪于鸟……自颛顼以来，不能纪远。"云、火、水、龙、鸟等都应该是各部族的标志或崇拜的事物，但从颛顼以来各部族的图腾都逐渐消失，而逐渐统一为一种图腾，那就是龙。在许多史料的记载中，颛顼、帝喾、尧、舜、禹等都是龙身，可见从颛顼帝开始龙崇拜已正式确立。

在确立中华龙崇拜的历程中，颛顼帝是至关重要的人物。历代文献也印证了中原地区是颛顼龙崇拜的发源地。在濮阳西水坡出土发现的"中华第一龙"，其墓主的身份现在还没有彻底确定，但很多研究者认为它应该是颛顼的墓地或者与颛顼有着密切的关系①。濮阳，春秋时称帝丘，战国时称濮阳，为卫国都城，《左传·昭公十七年》载："卫，颛顼之虚也，故为帝丘。"南朝刘宋时期裴骃在《史记·五帝本纪》集解中既引用了皇甫谧解释颛顼"都帝丘，今东郡濮阳是也"的观点，又引《皇览》"颛顼冢在东郡濮阳顿丘城门外广阳里中，顿丘者城门，名顿丘道"的记载，这些古籍上记录的地点与西水坡位置相近。濮阳西水坡的中华第一龙属于距今6000余年的仰韶文化时期，这也与历代所传的颛顼统治时段相符。可见濮阳是颛顼时的都城，更是中华龙文化的发祥地。

龙是由许多不同的图腾糅合成的一种综合体，是远古时期各氏族部落走向融合、合并时产生的特殊事物，它是"采万兽之灵、纳万兽之精、集万灵于一身"的"水陆空三栖动物综合体"，象征着部族融合、图腾合并、和平共处、团结统一等。它是中华民族的智慧结晶，是中华文化精神的产物，是民族团结的象征。龙文化所具有的兼容性，能增强民族凝聚力和向心力，在维护社会安定和国家统一事业中具有积极的作用。

① 何星亮：《华夏第一龙探析》，《东南文化》1993年第3期。

第四节　河洛文化

洛河，古称雒水，是黄河右岸的重要支流。黄河、洛河交汇处的广大地区，被称为河洛地区，而孕育、发展、繁荣于河洛地区的地域文化被称为河洛文化。在古代，洛河流域为"天下之中，四方入贡道里均"（《史记·周本纪》），地理位置十分优越。河洛文化以洛阳为中心，西至潼关、华阴，东至荥阳、开封，南至汝颍，北跨黄河至晋南、济源一带，是中华文化的源头之一，是华夏民族的主流文化。

一、河洛文化的主要内容

黄河是中华民族的摇篮，洛水则是这个摇篮的心脏。在远古时期，河洛就是人类生存和繁衍的主要地区，尤其是人类步入农业社会后，在洛水的滋养下，河洛地区逐渐成为人类生存和文明发展的中心。在洛水之滨，先后有多个王朝在此定都，夏都斟鄩、商都西亳、周都王城、汉魏故都、隋唐东都等见证着中华文明发展的足迹。河洛文化虽然是以洛阳为中心的地域文化，但在中国几千年的历史发展中都处于正统地位。河图洛书、道家经典、儒家经学、谶纬神学、释教佛学、老庄玄学大都从这里起步。

第一，中国文化和哲学思想的起点。《周易·系辞上》："河出图，洛出书，圣人则之。"相传距今约七八千年的伏羲时代，一匹龙马从黄河跃出，身上刻着"一六居下，二七居上，三八在左，四六居右"，被称为河图。河南省洛阳市东北孟津县的负图寺，据说就是当年"龙马负图"之处。大禹治水时，一只神龟从洛河爬出，背上数字排列为"戴一履九，左三右七，二四为肩，六八为足，五居中央"，大禹因此治水成功，划定天下九州，这是洛书。孔子相信河图洛书的存在，并认为河图洛书是圣人作《易》的主要依据之一。屈原创作的《天问》中有"河海应龙，何画何历？鲧何所营？禹何所成"之语。东晋王嘉在《拾遗记·唐尧》中又说："帝尧在位，圣德光洽。河洛之滨，得玉版方尺，图天地之形。又获金璧之瑞，文字炳列，记天地造化之始。"① 因此，虽然有关河图洛书的记载文字各不相同，但它是中国文化的最早起源却被世人公认。

河图洛书所代表的文化意义自古就受到人们的关注。汉代孔安国认为洛书就是《洪范·九畴》，"天与禹，洛出书，神龟负文而出，列于背，有数至于九，禹遂因而第之以成九类常道"②。郑玄注《周易·乾凿度》时认为太乙行九宫之法是为洛书。有关河图洛书的内涵至今也没有确切的定论，但从根本上说，它们都讲究数字的奇偶性和结构的对称性，包含着深刻的数理关系，体现了早期人们对天地万物的理性认识和探索精神，反映了河洛先民在与大自然的斗争中所形成的人类思维的早期成就。

第二，上古文明的发祥地。河洛文化是中国文明形成与早期发展的主导力量。历史上的中原地区为包括今天河南大部、河北和山西南部、陕西东部在内的黄河中下游流域的广大地区。历史上最早建立的夏、商、周三个王朝均以这里为中心腹地，因而就中国文明的形成和早期发展而言，中原地区显然是中国文明诞生和成长的摇篮。洛阳居中央而应四方，可谓"此天下之中，四方入贡道里均"（《史记·周本纪》）。虽然远古时代的历史无法考证，但是夏、商、周上古三代的文明在历史文献和近年来的考古发现中逐渐清晰地呈现在人们面前。《史记·孙子吴起列传》记载了战国时期军事家吴起对魏文侯说的一段话："夏桀之居，左河济，右泰华，伊阙在其南，羊肠在其北。""伊阙"为洛阳南的分水阙口；"羊肠"指黄河北岸太行山上的羊肠小道；"夏桀之居"的中心位置就是以洛阳为中心的伊洛盆地。《春秋繁露·三代改制质文》："汤受命而王，应天变夏作殷号……作宫邑于下洛之阳。"《史记·封禅书》中说："昔三代之居皆在河、洛之间，故嵩高为中岳。"《史记·货殖列传》又说："昔唐人都河东，殷人都河内，周人都河南。夫三河在天下之中，若鼎足，王者所更居也，建国各数百千岁。"左思《三都赋》有"崤函有帝皇之宅，河洛为王者之里"③之语。可见，代表中国早期文明的唐虞时代和夏、商、周三代王朝都以河洛文化为其发展中心。

在古代，洛阳长期处于国家政治、文化的中心地位，夏、商、东周、东汉、曹魏、西晋、北魏、隋、唐、后梁等朝代先后在这里建都。在故城遗址内外，保

---

① 上海古籍出版社编：《汉魏六朝笔记小说大观》，上海古籍出版社1999年版。
② 李学勤主编：《十三经注疏·尚书正义》，北京大学出版社1999年版。
③〔梁〕萧统：《文选》，岳麓书社2002年版。

存着无数的文物遗产，这些都是历史文明的见证。

第三，王朝统治的基础。《逸周书·度邑解》载："自洛汭延于伊汭，居阳毋固，其有夏之居"，由此可知，夏代的政治中心是在伊水、洛水交汇处的洛阳及其周围的河洛平原。1959 年以来，考古工作者在地处河洛文化中心腹地的二里头文化遗址进行过多次发掘，研究结果表明这里曾是中国历史上第一个王朝夏朝的都城遗址。除此之外，考古学家在以河洛为中心的不同地方都发现了类似于都城规模的夏商都城遗址，如禹州的瓦房店、登封的王城岗和郑州的大师姑等夏代都城遗址，偃师商城、郑州商城、洹北商城和安阳殷墟等商代都城遗址，由此可以看出夏商时期都城经常迁移。

夏、商的灭亡或多次迁都，不仅仅是因为统治残暴或政治腐败，更重要的原因是在科技很不发达的上古时期，农业生产几乎完全依靠自然环境，如果失去了农业的生存条件，那么国家就失去了统治基础。《国语·周语》中记载了伯阳父的话："夫水土演而民用也。水土无所演，民乏财用，不亡何待？昔伊、洛竭而夏亡，河竭而商亡。"虽然伯阳父的论断没有从王朝的统治政策上寻找灭亡的原因，具有一定的片面性，但是从客观上来看，也符合上古时期夏商王朝的存亡特点。在中国封建王朝发展时期有过重大影响的隋朝曾经在洛阳附近修建了全国最大的粮食——洛口仓，而且以洛阳为中心疏通大运河，使洛阳成为为京师运送粮食的根据地。隋朝末年，瓦岗军首领正是由于占领了洛口仓，吸附了大量的农民军力量而使隋王朝迅速土崩瓦解。唐朝建立后，又在洛阳城北修建了天下第一粮仓——含嘉仓作为统治天下的基础。在隋唐时期，洛阳虽然名义上不是都城，但却是"舟车所会"的真正的统治中心。

二、河洛文化的主要特征及价值

第一，国都文化连绵不断。黄帝都有熊，颛顼都帝丘，尧都平阳，舜都蒲坂，夏都阳城、阳翟、斟鄩，商都亳、隞、相、殷，周都丰镐、洛邑，西汉至北宋的都城一直在西安、洛阳和开封之间循环转移。这些都城均在河洛文化圈内，几千年的建都历史，使河洛地区形成了具有重大影响的国都文化。这是河洛文化最突出的特点。

第二，根源性。河洛文化是先民智慧的结晶，是华夏文明的源头，人类文明的脚步就是从这里迈出的。在这里人类产生了数理观念和术数思想，形成了探究天地奥秘的意识，出现了最早的哲学思想，产生了最早的文字，建立了最早的都城，形成了最早的姓氏等。

第三，吸收、包容、开放的民族个性。从远古至唐宋，在几千年的历史进程中，河洛文化始终保持着旺盛的生命力，它以兼收并蓄的态度容纳各种文化内容，进而发展壮大自己，使不同的文化形式都找到了自己的生存空间，成为人们公认的能够体现不同民族、不同姓氏文化内涵的文化形式，从而在维护国家统一、凝聚民族精神方面发挥着重要的作用。

正是由于河洛文化的根源性、正统性等特点，继承和发展河洛文化对中原人民和中华民族来说都具有重大的意义。

第一，可以增强世界各地华夏儿女对河洛文化的认同感，从而将不同文化背景下的中华儿女的心连结在一起。中华民族的文化源头在中原地区，河洛文化是中国传统文化的核心力量。很多台湾同胞和海外侨胞承认河洛地区是他们的祖籍地，自称"河洛郎"，认同河洛文化。因此，传承和发展河洛文化，扩大它的影响力，对增进港澳台同胞和海外侨胞对中华民族的认同感、凝聚世界华人的力量、促进祖国统一有着重大的现实意义。

第二，作为河洛文化标志的"河图"、"洛书"及原创的道家哲学等，内涵丰富、哲理深厚，不仅能提高人们的思维能力，而且能启发人们进一步关注生态环境，在深刻理解"天人合一"等思想精髓的基础上爱护自然，维护生态平衡，达到人与自然和谐共处。

第四章　中原民俗文化

民俗文化通常是一个地区最富特色的文化，是其历史文化、风俗习惯在一个地区沉淀和积累的结果。中原作为中华民族汉文化的发祥地，在民俗方面非常具有代表性，许多民俗习惯至今仍为人们所沿用和传承。中原地区的人们在饮食起居、日常服饰方面形成了自己的特色，而且产生了一些特色鲜明的节日活动，如太昊陵庙会、洛阳花会、信阳茶叶节、马街书会、开封夜市等民间节会。

习俗方面，如春节期间从腊月二十三开始祭灶，把房间打扫干净迎新年，"二十八，贴花花"，腊月二十八贴春联，除夕夜守岁，春节吃饺子等；另有独特的婚丧嫁娶习俗等。

节令方面，现在通行于整个中国北方的习俗如腊月二十三祭灶，大年三十晚上和大年初一早上吃饺子，正月十五闹元宵，"二月二，龙抬头"适合"理发去旧"，五月初五端午节家家户户门口插艾叶，七月初七牛郎织女相会，八月十五中秋团圆赏月，九月初九登高等，最早都起源于中原地区。

民间传说是口耳相传、代代相传的一些古老的说法。中原地区流传着很多古老的神话故事和英雄传说，如源于河南桐柏的"盘古开天地"、定都于淮阳的三皇之一伏羲、炼石补天造人的女娲、仓颉造字、大禹治水、愚公移山、叶公好龙等都是人们熟知的各种传说。

武术文化是中国传统文化中的一块瑰宝，既有鲜明的地域色彩，又有走向世界的诸多因素。20世纪80年代初，随着一部电影《少林寺》的上映，天下第一古刹少林寺重新回到人们的视野，并受到热烈追捧。与之相关的少林拳法、武术文化（功夫文化）也备受瞩目，世界各地的武术爱好者来到登封，齐聚少林，学习中原武术文化。离郑州不远的焦作温县陈家沟，是太极拳的发源地，这里既有黄皮肤、黑头发的中国人，也有白皮肤、黑皮肤的外国人，他们以拳会友，在此习武养生，切磋拳技，学习太极文化。

第一节　习俗文化

习俗是指一个地方的习惯和风俗，和风俗相比，习俗更侧重生活方面。习俗一词最早见于《荀子》："政教习俗，相顺而后行"；"习俗意志，安久移质"。①《史记·秦始皇本纪》："遂登会稽，宣省习俗，黔首斋庄。"②慢慢地，习俗成为一个固定的词语，表示人类社会相沿积久而形成的风俗惯制，是一种具有群体性、倾向性的社会行为。③是反映该地区历史文化风貌及发展变化过程的重要内容。

一、习俗文化内涵

中原地区作为中华文明的发源地，其习俗文化不断沉淀积累，成为中原传统文化甚至中华民族传统文化的重要组成部分，并广为流布。一个地区的习俗文化，反映着一个地区社会生活的发展变化、历史积累情况。习俗文化的内涵指与习俗相关的文化，一般来说具有较强的地域性、民族性和社会群体性的特点。中原地区的人民在长期的生产生活过程中形成了自己独有的习俗特点，有些习俗也是整个北方或中华民族的习俗。如现在婚礼习俗中的订婚、结婚就是对传统习俗文化的继承和发展。

二、习俗文化概述

习俗文化内容广泛，涉及生活的方方面面，包括节日习俗、饮食习俗、生活习俗、庆典习俗等诸多内容。节日习俗我们在下一节单独讨论，饮食习俗也分节单独讨论，这里主要从婚礼习俗和丧葬习俗上来分析。每个地区的婚礼习俗、丧葬习俗都反映着当地社会的客观政治经济状况，也代表着社会风气的发展变化。中原地区的丧葬习俗体现了古代等级分明的观念和"慎终追远"的思想。儒家思想是中原地区传统习俗的指导思想。

---

① 安小兰注释：《荀子》，中华书局 2007 年版。
② 司马迁（韩兆琦评注）：《史记》，岳麓书社 2012 年版。
③ 陈勤建：《中国风俗小辞典》，上海辞书出版社 2008 年版。

三、习俗文化内容

（一）婚礼习俗

婚礼习俗现在包括订婚、结婚、闹洞房、回娘家等一系列相关活动。在古代，结婚前一般有"纳采"、"问名"、"纳吉"、"纳征"、"请期"和"亲迎"六个步骤。纳采，即男方派人去女方家送礼提亲，女方同意了，方可进行下一步；问名，指男方家人请媒人到女方家里，问女方的生辰八字及名字；纳吉和纳征是指男方家人根据女方提供的生辰八字和名字等，占卜算得双方的结合是吉还是凶，如果是吉利的，则请媒人正式代表男方家庭向女方送聘礼，这就算双方正式订婚了；纳征，指男方往女方家里送聘礼；请期就是确定结婚的日期，确定之后就可以"亲迎"迎娶新娘了。

随着社会的发展变化，人们受教育的程度越来越高，女性地位显著提高，现代文明也走进了千家万户，像以前那样双方没见面就被父母定下婚期的越来越少，每个人都有权利选择自己的婚姻。不过，中原地区还存在这种情况：即使是双方自由恋爱，一旦发展到要谈婚论嫁的时候，双方的家长还会坐下来给孩子订婚，询问生辰八字，看看双方是否"八字相合"，然后择取良辰吉日以确定婚期。如今因八字不合被老人拆散的美好姻缘也不在少数。送彩礼方面，各有不同，农村地区一般彩礼较高，自由恋爱则根据双方协商情况可多可少，甚至没有，这也说明农村地区对传统风俗的保留更多。

《礼记·曲礼》："男女非有行媒，不相知名，非受币，不交不亲，故日月以告君，斋戒以告鬼神，为酒食以召乡党僚友，以厚其别也。"[1] 说明我国古代婚姻是"父母之命，媒妁之言"，以聘娶婚为主，时至今日，大龄未婚男女被称为"剩男"、"剩女"，仍会被家人、亲戚朋友逼着相亲、结婚等，可见，这种传统的影响相当根深蒂固。刘伟（2012）经过对比分析认为，中原的婚礼习俗对高句丽的婚俗也起到了较大的影响作用，如高句丽人的婚姻首先需要"言语已定"，相当于中原地区婚俗中"六礼"的"纳吉"（男女双方订婚）。男方不但要征得女方同意，还需征得"父母之命"。[2]

---

① 杨天宇：《礼记译注》，上海古籍出版社 2007 年版。
② 刘伟：《中原文化影响下的高句丽婚俗丧葬习俗》，《通化师范学院学报（人文社会科学）》2012 年第11 期。

结婚当天，传统的中原风俗是要穿代表"喜庆"的红色衣服，因此当西方的婚纱刚刚在中国开始流行的时候，很多农村地区是排斥的，他们认为只有在白事的时候才可以穿白色的衣服，如今，这种情况在很多的农村也已改观，但也有的年轻人先穿婚纱，再穿红色的传统服装，中西合璧，自己开心，老人高兴。

整个婚礼过程也非常复杂。新郎要在婚礼当天的早上去接新娘，一般在中午 12 点之前要把新娘接到家里。下车之前，需要有人"接轿"，河南中部地区是婆婆亲自给红包接轿，豫北有些地方是嫂子接轿，红包一般要讨吉利。如 99 元，代表着婚姻长久；或者 101 元，代表百里挑一。但随着经济水平的不断提高，新娘子下车的红包越来越大，已经由 99 元增加到 999 元，又由 999 元增加到 9999 元等，101 元的也增加到 1001 元或 10001 元等，表示新娘子是千里挑一或万里挑一的好媳妇。新娘家送亲的人有弟弟或者侄子"把轿门"，男方家要准备足够的红包给把轿门的，因为他还拿着新娘陪嫁的柜子、箱子等的钥匙，一串钥匙要给一个红包。婚礼选择吉时开始，首先是一拜天地、二拜高堂、夫妻对拜等，完了之后司仪会主持新娘"改口"，就是喊公婆"爸、妈"，新郎家长要给新媳妇"改口费"，改口费也是个吉利数字。客人散尽，新娘进入洞房，新郎的妹妹或者侄女端一脸盆水给新娘，新娘可洗手示意，然后给妹妹或者侄女红包。

新婚之夜是传统的"闹洞房"（有的地区叫"闹房"），在中原的不少地区，还保留着"闹洞房"的习俗。婚礼仪式过后的当天晚上，新郎的一些年轻朋友会集聚在新郎新娘的新房里"闹"新娘，年轻的男孩们常常会说些放肆甚至粗野的话，做些粗野的动作，一直从婚礼当天晚饭后持续到深夜。之后，还有"听房"的习俗，小伙子们趴在新人的窗户下，窃听新人的悄悄话，可以说这是闹房仪式的一个延续。有学者认为，所谓"闹房"可以说就是"闹新娘"，这是"原始时代掠夺婚的遗迹"。[①]随着现代文明的不断推进和西式婚礼的流行，这方面的习俗渐渐淡化，但在河南的不少农村，还保留着类似习俗。

（二）丧葬习俗

古人云："死生亦大矣。"生与死是人生的两件大事，中国的丧葬习俗之所以如此复杂，最主要的还是为体现儒家传统的"孝"的观念，表达生者对逝者的尊

---

① 尚会鹏：《中原地区"闹房"习俗的社会功能研究——以"西村"为例》，《民俗研究》1997 年第 3 期。

重。"生，事之以礼；死，葬之以礼，祭之以礼。"① "丧礼者，以生者饰死者也。大象其生以送其死也。故如死如生，如亡如存，终始一也。"② 以孔子为代表的儒家思想对死亡是抗拒的，因而鼓励人们在现实的人生中积极进取去创造"不朽"，它们相对"重生"、"慎终"。而传统的丧葬礼就体现了儒家所谓的"慎终"，人们采取丧葬礼的最终目的是让死者满意，让活人安宁。"养生者，不足以当大事，惟送死可以当大事。"③ 上古的丧葬礼中，有陪葬和人殉，后来演化为饭含、摔盆，到如今的扎纸马、纸人，甚至纸汽车、纸电脑、纸 iPhone 等，都包含着生者对死者的祝愿，希望人死后依然衣食无忧、平安富贵。

中原地区，一般称丧事为"白事"，喜事为"红事"，而如果是高寿老人去世，则称为"喜丧"。在农村地区，有些人年龄稍大但尚健在的，也要开始准备丧葬用品"寿衣"、"寿材"、"挑选墓地"等。

人去世称之为"丧"，然后要"葬"，接下来是"祭"。从古至今，中原地区的丧葬仪式基本都是这个过程，变化不大，只是在规模、形式上略有变化。如果家里有老人去世，首先就要派人到亲戚家"报丧"，见面先跪地磕头，传递老人去世的消息。从去世到埋葬，亲人们要"守灵"，护送先人到另一个世界。最隆重的仪式是在出殡的当天，所有的亲戚到场，披麻戴孝，唢呐声响，还必须要哭，谁哭得痛，说明谁更伤心。中原人讲究"入土为安"，"葬"的时候一定是土葬，如今政府推广火葬，但不少人家还是在火葬之后再土葬，以保证老人入土为安。

古人要为父辈守孝三年，如一些做官的人，必须请辞回家给老人守孝，如果不马上请假还乡，就会被监察御史提出弹劾，最高的惩罚是永不录用。现在，随着时代的发展，守孝三年闭门不出的习俗已经发生了很大的变化，现在一般是三年春节不拜亲访友。前些年，在中原农村，还经常见到手臂上戴有"孝"字的黑色袖章，脚穿用白布包裹的鞋子或白色鞋子，说明家中有人去世。慢慢地，这些形式也发生了变化，如今在中原农村，一般"头七"（去世的第一个七天）、"五七"（去世三十五天）、"周年"都是缅怀拜祭的重要日子，需要去"上坟"祭祀。

从中原迁徙到南方的客家人的丧葬礼至今还保留着中原地区的习俗，如反映生死观念的丧葬用语是一致的，忌讳直接说"死"，而是用"老了"、"过身"等

---

① 孔子：《论语》，上海古籍出版社 2004 年版。
② 荀况：《荀子校注》，上海古籍出版社 2004 年版。
③ 孟轲：《孟子》，上海古籍出版社 2004 年版。

词语委婉表达；另如认为高寿老人去世是"白喜事"、提前给长辈准备"寿衣"、"寿材"等，和中原地区如出一辙。这同时也印证了客家人源自中原的说法。[①] 另外，高句丽的丧葬习俗、墓葬形式等也都深受中原文化的影响。[②]

第二节　节令文化

节令，即节气时令，节令文化是指与节气时令相关的风俗习惯文化等。我们的祖先很早就分清了春夏秋冬，并根据太阳的变化总结出了二十四节气，即立春、雨水、惊蛰、春分、清明、谷雨、立夏、小满、芒种、夏至、小暑、大暑、立秋、处暑、白露、秋分、寒露、霜降、立冬、小雪、大雪、冬至、小寒、大寒，以指导当时的农事活动，当然，至今二十四节气还为人们的日常生活、农业活动提供各种参考和帮助。2006 年 5 月 20 日，"二十四节气"作为民俗项目经国务院批准列入第一批国家级非物质文化遗产名录。2014 年 4 月，中国文化部正式计划申报"二十四节气"为联合国教科文组织"人类非物质文化遗产名录"。在不同的节气时令，人们会安排不同的活动，如元宵节闹花灯、农历二月二理发、三月三踏青等具有地域色彩的文化习俗。

一、节令文化内涵

节令文化是指在传统节气时令里对应的文化风俗习惯，有的甚至随着时间的推移逐渐演变为一种传统节日，是人类社会发展的必然产物。

如现在还通行的"二十四节气"仍对人们的生产生活起着指导作用。第一个节气"立春"，代表春天来了，而谚语里说"春寒四十五"，则说明立春过后，还得历经 45 天，才能迎来真正的春暖花开——"春分"这个节气，中间还有"雨水"、"惊蛰"两个节气。经历了漫长的寒冬，雪季已过，"雨水"代表春天的希

---

① 夏硕军、雷近芳：《从丧葬礼俗看客家文化的中原烙印》，《嘉应学院学报（哲学社会科学）》2006 年第 4 期。

② 刘伟：《中原文化影响下的高句丽婚俗丧葬习俗》，《通化师范学院学报（人文社会科学）》2012 年第 11 期。

望，"雨水"过后，蛰伏了整个冬季的小动物们开始蠢蠢欲动，"惊蛰"来了。杜牧有诗云"清明时节雨纷纷，路上行人欲断魂"，不仅说明清明时节可能雨水纷纷，还说明是人们祭奠先人的时节。另外，清明一般在农历的三月初一前后，当时"万物清洁而明净"，所以古人常出门踏青，因此，清明节又叫"三月节"或"踏青节"。

另外，在北方最炎热的夏季和最寒冷的冬季，还有"三伏天"和"三九天"之说，它们都有固定的日期和相关的习俗，如饮食习惯和相关谚语等。现在中原地区还保留着"入伏饺子出伏面"的说法和风俗，而冬季的"三九天"则流传着"一九二九不出手，三九四九冰上走，五九六九河边看柳……"这样生动形象的民谚，人们数着日子，感受着季节的变化，不能不感慨老祖先的智慧。这些都是节令文化的体现。

除了以上所述，还有与节气、节日和时令相关的庙会文化、花会文化和药会文化。这些聚会、展览等多与农历的节令时间密切相关，也是传统民俗文化的重要组成部分。

二、节令文化概述

中原地区节令文化历史悠久，是多个传统节令文化的发源地。先秦时期是中原节令文化的酝酿期；秦汉时期，不少节令文化开始形成，如春节、元宵节、寒食节、重阳节等；唐宋尤其是宋代，是中原节令文化发展的成熟期，如春节仪式之贴春联、放鞭炮等各种庆祝方式逐渐形成。节令文化在中国传统文化中占据非常重要的地位，它是传承中华民族传统的重要方式和手段。

三、节令文化内容

中原节令文化有着丰富的内容和鲜明的特色，我们将从节日文化、庙会文化、花会文化、药会文化四个方面来阐述。节日文化，包括传统节日文化和节气节日文化。中原地区的节日文化有着悠久的历史，现在北方大部、南方部分地区依旧保留着这些文化风俗，如吃腊八粥，腊月二十三祭灶、吃芝麻糖，除夕夜守岁、春节拜年等可以说是整个中华民族的传统，但探究起来，它们都起源于中原地区。祭祀是远古时代最重要的活动，至今连绵不断，因此庙会文化是中华民族文化及中原文化不可或缺的内容。如今拜祭仪式并没有随着时间的推移而淡化，反而在世界文化横流的同时，更显现出传统的魅力，下文我们简单列举三个最具代表性的大型庙会。另外，洛阳和开封作为历史古都，它们拥有丰厚的历史文明，同时也有着独特的花会文化，如今已经成为中原文化新时代的典型代表。中原地区作为中医的发源地，有着穿越千年的医药文化，禹州、百泉两个有着千年医药历史的地方，每年的药会也已成为中原文化独特的风景线。

（一）节日文化

我们将从传统节日文化和节气节日文化两个方面来说。

1. 传统节日文化

传统节日包括春节（含小年至除夕这一段时间）、元宵节、端午节、中秋节、重阳节等，传统节日文化指的是中原地区人民过传统节日时的文化习俗等。

（1）春节。春节即过年，又叫"元日"、"元旦"（与西方的新年不同）等，是汉族最大、最重要、最隆重的节日。据记载，中国人过春节已经有 4000 多年的历史，2006 年 5 月 20 日，"春节"、"中秋节"和"端午节"经国务院批准列入第一批国家级非物质文化遗产名录。每到春节，在外工作、漂泊的人都要回到一个叫"家"的地方，纵是隔着千山万水，不管多远的路，多难的路，人们都回家和家人一起团圆守岁，期待新年的到来。

其实在春节到来之前，整个腊月都有"年"的味道。腊月的年味首推腊八节，"过了腊八就是年"，腊八节过后，春节的脚步就临近了。腊八节是中国传统的节日，也是佛教的一个重要节日。据《佛本行集经》记载，释迦牟尼佛成道前，曾尝试过各种法门，但都未能证悟。在历经六年苦行后，他不但毫无收获，反而弄得身心俱疲。于是，他放弃苦行，接受牧羊女奉献的乳糜，恢复体力，并在菩提树下静坐参悟，发愿"不成正觉，不离此座"，最终开悟得道。当天，正好是农历腊月初八。

从先秦起，腊月都是用来祭祀祖先和神灵的日子。到南北朝时，由于佛教在中原盛传，受佛教的影响，"腊祭"固定在腊月初八这一天。腊八节既是佛教节日，也是中华民族的传统节日。为纪念佛祖成道，各地寺院在腊八当天，用米、豆等谷物和枣、栗、莲子等干果煮粥供佛。后来，为了回报和感恩信众与施主们的供养，僧人们开始在腊八这一天向信众馈赠腊八粥，共沐佛恩。腊八当天喝粥的习俗也逐渐在民间盛行。

自 2008 年以来，河南嵩山少林寺恢复每年施粥的传统，以弘扬佛教慈悲济世、利益众生的传统。创建于 1217 年的少林药局，有着近 800 年的历史，嵩山少林寺少林药局的僧人严格按照佛医古例，制作出"少林五行腊八粥"。少林药局保存的古医方上，记载了"少林五行腊八粥"的秘制法，即用粳米、糯米、薏米、黑米、五行豆（红豆、黄豆、绿豆、黑豆、芸豆）、莲子、红枣、百合、桂圆、枸杞、山药、山楂等熬粥，以用于腊八节供佛及僧众冬季坐禅时食用。①

腊八过完半个月，就到了小年腊月二十三，正如鲁迅先生在《祝福》里说的那样："旧历的年底毕竟最像年底。"小年这一天，家家户户要"祭灶"，吃芝麻糖。很多远离家乡的人，也开始计划回家过年，他们的脚步离家越来越近。

"年"在《说文·禾部》中注为："年，谷熟也。从禾，千声。"② 可在人们生活发展过程中，却有了一个传说，相传"年"是一种非常凶猛的怪兽，长期深居海底，每到除夕夜的时候就爬上岸，伤害人畜，降灾于辛苦了一年的人们。因此，为了躲避、驱赶年兽，家家户户贴红色春联，放鞭炮；现在部分家庭还保留在除夕当天下午或傍晚在院子燃烧松柏枝桠的习惯，这和放鞭炮一样，都是为了把"年"这个怪兽吓跑。除夕夜"守岁"可以说是中原地区最重要的春节民俗之一，人们守岁是希望能够保证"年"提前离开，新年的大年初一平平安安到来。自1983 年起，中央电视台的除夕夜春节联欢晚会已经成为所有华人的年夜饕餮大餐，从晚上八点开始，一般持续到新年钟声敲响，全世界所有的华人在一起守岁过年。

过了除夕是春节，即新年第一天，大人小孩都穿上崭新的衣服，喜气洋洋拜大年，孩子给长辈拜年，长辈给孩子发压岁钱。大年初一这一天，中原地区有不动扫帚、不动刀、不动土等习俗，以免发生不吉利的事情，所以很多家庭会提前一天把新年要吃的肉、菜洗好切好，只等第二天直接下锅炒熟。一直到大年初五才可以扫地、倒垃圾，这叫"破五"。

（2）元宵节。元宵节又叫"上元节"，正月十五日夜是新年的第一个月圆之夜，古人称夜为宵，因此叫元宵节，这是春节过后的第一个重要节日。它和春节一样，也是整个华人的传统节日。传统的元宵节始于 2000 多年前的秦朝，从汉文帝、汉武帝到汉明帝时期，都有对元宵节的记载，汉代司马迁创建"太初历"

---

① 河南嵩山少林寺官方网站：http://www.shaolinsiwang.com/zuixindongtai/375.html。
② 段玉裁：《说文解字注》，上海古籍出版社 1988 年版。下文出现的《说文解字》均出自这本书，不再一一加注。

时，元宵节就已经是重大节日，之后又受到佛教和道家的影响，可见，元宵节不是一个单一源头形成的节日，而是受各种因素影响逐步形成的节俗。[①]吃元宵、赏花灯、猜灯谜是元宵节的重要活动内容，现在依然如是。

（3）端午节。端午节在农历的五月初五。关于端午节，中原地区民间熟悉的传说多是因屈原在这一天投江，人们过这个节日的时候吃粽子、赛龙舟，均与纪念屈原有关。另外，端午节绣香包、在家门口插艾叶的习俗，与驱邪祈平安有关。

而其他地方的传说和学界的研究则更为多样，大家熟悉的可能还有"纪念伍子胥"之说，在东汉邯郸淳的《曹娥碑》中这样写道："五月五日，迎伍君，逆涛而上。"戈春源认为伍子胥比屈原早两百多年，端午节最常见的竞渡活动是勾践为纪念伍子胥所设，伍子胥的殉难日与端午节接近，斗百草、采杂药、食粽、饮雄黄酒等端午习俗很多起源于伍子胥所在的吴地，屈原被重视只是"流"，而非"源"。另外，端午还有"夏至说"，刘德谦认为"有文字可考的始源是夏至"。另有"恶日说"，钟敬文认为"端午节的初始之意当是驱瘟、除邪、止恶气"，中原地区现在还保留着端午节在家门口插艾叶的习俗，可能就与这种说法有关。20世纪40年代，著名学者闻一多对端午节的起源做了详细考察，认为端午风俗多和龙有关，因此他提出了"龙图腾祭祀说"，后来又有学者对此进行研究，同意这种看法。还有部分学者经过研究认为端午节是为"祭天祈年"、"祈求生育"等。[②]

根据上文的端午起源分析，多认为端午主要发源于古楚地或吴地，属于江南地区，但很快它就成了一个全国性的节日和中华民族的传统节日。2009年10月，端午节被列入联合国教科文组织的《人类非物质文化遗产代表作名录》，这是中国首个入选的传统节日。

关于端午的看法仁者见仁，各地端午的习俗和饮食也各不相同。习俗方面有赛龙舟、射柳、斗百草、插柳（插艾、柳及戴艾、柳）等；饮食方面主要就是吃粽子、喝雄黄、菖蒲酒等。

不过，在中原地区，目前保留的端午风俗主要有吃粽子，一般是甜粽子，和南方的肉粽不同；另外就是在家门口悬挂艾叶，以期起到祛病消灾的作用；还有

① 李翠华：《先秦至唐宋时期春节习俗研究》，中山大学硕士学位论文2010年。
② 黄珍：《20世纪80年代以来端午节俗研究述评》，《苏州科技学院学报（社会科学版）》2007年第8期。

就是佩戴香囊、手腕处戴五彩丝线，祈求平安健康。近些年来，随着传统文化的回归，国家也专门设立传统节日假期，上述传统不仅没有随着岁月消失，反而越来越受到重视，内地也开始举办一些龙舟赛，南方的肉粽也走上了中原地区的餐桌。

（4）中秋节。中秋节在农历的八月十五日，它和春节、端午节一样，都是中国的传统节日，也是法定假日。八月十五月儿圆，象征着家人的团圆，每逢中秋，人们最重要的活动就是一家人团团圆圆，吃着月饼赏月。

关于中秋节的起源，主要有五种观点，即"节日转移说"、"神话说"、"民俗说"、"外来说"和"祭祀说"。"节日转移说"是说中秋节源于唐玄宗的诞节千秋节；"神话说"来自唐宋野史笔记，当时传说中秋节起源于唐玄宗游月宫；"民俗说"则认为中秋节源自先秦"中秋迎寒"的习俗，北宋时定为节日；"外来说"则认为中秋节是唐代从朝鲜传入中国的，还有学者推测说中秋望月习俗受到印度婆罗门望月习俗的影响；而"祭祀说"则认为唐代已有中秋节，宋代更胜，中秋节是在古代秋分祭月礼俗的基础上形成的。学者王兰兰（2012）经过梳理史料认为，尽管早在先秦时期，民间已有祭月、拜月等活动，但却是随意的、局部的，并不能等同于严格意义上的节日概念。现代中秋节肇始于唐代，形成于宋代，与唐代特别是玄宗统治时期道教的兴盛有着密切的关系；唐玄宗千秋节对中秋节的形成有促进作用；安史之乱后人民渴盼团圆是另一个重要原因。[①]

从以上诸多学者的观点可见，中秋节并不是起源于中原地区，但相传中秋节吃月饼始于元代人民反抗元朝的残暴统治。当时，中原广大人民不堪忍受元朝统治阶级的残酷统治，纷纷起义抗元。朱元璋联合各路反抗力量准备起义。但朝廷官兵搜查得十分严密，起义军传递消息十分困难。军师刘伯温便想出一计，命令属下把藏有"八月十五夜起义"的纸条藏入饼子里面，再派人分头传送到各地起义军中，通知他们在八月十五日晚上起义响应。到了起义的那天，各路义军一起响应，如星火燎原。很快，徐达就攻下元大都，起义成功了。消息传来，朱元璋高兴得连忙传下口谕，在即将来临的中秋节，让全体将士与民同乐，并将当年起兵时秘密传递信息的"月饼"，作为节令糕点赏赐群臣。此后，"月饼"制作越来越精细，品种更多，大者如圆盘，成为馈赠亲友的佳品。以后中秋节吃月饼的习

---

① 王兰兰：《中秋节起源与形成新论》，《宁夏社会科学》2012 年第 7 期。

俗便在民间流传开来。①

（5）重阳节。重阳节在农历的九月初九，是赏菊、登高作赋的日子，最有代表性的当属著名诗人王维在河南焦作境内（今著名的世界地质公园云台山的茱萸峰）写的《九月九日忆山东兄弟》。

重阳节起源于上蔡县。南北朝时，南朝人吴均在《续齐谐记》一书中引用了一个故事：汝南人桓景跟随一个叫费长房的高人游学多年。有一天费长房对桓景说："九月九日你们家有灾。让你的家人缝制布囊，里面装上茱萸，然后把茱萸囊系在手臂上，登山喝菊花酒，此灾可消。"桓景依费长房所言，举家登山。傍晚，桓景一家归来，发现家中饲养的鸡犬牛羊全都死了。费长房知道后说："这些家畜已经代人受灾了。"今天，大多数专家和学者认为桓景登高躲灾避祸是重阳节登高风俗的源头。②

当然也有不同的说法，有学者认为重阳节的发源地在河南省西峡县，如中国重阳文化研究中心主任段文汉曾撰文如下：

西峡位于豫西南豫鄂陕三省交界处，造就了这里的文化具有多样性，既有中原文化的特色，又带有楚秦风貌。中国民间文艺家协会授予西峡县"中国重阳文化之乡"称号，并在这里建立了"中国重阳文化研究中心"。西峡随处可见重阳文化痕迹，其中有个乡镇名字就叫"重阳"，在全国仅此一地。另外，西峡自古被誉为菊文化之乡，早在汉代，班固就曾在《汉书·地理志》写道"析有菊花，出析谷"（这里的"析"就是今天的西峡县）。唐朝著名诗人李白于公元751年到南阳石门元丹丘处作客，曾游历西峡菊花山，作《感旧》，并于次年重阳节到西峡菊花山登高赏菊，写下《九月十日即事》。孟浩然也在重阳节当天到过西峡菊花山，并作《寻菊潭主人不遇》和《过故人庄》。宋代时，西峡的重阳节文化和菊文化已影响全国，吸引了司马光、苏辙、宋祁等人前来游历，并留下不少佳作，如司马光的《菊潭》、苏辙的《五月园夫献白菊》、宋祁的《咏菊》等。金代时，大诗人元好问曾在西峡任县令，他写下的《宿菊潭》、《婆罗门引·菊潭秋》、《水调歌头·长寿新斋》等数十首诗词，不同程度地描述了西峡的重阳节文化和菊文化。每逢重阳节，西峡都有登高、赏菊、插茱萸、佩茱萸囊、吃重阳糕、饮菊花酒和尊老敬老等习俗。③

①② 张新斌主编：《中原文化解读》，文心出版社2007年版。
③ 段文汉：《重阳文化与河南西峡》，《光明日报》2010年11月1日。

现在整个河南省，重阳的习俗和"重阳文化之乡"西峡基本一致，登高、赏菊、插茱萸。但在河南民间过重阳节，主要以改善生活、联络亲友感情为主，并不重视"桓景避难"的传说。过节时，人们多炸油条，做绿豆面、煎饼，或磨栗粉和糯米粉拌蜜蒸糕，辅以枣泥（俗称重阳糕），标以彩旗，问候亲友。信阳一带，人们还喜欢在这一天吃汤圆。在豫北有"九月九，卸石榴"的谚语，有石榴树的人家，习惯在此日采摘石榴吃。南阳等地，民间还认为九月九日是老君的生日。传说老君小名为哨，所以在九月九日游乐时，忌吹哨子，尤其是以老君为祖师爷的行业更为谨慎，以示对老君的尊重。①

2. 节气节日文化

节气节日指在二十四节气的基础上，渐渐衍生的一种节日，节气节日文化则指与之相关的文化风俗习惯。在二十四节气中，在中原地区影响最大的当属清明，另外，冬至吃饺子的风俗也较盛，其他的都没这两个节气在人们心中的地位高。这里不再赘述。

（1）清明。清明是一个重要节气，清明一般在农历的三月初一前后，当时"万物清洁而明净"，故命名"清明"。受唐代大诗人杜牧的影响，提到清明，大家首先想到的就是"清明时节雨纷纷，路上行人欲断魂"，认为清明就是祭奠、怀念先人的日子，而不是节日，甚至有人认为不能称清明为"清明节"。其实，就时间上来说，刚经历了漫长寒冬，春季的清明节空气清新，古人常出门踏青，游玩聚会，因此，清明节又叫"三月节"或"踏青节"，而不是有些人认为的只能祭奠先人。北宋著名画家张择端绘制的《清明上河图》被称为中国十大传世名画之一，其描绘的就是北宋时期都城汴京人们清明时节出游的场景。

清明节的前身是"寒食节"，相传是春秋时代为纪念晋国的忠义之臣介子推而设立的，寒食节期间禁止生火做饭，因此需要准备一些事先做好的熟食，以备禁火期间食用；寒食节除了禁火冷食，还有祭扫坟墓的习俗，这与古人一直对祭祀祖先非常重视有关。在唐代，不论士人还是平民，都将寒食节扫墓视为返本追宗的仪式，由于清明节距寒食节很近，人们还常常将扫墓延至清明。诗人们的作品也往往是寒食、清明并提，如韦应物有诗云："清明寒食好，春园百卉开。"白居易写道："乌啼鹊噪昏乔木，清明寒食谁家哭。"当时朝廷鉴于民间寒食、清明

---

① 佚名：《重阳节全国各地的独特风俗》，《大河报》2011年9月30日。

并举已相沿成习，就以官方文书的形式正式规定，清明节和寒食节一起放假。这项规定距今已经 1200 多年，说明从那时起清明就开始具有某种国家法定节日的色彩。宋元时期，清明节逐渐取代寒食节，寒食节的风俗也一并转移到清明节期间。清明节还吸收了上巳节的内容，上巳节在农历三月初三聚餐，主要风俗是踏青、祓禊。大约从唐代开始，人们在清明扫墓的同时，也伴之以踏青游乐的活动。由于清明上坟都要到郊外去，在哀悼祖先之余，顺便在明媚的春光里骋足青青原野，也算是节哀自重转换心情的一种调剂方式。因此，清明节也被人们称作踏青节。融汇了两个古老节日精华的清明节，在宋元时期形成了以祭祖扫墓为中心，将寒食风俗与上巳踏青等活动相融合的传统。民国时期，清明节这天，除了原有扫墓、踏青等习俗，植树也被确定为常规项目，这实际上是对民间长期延续的植树风俗的一个官方认定。[①]

如今中原地区的清明节，祭祀扫墓、怀念先人仍是主要内容，同时踏青游玩、亲近自然也是内容之一。

（2）冬至。冬至代表着冬天到了，是二十四节气中最早制定出的一个节气。早在春秋时期，古人就用土圭观测太阳，测定出了冬至。我国古代对冬至很重视，冬至被当作一个较大的节日，而且有庆贺冬至的习俗，甚至有"冬至大如年"的说法。有研究表明，冬至过节源于汉代，盛于唐宋，相沿至今。《汉书》中说："冬至阳气起，君道长，故贺。"《晋书》中记载："魏晋冬至日受万国及百僚称贺……其仪亚于正旦。"《清嘉录》中有"冬至大如年"之说。这些都说明古人对冬至十分重视。《后汉书》中这样说："冬至前后，君子安身静体，百官绝事，不听政，择吉辰而后省事"，是说冬至这一天都要放假休息。[②]

冬至这一天，不少地方有吃饺子、汤圆、馄饨、羊肉、粉团等习俗。而在河南地区，一般都是吃饺子有"冬至饺子夏至面"的说法，也有"不吃饺子会冻掉耳朵"的说法。据说，这种习俗是为了纪念"医圣"张仲景。

张仲景是南阳稂东人，他著《伤寒杂病论》，集医家之大成，被历代医者奉为经典。张仲景有名言："进则救世，退则救民；不能为良相，亦当为良医。"东汉时他曾任长沙太守，访病施药，大堂行医。后毅然辞官回乡，为乡邻治病。其返乡之时，正是冬季。他看到白河两岸乡亲面黄肌瘦，饥寒交迫，不少人的耳朵都

① 张靖：《中国四大传统节日习俗之清明节——从古诗词中追溯清明节习俗》，《新课程》2014 年第 9 期。
② 佚名：《漫说冬至节》，《中国农村科技》2006 年第 11 期。

冻烂了。便让其弟子在南阳东关搭起医棚，支起大锅，在冬至那天舍"祛寒娇耳汤"医治冻疮。他把羊肉、辣椒和一些驱寒药材放在锅里熬煮，然后将羊肉、药物捞出来切碎，用面包成耳朵样的"娇耳"，煮熟后，分给来求药的人每人两只"娇耳"，一大碗肉汤。人们吃了"娇耳"，喝了"祛寒汤"，浑身暖和，两耳发热，冻伤的耳朵都治好了。后人学着"娇耳"的样子，包成食物，也叫"饺子"或"扁食"。冬至吃饺子，是不忘"医圣"张仲景"祛寒娇耳汤"之恩。至今河南南阳仍有"冬至不端饺子碗，冻掉耳朵没人管"的民谣。①

3. 其他节日文化

除了上述传统节日、节气文化，还有部分特殊的日子，如农历的二月二、三月三等。

"二月二，龙抬头"，嘉靖年间河南地方志《尉氏县志》载："二月二日，俗名龙抬头，谓惊蛰也，各家贴符禁语，及摊煎饼食之，以厌胜蛇蝎，不使近人。"②这里不仅记载了"二月二，龙抬头"，同时也记录了当时人们的饮食习惯，即摊煎饼。另外，二月二在河南还有祭祀龙神的传统，民国四年石印本《永宁县志》记载，每年二月"初二日，祀龙神"。③

如今，"二月二，龙抬头"的说法广为流传，过完新年之后，很多人选择在这一天"理发"，有"剃龙头"之意，甚至在河南、西安等部分地方有"正月剃头死舅舅"的说法。古人有"身体发肤，受之父母"的思想限制，一般不能随便剃掉头发，而现代男士一般每个月都要理发，所以很多人不一定整个正月都不理发。但二月二这一天，理发店爆满还是常见的现象。

古时的三月三曾经是"上巳节"、"踏青节"，是纪念黄帝的节日，也是后人祭祀拜祖的重要日子。黄帝故里拜祖大典是自春秋战国以来华夏炎黄子孙于黄帝故里轩辕之丘（今河南省郑州市下辖新郑市）祭拜先祖黄帝的仪式，唐代后升格为官方祭典。如今，这一仪式已经恢复多年，每到三月初三这一天，海内外的炎黄子孙回到河南新郑的黄帝故里，共拜炎黄子孙的人文始祖轩辕黄帝。2008 年 6 月，黄帝故里拜祖大典已被国务院公布为国家级非物质文化遗产。

（二）庙会文化

庙会起源于古人的祭祀活动，朝祖进香是传统庙会的基本内容，庙会文化是

---

① 佚名：《为什么冬至吃饺子？由来大揭秘》，《小读者》2012 年第 12 期。
②③ 黄浩：《"二月二"传统节日研究》，中南民族大学硕士学位论文 2010 年。

传统民俗文化中非常重要的文化形式，其往往与各种节令有着直接的联系。如新密天爷洞庙会在农历三月三、六月六、九月九；淮阳太昊陵庙会在农历二月二到三月三；鹿邑永安寺庙会在农历三月十九等，这些时间都是和传统农历分不开的。

张进仓在《中华传统文化的活化石：中原庙会》一书中用自己的文字和照片记录了正在逐渐消失的中原庙会文化，并从起源、内容、特色等角度展现了中原文化庙会的面貌。① 河南地区的庙会有很多，内容非常丰富，我们就简单列举上文刚刚提到的三个最具代表性的大型传统庙会。

1. 新密天爷洞庙会

新密市离郑州不远，天爷洞位于河南新密市平陌镇与超化镇交界处的灵崖山北麓，这里传说曾是轩辕黄帝拜天祭祖的场地，据《河南通志》记载："轩辕修炼于此"。据民间传说，居于新密云岩宫的轩辕黄帝在与蚩尤部落作战前，曾来到天爷洞向隐居此处的伏羲和女娲求教制胜之策，之后一举战胜了蚩尤，统一了华夏。战后天下太平，黄帝部落日渐兴旺，为了感谢伏羲、女娲的指教之恩，黄帝下令每逢农历三月三、六月六、九月九为朝拜"三皇祖"的圣日。每逢这日，他都要带领妻子嫘祖和文臣武将到天爷洞朝拜祭天，这一风俗沿袭至今。此地因此备受世人敬仰，历代在此建殿修庙不止，成为新密一大景观，名声远播，香客、游人络绎不绝。每年农历三月三、六月六、九月九，天爷洞都要举行盛大庙会。从天爷洞现存岩洞、庙宇及其庙会活动中，我们可以感悟一部中华民族从旧石器时期、伏羲时期到黄帝时期一脉相承的发展史，其各种类型的文化价值都包含其中，是祖先留给我们的一件十分难得的非物质文化遗产。2008 年，新密天爷洞庙会被列为郑州市非物质文化遗产。②

2. 淮阳太昊陵庙会

淮阳地处河南周口，是姓氏之根、易学源头、农耕文化和龙文化发源地，是中华文明最早的发祥地之一。太昊陵，即"三皇之首"太昊伏羲氏的陵庙，位于河南省淮阳县羲皇故都风景名胜区。

太昊伏羲是中国神话传说中的人类始祖，伏羲与女娲一起奠定了中国早期文

---

① 张进仓：《中华传统文化的活化石：中原庙会》，世界知识出版社 2015 年版。
② 杨建敏：《天爷洞皇帝拜天祭祖庙会》，原载中原网、郑州文化艺术网，http://art.zynews.com/whyc/2013-06-03/2338.html。

明。太昊陵庙会的举办时间为每年的农历二月二到三月三，时长整整一个月，该庙会也因"会期之长、范围之广、人数之多"被列为第一批国家级非物质文化遗产。相传农历二月十五日是人祖伏羲的生日，2008 年 3 月 22 日（农历二月十五），以"单日参拜人数最多"（参与庙会人数达 825061 人）被上海大世界吉尼斯总部列入吉尼斯世界纪录。太昊陵庙会现已成为中国规模最大、最古老的民间庙会，太昊陵人祖祭典入选国家非物质文化遗产。

3. 鹿邑永安寺庙会

永安寺位于河南周口鹿邑县辛集镇，永安寺庙会至今已经举办了 1507 届（2014 年庙会是永安寺的第 1507 届文化庙会），它是河南省非物质文化遗产保护项目。

永安寺历史文化丰富，源远流长。唐高宗李治及武后于乾封元年（666 年）亲到太清宫祭祖后驾幸寺院，亲题御书"永安寺"，并赐"透龙碑"，颁诏扩建，成为中原佛教名胜。自此永安寺声名远播，"年年三月街，天天武庙会"，方圆上百里的群众都在每年农历三月十九以及每月初三、初六、初九前来赶会，武庙会（祭祀关公）、文庙会（民间文艺表演）延续至今，久盛不衰，成为永安寺鲜活的历史文化名片。[①]

（三）花会文化

不同的季节有着不同的节令文化，河南省内规模最大的当属每年春秋两季在两大历史古都举办的花展——洛阳牡丹花展和开封菊花展，这两大花展因规模大、影响范围广、经济效益价值高而备受关注。

1. 洛阳牡丹文化节

"洛阳牡丹甲天下。"洛阳牡丹文化节原名洛阳牡丹花会，开始于 1983 年，1982 年 9 月 21 日，洛阳市人大常委会通过决议，将牡丹花作为洛阳市"市花"。每年春暖花开的四五月间，"唯有牡丹真国色，花开时节动京城"，全国乃至世界各地的游客都会涌到洛阳，去欣赏雍容华贵的牡丹。

2010 年 11 月，经国务院、国家文化部正式批准升格为国家级节会，更名为"中国洛阳牡丹文化节"，由国家文化部和河南省人民政府主办。从此牡丹花会的内容更为丰富，除了花展，还开发了各种艺术展，如 2013 年有"赏石艺术展"、

---

① 陈鹿华、蒋保庆：《河南鹿邑永安寺第 1507 届文化庙会隆重举行》，鹿邑县人民政府网站，http：//www.luyi.gov.cn/index.php/cms/item-view-id-2034.shtml。

"名家花展"、"河洛文化民俗庙会"等，不仅传播了牡丹文化、洛阳传统文化，丰富了花会内容，而且大大促进了洛阳当地的经济发展，如今中国洛阳牡丹文化节已入选国家非物质文化遗产名录。

2010年12月29日，河南省文化厅和洛阳市人民政府在郑州召开第29届中国洛阳牡丹文化节专家论证会。2011年，由中国人类学民族学研究会、国际节庆协会主办的"2011优秀民族节庆"推选活动中，中国洛阳牡丹文化节被评为"最具国际影响力节庆"。

2. 开封菊花节

开封菊花节原名中国开封菊花花会，和洛阳牡丹花会一样，开始于1983年，开封市第七届人大常委会第17次会议通过命名菊花为开封市市花的决议，此后，每年的金秋10月开封都会举办一次菊花花会，"春看牡丹秋赏菊"逐渐成为中原节令文化中非常重要的两项内容。从2000年开始，河南省委省政府将中国开封菊花花会确定为省级节会，2013年，开封菊花花会升级为国家级花会。

开封养菊历史悠久，远在唐代就初具规模，从唐代诗人刘禹锡对开封菊花"家家菊尽黄，梁园独如霜"的描述可见一斑。明清时代开封养菊、赏菊之风依然盛行，清代乾隆皇帝南巡来到开封禹王台赏菊时，留下了"枫叶梧青落，霜花菊白堆"的诗句，并被刻在当今禹王台公园保存的"乾隆御碑"之上。① 每年菊展期间，除了几十万盆菊花盛情迎客外，开封还举办了各种精彩的文化活动，让海内外游客在欣赏菊花的同时，品尝开封名吃，感受开封的传统文化。

（四）药会文化

中原作为中华医药的发源地，其医药文化是中原文化中非常重要的分支，我们会在第六章中单独论述，这里仅谈谈和医药文化相关的"药会"文化。

1. 禹州药交会

禹州是中医药的发祥地之一，从轩辕黄帝在禹州修炼以草为药开始，禹州就与中医药有了割舍不断的渊源。禹州药材交易可以追溯到春秋战国时期，明代时禹州已经成为全国中药材的集散地，清代乾隆时期禹州的药材交易已经形成了春、秋、冬三季定期交易的规律。

自唐宋始，禹州已有店、铺、堂、馆等各类医馆、药庄遍布街市，亦开始小

---

① 《开封菊花节》，http://calendar.huanqiu.com/kaifeng_chrysanthemum_festival。

面积种植药材，到明代种植药材已形成区域化。从明太祖朱元璋诏令药商云集禹州建立全国性中药材集散地，到清乾隆时期形成春、秋、冬三季定期药材交易会，其规模大，范围广，以致"内而全国二十二省，外越西洋、南洋，东及高丽，北际库伦，皆舟车节转而至"。药材市场的形成，促使了医学的发展。明清之际，禹州涌现出3位太医和14位名医。历经400余年时间，禹州已从区域医药发展到世界范围的交流与融汇。禹州有"药不过禹州不香，药不见药王不妙"的说法，现在禹州仍有"药王祠"、"药王街"这些地名，这都是药王孙思邈留下的宝贵财富。

新中国成立后，禹州的中药交流会曾一度中断，直到1985年3月，才重新恢复。从2004年开始，禹州药交会改名为"药王孙思邈文化节暨2014中国禹州中医药交易会"，体现了药王、文化、经济主题。这是因为药王孙思邈曾长期居住在阳翟，即当年的禹州，禹州是药王的第二故乡，孙思邈到禹州后，成就了一代药王，促进了"禹州药会"的兴盛，奠定了禹州在中医药界不可动摇的"药都"地位。

2. 百泉药交会

百泉位于河南新乡市辉县市，是有名的风景区。百泉药交会可以追溯到明代洪武年间，于每年农历四月举办，因为在四月，当地老百姓称之为"四月会"。在当地，有"不到百泉药不全"之说。1980年，百泉药交会被列为全国三大药交会（另外两个是河北安国药交会和江西樟树药交会），1992年被国家中医药管理局、国家计委、卫生部、商业部、国家工商局、物价局六部委确定为全国性药交会，且居全国三大药交会之首。

第三节　传说文化

民间传说是口耳相传、代代相传的一些古老说法，但有不少已经记录在册。历史虽已远去，但在中原大地的人民心头口中及各种文献上还保留有各种各样的神话传说，如盘古、女娲、伏羲、神农、黄帝、颛顼、帝喾、尧舜禹、夸父、后羿、嫦娥、牛郎织女，这些神话传说有着强大的生命力，它们凸显了中原文化在中华民族原始文化史上的地位，提升了整个中华原始文化在世界民族之林的价值。

一、传说文化内涵

中原民间神话是一种独特的民俗现象，那些源远流长的传说记录了传奇的时代，各种名胜古迹证明了神话传说存在的真实性。从盘古开天地的故事里，可以窥见祖先的创世过程；从女娲、伏羲的传说里，我们仿佛可以穿越历史看到人类的诞生和生存方式；在大禹治水的故事里，我们又可看到古代人民征服自然的魄力；牛郎织女和董永七仙女的浪漫故事，又可以让我们感受人生的冷暖。总之，通过这些古代传说，可以增强华夏民族的集体认同感，激发炎黄子孙的民族自豪感，从而增强中华民族的凝聚力。

二、传说文化概述

中原地区的传说文化大致分为三类：创世神话、造人神话和英雄神话，这些神话的发现被我国学术界誉为人类"文化史上的奇迹"。[①]中原地区流传着很多古老的神话传说和英雄传说，如源于河南桐柏的"盘古开天地"、定都于淮阳的三皇之一伏羲、炼石补天造人的女娲、仓颉造字、大禹治水、愚公移山等都是人们熟知的各种传说。这些传说故事是中原文化乃至中华民族文化的瑰宝，对传统文化的传承和发展有着巨大的作用。

三、传说文化内容

在浩如烟海的神话传说中，我们从创世神话、造人神话和英雄神话、爱情传说四个角度分类阐述。

（一）创世神话

关于世界的来源是一个经久不衰的话题，古今中外历来如此。西方有他们的各路神仙，中国有自己的伏羲女娲。

1. 盘古开天地

盘古开天地的主角盘古是中国民间神话传说人物，在古老的中华神话中，盘古是中原大地上的第一位英雄。

---

① 张振犁：《情系中原神话》，《中国口头文学遗产数字化工程全纪录》，2014 年 1 月 1 日会议。

盘古，又称盘古氏、混沌氏，是中国传说中开天辟地创造人类世界的始祖。三国时期吴国徐整所著《三五历纪》最早记录了盘古开天的传说：

"天地浑沌如鸡子，盘古生其中。万八千岁，天地开辟，阳清为天，阴浊为地。盘古在其中，一日九变，神于天，圣于地。天日高一丈，地日厚一丈，盘古日长一丈，如此万八千岁。天数极高，地数极深，盘古极长。后乃有三皇。数起于一，立于三，成于五，盛于七，处于九，故天去地九万里。"① 远在太古时期，天地浑沌一片，太空中飘浮着一个形状像鸡蛋的巨星，在巨星内部，有一个名叫盘古的巨人，一直在用他的斧头不停开凿，企图把自己从围困中解救出来。经过一万八千年的艰苦努力，盘古挥出最后一斧，只听一声巨响，巨星分为两半。盘古头上的一半巨星，化为气体，不断上升；脚下的一半巨星，则变为大地，不断加厚，宇宙开始有了天和地。天和地每日加高三尺，盘古也越高大，成了"顶天立地"的英雄。

南朝萧梁任昉所撰《述异记》称盘古身体化为天地各物。《五运历年纪》及《古小说钩沉》辑的《玄中记》亦有类似记载。明董斯张在《广博物志》中引《五运历年纪》云："盘古之君，龙首蛇身，嘘为风雨，吹为雷电，开目为昼，闭目为夜。死后骨节为山林，体为江海，血为淮渎，毛发为草木。"② 这里说盘古是"龙首蛇身"，而我们知道女娲是"蛇身人首"，而中原地区属相"蛇"一般说是"小龙"，足以说明龙在中原地区的重要作用。

盘古开天地的传说有多个源头，如有种说法为盘古开天地起源于广西，其中"盘古"二字就是壮语等，还有的说起源于湖南沅陵等，但最终源于河南省南阳市桐柏县的说法得到了专家认可。中国民间文艺家协会经过多次赴桐柏考察论证，最终一致认定盘古神话在炎黄时代于河南南阳桐柏山一带成熟，2005 年 5 月 30 日，正式命名桐柏为"中国盘古之乡"。中国神话学会主席袁珂为桐柏题词："中原神话，文化之根；采风寻根，寻到了根。"盘古开天地传说中开天辟地的地点也是在河南桐柏。

专家们之所以认同"万代盘古根源桐柏"，是从五个方面来考虑的：第一，图腾方面。古书中记载"盘古氏龙首蛇身……"，龙是中华民族的图腾，我们的先民崇拜的是龙，认为祖先盘古就是龙的后代，所以他"龙首蛇身"。如今，桐

① 欧阳询：《艺文类聚》，上海古籍出版社 1995 年版。
② 袁珂编著：《中国神话传说词典（修订版）》，北京联合出版公司 2013 年版。

柏山盘古塑像的头部有两只龙角，与"盘古氏龙首"吻合，而其他的盘古神话传说则是凤图腾、鸟图腾或者鸡图腾，与龙图腾完全不同，因而具有龙图腾特征的桐柏盘古神话更为正宗。第二，地理方面。古书中，唯有桐柏山、淮河源、水帘洞的地理名词与盘古神话密切关联。同时，桐柏山盘古躺卧处还有一座盘古庙，保留着盘古山、盘古洞、盘古斧、盘古井等与盘古神话密切相关的实景地名。第三，民俗方面。桐柏民间现在还习惯在门头上、窗户上、院落影壁墙上挂太极图，以示吉利，并有希冀祖先庇佑以辟邪之意。桐柏民俗中嫁女送竹竿、玩狮子吞小孩、玩青龙火龙救众生等习俗，也与原始盘古神话密切相关。第四，敬祖方面。在神话流传区，人们对神话人物崇敬程度的高低是判断神话产生根源地是与否的标准之一。桐柏人民对祖先盘古的崇敬程度达到了顶点。如桐柏民间传说中正月初一是盘古的生日，这一天祖先盘古要回来过年，需要清静，所以在桐柏初一到初十是不能进行闹新春的游艺活动的，直到正月初十以后才能开始，否则是犯了大忌的。另外，走遍全国盘古神话流传区，民间称盘古为王、为帝的多，唯有桐柏山居民称为盘古爷和盘古奶，这也反映了桐柏山居民敬祖之意的亲切和深刻。第五，活化石标准。现在还挂在人们口头上的盘古神话，被专家称为"活化石"，它反映出当地人们对盘古神话的知晓度，这也是判断盘古神话传说根源地的依据之一。

中国民间文艺家协会还在桐柏县建立了中国民协盘古专业委员会，这是中国民协24个专业委员会中唯一的县级委员会。2006年10月30日，桐柏举办了"全球华人首次祭祀盘古大典"，并将每年农历九月初九定为祭祀盘古日。

2. 神农炎黄

神农传说是古老的汉族民间传说故事。神农氏是继女娲后的天下共主炎帝，传说是农耕和医药的发明者，自他以后，中国进入了农耕社会。

神农坛，在群众中流传的说法还有小北顶、紫金坛，相传是炎帝神农遍尝百草、登坛祭天的圣地。在河南焦作沁阳，有一座神农山，也就是神农坛，附近不仅有女娲祠、伏羲殿、先农坛（神农庙）等遗址，而且在群众中还流传着许多关于女娲补天、造人和神农尝百草的传说故事。

专家学者对沁阳神农坛进行了多次考察，发现了神农城、炎帝陵、伏羲殿、女娲庙、百草洼、药仙山等136处与炎帝神农相关的地名传说。2002年9月，以全国考古大学会会长罗哲文教授为首的14位国内著名考古学家和大建筑专家一致认为，海拔 1028 米的神农山紫金顶是神农炎帝的祭祀场所，是炎帝部落活动最频繁、最集中的地方（夏神农氏曾在这里尝百草，辨五谷，是高山祭祀的"华夏第一坛"）。中国的农业、医药、商业、音乐等都是从这里开始，逐步推向各地的。神农山古庙会至今已有 1700 余年的历史，每年从农历三月初一开始，来自省内外的信众、香客都会到此祭拜先祖，除了每年祭礼神农的大型活动外，还有登山比赛、诗歌朗诵等，每年接待游人香客百万余人。

3. 黄帝

黄帝常和炎帝并称炎黄二帝，他们的传说也源自中原。传说他们是中国原始社会两个不同部落的首领，黄帝的故乡在河南新郑，黄帝族的力量较强，文化也较高，他带领勇士们击败了早于他的炎帝部落，从而成为中原地区的部落联盟首领，黄帝也将部落势力范围扩张到中原以外地区。后来他与东北方向的蚩尤部落进行了多次较量，最后击败蚩尤部落，并将蚩尤杀死。黄帝族就成为中原文化的代表，炎黄二帝就成为汉族的始祖，并奠定了整个华夏文明的基础。

因此，黄帝在炎黄子孙中就有无法超越的崇高地位，炎黄二帝被奉为中华人文始祖，中华民族被称为"炎黄子孙"，新郑被称为"中华第一都"，每年的农历三月初三，来自海内外的炎黄子孙齐聚新郑，举行拜祖大典。

（二）造人神话

1. 女娲炼石补天

相传女娲人面蛇身，捏土造人，并化生万物，因此她被称为大地之母。女娲补天的故事和女娲造人的故事一样，都是中国人家喻户晓的。女娲补天的传说，是我国上古神话传说之一，在《列子·汤问》、《淮南子·览冥训》、《山海经》中均有记载。女娲时代，随着人类的繁衍增多，社会开始动荡，水神共工氏和火神祝融氏在不周山大战，结果共工氏因为大败而怒撞不周山，以此为由，衔接女娲用五彩石补天等一系列轰轰烈烈的动人故事。女娲补天，显示出她作为宇宙大神的重要地位。女娲经过辛勤的劳动和奋力的拼搏，重整宇宙，为万物的生存创造了必要的自然条件。创世女神女娲是华夏民族之人文先始，是福佑社稷之正神。

2. 伏羲

中华民族自古就有"三皇五帝"的说法，史称伏羲、女娲、神农为"三皇"，其中伏羲被人们尊为"羲皇"。三皇之一的地皇伏羲氏是河南淮阳人，传说他犬首人身，与人面蛇身的女娲氏是兄妹。当年二人结为夫妇，生下了第一个真正意义上的"人"——我们的祖先。另有传说是女娲氏用泥土捏出了人，不管怎样，"女娲造人"与"女娲补天"的传说在中国人中广为流传。在上古之世，曾天倾西北，地陷东南，人祖女娲娘娘炼五彩石以补天，她所撑起的也正是中原人头上的一片天空。在水城淮阳，至今仍有天下第一太昊伏羲陵存在，且历朝历代都有修缮，淮阳伏羲陵庙会如今是中国最大最古老的庙会。

在河南新密，专家经过长期实地考察，也发现那里保留着大量"羲皇"文化遗迹，民间流传着不少关于伏羲的传说故事。据传说，早在8000年前的远古洪荒时期，人祖伏羲、女娲在新密浮戏山和三皇山一带躲避洪水，炼石补天，滚磨成亲繁衍人类，开启了中华文明。经专家分析原"浮戏山"，实为"伏羲山"。2008年，河南省新密市被中国民间文艺家协会命名为"中国羲皇文化之乡"，同时也被确定为"中国羲皇文化保护基地"。

3. 观音菩萨

观音菩萨又称"观世音菩萨"，唐代为避讳唐皇李世民改为"观音菩萨"，在中国可谓无人不晓。他是人们口中经常说到的佛教神话人物，是人们心中可以普度众生脱离苦海的救世主，也是给人们带来后世子孙的送子娘娘。不少学者认为佛教传到中国之后，观音菩萨有关传说源自河南。

据记载，东汉时有印度僧人来中国传教，到达颍川郡父城县（今河南宝丰）时，看到西南地区有香山，因佛祖释迦牟尼的出生地也有座香山，于是在此建庵修行。东汉末年，宝丰建成了中国第一座香山寺，该寺自古被看做"真香山"、"大香山"，人们敬仰崇拜，常来进香拜佛，朝廷也颇为重视，北宋徽宗时重修香山寺，并在寺的中央修建了观音大士塔，该塔距今已有千年历史，不少史书都有记载。现宝丰香山寺被认为是汉化观音第一道场。2011年，中国民间文艺家协会命名平顶山为"中国观音文化之乡"。

（三）英雄神话

1. 大禹传说

"大禹是禹州之根，禹州是大禹之基。"由于大禹封国于禹州，夏朝建都于禹州的历史渊源，大禹与禹州结下千丝万缕的联系，而禹州则在数千年来流传着众多关于大禹的神话传说，保存着众多有关大禹的遗迹、遗址。这些神话传说和历史遗迹一直在深刻地影响着禹州人的生活。关于大禹治水的传说，不仅在河南禹

州市有，在河南桐柏、河南三门峡也都有流传，① 我们将在中原水文化一章专门
讨论"大禹治水"的内容。

相传大禹是今河南禹州人，他因治洪水有功而被推举为部落联盟的首领。因
为夏禹生活在原始社会的后期，社会分化已相当严重，部落首领的特权威信不断
得到提升，促使他建立了"家天下"的中华第一个世袭奴隶制政权。他曾铸九
鼎，分九州。他是中国历史上向自然宣战并取得辉煌成就的第一人，是中国家喻
户晓的治水英雄，是中国第一个奴隶制王朝的创始人，是中国历史上一位划时代
的伟大人物。从夏禹开始，中国古代社会由原始公社制跨入了奴隶制，中国历史
上第一个民族——华夏民族，也由此初步形成，中华民族数千年的文明史即由此
发端。

在禹州有禹王庙，禹王庙最早建于夏朝，是历史上最悠久的庙宇，现存的禹
王庙是明代遗迹，里面供禹王和禹妃。禹王锁蛟井距离禹王庙不远，也是为纪念
大禹治水功绩而建，相传大禹将蛟龙锁到井中时约定，石柱开花时，蛟龙方可出
井。禹王锁蛟井在清朝末年被人覆盖，1980 年重修，占地约 1500 平方米。禹王
锁蛟井井壁以砖券至顶，环形巨石甃口，井口左侧矗立一石柱，有铁索一端系石
柱，另一端下垂井底缚于蛟项。井上建卷脊挑角亭榭式建筑，内粉壁彩屏，绘大
禹治水神话故事二十四幅，后壁前立大禹塑像。

大禹治水的神话，作为我国最古老的传说之一，属于河南非物质文化遗产。
这个故事在中原大地乃至中华大地可谓无人不晓。而作为"大禹之州"的禹州，
在经历了数千年的文化积淀后，有关大禹的神话传说更是世代相传，影响着一代
代的禹州人。

2. 愚公移山

愚公移山是一则神话传说，出自《列子·汤问》，在中国可谓人尽皆知，入选
人民教育出版社小学语文教材。这个传说故事也属于河南非物质文化遗产。

故事的发生地在今天的河南济源。太行、王屋二山山脚下，住着愚公和智叟
两户人家，愚公家门前有两座大山挡着路，他决心把山平掉，开出一条路来。而
他的邻居智叟老人笑他太傻，认为不能成功。可是愚公说：我死了有儿子，儿子
死了还有孙子，子子孙孙是没有穷尽的，两座山终究会凿平。实际上，这只是个

---

① 程健君：《中原神话调查报告》，《黄河文明与可持续发展》2008 年第 12 期。

传说，并不一定真实发生这样的事情，故事表达了古人对劳动人民坚强意志的赞美，愚公胸怀大志，不畏艰难险阻，敢想敢做，持之以恒，坚持不懈。济源境内确有太行、王屋二山，从而增强了故事的真实性，另外济源也有愚公故里，达了后人对先民的追思。

1945 年 6 月 11 日，毛泽东同志在党的七大闭幕式上发表了题为《愚公移山》的著名讲话，号召全党全国各族人民"下定决心，不怕牺牲，排除万难，去争取胜利"，愚公移山精神由此升华为中华民族精神的重要组成部分。

（四）爱情传说

1. 牛郎织女

牛郎织女的故事在全国家喻户晓，是我国四大民间爱情传说之一。"维天有汉，监亦有光。跂彼织女，终日七襄。虽则七襄，不成报章。睆彼牵牛，不以服箱。"《诗经·小雅·大东》[①] 中这段有关织女、牵牛星宿的记载，被专家认为是牛郎织女传说的萌芽。

相传牛家庄里有个聪明、忠厚的小伙子，人称牛郎。他父母早亡，只好跟着哥哥嫂子生活，可嫂子马氏为人刻薄，经常虐待他，逼他干很多的活，他被迫分家一个人过活，靠放牛生活。有一天，天上的织女和诸仙女一起下凡游戏，在河里洗澡，牛郎恰好在那里放牛，他在有灵性的老牛的帮助下认识了织女，二人互生情意，后来织女便偷偷下凡，做了牛郎的妻子。织女还把从天上带来的天蚕分给大家，并教大家养蚕、抽丝，织出又光又亮的绸缎。牛郎和织女结婚后，男耕女织，情深意重，他们生了一儿一女两个孩子，一家人生活得很幸福。但是天帝很快知道了这件事，王母娘娘亲自下凡，强行把织女带回天上，拆散了这对恩爱夫妻。牛郎无奈告诉了老牛，老牛告诉牛郎，在它死后，可以用它的皮做成鞋，穿着就可以上天。牛郎按照老牛的话做了，穿上牛皮做的鞋，拉着自己的儿女，一起腾云驾雾上天去追织女，眼看就要追到了，只见王母娘娘拔下头上的金簪一挥，一道波涛汹涌的天河就出现了，牛郎和织女被隔在两岸，只能相对哭泣流泪。他们的忠贞爱情感动了喜鹊，千万只喜鹊飞来，搭成鹊桥，让牛郎织女走上鹊桥相会，王母娘娘对此也无可奈何，只好允许两人在每年七月七日于鹊桥相会。

牛郎织女的传说始终和"七夕节"相连。每年农历七月初七，相传是牛郎织

---

① 王秀梅注释：《诗经》，中华书局 2006 年版。

女鹊桥相会的日子，这一天姑娘们在花前月下仰望星空，寻找银河两边的牛郎星和织女星，希望能看到他们一年一度的相会，乞求上天能让自己能像织女那样心灵手巧，获得称心如意的美满婚姻，由此形成了七夕节。

南阳"牛郎织女传说"被列为首批河南省非物质文化遗产，民俗学家张振犁经过考察认为："牛郎叫如意，是南阳城西桑林村人。"[①]而中国民间文艺家协会的专家学者经过考察，命名河南鲁山县为"中国牛郎织女文化之乡"，因其辛集乡孙义村的村民将牛郎织女视为祖先，世代供奉，千秋不变，实不多见。牛郎孙守义的后裔年年祭祀牛郎织女，家家都知孙守义是先祖，个个能唱歌颂牛郎织女的山歌，该村极其丰富的牛郎织女文化现象很有特色。不管怎样，牛郎织女的传说起源于河南地区基本上争议不大。

2. 董永与七仙女

董永和七仙女的传说，是中国古代四大爱情故事之一。七仙女是神话人物，无可稽考，董永却是历史人物，能够考证。据《姓氏考》姓氏溯源，董、杨、冯同宗，起源于河南新郑，董氏宗庙号"良史堂"，良史堂尊崇的是春秋战国交替时不畏权贵的晋国史官董狐。武陟距新郑不到100公里，那里大董、小董的董氏家庙在明代以前叫"良史堂"，明代以后改为"北岳庙"。董永和七仙女的传说，源头在武陟小董，武陟春秋属晋，战国属魏，地处郑国、晋国之间，小董自称良史董家，系董狐后人无疑。

董永勤劳善良，卖身葬父，感动天地，被推崇为"二十四孝"中千古流芳的大孝子。董永是东汉初期人，光武帝刘秀以河内为兵源粮草基地，攻占洛阳称帝，武陟是其行宫所在地。他颁诏"举孝廉"时，对江南、西北等地鞭长莫及，因而地方官员只能在怀县（今武陟）推举董永。实际上不光董永，二十四孝中的人物也多是中原人。

传说中的大槐树，是武陟最古老、最长寿的树种。俗语说"千年松，万年柏，不如老槐爷歇三歇"，槐树是能枯而复荣的神树。武陟不仅有替董永和七仙女说媒的大槐树和槐荫寺，还有古槐庙等。槐荫寺的古槐在日本占领期间，于1945年农历二月初八被用汽油烧死。武陟人从古至今，爱说自己是"大槐树底下的人"，戏称"槐串儿"。两千年来，小董村始终有两个庙会，一个是董永的生

---

① 张振犁：《中原古典神话流变论考》，上海文艺出版社1991年版。

日（农历二月初三），一个是皇封日（农历十一月初十）。皇封日有两个说法，一是汉光武帝封董永为孝廉，一是封董永为进宝状元。董永只有一个，董永墓却有千百个，天下董永是一家。人民用七仙女这样美丽的传说，抒发了内心的呼唤，发出了对现实生活的批判、对爱情的渴望、对婚姻自由的追求，这不是一个孝字能够涵盖的。清道光九年武陟县志记载："董永墓，相传孝子董永即武陟人，故有其墓"；"老槐荫，在县治西北，相传孝子董永遇仙女于此。"1957 年电影《天仙配》刚刚上映，武陟凡董永、七仙女遗迹之处，烧香的人遍地都是，董永、七仙女的故事在武陟人心中扎根之深，是其他地方不能比拟的。

第四节　武术文化

提到武术，人们首先会想到"天下功夫出少林"，少林功夫是中原武术文化的代表。在少林寺的历史上，有"十三棍僧救唐王"的传说。武术文化是中国传统文化中的一块瑰宝，既有鲜明的地域色彩，又有走向世界的诸多因素。20 世纪 80 年代初，随着一部电影《少林寺》的上映，天下第一古刹少林寺重新回到人们的视野，并受到热烈追捧。与之相关的少林拳法、武术文化（功夫文化）也备受瞩目，世界各地的武术爱好者来到登封，齐聚少林，学习中原武术文化。离郑州不远的焦作温县陈家沟，是太极拳的发源地，这里既有黄皮肤、黑头发的中国人，也有白皮肤、黑皮肤的外国人，他们以拳会友，在此习武养生，切磋拳技，学习太极文化。

一、武术文化内涵

武术文化又称功夫文化，是中原文化的重要组成部分和鲜明特色。中原武术文化技冠天下，德播神州，蕴含着丰富的爱国主义思想和高尚的人格道德精神，以及深厚的中国传统文化。[①]"天下功夫出少林"之说，形象地表明了少林武术在中国武术文化中的重要地位。"十三棍僧救唐王"的历史传奇，帮助戚继光抗倭

---

① 陈庆华、暴威：《"中原崛起"背景下河南武术的发展方向探讨》，《体育博览》2011 年第 16 期。

立功的光辉业绩，正体现了少林武术保家卫国的爱国主义精神，使少林寺成为中华武术的荟萃之所、流播之处、发扬光大之地，使"少林"成为中国武术的品牌，成为中原文化乃至中华文化的品牌。河南温县陈家沟人创立的太极拳，是中国武术文化的又一重要流派，以刚柔并济为特征，以强身健体、修心养性为主旨，已推广到五大洲，成为上亿民众生活中的重要组成部分。①

二、武术文化概述

武术文化是中国文化的重要内容。在海外，很多外国人见到中国人就说"功夫"，或者"Chinese Gongfu"，可见武术文化在海外的影响力。

中国的武术源远流长，有文字记载的历史可以追溯到春秋战国时期。武术开始是一种舞蹈形式演练。周代将射御、习舞干列为教育内容之一。齐桓公曾举行春秋两季的"角试"来选拔天下英雄，在这一时期，有宴乐兴舞的习俗，其形式更接近于今天武术的套路。而"武术"一词，最早出自《申报》上所发表的《冯婉贞》一文。《申报》在辛亥革命后，特设一副刊名《自由谈》。1915 年 3 月，该刊上开辟了《爱国业谈》专栏，介绍一些近代爱国人物。同年 3 月 19 日，该栏刊出陆士谔所作的《冯婉贞》。陆的文章写道："距圆明园十里，有村曰谢庄。环村居者皆猎户。中有冯三保者，鲁人。素精技击，侨此已再世。冯有女曰婉贞，年十九，姿容妙曼，而自幼好武术，冯之技，女无不习，习无不精。"之后，"武术"一词便流传下来。②

自先秦时期至鸦片战争以前这个阶段，是中原武术的成形阶段。除了嵩山少林拳和温县太极拳，康乾时期的苌乃周创立的苌家拳和中气论也是中原武术的瑰宝。中国武术很早就讲"气功"，但系统地论述武术气功的以荥阳人苌乃周的《培养中气论》为贵，这些都是中原文化的精髓。周武王曾给大武舞中的"夹振之而四伐"作过战斗诠释；三国时，魏文帝曹丕在《典论·自序》中记载了当时的剑术"四方之法各异，唯京师为善"，还创造了与将军邓展斗剑"三中其臂"而不败的纪录；北宋靖康之难，二帝被俘，河南产生了一位"还我河山"的民族英雄岳飞；明清时期，中原武术盛行，中原武术文化也初步形成。③

从清朝末年的鸦片战争到新中国成立这段时期，是中原武术文化快速发展的

---

① ③ 郭德兵：《中原武术文化发展研究》，《山东体育学院学报》2010 年第 5 期。
② 中国之最网站：http://do1do2.com.cn/chinasmost/archives/3392。

阶段。开封的查拳、猴拳、梅花拳，安阳的弹腿，豫东的洪拳，淮阳的六步拳，焦作博爱的八极拳，朱仙镇回民的汤瓶拳等，都名噪一时。

新中国成立后，中原武术文化逐渐走向成熟，中原文化进入了繁荣发展的阶段。除了各种拳术的进一步发展，还孕育了新中国第一代河南籍武术名家。尤其是1982年，轰动世界的武打电影《少林寺》上映，以1毛钱的票价创下了161578014元的票房纪录，对少林寺、少林武术和武术文化走向世界起到了极大的推动作用。

随后，郑州开始举办"郑州少林国际武术节"，焦作举办国际太极拳大会，河南电视台开设《武林风》栏目，推广和宣传中原的武术文化。作为少林、太极两大拳系的发源地，中原不仅以其丰厚的武术资源对全国产生了强大的辐射作用，而且以其博大的胸怀，对其他地域的武术文化表现出高度的包容性和吸纳融汇能力。①

三、武术文化内容

少林武术和太极拳都产生于河南，这两大拳种也是我国首批入选国家非物质文化遗产名录的拳种。在两大拳种的基础上，中原地区也产生了很多其他拳种，我们这里重点讨论少林武术文化和太极拳文化。

（一）少林武术文化

少林寺始建于公元496年，距今已有1500多年的历史，而少林功夫能够名扬天下，靠的不是一部电影，而是其背后深厚的文化根基。

少林武术文化不只是武术本身，还包含着佛教禅宗文化，这是少林武术文化繁衍发展的思想基石，少林拳术的要旨就是拳禅合一。地处中原的优越地理位置，为少林武术文化创造了浓厚的文化氛围。"得中原者得天下"，中原地区历来是兵家必争之地，战争频起，使少林武术在社会颠簸与动荡中不断自我提升，形成了少林武术兼容与开放的特点。"十三棍僧救唐王"、抗倭卫国、抗击蒙古贵族、荡平云南弥勒州苗族贵族叛乱等，服务于国家和民族的利益，为少林武术争得了发展机遇，并获得千年荣耀，最终促进了少林武术发展成名。北宋初年，少林高僧福居邀请多家武林高手入寺献艺，之后与其他同仁一道，博采众长，去粗存精，潜心钻研数年，最终汇成了名扬天下的《少林拳谱》，因此，博采众长进一

---

① 陆草：《论中原武术文化》，《中州学刊》2007年第1期。

步丰富发展了少林武术的内涵。①

在登封嵩山脚下，有很多武术学校，塔沟武校就是其中之一，他们的学员排演的节目自 2003 年开始已经连续 12 年登上春节联欢晚会的舞台了，如今，少林功夫已经成为春晚的重要文化符号。同时，这些以登封少林塔沟武校为代表的"少林小子"也先后参与国内外各项重大演出活动。如 2004 年参加第 28 届雅典奥运会闭幕式会旗交接仪式的文艺演出；2008 年参加北京奥运会和残奥会的开幕式和闭幕式；2010 年参加广州亚运会开幕式；2014 年参加在南京举办的第二届青奥会的开幕式等；另外参加第一、第二届世界传统武术节，全国十运会，中博会等开幕式的大型团体操武术演出。② 这些活动都取得了极大的成功，在世界人民面前塑造了中国的武威形象，同时大大扩大了少林武术在全球范围的影响力。

（二）太极拳文化

太极拳是在吸取中华武术各派精华的基础上，结合《易经》中的阴阳之理和中医经络学说、导引吐纳术等编制的一种拳种。它是中华武术的精华所在，是中华民族智慧的结晶。中国太极拳发源于河南焦作温县的陈家沟，为明末清初陈家沟陈氏家族第九世子孙陈王廷所创，陈氏太极问世之初，只在本家族内部传承，后来才打破家规，吸收外姓弟子入室习拳，从此以后，太极拳又逐渐衍生出杨氏太极拳、武氏太极拳、吴氏太极拳、孙氏太极拳、和氏太极拳等多种流派。太极拳源于陈家沟，属于世界，1978 年，邓小平同志曾题词写下"太极拳好"，对太极拳的发展起到了很大的推动作用。目前在陈家沟有很多太极拳学校，学员来自世界各地。

太极拳重在防御，以守为攻，以退为进，是最能体现中国人思维方式和行为方式的拳种。太极拳在发展的过程中，衍生出了养生功能，养生太极拳就是以陈氏太极拳为基础发展起来的，其练身、心、意三家，合精、气、神三元的太极修炼功法，符合中西医学原理，对强身健体、修身养性有着较大的作用。据统计，太极拳已经成为参练人数最多的世界武术运动，这与其养生功能是分不开的。

---

① 胡玉玺：《少林武术发展的历史归因》，《体育文化导刊》2012 年第 5 期。
② 少林塔沟教育集团官网：http://www.shaolintagou.com/wsby.asp。

第五章 中原艺术文化

艺术文化是伴随着人类生产和生活的需要而产生的。《诗经·毛诗序》在解释诗歌形成时说："诗者，志之所之也。在心为志，发言为诗，情动于中而形于言。言之不足，故嗟叹之。嗟叹之不足，故咏歌之。咏歌之不足，不知手之舞之足之蹈之也。"也就是说，当人的感情无法用语言尽情表达时，就会唱歌、跳舞、写诗。除了歌舞外，汉字、绘画、书法等艺术也都是人类表达情感、记录生活的一种手段。

中原地区是中国文化的发祥地，不仅思想文化从这里起步，艺术文化也是在这片丰饶的土地上生根发芽的。

第一节 汉字文化

文字是记录语言的符号系统，它的出现打破了时间、空间的局限性，使人类可以在不同时代和不同地域之间进行交流。汉字是中华民族的一大发明，是世界上使用人口最多的文字。在世界文字史上，汉字不仅是最古老的文字之一，更是世界上唯一至今还在使用的古文字。它不仅蕴藏着丰富的历史文化内涵，而且还体现着先民们的审美理念，开启了我国的书法和篆刻等文化艺术。在中国几千年的社会发展中，汉字对团结民族精神、巩固国家统一、传播中华文化等都起到了重要的作用，是中华民族生生不息的源泉之一。中原地区的汉字文化是中国汉字文化的重要组成部分，在很大程度上代表着中国文字的发展方向。

中国汉字的起源与中原地区有着密不可分的关系，在某种程度上说，一部中国汉字史就是中原汉字史。有关汉字起源的结绳、八卦、图画、刻符等说法都离不开中原地区，体现着汉字发展趋势的甲骨文、钟鼎文、小篆和隶书等汉字形式的产生和成熟，也与中原地区有着难以割舍的关系。

一、中原陶符文化

文字是社会文明的象征，人类社会正是由于文字的发明及其应用于文献记录而过渡到文明时代的。《周易·系辞上》所说的"河出图，洛出书，圣人则之"的河图洛书是先民们对文字出现原因的一种主观臆断，但它说明文字的出现和文化的产生是从河洛这个地方起步的。从现有的考古发掘成果来看，文字形成的脚步是非常缓慢的，中原地区是滋生它的土壤。

中华先民们的文字创造过程是漫长而曲折的。《尚书序》中道："古者伏羲氏之王天下也，始画八卦，造书契，以代结绳之政，由是文籍生焉。"[1]《周易·系辞下》曰："上古结绳而治，后世圣人易之以书契。"汉代郑玄在《周易注》中说："古者无文字，结绳为约。事大，大结其绳；事小，小结其绳。"可见，在文字的形成过程中，先是用记号，然后画图表意，之后才有文字。当人们开始使用图画或表意符号的时候，汉字就慢慢酝酿其中了。

安阳殷墟出土的甲骨文是一种非常成熟的文字系统，但文字从萌芽到形成有一个缓慢的过程，郭沫若认为"在甲骨文之前，汉字已经历了两三千年的发展过程"。从出土的文物资料来看，新石器时代的人们已经会用图画来表情达意了。仰韶文化是因为在河南省渑池县仰韶村被发现而命名的。在距今5000~7000年前的仰韶彩陶文化时期，陶器上都有刻划部位固定的绘图符号，应该是当时人们有意刻下的记事符号。郭沫若认为："彩陶上的那些刻划记号，可以肯定地说就是中国文字的起源。"[2]大概在夏禹时期，中国已经有了较为成形的文字。考古工作者在登封王城岗遗址出土的龙山文化晚期遗存中发现一个陶文"共"字，在偃师二里头的夏代文化遗址出土的陶器内沿上收集了24种刻划符号，这些符号从形体构造上看都与装饰画不同，明显具有某种含义，很可能就是象形或指事文字的前身。在郑州商城遗址发现的甲骨刻辞和在小双桥遗址发现的商代早期竹书陶文，都早于甲骨文，而且可以直接和殷墟甲骨文相比序。这些陶符和文字应该是甲骨文发展的源头。

---

[1] 李学勤主编：《十三经注疏·尚书正义》，北京大学出版社1999年版。
[2] 郭沫若：《郭沫若全集·考古编》，科学出版社1992年版。

文字的定型需要具有一定知识的专门人才，由他们记录社会生活，保管文物资料。史传伏羲造字和仓颉造字就是将文字的最后形成归功于某个人。《荀子·解蔽篇》说："好书者众矣，而仓颉独传者，壹也。"[①] 这说明当社会发展到迫切需要用文字来弥补语言不足时，仓颉等人曾对原始文字做过收集、整理、统一的工作，早期文物上的陶符可能就是当时通用的文字。

二、甲骨文

甲骨文是一种成熟的文字，它证明了到殷商时期中国的文字在造字方式上已经形成了自己的特点和规律，实现了质的飞跃。

甲骨文是刻写在龟甲和兽骨上的殷商文字。它是清末时安阳殷墟的农民在翻地时偶然发现的，并当作"龙骨"卖给中药店而逐渐流传。1898 年天津人孟定生和王襄辨认出是古物，开始出价收购。1899 年金石学家王懿荣经过仔细研究断定它是商代的甲骨文。1903 年刘鹗从他收藏的 5000 多片甲骨文中挑选出 1000 余片编辑成《铁云藏龟》，这是有关甲骨文的第一部著录书。1904 年孙诒让写成《契文举例》，这是我国第一部研究甲骨文的著作。在历代学者的不懈努力下，人们逐渐揭开了甲骨文的神秘面纱，甲骨文成为了解殷商文化的最主要依据。

甲骨文在汉字、汉语的发展中具有举例发凡的地位。从殷商的甲骨文来看，当时的汉字已经发展成了能够完整记载汉语的文字体系。在现今收集整理的 10 余万片有字甲骨中，单字大概有 5000 个，已经被识别的有 2000 多个。其中既有大量指事字、象形字、会意字，也有很多形声字。这些文字虽然原始图画的痕迹还比较明显，和我们如今使用的文字在外形上有巨大的差别，但是从构字方法来看，汉字的"六书"原则在甲骨文中都有所体现。它的主要特点有以下几点：第一，在字的构造方面，有些象形字只注重突出实物的特征，而笔画多少、正反向背却不统一；第二，甲骨文的一些会意字，只要求偏旁会合起来含义明确，而不要求固定，因此甲骨文中的异体字非常多，有的一个字可能有十几个甚至几十个写法；第三，甲骨文的形体，往往是以所表示实物的繁简决定大小，长短不一，有的一个字可以占上几个字的位置；第四，因为是用刀刻在较硬的龟甲或兽骨上的，所以笔画较细。

---

① [清] 王先谦：《荀子集解》，中华书局 1985 年版。

现今发现的商代甲骨文，主要来自于安阳殷墟。人们对它的辨别识读，进一步印证了历代文献中所说的商朝是信鬼神、重占卜的时代。《礼记》中说："殷人尊神，率民以事神，先鬼而后礼。"[①] 商代迷信盛行，几乎无事不卜，日日必卜，一日数卜，甚至反复占卜。甲骨文就是商人占卜行为和言辞的记录。从发现的甲骨文来看，占卜的内容十分广泛，包括社会生活的方方面面，如祭祀祖先、农业生产、战争征伐、饮食起居、房屋营造等。

自从在安阳发现甲骨文之后，考古工作者在安阳市小屯村周围进行了一系列的考古发掘。现在的殷墟遗址主要包括殷墟王陵遗址、殷墟宫殿宗庙遗址、洹北商城遗址等。

文字是历史文明传承的载体和见证。为了能对中国文字的发展与传承有更好的了解，安阳市依托甲骨文的历史优势，兴建了具有殷商宫廷风韵的建筑——中国文字博物馆。中国文字博物馆是一座研究介绍中国各民族文字、文字历史和文字文明的专题博物馆，荟萃了中国历代文字样本精华，讲解了中国文字的构形特征和演化历程，体现了中华文明与中国语言文字的研究成果，对我国文字、文化、文明的传承和保护、研究和发扬将产生深远影响。

三、钟鼎文

与文字一样，青铜器的出现也是中华文明史上划时代的事件之一，而且中国的青铜文化与汉字文化的发展是相辅相成的。从夏代开始，中国的青铜冶炼技术已经达到较完备的程度，在偃师出土的二里头夏文化遗址中已发现了大型的青铜冶铸作坊。商周是中国青铜器的辉煌时代，河南是当时青铜器物的制作中心。根据《河南出土商周青铜器》和《河南考古》等统计，新中国成立后在河南出土的商周青铜器达 2000 余件，为全国青铜器之冠，其中带铭文的青铜器达 1600 余件。在河南安阳出土的司（后）母戊大方鼎是商代青铜器的代表作，也是迄今为止世界上出土的最大最重的青铜器，因鼎腹内壁上铸有"司（后）母戊"三个字而得名。可见在商朝时期人们已经开始在青铜器上铸字了，但由于当时主要的书写工具是甲骨，所以商代文字的代表是甲骨文。周朝的时候，在青铜器上铭刻文字成为人们记录社会生活的主要方式。周代以礼乐治天下，所以青铜器主要有礼

---

① 杨天宇：《礼记译注》，上海古籍出版社 2004 年版。

器和乐器两大类。礼器以鼎为代表，乐器以钟为最多，因此刻在青铜器上的文字又称为"钟鼎文"，古代称铜为金，所以"钟鼎文"也称"金文"。

甲骨文是巫史占卜时的文字，由于甲骨的面积较小，所以甲骨文上的记录比较简单。钟鼎文主要是贵族们用来歌功颂德的，而且相对于甲骨而言，青铜器形体较大，能书写较多的内容，因此青铜器铭文上的内容就丰富得多了。《礼记·祭统》载："夫鼎有铭。铭者，自名也，自名以称扬其先祖之美，而明著之后世者也。为先祖者，莫不有美焉，莫不有恶焉，铭之义，称美而不称恶，此孝子孝孙之心也。唯贤者能之。铭者，论撰其先祖之有德善，功烈勋劳庆赏声名，列于天下，而酌之祭器，自成其名焉，以祀其先祖者也。显扬先祖，所以崇孝焉，身比焉，顺也。名示后世，教也。夫铭者，壹称而上下皆得焉而矣。"钟鼎文虽然是为了宣扬祖先业绩，但在歌功颂德的时候也会记载许多史实，如征战分封、朝觐宴会、盟誓契约等，这为后世人们研究当时的政治、军事、经济、文化等历史提供了宝贵的资料。

商朝时期，钟鼎文还处于早期发展阶段，至西周时期，钟鼎文已成为当时最具代表性的文字。从文字的发展来看，金文与甲骨文虽一脉相承，但又有较大的变化。甲骨文是用刀刻的，笔画纤细，而金文是刻铸的，不但笔画粗壮，而且字形较大。与甲骨文相比，金文的主要特点是：第一，文字数量大增。第二，形声字增多。甲骨文基本上是单体字，以象形、指事和会意字为主，金文中合体的形声字越来越多，形声字已经成为主要的造字方法。第三，金文的篇章规模宏大，出现了大量的鸿篇巨制。如《毛公鼎》上的铭文长达 499 字，文字在一二百个字以上的还有如《大盂鼎》、《散氏盘》和《虢季子白盘》等。第四，金文的字形逐渐向线条化的方向发展。早期的金文与甲骨文差别不大，但到周康王之时，字形逐渐方正，到周恭王以后，字形更有线条感，显示着汉字在逐步走向成熟。第五，金文的书体一般称为大篆或籀书，也有称为古籀的。金文上承甲骨文，下启秦代小篆，在中国文字史上有着承前启后的重要地位。

四、秦汉及其以后的中原汉字文化

春秋战国时期，诸侯国各自为政，文字的形体极其混乱，这给统一后的秦朝在政令推行和文化交流方面造成了严重障碍。因此在统一六国后，为了适应国家统一的发展形势，秦始皇颁布统一度量衡、货币、文字等的一系列法令，要求达到"书同文，车同轨"。而"书同文"政策的组织者和实施者是丞相李斯。《说文解字·序》中说："秦始皇帝初兼天下，丞相李斯乃奏同之，罢其不与秦文合者。斯作《仓颉篇》，中车府令赵高作《爰历篇》，太史令胡毋敬作《博学篇》，皆取史籀大篆，或颇省改，所谓小篆者也。"[①]李斯以秦国文字为基础，参照六国文字，创造出一种形体匀圆齐整、笔画简略的新文字，称为"秦篆"，又称"小篆"，作为官方规范文字，同时废除其他异体字。中国文字发展到小篆阶段，象形意味进一步削弱，文字更加符号化，有利于减少书写和阅读方面的困难，这是我国历史上第一次运用行政手段大规模地规范文字。秦王朝统一全国文字，不但基本上消灭了各地文字异行的现象，也使古文字体众多的情况有了很大的改变，在中国文字发展史上具有重要的价值。小篆的出现是我国汉字由古体向今体发展的一个重要里程碑，而这一既影响着中国文字的发展进程，又对书法艺术的形成起着重要作用的文字形式，其发起者和主要推动者就是河南上蔡人李斯。

小篆的特点主要有四点：第一，字体为长方形。第二，笔画横平竖直，圆劲均匀，粗细基本一致。所有横画和竖画等距平行，所有笔画以圆为主，圆起圆收，方中寓圆，圆中有方。第三，平衡对称，空间分割均衡。第四，上紧下松，小篆的大部分字主体部分在上大半部，下小半部是伸缩的垂脚。

由于小篆字体优美，被后世书法家所青睐，因此也成为了一种书法艺术。又因其笔画复杂，形式奇古，而且可以随意添加曲折，因此人们常用篆书来刻制印章，尤其是需要防伪的官方印章，一直采用篆书。

成书于东汉时期的《说文解字》是中国语文学史上第一部分析字形、辨识声读和解说字义的字典。它的作者许慎是汝南召陵（今河南漯河市）人，被后人尊称为"字圣"。《说文解字》根据小篆的形体结构，将9353个字分别归入540个部首中，并按照文字学的要求解释本义。它架起了汉字今文与古文之间的桥梁，对后人了解古代汉字的结构和字意有着重要价值。为了纪念这位伟大的文字学家，在今河南省漯河市郾城区的许庄村建有许氏故里，许慎墓也在许庄村的东土冈上。

人们常说"汉隶魏碑"，到汉代时期，为适应书写便捷的需要，人们把小篆加以简化，又把小篆匀圆的线条变成平直方正的笔画，这样就出现了隶书。东汉

---

① ［汉］许慎著、班吉庆点校：《说文解字校订本》，凤凰出版社2004年版。

是隶书发展的顶峰时期。在中国文字发展史上，小篆和隶书属于两个系统，它们标志着汉字发展的两大阶段。小篆是象形体古文字的结束，隶书是改象形为笔画化的新文字的开始。隶书用笔画符号改变了象形字的结构，使汉字成为不象形的象形字。东汉灵帝熹平四年，著名书法家蔡邕将校正的儒家经典如《尚书》、《春秋》、《论语》等七经用标准的八分隶书形式写于石碑之上，由工匠镌刻之后立于洛阳太学门前，被称为"熹平石经"。"熹平石经"字体方正，结构谨严，是当时通行的标准文字，备受人们推崇，"其观视及摹写者，车乘日千余两（辆），填塞街陌"。①

　　熹平石经从某种意义上可以理解为印刷术发明前的一种图书编辑出版活动，无论在内容上还是在形式上都产生了巨大的影响：第一，订误正伪，平息纷争，为读书人提供了儒家经典教材的范本。第二，开创了我国历代石经的先河。用刻石的方法向天下人公布经文范本的做法，自汉代创立后，又有曹魏的三体石经、唐代的开成石经、宋石经、清石经等。第三，启发了捶拓方法的发明。捶拓技术是雕版印刷术的先驱，因此，石经对印刷术的发明也有间接影响。

　　到魏晋时期汉字已经历了多次演变，客观上也需要人们对它进行总结和宣传，曹魏时期刊刻的三体石经完成了这一任务。三体石经刻于魏齐王曹芳正始二年即公元241年，因碑文每字皆用古文、小篆和汉隶三种字体写刻而命名。石经刻有《尚书》、《春秋》和部分《左传》，是继东汉熹平石经后建立的第二部石经。石经原来立于曹魏都城洛阳南郊的太学讲堂内，后来屡遭损毁。1922年在洛阳太学遗址出土了迄今为止最大的残石，由此可以窥见汉字在曹魏时期的发展概貌。

　　印刷术是我国古代的四代发明之一，有雕版印刷术和活字印刷术两大类。雕版印刷术大约发明于隋代，我们现在所能看到的最早的雕版印刷实物是在敦煌发现的印刷于公元868年的《金刚经》。为了改善雕版印刷刻印繁难的问题，在北宋庆历年间，毕昇发明了活字印刷术。这一发明极大地提高了印刷效率，扩大了图书的普及范围，提高了文化的传播速度，形成了宋代文化繁荣的局面。这一对宋代文明起着重要影响的科技成果的发明人毕昇是北宋宫廷里的一名铁匠，因此活字印刷术就是从河南起步，进而影响到全国的印刷和文化事业的。

　　时至近现代，中原文人仍然用自己的执着和勤奋推动着中国的汉字事业向前

---

　　① ［南朝·宋］范晔：《后汉书》，中华书局2006年版。

迈进。河南南阳的董作宾（1895~1963 年）在甲骨文的研究上成绩斐然，与郭沫若、罗振玉、王国维并称为"甲骨四堂"。1928~1934 年，他曾经八次参加了安阳殷墟甲骨文的发掘，并对出土的甲骨文进行综合的研究。他主编的《殷墟文字甲编》和《殷墟文字乙编》二书，共选录抗日战争以前 15 次殷墟发掘出土的有字甲骨 13000 余片。后来又发表《甲骨文断代研究例》，全面论证了甲骨断代学说，确定了甲骨文的 10 项断代标准，即世系、称谓、贞人、坑位、方国、人物、事类、文法、字形、书体，并将殷墟出土的甲骨文划分为 5 个时期，使甲骨文的研究迈到了一个新阶段。

第二节　书画文化

中国的艺术文化是相通的，北宋的苏轼在《书摩诘蓝田烟雨图》中说："味摩诘之诗，诗中有画；观摩诘之画，画中有诗。"[①]苏轼认为读王维的诗，就能够想象到其中的画面之美，看王维的画，也能够体会到其中的诗意之美。就文字而言，中国汉字本身就是一门艺术。象形文字是中国汉字发展的早期阶段，但从象形的字体形式里人们似乎看到了绘画艺术的萌芽。在汉字发展过程中逐渐形成的书法艺术又和绘画艺术互相吸引、互相影响，形成了独具特色的书画艺术。南宋的郑樵在《通志·六书略》中说："书与画同出。画取形，书取象；画取多，书取少。"

中国古代的书法和绘画艺术都是以线条为主要的造型手段，与写汉字用的工具一样，它们都以笔、墨、纸、砚作为创作材料，而且与中国人追求传神的审美趋向一致，在创作过程中更重视写意、传神、尚趣等艺术理想。

在中国书画艺术的形成和发展过程中，河南地区涌现出了一大批杰出的书画艺术家，有很多著名的艺术品也在这里诞生。尤其是在汉唐宋三代，中原地区涌现出了如蔡邕、钟繇、褚遂良、孙过庭、赵佶等影响深远的书法家，以及郑虔、吴道子、郭熙和李唐等知名的画家。那些形态各异的碑碣、石刻等历史文物，也在彰显着中原古代辉煌的文化艺术。清代金石学家黄叔璥所撰的《中州金石考》和

---

① ［宋］苏轼撰、孔凡礼点校：《苏轼文集》，中华书局 1986 年版。

毕沅的《中州金石记》收集了从秦汉至明清的中州石刻拓本，从中可以看到中原碑碣林立的石刻艺术。牛济普的《中州古代篆刻选》收集了自殷商以来的200余枚篆刻印章，是后人了解中原篆刻艺术的宝库。为了传承和弘扬祖国的书法艺术，当代著名书法艺术家李公涛先生于20世纪80年代自筹资金在开封创建了一座集古今中外诗词、书画、碑刻艺术于一体的文化园林——翰园碑林。翰园碑林陈列碑刻3800余块，碑廊镶嵌了历代书法名家的代表碑帖，是中国最大的碑林。

一、河南书法艺术

书法是以汉字为表现对象，以毛笔为书写工具的一种线条造型艺术。它是中国特有的艺术样式，具有独特的审美价值。中原的书法艺术很早就开始起步，在距今约6000年前的仰韶文化遗迹中，当时陶器上的彩陶图案已经有毛笔的痕迹。安阳殷墟出土的甲骨文大多是先用毛笔书写字样，然后再加以契刻。甲骨文不仅是中国早期的成熟文字，而且它表现出了雄伟端庄、工整精细的书写风格。河南三门峡出土的西周虢国墓葬中的铭文大都属于大篆，这些字体用笔圆润、粗细一致、结构工整，再现了西周时期的书法艺术。对文字的统一作出过重要贡献的秦相李斯也是个著名的书法家，他所写的《仓颉篇》虽然现已不存，但从唐人"画如铁石，字若飞动"、"骨气丰匀，方圆绝妙"的评价中，似可想见李斯苍劲有力的书法功力。

汉代是中国书法艺术发展的重要时期，《说文解字》的作者许慎不仅是个文字学专家，而且擅长小篆。他的《说文解字·序》从文字形体角度探讨了秦汉以来的书体，是我国古代文献中关于书体理论最早的系统论述。东汉桓、灵时期的著名书法家刘德升是河南颍川（今禹州）人，他创造了介于楷书与草书之间的"行书"字体，被后世称为"行书鼻祖"。唐张怀瓘《书断》中说，"行书者，后汉颍川刘德升所作也，即正书之小伪。务从简易，相间流行，故谓之行书"，认为刘德升"以造行草擅名。虽以草创，亦丰妍美，风流婉约，独步当时"。① 三国时，魏国的钟繇、胡昭两人因学刘德升的纤书笔法而著名。

与刘德升同时的陈留圉（今河南杞县）人蔡邕博通经史，而且精通书法。他工于篆、隶，尤其擅长隶书。他创立的"飞白"书体，既展现了隶书结构严谨的

---

① ［唐］张彦远辑、洪丕谟点校：《法书要录》，上海书画出版社1986年版。

特点，又体法多变，给人一种别致的美感，深受世人推崇。唐张怀瓘《书断》称其"八分、飞白人神，大篆、小篆、隶书入妙"，他的飞白体"妙有绝伦，动合神功"（《法书要录》）。尤其是他在汉灵帝熹平四年用隶书一体写出的儒家经本，经工匠镌刻于碑并立于洛阳太学门外后，广为传诵，被称为"熹平石经"。它代表了汉隶的最高成就，成为隶书的书写典范。

蔡邕不仅自创书体，而且研究书法的发展规律，写成了《笔论》、《九势》等总结先秦书法艺术的理论作品。如他在《篆势》中认为篆书有"或象龟文，或比龙鳞，纤体放尾，长翅短身"等特点，书写时应该"似露缘丝，凝垂下端。从者如悬，衡者如编，杳杪斜趋，不方不圆，若行若飞，蚑蚑翾翾"①。蔡邕书法理论的出现，进一步提高了书法艺术的地位，有力地推动了书法艺术的发展。

蔡邕的女儿蔡琰（蔡文姬）是一位博闻强识的文化大家，受其父影响，也擅长书法。宋代的《淳化阁帖》收录了她的书迹，其草书既洒脱飘扬，又淳朴雅致，富于美感。后人对蔡琰的书法也是非常推崇的，唐代书画理论家张彦远的《法书要录·传授笔法人名》中说："蔡邕受于神人而传之崔瑗及女文姬，文姬传之钟繇，钟繇传之卫夫人，卫夫人传之王羲之。"（《法书要录》）此说虽然有穿凿附会之嫌，但足可证明蔡邕和蔡琰父女二人在中国书法史上的不朽地位和影响。

东汉末年至魏晋时期是中国书法艺术的大变革阶段，蔡邕、蔡琰的书法体势在继承中不断创新，他们由隶到草，继之而起的钟繇又由隶到楷，实践着人们对书法艺术美的追求。钟繇是颍川长社（今许昌市长葛）人，三国时期著名的政治家、书法家。钟繇所处的时代，正是汉字由隶书向楷书演变并接近完成的时期。在汉字的这个重要演变过程中，钟繇继往开来，有力地推动了书法艺术的发展。他在书法上造诣很深，篆、隶、真、行、草多种书体兼工，尤其擅长楷书，被后世尊为"楷书鼻祖"，与书法家王羲之并称为"钟王"。钟繇的书法古朴、典雅，字体大小相间，整体布局严谨、缜密。梁武帝在《观钟繇书法十二意》中称赞钟繇书法"竞巧趣细，殆同机神"。南朝庾肩吾将其书法列为"上品之上"，说他"天然第一，工夫次之，妙尽许昌之碑，穷极邺下之牍"（《法书要录·庾肩吾〈书品论〉》）。唐张怀瓘在《书断》中则评其书法为"神品"，认为他"真书绝世，刚柔备焉，点画之间，多有异趣，可谓幽深无际，古雅有余。秦、汉以来，一人而

---

① ［清］严可均辑：《全上古秦汉三国六朝文·全后汉文》，商务印书馆 1999 年版。

已"(《法书要录》)。《宣和书谱·正书叙论》评价说:"备尽法度,为正书之祖。"①钟繇对于汉字书法的创立、发展、流变都有重要作用,在中国书法史上占有相当重要的地位。

比钟繇稍晚的北朝人郑道昭(河南开封人)在由隶变楷的过程中也自成一家。他尤善正书,体势高逸,作大字最佳,被誉为"书法北圣",与王羲之齐名,有"南王北郑"之誉。清朝嘉庆、道光年间,在山东云峰山、天柱山等处,发现了郑道昭所书的书法 40 多处,其中以《郑文公碑》上下、《论经书诗》、《观海童诗》等摩崖石刻最为著名。从郑道昭的这些书法作品来看,他下笔多用正锋,大起大落,起落转折,处处着实;间用侧锋取势,既锋芒外耀,又筋骨内含。妙在方圆并用,不方不圆,亦方亦圆,给人以结体宽博、笔力雄强的感受。康有为在《广艺舟双楫》中把郑道昭云峰刻石 42 种列于"妙品"上,称其碑"神韵","如阿房宫楼阁绵密","为圆笔之极轨","《云峰山刻石》,体高气逸,密致而逸理,如仙人啸树,海客泛槎,令人想象无尽","数寸大字,莫如郑道昭《太基仙坛》,及《观海岛诗》,高气秀韵,馨香溢目"②。在战乱频仍的北朝,郑道昭的书法能达到如此高的水平,足见此人对书法艺术的不懈追求和探索精神。

除了刘德升、蔡邕、钟繇等人外,张怀瓘在《书断》中还将中原书法家如南阳人师宜官、颍川人邯郸淳、颍川人胡昭、钟繇之子钟会、陈郡阳夏人谢安和陈留人阮研等的书法列为妙品;将汝南召陵人许慎、河南杨武人毛弘、河南安邑人魏卫凯、陈郡阳夏人晋何曾、荥阳宛陵人杨肇、颍川人庾翼、新野人庾肩吾、河南陕人宋令文、洛阳人王知敬和陈留人孙过庭等的书法列为能品。

唐朝时期,中原的书法艺术得到进一步发展,在书法作品和书法理论方面都有优秀的作品问世。河南阳翟(今禹州)人褚遂良不仅是初唐时期杰出的政治家,而且也是当时的书法大家,是初唐四大书法家之一。他初学虞世南,后取法王羲之,书法作品雅致精美,富于变化,传世墨迹有《伊阙佛龛碑》、《孟法师碑》、《雁塔圣教序》等。后人对其书法颇为推崇,张怀瓘《书断》中称他"真书甚得其(指王羲之)媚趣,若瑶台青璅,窅映春林,美人婵娟,不奢罗绮。增华绰约,欧虞谢之",苏轼在《题六家书后》称"褚河南书,清远萧散,微杂隶体",清代刘熙载在《书概》中说:"褚河南为唐之广大教化主,颜平原得其筋,徐季海之

---

① 桂第子译注:《宣和书谱》,湖南美术出版社 2004 年版。
② [清]康有为撰、崔尔平注:《广艺舟双楫注》,上海书画出版社 1981 年版。

流得其肉。"① 这些都充分肯定了他在书法发展史上的价值和地位。

　　唐代的中原人不仅重视书法创作，而且对书法理论也有很强的感悟能力，通过诗文、专著等形式评价古代的书法作品。河南巩县人杜甫常以诗歌写出自己对艺术的感悟和体会，如在《李潮八分小篆歌》中精练地歌咏了"苍颉鸟迹既茫昧，字体变化如浮云。陈仓石鼓又已讹，大小二篆生八分。秦有李斯汉蔡邕，中间作者寂不闻。峄山之碑野火焚，枣木传刻肥失真。苦县光和尚骨立，书贵瘦硬方通神"的书法史。河南孟县人韩愈在《石鼓歌》中写出了石鼓文如"鸾翔凤翥众仙下，珊瑚碧树交枝柯。金绳铁索锁纽壮，古鼎跃水龙腾梭"的艺术特点。其他河南籍诗人如刘禹锡、王建、元稹、李贺、李商隐等也都有对书法艺术评论的诗歌。而韩愈的散文《送高闲上人序》不仅高度评价了张旭的草书艺术，而且探究其艺术渊源，揭示了书法艺术的创作规律。

　　陈留（今河南开封）人孙过庭既是著名的书法家，也是著名的书法理论家。他所作的《书谱》不仅是书法艺术的杰作，更是传颂千年的书学名著。现存的《书谱序》从溯源流、辨书体、评名迹、述笔法、诫学者、伤知音六个部分论述历代书法艺术，其主要内容有三点：第一，正确认识各种书体特点及其之间的相互关系，提出诸如"草不兼真，殆于专谨；真不通草，殊非翰札。真以点画为形质，使转为情性；草以点画为情性，使转为形质。草乖使转，不能成字"的观点。第二，把书法原理概括为"执、使、转、用"四字。第三，对书法进行艺术辩证，主张刚柔相济、枯润相兼的艺术效果，"至如钟繇隶奇，张芝草圣，此乃专精一体，以致绝伦。伯英不真，而点画狼藉；元常不草，使转纵横。自兹已降，不能兼善者，有所不逮，非专精也。虽篆、隶、草、章，工用多变，济成厥美，各有攸宜，篆尚婉而通，隶欲精而密，草贵流而畅，章务检而便。然后凛之以风神，温之以妍润，鼓之以枯劲，和之以闲雅。故可达其情性，形其哀乐。验燥湿之殊节，千古依然；体老壮之异时，百龄俄顷"②。孙过庭的书法理论奠定了书法美学的基础，影响深远。

　　中原书法在宋代虽然没有知名大家出现，但是由于河南开封是北宋的政治、经济和文化中心，因此很多书法大家和书法盛事都在此活动。北宋淳化年间，宋太宗命人将开封府所藏历代墨迹进行编次墨拓，刊印成十卷本的《淳化阁帖》，被

---

① 乔志强编著：《中国古代书法理论解读》，上海人民美术出版社 2012 年版。
② 孙过庭：《孙过庭书谱》，凤凰传媒集团 2008 年版。

称为历代法帖之祖。号称宋四家的苏轼、黄庭坚、蔡襄、米芾大都长期在京都任职，创作出了不朽的书法精品。尤其是宋徽宗赵佶运笔虽瘦而有肉，创立了"瘦金体"。其作品结字端秀疏朗，用笔挺拔而富有弹性，入笔重顿成点，收笔也顿笔成点后勾回，挑趯犀利，如铁画银钩，撇捺如兰叶飘舞，风格挺劲遒美，是中国书法艺术的瑰宝。现有《千字文》、《欲借风霜二诗帖》、《大观圣作之碑》、《秾芳诗帖》等作品传世。

由赵佶下令编纂的《宣和书谱》是官方主持编撰的宫廷所藏书法作品的著录，收录了御府所藏的历代190位书法名家的1240余件作品。全书体例精善、评论精审、资料丰富。它以书体门类为纲，按篆、隶、正、行、草、八分顺序记述，述及各种书体的渊源和发展，包括书法家小传等内容。《宣和书谱》及其同时编撰的《宣和画谱》不仅呈现了当时宫廷收藏的书画作品的情况，而且反映了宣和内廷对书画史发展和书画理论的看法以及鉴赏品评标准，对后世影响深远。

南宋时河南汤阴人岳飞的书法雄浑峭拔，别具特色。安阳人韩侂胄主持刊印的《群玉堂帖》，收集拓印了晋唐和宋代的名人墨迹，为后人研究古代书法提供了重要的参考资料。

明清时期中原的书法大家首推孟津人王铎。他是明末清初最有成就的书法家，诸体皆能，尤善行草。他用笔痛快沉着，用墨酣畅淋漓，布局新颖，气势磅礴，充满生机，人称神笔。著名的书法作品有《拟山园帖》、《琅华馆帖》、《龟龙馆帖》等。王铎不仅以书法见长，在书学上也成就斐然。虽然没有留下系统的书学专著，但从他的诗文序跋和来往信札中也能看出他的书学理论。他提出学书要有宗法，"不古之学，安能迈俗乎"，认为学书应得书法絜矩之道，从对比中求调和，从变化中求统一。王铎的书法主张为明清时期的中原书坛举起了一面振兴的大旗。

二、绘画艺术

中原的绘画艺术历史悠久，距今5000~7000年前的仰韶文化彩陶上的饰画可看作是中原绘画艺术的萌芽阶段。当时彩陶上的图案与纹饰大都是与日常生活相关的场景或事物，如人面纹、鱼鸟纹、花瓣纹等，这些图案生动活泼、朴实厚重，为人们展示了仰韶文化时期人们的生活状况和心理愿望。1978年在临汝（今汝州市）阎村出土的一件彩陶缸上有一幅彩绘《鹳鱼石斧图》，此图左边画着一只睁大眼睛的鹳鸟，尖长的嘴巴下叼着一条大鱼，右边画有一把竖立的木柄石斧，石斧上的孔眼和绳子都清晰可见。此图布局合理、形象逼真、画面生动，形象地再现了原始人的渔猎生活。它是中国最早的绘画作品之一，也是中国新石器时代内容最丰富、技法最精湛的彩陶画，被誉为中国史前美术创作的最高成就。

上古三代，中原的青铜冶炼技术发达，众多的青铜器上都铸刻着精美的纹饰，这些不同的纹饰图案显示了中原地区卓越的绘画构图水平和当时的社会理念。商周青铜器上的纹饰主要有饕餮纹、夔龙纹、蟠龙纹、凤鸟纹、蚕纹等鸟、兽、虫、鱼形象纹饰，以及圆涡纹、四瓣花纹、勾连雷纹等几何纹饰。饕餮纹的主体部分为正面的兽头形象，两眼非常突出，具有一种强大的威慑力。夔龙纹大都是长身弓起、头上有角的侧面龙形象，它常与饕餮纹、凤鸟纹、龙蛇纹等相糅合，使整体纹饰具有对称、庄重、大气的特征。

秦汉时受书写工具的限制，人们常把字画刻在石头或砖头上。现今河南南阳汉画馆所珍藏的1300多块画像石充分展示了当时中原地区的绘画成就。魏晋南北朝时期，由于社会动荡、政治黑暗，很多文人以隐居、游仙来排遣内心苦闷，借山水来表达人生意趣，由此山水文学兴起，与写山川之美的诗文相映衬，山水画也出现了创作热潮。根据文献记载，六朝山水画名作甚多，如顾恺之的《雪霁望五老峰图》、《庐山图》等作品，夏侯瞻的《吴山图》，戴逵的《剡山图卷》，徐麟的《山水图》，宗炳的《秋山图》，陶弘景的《山居图》，张僧繇的《雪山红树图》等一大批作品都体现了文人对山水画的热爱。在山水画的创作浪潮里，河南人宗炳以自己的恬淡个性和卓越才华为后人留下了宝贵的文化遗产。

宗炳（375~443年），字少文，南阳涅阳（今镇平）人，南朝刘宋时期的著名画家和绘画理论家。他信仰佛教，不爱做官，一生漫游山川，足迹遍及各地，西涉荆巫，南登衡岳。他的山水画和人物画都很出色，《南史·宗少文传》说他"妙善琴书图画，精于言理"，"凡所游履，皆图之于室，谓之'抚琴动操，欲令众山皆响'"[1]。而他在画史上的最大贡献是写出了中国最早的山水画理论著述——《山水画序》，为山水画成为一门独立的画科奠定了基础。在这篇作品中，他指出画家创作应"以形写形，以色貌色"，阐述了"以小观大"、"神托于形"等观点，涉及了远近法中形体透视的基本原理。提倡"畅神"是山水画的最高追

---

① 许嘉璐主编：《二十四史全译·宋史》，汉语大词典出版社2004年版。

求，认为"万趣"与神志融合之后，才会物我一体，使自己精神舒畅。山水画家面对山水自然，"妙会感神"，达到物我一体的精神境界后，才能创作出一幅凝聚作家心灵世界的作品。他的"畅神"与陶渊明《饮酒》诗中的得意"忘言"、谢灵运《游名山志》中的"意得"有相通之处，显示了文人画家对精神境界的追求。

唐朝时期，中原的绘画艺术进入繁荣的阶段，涌现了吴道子、郑虔等一些知名的画家。"百代画圣"吴道子（680~759年）是河南阳翟（今禹州市）人，开元年间他以善画被召入宫廷，历任供奉、内教博士等职。他勤奋好学，曾随张旭、贺知章学习书法，通过公孙大娘舞剑来体会用笔之道。擅长佛道、神鬼、人物、山水、鸟兽、草木、楼阁等绘画艺术，"其画人物佛像鬼神、禽兽山水、台殿草木，杰神妙也，国朝第一"（《太平广记》引《唐画断》）[1]。尤其在人物画上成就斐然，"景公寺地域帝释龙神，永寿寺中三门两神，皆绝妙当时"（《唐画断》）。他绘画时重视灵感，"将军裴旻居母丧，请道子画鬼神于天宫寺资母冥福。道子使旻屏去缞服，用军装缠结，驰马舞剑，激昂顿挫，雄杰奇伟，观者数千百人，无不骇栗。而道子解衣磅礴，因用其气以壮画思，落笔风生，为天下壮观"。吴道子的画作生动传神，"道子画驴于僧房，一夕而闻有踏藉破迸之声"，"道子画龙则鳞甲飞动，每天雨则烟雾生"。[2]

吴道子的一生，主要是从事宗教壁画的创作。据载他于长安、洛阳两地寺观中绘制壁画多达400余堵，"两都寺观，图画墙壁四百余间，变相即同，人相诡状，无一同者"。每当绘画之时，"坊市老幼，日数百人。竞候观之"，及下笔之时，"望者如堵"，只见他"风落电转，规成月圆"，围观之人叹为观止，"喧呼之声，惊动坊邑，或谓之神"。吴道子的壁画奇踪怪状，无有雷同，尤以《地狱变相图》闻名于世。当时景云寺的老僧玄纵说："吴生画此地狱变成之后，都人咸观，皆惧罪修善，两市屠沽，鱼肉不售。"（《太平广记》引《唐书断》）北宋黄伯思的《东观余论·跋吴道玄地狱变相图后》说："吴道玄作此画，视今寺刹所图，殊弗同。了无刀林、沸镬、牛头、阿房之像，而变状阴惨，使观者腋汗毛耸，不寒而栗。因之迁善远罪者众矣。"[3]画中无"刀林、沸镬"却能让人毛骨悚然，足见此作所展现出的逼真的艺术形象和深广的艺术魅力。

---

① ［宋］李昉等编：《太平广记》，中华书局2006年版。
② 潘运告编著：《宣和画谱》，湖南美术出版社2002年版。
③ ［宋］黄伯思撰：《东观余论》，明毛氏汲古阁刊本。

　　吴道子尤其擅长人物画的创作，他的人物画既改变了东晋顾恺之以来那种粗细一律的"铁线描"，也突破了南北朝"曹衣出水"的艺术形式，显示出笔势圆转、衣服飘举、盈盈若舞的"吴带当风"的艺术风格，代表作《天王送子图》就体现了吴道子人物画的基本风格。吴道子画人达到"传神的境界，他所画的钟馗捉鬼的形象尤其深入人心，成为后人对钟馗形象的固定理解，昔吴道玄所画一钟馗，衣蓝衫，鞹一足，眇一目，腰一笏，巾裹而蓬发垂鬓。左手捉一鬼，以右手第二指抉鬼眼睛，笔迹遒劲，实有唐之神妙"（《太平广记》引《野人闲话》）。苏轼对吴道子的画风极为推崇，他在《书吴道子画后》说："画至于吴道子，而古今之变，天下之能事毕矣。道子画人物，如以灯取影，逆来顺往，旁见侧出，横斜平直，各相乘除，得自然之数，不差毫末。出新意于法度之中，寄妙理于豪放之外。所谓游刃余地，运斤成风，盖古今一人而已。"[①]

　　在山水画方面，吴道子也取得了杰出的成就。玄宗泰山封禅，路过潞州金桥时，兴致所至，让吴道子、韦无忝、陈闳三人共同绘制《金桥图》。陈闳主画玄宗真容及所乘照夜白马，韦无忝主画狗马、骡驴、牛羊等动物，而桥梁、山水、车舆、人物、草树、雁鸟、器仗等主题部分由吴道子主画。《金桥图》绘成后，"时谓三绝"（《太平广记》引《开天传信记》）。另一幅山水名作《嘉陵江山水三百里图》据说是吴道子在游过此地后凝神挥笔一日而成的作品，玄宗看后，大为赞赏，将此画和另一位大画家李思训的《嘉陵江山水图》相比，并感慨地说："李思训数月之功，吴道玄一日之迹，皆极其妙也。"（《唐书断》）

　　吴道子不仅毕生从事绘画创作，而且还弘扬绘画艺术，悉心教授弟子，他的弟子很多，较知名的有卢稜伽、张藏、韩虬、朱繇、翟琰等人。翟琰"早师吴道玄，每道玄画落墨已即去，多命琰布色……琰布色落墨，与道玄真赝故未易辨也"（《宣和画谱》）；朱繇"妙得道玄笔法，人未易优劣也"；卢稜伽"画迹似吴，但才力有限，颇能细画。咫尺间山水寥廓，物象精备，经变佛事，是其所长"（《太平广记》引《名画记》）。

　　吴道子的绘画艺术历来受到人们的推崇。晚唐的张彦远在《历代名画记》中说，"自顾陆以降，画迹鲜存，难悉详之。唯观吴道玄之迹，可谓六法俱全，万象必尽，神人假手，穷极造化也。所以气韵雄壮，几不容于缣素；笔迹磊落，遂

　　① ［宋］苏轼撰、孔凡礼点校：《苏轼文集》，中华书局 1986 年版。

恣意于壁墙；其细画又甚稠密，此神异也"，"天付劲豪，又抱神奥，往往于佛寺画壁，纵以怪石崩滩，若可扪酌。又于蜀道写貌山水，由是山水之变，始于吴"，"国朝吴道玄，古今独步，前不见顾陆，后无来者。授笔法于张旭，此又知书画用笔同矣。张既号书颠，吴宜为画圣。神假天造，英灵不穷。众皆密于盼际，我则离披其点画；众皆谨于象似，我则脱落其凡俗。弯弧挺刃，植柱构梁，不假界笔直尺。虬须云鬓，数尺飞动，毛根出肉，力健有余。当有口诀，人莫得知。数仞之画，或自臂起，或从足先。巨状诡怪，肤脉连结，过于僧繇矣"①。在众多的画家之中，吴道子被冠以"画圣"的美名，足见他在绘画艺术上的成就和贡献之大、影响之深。

唐代知名的河南书画家还有与吴道子同时代的荥阳人郑虔（691~764年）。郑虔不仅精通天文、地理、兵法、医药，而且擅长写诗、作画和书法。杜甫称赞他"荥阳冠众儒"、"文传天下口"。他聪颖好学，据说在科考失败后，困居长安慈恩寺，学书无钱买纸，见寺内有柿叶数屋，就借住僧房，每日取红叶写书，天长日久，竟将数屋柿叶练完。在他的勤奋努力下，他的草书达到了"如疾风送云，收霞推月"的艺术效果。唐玄宗天宝九年，郑虔自作山水画一幅，并题诗献上，受到玄宗赞赏，御署"郑虔三绝"。郑虔最擅长画山水，兼及人物虫鱼。杜甫对他的山水画极为推崇，曾以"沧州动玉陛，宣鹤误一晌"来形容其山水画所达到的艺术效果。杜甫对郑虔敬佩有加，尊称他为"郑老"、"广文先生"、"老画师"等，并有《故著作郎贬台州司马户荥阳郑公虔》、《有怀台州郑十八司户(虔)》、《题郑十八著作虔》、《陪郑广文游何将军山林十首》、《送郑十八虔》等20余首写给郑虔的诗歌。广德二年（764年）郑虔死于台州，杜甫作《哭台州郑司户苏少监》诗以吊之，用"故旧谁怜我，平生郑与苏。存亡不重见，丧乱独前途"来纪念两人的深厚情谊。郑虔的书画墨宝尤为后代皇室及达官贵人所珍藏，历代美术史家认为郑虔与王维一样是中国文人山水画的开创者，其草书成就可与"草圣"张旭相媲美。

五代时期的沁水（今济源）人荆浩是当时最具影响的山水画家。他有感于北方山水雄峻的气格，作画"有笔有墨"，勾皴之笔坚凝挺峭，表现出一种高深回环、大山堂堂的气势。他自称兼得吴道子用笔及项容用墨之长，创造了水晕墨章

---

① ［唐］张彦远：《历代名画记》，人民美术出版社1963年版。

的表现技法，既能体现雄伟的气象又不失形似的真实感，开创了以描写大山大水为特点的北方山水画派。他常携笔摹写山中古松，画松"数万本"，所画长松大石具有"笔尖寒树瘦，墨淡野云轻"的特点，有笔有墨。他所画的云中山顶，达到了"四面俊厚"的境界。

荆浩极擅长画气势磅礴的全景山水，所作的全景式山水画在画幅的主要部位安排气势雄浑的主峰，在其他中景和近景部位布置溪泉坡岸，点缀村楼桥杓，并穿插人物活动，使得一幅画境界雄阔、构图完整。荆浩的这种全景式山水画，奠定了全景山水画的格局，推动山水画走向空前未有的全盛期。北宋梅尧臣在《王原叔内翰宅观山水园》中曾称赞道："石苍苍，连峭峰，大山嵯峨云雾中。老松瘦树无笔踪，巧夺造化何能穷。古绢脆裂再黏续，气象一似高高嵩。"[①]沈括也评道："画中最妙言山水，摩诘峰峦两面起。李成笔夺造化工，荆浩开图论千里。"《宣和画谱》里著录有他的《秋景渔父图》、《秋山楼观图》、《白苹洲五亭图》等作品，《匡庐图》虽然未被《宣和画谱》收录，但它一直被人们认为是代表着荆浩有笔有墨大山大水风格的唯一传世作品。[②]

北宋时期的河南是全国的政治、经济和文化中心，在宋王朝所设的四个京城中，除了北京大名府在河北外，其他三京的东京开封府、西京河南府、南京应天府（即今天的开封、洛阳和商丘）均在河南，因此河南在当时是全国最为繁华的地方，众多的政治事件和文化活动都在此发生。在绘画方面，山水画和花鸟画都得到了充分的发展，涌现了众多的知名画家和画作。

郭熙（约 1000~1080 年），河阳温县（今河南温县）人，是北宋中期最有代表性的山水画家和绘画理论家。他的山水画师法李成，山石创为状如卷云的皴笔，后人称为"云头皴"。树枝如蟹爪下垂，笔势雄健。他认为山水画可以满足人们"不下堂筵，坐穷泉壑"的要求，"看此画令人生此意，如真在此山中，此画之景外意也……看此画令人起此心，如将真即其处，此画之意外妙也"，实现"景外意"与"意外妙"。如他的《早春图》描绘了严冬已过大地复苏的春景，山川林木间升腾着迷蒙的地气，闪烁的阳光充满着亲切诱人的情韵，体现了他"春山淡冶而如笑"的艺术追求。《奇山寒林图》、《诗意山水图》、《巧石双松图》、《春山图》、《幽谷图》、《窠石平远图》、《关山春雪图》等都是他的代表作。

---

① ［宋］梅尧臣著、朱东润编年校注：《梅尧臣集编年校注》，上海古籍出版社 1980 年版。
② 薛永年、赵力、尚刚：《中国美术史——五代至宋元》，中国人民大学出版社 2014 年版。

郭熙精通画理，提倡画家要仔细观察大自然，体会山水的四季变化，致力于抒情山水画的意境创造，有"春山淡冶而如笑，夏山苍翠而如滴，秋山明净而如妆，冬山惨淡而如睡"（《宣和画谱》）的创作要求。在山水取景构图上，提出"高远、深远、平远"的"三远"说。指出"山形步步移"、"山形面面看"、"山以水为血脉，以草木为毛发，以烟云为神采"、"山有三远"、"用笔三病"等创作理念。其子郭思将他的绘画理论纂集成书，编成《林泉高致》，是我国第一部完整而系统地阐述山水画创作规律的著作。

北宋后期的皇帝徽宗虽然为政无能，导致国家灭亡，但却酷爱文艺，在书画方面都取得了杰出的成就。在书法上，他独创"瘦金体"；在绘画上，人物、山水、花鸟等各有特色，尤其擅长花鸟画。他的画作极其强调细节，以精工逼真著称，现存的《芙蓉锦鸡图》、《听琴图》、《雪江归棹图》、《四禽图》、《竹雀图》、《红蓼白鹅图》、《子母鸡图》等都很有特色。当时人董逌在《广川画跋》中认为赵佶的画"寓物赋形，随意以得，笔驱造化，发于毫端，万物各得全其生理"。

为了推动绘画艺术的发展，宋徽宗还大力开办画院，于崇宁三年（1104年）设立画学，将绘画正式纳入科举考试之中，以招揽天下画家。他将宫内收藏的书画命人编纂成《宣和书谱》和《宣和画谱》。《宣和画谱》共20卷，将收录的231家6396件画作分为道释、人物、宫室、番族、龙鱼、山水、畜兽、花鸟、墨竹、蔬果十大类，并且详细论述分类根据，总结每一类的特征及其意义和价值。《宣和画谱》不仅是宋代宫廷绘画品目的记录，而且还是一部传记体的绘画通史，它建立了我国古代绘画史上最为完善的绘画学分类。

北宋末年的张择端将都城汴京在清明节前后的繁荣景色纳入笔下，创作了中国最著名的市井风俗画——《清明上河图》。整幅画作长528.7厘米，宽24.8厘米，共分三段，首段展示市郊风景，中段描绘汴河两岸风光，末段摹写市区街道，从远郊到街市，有条不紊地展现了580多种人物、20余个车轿、50余头牲畜、20余艘船只和不计其数的房屋店铺的活动场面和生活情景。全作规模巨大、结构鲜明、内容丰富，人物和景色的虚实、疏密、动静等都具有鲜明的时代感、节奏感和韵律感，充分发挥了半工笔半写意人物画生动活泼的长处。在绘画题材方面，《清明上河图》突破了唐以来人物画主要以宗教活动和贵族生活为题材的范围，开始努力表现新兴市民阶层的生活场面，把当时被看作下层人民的船夫、纤夫、架屋工人和其他劳动人民当作汴河上的主人和促成汴梁繁荣的主要力量加以描绘。《清明上河图》是我国现实主义绘画传统的最优秀代表作，为人们鲜活地展示了北宋时期的世俗风情，不仅在绘画史上具有划时代的价值，而且为人们了解和研究北宋的社会和文化提供了生动、可靠的资料。为了纪念张择端和他的这幅巨作，河南省开封市在 20 世纪 90 年代根据原作修建了一座大型宋代文化实景主题公园——清明上河园。它以宋朝市井文化、民俗风情、皇家园林和古代娱乐为主题，是国家首批 AAAAA 级旅游景区和中国非物质文化遗产展演基地。

河阳三城（今河南孟县）人李唐（1066~1150 年）是南宋初年最杰出的画家。他博采众长，自成一体，是两宋画风承转的关键人物，也是开一代新风气的大师，如他的《长夏江寺图》已不是北宋以前习见的青绿画法，而是水墨为主与青绿画法相结合。他的山水画，"高亢豪纵，简括清劲"，常用峭劲的笔墨，画出山川雄峻的气势。尤其是晚年时期，他去繁就简，创大、小斧劈皴法，画石坚硬挺拔、立体感强，画水有盘涡动荡之趣。他开创了南宋山水画的新风貌，为刘松年、马远、夏圭等人师法。存世作品有《万壑松风图》、《清溪渔隐图》、《长夏江寺图》、《采薇》、《烟寺松风图》等。

李唐之后，随着都城的南迁，中原丧失政治中心地位，中原的绘画艺术也陷入沉寂的状态。

三、中原碑碣石刻艺术

在造纸、印刷不太发达的古代社会，人们除了在竹简、布帛、纸张上面写字绘画外，还经常将石头、砖块、墙壁、木板等作为书写工具，这样就形成了石刻、壁画等具有时代特色的书画艺术。古代的中原地区碑碣石刻林立、画石壁画千姿百态，是中华民族宝贵的文化遗产。

我国的石刻文字大约起始于秦代，秦始皇统一全国后巡游东地，"作琅琊台，立石刻，颂秦德，明得意"（《史记·秦始皇本纪》），据传刻文为李斯所书，用笔劲秀圆健，结体严谨工稳，是秦代小篆的代表作，在书法史上占有重要地位。碑刻的产生，大约在东汉，欧阳修在《集石录》中云："至后汉以后，始有碑文，欲求前汉时碑碣，卒不可得。"在南宋之前，中原地区一直是国都所在地，因此碑碣数量众多，位居全国第一。

东汉熹平年间书法家蔡邕用隶书撰写碑文，记录儒家经典，被称为"熹平石经"；曹魏正始年间，当时的书法名家用古文、小篆、隶书三种字体刻写《尚书》、

《春秋》等著作，被誉为"三体石经"，这是继东汉"熹平石经"后刻写的第二部石经。这两部石经当时都立于洛阳太学内，在中国书法史和汉字的演进发展史上都具有非常重要的意义。

位于漯河市临颍县繁城镇的繁城三绝碑也即曹魏受禅碑，是为纪念曹丕取代汉献帝在繁城筑坛受禅大典而建，包括《受禅表》碑和《公卿将军上尊号奏》碑，是汉魏交替过程的最好历史见证。碑文用隶书写成，唐人李绰《尚书故实》中说此碑"王朗文，梁鹄书，钟繇镌字，谓之三绝"，在史学上和书法艺术上都具有较大价值。

洛阳龙门石窟中的龙门二十品是北魏书法艺术的精华。龙门二十品是指古阳洞和慈香窑中二十则北魏石刻造像题记，它们主要是为歌功颂德或祈福禳灾而开龛造像的碑刻记载。龙门二十品的书法艺术是在汉隶和晋楷的基础上发展演化而来的，具有端庄大方、刚健质朴的格调。它的行次大都端正规整，横竖行排列整齐，笔画间隔均衡，字的重心居中，稍微偏上，具有庄重稳健之势而无松散下坠之感。龙门二十品是"魏碑"体的代表作，在我国金石镌刻发展史上占有重要的位置。除了二十品之外，龙门还有很多北魏至唐代的造像记石刻，其数量众多、风格各异，让人叹为观止。

位于洛阳市新安县铁门镇的千唐志斋碑林以珍藏唐人千余块书法墓志而闻名于世。千唐志斋是中国唯一的墓志铭博物馆，由张钫先生从全国各地尤其是洛阳一带搜集而来，保存了西晋至民国年间历代墓志铭、碑碣等1400余件，其中唐人墓志铭1191方。所藏唐代碑刻墓志的主人涉及皇亲国戚、相国大臣、藩镇大将、文人墨客、佛僧道士、宫娥彩女等各阶层。它不仅是研究唐代社会生活、风土人情的实物资料，更是了解唐代各时期书法艺术的珍贵文物。从艺术上来看，虞、褚、欧、颜等各家书法风格，真草隶篆等各种书法形态，样样具备。千唐志斋还藏有百余块唐以后的石刻，如宋代大书法家米芾的珍贵行书石刻对联"瘦影在窗梅得月，凉云满地竹笼烟"，笔墨流利自然，让人折服。元代大书法家赵孟頫所书的宣武将军碑，明代董其昌所书的《典论·论文》石刻，扬州八怪郑板桥的石刻书画，刘墉的行草碑刻，神笔王铎的巨幅中堂石刻等等都彰显着中华书法艺术的神奇魅力。

被誉为"四大名帖"之一的汝帖现存于汝州市文庙内。它是北宋大观年间的汝州知州王采搜集历代书帖后，遴选能工巧匠雕刻在12块石碑上而成的，被后世人称为宋石鸿宝。《汝帖》内容十分珍贵，有夏、商、周三代金石文 8 种；有岐阳石鼓文、史籀文、诅楚文；有李斯、程邈、梁鹄等人的手迹；有西晋、南朝五帝书；有竹林七贤书、王羲之父子三人书、南朝十臣书；有唐朝帝王书和欧、虞、褚、颜、柳等人书，共 86 位名家书法 109 帖，宋之前书法巨匠的手迹多有收录，篆、隶、行、草样样具备，犹如一部书法史。明清时期，《汝帖》闻名全国，观赏、临摹、拓片者纷至沓来，争相翻刻。

宋代是中原碑刻发展的黄金期，除了《汝帖》这个总结性的作品外，优秀的个体作品也非常多。《昼锦堂记》碑是由宋朝的大学者欧阳修撰文，大书法家蔡襄书丹，龙图阁学士邵必篆额的"三绝碑"，现存于安阳韩魏王家庙中。《醉翁亭记》石刻是宋代著名书法家和文学家苏轼书写欧阳修《醉翁亭记》的石刻，清康熙年间，新郑高有闻因原碑磨损，又以家藏的原拓本请工匠重新刻石，苏轼真迹得以保存，此碑现存于郑州市博物馆内。《大观圣作碑》是北宋大观二年（1108 年）由宋徽宗赵佶撰文并书写，宰相蔡京题额，当时的书法名家李时雍摹写上石的碑刻。因由皇帝撰文并书写，因此称"圣作之碑"。碑刻的内容是北宋末年宋徽宗颁布的"八行、八刑"的取士原则，所用书法是徽宗的"瘦金体"，因此它既是研究宋代学校制度的珍贵实物资料，又是书法艺术的杰作。

除此之外，洛阳白马寺内的《洛京白马寺祖庭记》碑是元代碑刻，书写者是元代大书法家赵孟頫。扶沟县的太祖高皇帝圣旨碑是明太祖朱元璋的御碑等。

除了碑刻外，中原的摩崖石刻也是书法艺术中的宝库。摩崖石刻是古代的一种石刻艺术，是在山崖石壁上所刻的书法、造像或者岩画。中原的摩崖石刻很多，最著名的莫过于嵩山脚下石淙河北崖石壁上的武则天摩崖碑。此崖高 10.4 米，碑在崖中，高 3.6 米，宽 2.4 米，是圣历三年武则天巡游嵩山所刻。碑文分为上、中、下三层，每层 13 行，每行 42 字。上层为武则天的七言排律诗，中下层为 16 位臣子的应制诗。碑文用楷书写成，字迹横轻竖重、结构严整、笔力雄健，是楷书石刻艺术的珍贵作品。

浚县大伾山的摩崖石刻，也是书法艺术中的珍品。大伾山历史悠久、风光壮丽，是中国文字记载最早的名山之一，相传大禹治水到过大伾山，《尚书·禹贡》中说："东过洛汭，至于大伾。"因此历代名人登临大伾山，多赋诗留言，刻碑勒石，留下摩崖题记 460 余处。其中著名者如唐建中年间谏议大夫洪经纶所书的长 1 米、高 65 厘米的《洪经纶题记》和贞元年间汴州节度使刘洽所写的高 0.8 米、宽 1.6 米的大伾山勒功名,以及北宋元祐年间卫州知州鲁元翰的楷体题铭等。大伾山的摩崖石刻再现了唐宋以来的书法艺术特点。

此外,焦作市博爱县丹河东岸峭壁上的隋代摩崖造像题记石刻、南阳方城桐柏山佛沟的摩崖石刻、三门峡陕县断层山的唐代石刻等都是中原摩崖石刻中的宝贵遗产。

古代的人们不仅在碑石上刻字,而且也常在墙壁、砖石上绘画雕刻,那些保留下来的画石和壁画也是古代绘画艺术的珍贵资料。汉代和唐宋时期中原地区盛行绘制壁画和画像砖,至今仍留有许多优秀的作品。

画像石(砖)是画师和工匠在石、砖上创作的艺术品,是汉代人找到的一种更有利于长期保存的以硬质材料为载体的壁画。从创作过程来看,是先绘后雕,完成之后再施加彩绘或用墨线勾勒。画像石与画像砖主要是墓室内的建筑,画像石是在墓室内的石构件或石棺上施加浮雕或刻线,画像砖是用泥在雕好的模具上拓出烧制而成,砌在壁室的壁面。它构图简练、形象生动、古朴浑厚,在一定程度上反映了汉代的社会风貌。由于汉代盛行厚葬和装饰祠墓的风气,因此汉画像石主要是墓室、祠堂和殿阁等建筑上的雕刻装饰。汉魏时期的洛阳是全国的政治、经济和文化中心,是达官显贵聚集的地方,因此以洛阳为中心的河南地区是目前我国发现汉画像石最多的地方。画像石遗存遍及河南各地,洛阳、安阳、南阳、许昌等地的画像石比较突出,尤其是南阳汉代画像石墓群最具代表性,被誉为中国的第二个敦煌。

南阳位于河南省的西南部,地处汉水流域,属于楚汉文化的交汇地带。西汉时,南阳郡因其优越的地理环境和丰富的物产资源而成为全国六大都会之一。由于经济发达,当时有不少王侯被分封于此。东汉时期南阳作为开国皇帝刘秀的家乡而被称为"帝乡"、"南都",是仅次于洛阳的第二大城市,是皇亲国戚、达官显贵们的云集之地。汉代普遍盛行"灵魂不灭,视死如生"的丧葬观念,众多贵族官僚们便将坟墓建得像生前的住宅一样豪华气派,于是,南阳一带便出现了大量豪华坚固的画像石墓。从 20 世纪 20 年代开始,考古工作者在南阳地区出土搜集了大量的汉画像石,大都是汉代建筑、绘画、雕刻等综合艺术的杰作,如今南阳市汉画像馆已收藏汉代画像石 2000 余块,是全国藏品最多的汉代石刻艺术博物馆。

南阳汉画像石内容丰富、题材广泛、风格古朴粗犷、气势磅礴,涵盖了汉代社会的各个方面。南阳汉画像石在主题上主要表现为四个方面：第一，豪强世族生活，再现了墓主人在人世间的社会地位、生平经历、享乐生活，并希望在阴间能继续这种地位和生活。如门阙楼阁图、加冠图、田猎图、宴乐图、执金吾图、持节图、执斧钺图等。第二，远古神话和历史故事，反映了墓主的忠孝节义等思想观念和对上天的向往等理想。如伏羲女娲图、西王母和东王公图、嫦娥奔月图、伯乐相马图、范睢受袍图等。第三，祥瑞、避邪图，体现了汉代谶纬迷信流行的社会习俗和观念。如鹿车图、应龙图、麒麟图、黄龙图、日月同辉图、太白金星图等。第四，舞乐百戏，表现了汉代文化娱乐生活和民俗风情等，如建鼓图、鞞鼓图、踏鼓舞图、长袖舞图等一些歌舞生活图以及飞剑跳丸图、弄壶图、倒立图、吐火图、蹴鞠图等百戏图。

南阳汉画像石不仅内容丰富，而且艺术水平高超。它发展了古代绘画大刀阔斧的写意风格，浮雕图像表面常保留斧凿痕迹，雕刻手法豪迈不羁。画面感强烈，意境和谐，空间布局合理，人物情景刻画得惟妙惟肖、千姿百态，既具有浓郁的生活气息，又展现了神话传说的浪漫主义色彩，充分反映了汉代工匠精湛的绘画雕刻技术与纵横驰骋的艺术想象力。

中原各地汉画像石墓都具有自己的风格特色，郑州、洛阳等地区的多为一种形体较大、内部空而不实的汉画像空心砖墓，上面除了画像之外，还有各种各样的几何图案。南北朝时，中原已有彩色画像砖墓，20世纪50年代在南阳邓县学庄村西南发现的南朝彩色画像砖墓即是代表。

秦代和西汉时期的宫殿、墓室装饰中流行在空心砖上雕花或模印图像，西汉空心砖画像与空心砖墓室壁画同时流行。壁画是由色彩和线条组成的平面绘画，画像石是以石、砖为原料的立体建筑雕塑。壁画绘制方法是先在砖上敷以白粉，后勾线着色，色彩有朱、褐、浅紫、石绿等颜色。在汉代，装饰性壁画与画像石一样盛行，宫廷、邸舍、庙宇、陵墓等处多有壁画，题材有"图画天地、品类群生、杂物奇怪、山神海灵"和"奇禽异兽"等。

河南永城芒砀山梁国王陵墓葬群是西汉前期墓室壁画的代表。它是开凿于半山腰的石室墓，为了避邪，陵墓内多用朱砂涂满顶部和四壁。有的在墓室顶部绘制巨大的青龙、白虎、朱雀等方位神和灵芝、荷花、云朵等图案。在洛阳地区发现的西汉晚期墓室壁画中，卜千秋墓颇具代表性。卜千秋墓内有一幅在20块空心砖筑成的主室脊顶上所作的壁画。此画两端分绘伏羲与日象、女娲与月象，中间是男女墓主人在持节仙人和双龙、朱雀、白虎导引下升天的情景，人神之间云雾缭绕。画面包含了仙翁、侍女、青龙、白虎、西王母、琼台楼阁等内容，生动传神，体现了人们渴望死后升天的理想，展现了汉代神仙文化盛行的时代特征。

洛阳烧沟的西汉墓壁画与浮雕和镂空彩绘的花砖组合在一起，内容更为丰富。这里的汉墓壁画共有六幅，绘于墓顶、门额、隔墙和后壁四个地方。壁画主要取材于神话传说、历史故事和天文星相等，如"神虎吃女魃"、"二桃杀三士"、"鸿门宴"等故事的画面都很形象。整体来看，画法古朴、形体夸张、笔法流畅、人物生动。这里的壁画在线描的基础上施加了红、紫、褐、蓝、绿等颜色，横梁以上梯形空心砖的两面透雕有骑龙飞升、青龙、白虎、朱雀、熊、鹿、马等彩绘图像，前室门额上方的空心砖上有浮雕的羊头等图像。这种雕绘结合的形式在东汉以后演变成壁画与画像石或高浮雕圆柱相结合的多种样式。东汉早期的壁画墓发现于洛阳邙山和金谷园等地，东汉中后期壁画墓数量大增，这时由于画像石墓流行，不少墓是壁画与画像石混用。

汉代之后，中原各朝的壁画也都有杰作，尤其是北宋开封的壁画最为人们称道。开封的壁画主要在宫廷和寺观之内，《东京梦华录》卷三载相国寺内"大殿两廊，皆国朝名公笔迹，左壁画炽盛光佛九曜鬼百戏，右壁佛降鬼子母揭盂，殿前供献乐部马队之类，大殿朵廊，皆壁隐楼殿人物，莫非精妙"①。河南现存的北宋壁画杰作如禹州白沙和新安李村的壁画墓，墓中的彩绘壁画色彩鲜艳、富丽堂皇，所画内容有夫妇饮宴图、艺人献艺图、牡丹花卉图等，充分反映了北宋时期中原地区的繁华景象。焦作老万庄的金代壁画墓中的彩绘壁画，内容以射猎、骑马为主，画工精细、色彩和谐，再现了金人的游牧习俗。

除了石刻、壁画之外，中原的木版年画也经历了时代的考验。被誉为中国木版年画鼻祖的朱仙镇木版年画主要分布于河南省开封、朱仙镇及其周边地区。朱仙镇木版年画历史悠久，在宋代极为盛行。它构图饱满，线条粗犷豪放，造型古朴夸张，色彩新鲜艳丽。朱仙镇木版年画主要有两大类：一类是神祇画，如灶君神、天地神等；另一类是门神画，门神以秦琼、尉迟敬德两位武将为主。俗语常说"黄见紫，难看死"，但朱仙镇年画多用青、黄、红三原色，尤其是黄紫两色搭配，颜色厚重，对比强烈，不仅没有难看之嫌，反而色彩鲜艳，与民间过年的

---

① ［宋］孟元老：《东京梦华录》，中华书局2007年版。

欢乐气氛协调一致。

除了朱仙镇木版年画之外，安阳滑县慈周寨乡的木版年画也比较有名。滑县的木版年画内容丰富，有神像、家谱、佛教、道教、耕织、渔猎、婚庆、文武、山水、花鸟等题材。在色彩上，以大黄、大红、大绿、朱红为主，色彩分明，吉祥喜庆，独具特色。

时至今日，中原地区的民间绘画仍具有自己的独到之处。洛阳是牡丹之乡，每年四月的牡丹花会驰名海内外，洛阳市附近的平乐村就以画牡丹著名。平乐村有6000余人，专业画家120多名，绘画爱好者600多人，被誉为"农民牡丹画创作第一村"，涌现出了一大批牡丹画画家，书画作品大多销往全国各地，甚至还漂洋过海，被日本、美国、东南亚等国爱好者收藏。西有牡丹村，东有画虎村，河南商丘市民权县王公庄村被称为"中国画虎第一村"。此村有800余人从事绘画产业，村中的夫妻画家、父子画家、姐妹画家及三世同堂作画的人比比皆是。他们以画虎为主，兼画人物、花鸟、山水等，品种繁多。所画的老虎，形象逼真，神态各异，大小不一。在王公庄人的影响和带领下，周边的数千农民也从事或经销农民画，形成了以王公庄为龙头的农民画家群。不仅推动了画虎产业的发展，而且为当地经济的发展注入了新的活力。

第三节　诗文文化

中国古代文学是中国文化中内容最丰富、影响最深远、最具生命力的成果，体现了中国文化的历史走向和基本精神。中原地区从传说中的黄帝时代到上古夏商周三代，直至唐宋时期一直是中国文化发展的主流，甚至在很大程度上就是中国文化的代表。作为古代文化重要组成部分的古代文学，在中原这片广袤而又充满活力的土地上取得了辉煌的成就，无论是诗歌、散文还是小说、戏曲，都灿溢古今、光彩夺目。

一、先秦时期的中原文学

中原地区是古代诗歌萌芽和产生的主要阵地之一，相传"断竹，续竹，飞土，逐宾（肉）"的《弹歌》就是黄帝时的诗歌。在殷墟的甲骨卜辞中也有"癸卯卜，今日雨。其自西来雨？其自东来雨？其自北来雨？其自南来雨"这种类似诗歌的句式。西周至春秋之时，经过长期的酝酿发展，终于产生了大批辉煌的诗篇，《诗经》就是这一时期诗歌成就的代表。

（一）诗经

《诗经》是我国第一部诗歌总集，收录了从西周初年到春秋中叶（公元前11世纪~公元前6世纪中）500余年间的诗歌，共305篇。包括《国风》（分为十五国风）160篇，《小雅》74篇，《大雅》31篇，《颂》（分为周颂、鲁颂、商颂）40篇。风、雅、颂是以音乐的不同来区别的。风是民间创作的乐歌，雅是周王朝京畿地区的音乐，颂是宗庙祭祀用的乐歌，因此最能体现地方特色的就是风。在《诗经》十五国风中，除了周南、召南位置不是很确定外①，至少有七个地区的风诗都产生在河南境内，它们分别是邶风、鄘风、卫风、王风、郑风、陈风、桧风。邶、鄘、卫即今河南的安阳、淇县、滑县、汲县、开封、中牟等地；王风就是东周王城洛邑地区的音乐，主要在今河南省洛阳、孟县、沁阳、偃师、巩义、温县等地；郑风主要产生在河南新郑一带；陈风所在地在今河南淮阳、柘城一代；桧风则在河南新密一带。从数量上来看，在160篇的风诗中，邶风19首，鄘风10首，卫风10首，王风10首、郑风21首、陈风10首、桧风4首，共计84首，再加上周南和召南中部分涉及河南地域的诗歌，有关中原境内的风诗占整个《诗经》国风数量的一半以上。因此，不论从地域的角度还是从数量的角度，中原地区都是我国古代诗歌的发祥地。

就中原地区七地风诗的内容来看，主要包括社会政治诗和爱情婚姻诗，它们比较全面地反映了当时的民风民俗和人们的生活状况以及思想情感。

就社会政治诗来看，它的内涵非常丰富。有的是揭露和批判统治阶级荒淫无耻的，这在与卫地相关的邶风、鄘风和卫风中表现得尤为明显，《邶风·新台》、《鄘风·墙有茨》、《鄘风·君子偕老》、《鄘风·鹑之奔奔》、《鄘风·相鼠》和《卫风·纳兰》等就是这方面的代表。如《新台》这首讽刺卫宣公劫夺儿媳的诗歌，就是在

---

① 周南、召南共二十五篇，关于二南的产生地，《韩诗序》说："南，国名。其地在南郡、南阳之间。"南阳即今河南省西南部，湖北省北部。也有学者认为，周初，周武王的两个弟弟周公旦和召公奭分陕（今河南陕县西南）而治，周公治东，召公治西。周南、召南即这两个地区的音乐。无论采用哪种说法，周南、召南里面也都包含有中原地区的诗歌。

"鱼网之设，鸿则离之。燕婉之求，得此戚施"的矛盾揭示中，鞭挞了人世间"蘧篨"的卑劣行径。《墙有茨》则以"中冓之言，不可道也。所可道也，言之丑也"之语含蓄地讥讽了卫国统治者淫乱无耻的丑行。《相鼠》中"相鼠有体，人而无礼。人而无礼，胡不遄死"等语不仅指责了统治阶级表面上满嘴仁义道德而实际上却是最无耻、最无礼的人，而且大胆诅咒他们快快死去，表现了人们大无畏的反抗精神。

由于统治者无耻无能，人们的生活苦不堪言，他们发出了痛苦的呼声。《邶风·式微》在"式微式微，胡不归？微君之故，胡为乎中露"的重章吟唱中诉说着自己为什么有家不能归，为什么要在露水、泥水中受苦。面对国家的暴政，人们不堪忍受，准备逃亡他乡，《邶风·北风》就是这样气象愁惨的诗，"北风其凉，雨雪其雱。惠而好我，携手同行。其虚其邪，既亟只且"，运用起兴的笔法将人们的苦难生活和紧张情绪以及迫不及待逃亡的场景淋漓尽致地表现了出来。逃亡是人们被逼无奈的行为，但是人们想向别国贵族统治者祈求同情或救济的心理只不过是一种梦想，其结果仍然是一无所得，《邶风·旄丘》第四章以"琐兮尾兮，流离之子。叔兮伯兮，褎如充耳"作结，用直接叙述的笔法，斥责所依靠的在位者傲慢无礼，对人们的呼告恳求像聋子一样充耳不闻的行为。

人们的爱憎情感是非常鲜明的，对道德败坏、政治腐败的君主会给以无情的鞭挞，对那些励精图治、立国安邦的君主则不吝自己的赞美之情，《鄘风·定之方中》、《鄘风·干旄》和《郑风·羔裘》就是这类诗的典范。如《定之方中》："定之方中，作于楚宫。揆之以日，作于楚室。树之榛栗，椅桐梓漆，爰伐琴瑟。"通过对卫文公建城市、营宫室、劝农桑等事业的记述，赞美歌颂卫文公从漕邑迁到楚丘重建国家的壮举。

高高在上的统治者只是极少数人，一大批下层官吏也生活在痛苦之中，他们对自己的处境非常不满，甚至产生了厌世的情绪，《邶风·北门》、《卫风·考盘》、《王风·兔爰》、《陈风·衡门》、《桧风·隰有苌楚》等都是如此。如《王风·兔爰》以一唱三叹的三章结构，反复咏叹"有兔爰爰，雉离于罦。我生之初，尚无庸。我生之后，逢此百凶。尚寐无聪"，表达自己生不逢时的感叹和厌世的情绪。在《桧风·隰有苌楚》中，"隰有苌楚，猗傩其枝。夭之沃沃，乐子之无知。隰有苌楚，猗傩其华。夭之沃沃，乐子之无家。隰有苌楚，猗傩其实。夭之沃沃，乐子之无室"，以拟人化手法让人与苌楚对话，通过羡慕苌楚（猕猴桃）"无知"、"无家"、"无室"的状态,抒发人不如物、生不如死的感慨。

西周末年王室衰微,诸侯之间战争不断,人们的兵役和徭役沉重。《诗经》中就有很多诗描写繁重的兵役徭役带给人们的苦难,《邶风·击鼓》就是其中的佼佼者。此诗叙写了卫国士兵"从孙子仲,平陈与宋",但却"不我以归,忧心有忡"。长期在外征战,让他异常思念家中的亲人,但却无法回去,他只能痛苦地念叨着"死生契阔,与子成说。执子之手,与子偕老"的临别誓言。《王风·扬之水》中"扬之水,不流束薪。彼其之子,不与我戍申。怀哉怀哉,曷月予还归哉"的诗句唱出了征人不知何时才能回家的怨愤。

还有很多以征役为背景,抒写夫妻离散的相思之情,这些诗歌大都情真意切、深沉感人,《邶风·雄雉》、《卫风·伯兮》、《王风·君子于役》都是这方面的佳作。《卫风·伯兮》写的就是一位妇女由于思念远戍的丈夫而痛苦不堪的状态,在她内心,她的夫君是极为出众的,"伯兮朅兮,邦之桀兮。伯也执殳,为王前驱",但是自从丈夫随军出征后,她百无聊赖,无所适从,"自伯之东,首如飞蓬。岂无膏沐,谁适为容"。女为悦己者容,所爱的人不在眼前,梳妆打扮还有什么意义?充分写出了思妇内心的相思哀痛。《王风·君子于役》也以思妇的口吻抒发了对丈夫征役的不满。"君子于役,不知其期。曷至哉?鸡栖于埘。日之夕矣,羊牛下来。君子于役,如之何勿思!"黄昏时候,牛羊家禽都按时回家回窝,而自己的丈夫却不能回来,在一幅普通的乡村图景中渗透了思妇无尽的相思和悲哀。

除了内涵丰富的政治诗外,国风中的爱情婚姻诗也生动真实地再现了西周春秋时代人们的爱情婚姻生活,表现了不同地区的婚恋观念和习俗,具有浓郁的地方色彩,尤其是郑风和卫风中的婚恋诗将婚恋生活的种种情态描摹如画,给后人留下了深刻的印象。郑卫之地的乐歌在当时深受人们的喜爱,《史记·乐书》记载魏文侯问于子夏曰:"吾端冕而听古乐则唯恐卧,听郑卫之音则不知倦",就是说听雅乐听得光想打瞌睡,而听郑卫之音却不知疲倦。《汉书·地理志》记载了吴国公子季札听了邶、鄘、卫的民歌,激动地高呼:"美哉渊乎!吾闻康叔之德如是。"但是传统儒家却从正统观念出发,指责郑卫之音偏离中庸之道,孔子曾说"郑声淫",《吕氏春秋·季夏纪》也说:"郑卫之声,桑间之音,此乱国之所好,衰德之所说。"

《诗经》中的爱情婚姻诗不仅数量多,而且内容十分丰富,尤其以《郑风》、

《卫风》最为突出，它们有些是表现青年男女相慕相恋、相思相爱的情歌，有些是反映婚嫁场面和家庭生活的，也有表现不幸婚姻给女性带来痛苦的弃妇诗。这些是《诗经》中最精彩动人的篇章。

爱情生活是甜蜜又多样的，在这些描写男女相恋生活的诗歌里，有的以局外人的身份描写男女交往的场景。《邶风·静女》就是写男子在城墙一角等待心上人的心理和行为，在他眼中，心上人漂亮美好，因此他"爱而不见，搔首踟蹰"，对情人赠给的彤管珍惜赏玩、爱不释手，在这个男子等待情人约会的场景中将男性主人公的感情表现得细腻真挚，也让读者感受到了爱情之中爱屋及乌的幸福。《郑风·溱洧》将爱情生活放在了一个春光明媚、百花盛开的清澈溪水旁，青年男女在这里嬉戏玩耍，尽情享受着相爱的快乐。"溱与洧，方涣涣兮。士与女，方秉兰兮。女曰'观乎？'士曰'既且。''且往观乎！'洧之外，洵吁且乐。维士与女，伊其相谑，赠之以勺药"，女性的娇嗔妩媚声，男子瞬间的老实样子，以及青年男女互相嬉戏互赠信物的场面都展示着爱情的美好和甜蜜。

有些爱情诗以男性口吻来抒写男子对女性的爱慕之情。《陈风·月出》以"月出皎兮，佼人僚兮。舒窈纠兮，劳心悄兮"等语描绘了自己所思念的美人在月光下的清丽形象，抒发了他忧思劳愁、心绪莫解的情怀。《郑风·野有蔓草》勾勒了一派春草青青、露水晶莹的良辰美景，在这如诗如画的场景中，"有美一人，清扬婉兮"，让男子怦然心动，"适我愿兮"，渴望着"与子偕臧"。这既是一幅春日丽人图，更写出了一见钟情的美好与愿望。《鄘风·桑中》中男子以回忆与情人的幽会交往过程作为生活的快乐之源。"爱采唐矣，沫之乡矣。云谁之思，美孟姜矣。期我乎桑中，要我乎上宫，送我乎淇之上矣"，把青年男女在郊外约会以及依依难舍的情怀形容殆尽。正是由于此诗的真切明朗，后世人们总把青年男女约会的地方说成是"桑间濮上"，把爱情诗歌说成是"桑间之音"。

有的爱情诗以女性形象来感知女性在相恋过程中的种种心理体验。《郑风·狡童》中"彼狡童兮，不与我言兮。维子之故，使我不能餐兮"，"使我不能息兮"的喃喃自语将女子的相思之意、依依之情溢于言表。《郑风·褰裳》则是一位女子责备情人变心的诗，但是她既没有祈求挽留，也没有狠心咒骂，而是爽快干脆，"子惠思我，褰裳涉溱。子不我思，岂无他人。狂童之狂也且"。在她看来男女之情是对等的，是需要彼此的付出和真心，否则自己也会有其他的选择。这在当时一夫多妻制的社会里是难能可贵的，由此也可看出郑国女性的独立精神和勇敢的个性。《郑风·子衿》中"青青子衿，悠悠我心。纵我不往，子宁不嗣音"的倾诉，将女性对心上人的思念之情以及情人没有音信的煎熬之态展现无遗。而"青青子衿，悠悠我心"的表白更是成为千古名句。《王风·采葛》是一个假装出去采野菜的女子渴望碰到心上人的真切描述，她与情人"一日不见，如三月兮"、"如三秋兮"、"如三岁兮"，用情之深，无出其右。《王风·大车》中的女子不但渴望与心上人私奔，"大车槛槛，毳衣如菼。岂不尔思，畏子不敢"，而且还主动大胆地发出爱的誓言，"谷则异室，死则同穴。谓予不信，有如皦日"。这种誓言式的写作方式，在后代文学作品中屡有回响，如汉乐府《上邪》"冬雷震震，夏雨雪"的浓烈，《长恨歌》"在天愿作比翼鸟，在地愿为连理枝"的缠绵，五代词《菩萨蛮》中"枕前发尽千般愿，要休且待青山烂"的坚贞都是《大车》之音的延续。

西周时期男女结婚需要经过父母同意和由媒人撮合的过程，《齐风·南山》中"取妻如之何？必告父母"、"取妻如之何？匪媒不得"的诗句，以及《卫风·氓》中"匪我愆期，子无良媒"都体现了婚姻中媒人和父母的重要地位。自由爱情在当时面临着很多阻力，中原风诗中就有一些反映女子婚姻的不自由状况以及表现女子反抗精神的诗歌。《鄘风·柏舟》写出了一位少女要求婚姻自由，甚至向家庭表示强烈的抗争，"髧彼两髦，实维我仪，之死矢靡它"的专一与"母也天只！不谅人只"的热烈融合到一起，把女性对爱情的追求写得如江河决堤一般一泄而出。虽然女性有正常的情爱需求，但社会对女性的限制却很多，《郑风·将仲子》里的女性只能规劝自己的情人要小心谨慎，最好不要私自找她，"将仲子兮，无逾我里，无折我树杞。岂敢爱之？畏我父母"，她不但要在意父母的态度，"诸兄之言亦可畏也"，"人之多言亦可畏也"，兄弟家人的意见和周围邻居的议论也是她要畏惧和思虑的。

在中原地区的风诗中也有一些诗歌写出了夫妻间恩爱的情感和他们幸福的婚姻生活。《郑风·风雨》："风雨凄凄，鸡鸣喈喈。既见君子，云胡不夷。风雨潇潇，鸡鸣胶胶。既见君子，云胡不瘳。风雨如晦，鸡鸣不已。既见君子，云胡不喜。"以风雨、鸡鸣起兴，渲染出一幅寒凉阴暗鸡声四起的图景，而在这最易勾起思念情绪的时刻，女子遇到了久别的丈夫，心中的喜悦之情尽情表露在她"云胡不夷"、"云胡不瘳"、"云胡不喜"的淳朴歌声中。《郑风·女曰鸡鸣》则以对话的形式，写出了夫妻间互相尊重、互相体贴，并相许以白头的美好情感。而"琴瑟在御，莫不静好"的意境更是让后世读者心驰神往。

　　其实温情缱绻的夫妻生活在男女不平等的夫权社会里并不多见，它或许只是女性的一个美好愿望而已，《诗经》中表现婚姻不幸的哀歌比甜蜜的歌声要多得多，描写被弃妇女生活的弃妇诗就是例证。《诗经》中的弃妇诗几乎全在中原地区的风诗里，《邶风·柏舟》、《邶风·终风》、《邶风·谷风》、《卫风·氓》、《王风·中谷有蓷》和《郑风·遵大路》都是以弃妇为描写对象的，在某种程度上或可推测当时的中原地区由于社会风气相对开放而产生了许多家庭问题，尤其是女性在婚姻中极易被夫抛弃的弱势状态。这些弃妇诗从不同方面反映了女性的家庭地位、不幸遭遇以及她们的情感愿望。《邶风·柏舟》是一位妇女自伤不得于夫、见侮于妾的诗，表露了她无法诉说的委屈和忧伤。起句以"柏舟泛彼中流"来比喻自身无所依托，末章以自身不能像鸟一样奋飞，表达自己无可奈何的悲叹。她"受侮不少"，却"亦有兄弟，不可以据"；想借酒浇愁，却"微我无酒，以敖以游"；想改变处境，却"静言思之，不能奋飞"，充分写出了地位低下的女性欲去不得去、欲归无所归的悲哀处境和痛苦心情。《邶风·终风》写出了一位妇女被遗弃后对丈夫既恨又恋的心理过程，真实再现了女性既知婚姻无望却又割舍不下的矛盾状态。"终风且霾，惠然肯来。莫往莫来，悠悠我思"，"寤言不寐，愿言则怀"，将男子的粗暴绝情和女性的缠绵留恋对比来写，极具生活的真切感。

　　在这些弃妇诗中，无论从思想上还是从艺术上，《邶风·谷风》和《卫风·氓》都是典范之作。《谷风》中的妇女在丈夫家境贫寒时嫁了过来，经过辛勤劳作，家境富裕之后，丈夫却变了心，竟要赶走她。但她在被抛弃之后，"行道迟迟，中心有违"，对丈夫仍充满着无尽的留恋，而且还顾念家事，希望"毋逝我梁，毋发我笱"。将丈夫现在"宴尔新婚"的逸乐和他对自己"不我屑以"、"不我能慉，反以我为仇"的绝情，以及自己"既生既育"、"以我御穷"的憔悴融合在一起，如怨如慕，如泣如诉，让人凄怆不已。《氓》以一个女性的口吻叙述了自己从恋爱、结婚到被弃的过程。她天真，一下子便以心许氓；她多情，不见氓，便泣涕涟涟；她勇敢，敢于无媒而与氓同居；她忠诚，把自己的家私都搬到氓家；她安贫，愿与氓过清苦的日子；她辛勤，主动挑起家务劳动；她坚贞，受到丈夫虐待，却仍旧爱氓；她刚强，被弃以后坚决和氓决绝。在她悔恨的诉说中表现出了刚强自爱、果断坚决的性格。

　　中原地区的风诗不仅深刻反映了当时的社会生活和民众情感，为后人了解当时的民风民俗打开了一扇窗户，而且无论是在题材的开拓上还是在语言的表达上都深深地影响到了后来的文学创作。

首先，中原风诗开创了一系列的诗歌题材和影响深远的表现手法。《邶风·绿衣》是悼亡诗的滥觞，而睹物思人也成为后代悼亡诗的常用方法。潘岳《悼亡诗》"望庐思其人，入室想所历"的感觉，苏轼《江城子》"十年生死两茫茫，不思量，自难忘"的心绪都与《绿衣》中的"绿兮丝兮，女所治兮"一脉相承。"絺兮绤兮，凄以风雨"，通过凄凉萧瑟的景色来映衬自身的孤寂愁苦之情，也可在潘岳"凛凛凉风生，始觉夏衾单"等诗句中找到影子。元稹《遣悲怀》"尚想旧情怜婢仆"、"顾我无衣搜荩箧"和厉鹗"消渴频烦供茗椀，怕寒重与理熏篝"等诗都是"我思古人，俾无讹兮"、"我思古人，实获我心"中的不能自已、不能忘怀之情的注释。

古代交通不便，谁也难以预料每一次离别后能否再次相逢，因此离别诗是古代诗歌的一种常见题材，《邶风·燕燕》就被评为"万古送别之祖"（王士禛《分甘余话》）。此诗通过对燕子飞翔时毛羽、形态、声音的描绘，烘托了一个感动人心的送别情景。"之子于归，远送于野。瞻望弗及，泣涕如雨"的反复叠咏充分传达出了送别时的不舍之情。李白 《黄鹤楼送孟浩然之广陵》"孤帆远影碧空尽，唯见长江天际流"、苏轼《辛丑与子由别，赋诗寄之》"登高回首坡陇隔，惟见乌帽出复没"和韩缜《凤箫吟》"但登极，楼高尽目，目断王孙"等诗均远绍此诗之意。

《邶风·击鼓》为"征戍诗之祖"（《清·乔亿《剑溪说诗又编》），其中"死生契阔，与子成说。执子之手，与子偕老"的夫妻深情，以及"于嗟阔兮，不我活兮！于嗟洵兮，不我信兮"的离别之恨，在托名苏武的《别诗》、陈琳的《饮马长城窟行》和杜甫的《新婚别》等诗中都得到了淋漓尽致的展示。

古代男子远游寻找人生出路或者离家服役是一种常见的现象，因此以女性口吻来写的思念丈夫的思妇诗比比皆是。《诗经》中《邶风·雄雉》和《王风·君子于役》就是思妇诗的开端。在《君子于役》中，面对落日衔山、暮色苍茫牛羊归舍，思妇心头涌起了一阵阵难以抑制的惆怅，情景交融，如诗如画，真是"鸡栖于桀下牛羊，饥渴萦怀对夕阳。已启唐人闺怨句，最难消遣是黄昏"（许瑶光《再读诗经》第四十二首）。《卫风·伯兮》集中写"思"，"自伯至东，首如飞蓬。岂无膏沐，谁适为容"的至深情意，对后世闺怨思远之作影响很大。徐干《杂诗》"自君之出矣，明镜暗不治"、杜甫《新婚别》"罗襦不复施，对君洗红妆"，以及李清照《凤凰台上忆吹箫》"起来慵自梳头"和《永遇乐》"如今憔悴，凤鬟雾鬓"都是从此句化出。成语"一日不见，如隔三秋"则是从《王风·采葛》中"一日不见如三秋兮"化用而来。

文人隐居的情怀在陶渊明的身上做了最好的诠释，其实在中原的风诗中就有这种情感的抒写，《卫风·考盘》被推为"隐逸诗之祖"。孔子曾说："吾于《考盘》，见士之遁世而不闷也"，充满了对这个隐士的赞许之情。这首诗创造了一个清淡闲适的意境，趣味幽洁，"读之觉山月窥人，涧芳袭袂"（吴闿生《诗义会通》），怡然自得之趣，流于字间。《陈风·卫门》也以"岂其食鱼，必河之鲤？岂其取妻，必齐之姜"的自慰自足心理写出了隐逸的情怀，与《考盘》之"考盘在陆，硕人之轴。独寐寤宿，永失弗告"的隽远意境相映成趣。

《鄘风·载驰》被认为是爱国诗歌的先河，而这种爱国之声是出自我国女性文学的始祖——许穆夫人笔下。此诗沉郁顿挫，感慨欷歔，但是哀而不伤，有一种英迈之气充溢其中。杜甫大量感慨深沉的爱国诗可谓深得此诗精髓。南唐后主李煜的词写尽了远离家乡的故国之思和有国不能回的亡国之恨，而这种仇怨之情在《邶风·泉水》、《卫风·竹竿》和《王风·黍离》中已多有体现，特别是《黍离》，更是后世文人感慨亡国时常用的典故。

其次，中原风诗既写出了人间最普通、最真实的情感，又将这种情感进行艺术化的加工处理，使读者在感受生活滋味的同时得到了美的享受。

《郑风·溱洧》所写青年男女春天在河边踏青赏玩的内容影响深远，据此逐渐形成一个节日——上巳节。这个节日大概形成于春秋之时，《论语》中有"暮春者，春服既成，冠者五六人，童子六七人，浴乎沂，风乎舞雩，咏而归"的记述，写的是当时的青年男子暮春时节在郊外踏青吟咏的习俗。而《郑风·溱洧》的描写更富于生活化和艺术美。汉代的时候，人们已根据以往的生活习俗确立了上巳节，汉代传授《诗经》的齐、鲁、毛、韩四家中的韩诗就曾对《溱洧》一诗做过这样的解释："郑国之俗，三月上巳，之溱、洧两水之上，招魂续魄，秉兰草，拂不祥。"其实韩诗解释的依据也正是这首《溱洧》诗，到了后代上巳节既是人们祈福去灾的祭祀时间，也是青年男女郊游踏青、约会游玩的好时候。王羲之《兰亭集序》既写了"暮春之初，会于会稽山阴之兰亭，修禊事也"的祭祀行为，又抒发了"游目骋怀，足以极视听之娱，信可乐也"的生活乐趣。唐代时上巳节已固定在特定的时期，杜甫《丽人行》开篇即是"三月三日天气新，长安水边多丽人"，可见三月三日就是人们外出郊游的上巳节。

最后，一些诗歌的语言不仅体现了当时的审美风尚和表达习惯，而且成为后人模仿的典范。如《卫风·淇奥》中对君子"如切如磋，如琢如磨"的赞美就成为后人时常引用的名句。而《红楼梦》"大观园试才题对额"中众清客拟将"有千百竿翠竹"后来定名为"潇湘馆"的地方题曰"淇水遗风"，也是从此诗开头的"瞻彼淇奥，绿竹猗猗"而来，并用暗含的"有匪君子，如切如磋，如琢如磨"来暗示所居住的主人公林黛玉的出众文采。赞美美女的《卫风·硕人》，以"手如柔荑，肤如凝脂，领如蝤蛴，齿如瓠犀，螓首蛾眉。巧笑倩兮，美目盼兮"形神兼备地写出了佳人的绝世之美，对后世文学作品的女性描写影响深远。宋玉《登徒子好色赋》中"眉如翠羽，肌如白雪，腰如束素，齿如含贝"的美女形态就是《硕人》中写人方式的再现；《西厢记》中"怎当他临去秋波那一转"也深得"巧笑倩兮，美目盼兮"的夺胎之妙。由《卫风·硕人》中对美女冠以"硕人"的称呼和《邶风·简兮》中让女子心生爱慕的舞师"硕人俣俣，公庭万舞。有力如虎，执辔如组"，以及《卫风·考盘》中对那位隐逸之人"考盘在涧，硕人之宽"的描述中，可以看出周代以健壮为美的健康的审美风尚。《郑风·有女同车》中对女性"颜如舜英，将翱将翔。佩玉将将，彼美孟姜，德音不忘"的描述体现了时人德色兼备的审美标准。

《诗经》中的中原风诗具有浓郁的地方特色和丰富的生活内涵，显示了中原人民的现实主义精神传统。它不仅内容丰富，而且影响深远。总体来看，开辟了一大批诗歌题材，并且成为后世写作的典范；由此而来的名言警句成为后人引用或化用的对象；一些诗歌意象成为人们表达情感的常用手段；激励了青年男女追求美好爱情的信心和决心；产生了一些固定的风俗节日。直到当代，它仍是中原人们引以为豪的源泉，如淇河被称为"诗河"，溱水被誉为"爱情之河"，这些都彰显着中原风诗的无穷魅力和当代价值。

（二）散文

先秦时期的中原人们除了用诗歌表现自己的思想情感和生活内涵外，还以奇特的想象、大胆的夸张以及精练的语言表达着自己对生活的理解和对社会本质问题的思考，产生了《老子》和《庄子》等代表着当时最深刻的哲学思辨成果和最高文学价值的作品。

老子是道家思想的创始人，《史记》中说他姓李，名耳，是楚国苦县厉乡曲仁里人，也即今天的周口市鹿邑县人。据载，孔子向老子问礼之后，认为老子的境界深不可测，高不可攀。老子智慧的结晶体现在他所著的《道德经》中。

《道德经》，又名《老子》，分八十一章，五千余字。虽然篇幅短小，但言简意赅。其中论述的最核心内容是"道"和"圣人"。

《老子》第一章说："道可道，非常道；名可名，非常名。无名，天地之始；有名，万物之母。故常无，欲以观其妙；常有，欲以观其徼。此两者，同出而异名，同谓之玄。玄之又玄，众妙之门。"大概意思就是说能用言语表述的道就不是永恒的道，能用名称界定的名就不是恒久的名。名称未定之前，那是万物的起源；名称已定之后，那是万物的母体。因此，总是在消解欲望时，才可以看出起源的奥妙；总是在保存欲望时，才可看出母体的广大。起源与母体，两者来自一处而名称不同，都可称为神奇。神奇之中还有神奇，那是一切奥妙的来源。"道"是《老子》一书的主要概念和重点论述的内容，在老子看来，"道"是宇宙万物变化的根源，"道生一，一生二，二生三，三生万物"。

《老子》阐述的另一个关键词是"圣人"。老子所说的"圣人"和儒家的"圣人"不同。儒家的"圣人"强调的是德行修养达到最高的境界，他们往往是古代的圣王或一些重要的大臣，能以天下为先，为百姓谋福利。《老子》里的圣人是悟"道"的统治者。第一，圣人要自我反省，"知不知，尚矣；不知知，病也。圣人不病，以其病病。夫唯病病，是以不病"，因为圣人把缺点当成缺点，所以他没有缺点。第二，圣人"被褐怀玉"，虽然外表和平常人一样，但内心怀揣美玉——智慧而不轻易显示于人。第三，圣人能"去甚，去奢，去泰"，不为物役，使生命达到一种自由的境界。第四，圣人能"不出户，知天下"，"不行而知，不见而明，不为而成"，能从细小的事物中觉悟。第五，圣人没有任何保留，尽量帮助别人，"圣人不积，既以为人，己愈有"，"圣人之道，为而不争"。

《老子》五千言蕴含了丰富的哲学道理，其本质是从"道"的角度来看待宇宙人生。虽然文字简洁，但韵味深厚。只要人们认真品读，仔细回味，就能越来越多地感受到"道"的真谛与魅力。

继老子之后，豫东大地又出现了另一个哲学大家——庄子。《史记》中介绍"庄子者，蒙人也"，"其学无所不窥，然其要本归于老子之言"，"其言洸洋自恣以适己"。宋国蒙地即今河南商丘。庄子很博学，他发扬老子学说，但在表达方式上有别于老子的言简意赅，而是以纵横恣肆为特点。

庄子生活在天下混战的战国时期。他虽然生活贫困，但摒弃荣华富贵，力图在乱世中保持独立的人格和逍遥无待的精神境界。《庄子》哲学思想源于老子而又有大的发展。他仍然以"道"作为其哲学基础，"道"既是关于宇宙起源的本质观念，又是至人的认识境界，庄子的人生就是体道的一生，"天地与我并生，而万物与我为一"，穿越时空局限，进入无古今、无死生的超越感知的境界。

在先秦说理散文中，《庄子》一书是最有文学价值的，主要原因就是他用意出尘外的想象，"寓真于诞，寓实于玄"，形成诙诡奇谲的艺术境界，语言表达既行云流水又汪洋恣肆。具体而言：第一，哲理与诗意的交融。《庄子》一书带有强烈的主观性和浓郁的抒情性。第二，怪生笔端的想象和虚构。《庄子》向来以奇幻而丰富的想象著称。善于借鉴神话的浪漫精神，展开奇异的幻想和想象，如鲲鹏变化、大鹏奋飞的宏伟景象。第三，异彩纷呈的寓言故事。庄子打破物我界限，赋予天地万物以人的意志和情感，大量创造了富于神话色彩的寓言故事。寓言成为庄子表达哲学思想和人生体验的主要手段，是庄子构建其思想理论大厦的基本材料。第四，《庄子》的章法自由灵活，变化多端，跌宕开阖，曲折有致。不仅一篇之内起伏变化，篇与篇之间也变化多端，各不相同。第五，《庄子》的语言行云流水、纵横恣肆、气概万千，给人以强烈的震撼。

老子和庄子的论著不仅奠定了中国古代的哲学基础，而且以其深邃的思想和独特的表达方式展示着中原地区的文人对社会与人生的认知和感悟。

除了老庄的深邃空灵外，战国末期韩国贵族韩非所著的《韩非子》论辩透辟、逻辑严密、文风犀利峭刻，是先秦散文在章法上达到完备程度的典范。《韩非子》一书最具文学意味的还是大量使用的寓言故事。在先秦散文中，《韩非子》是寓言故事最多的一部。《韩非子》的寓言故事主要取材于历史事迹和现实生活，很少有拟人化的动物故事和神话幻想故事，与《庄子》奇幻玄虚、怪诞神奇的寓言风格截然不同。直到今天，"郑人买履"、"郢书燕说"、"棘刺母猴"、"守株待兔"、"滥竽充数"、"买椟还珠"等脍炙人口的成语典故仍被人们广泛运用。

不论是诗歌还是散文，先秦时期的中原地区都显示了文化的丰富性与先进性，代表着中国文化与文学的发展方向。直到当代，它们仍然是中原文化的骄傲，在中国乃至世界文坛上散发着熠熠光辉。

二、汉魏南北朝时期的中原文学

公元前 221 年，秦统一中国，建立了我国历史上第一个中央集权的专制国家。秦代短暂，又施行高压政治和禁锢文化的措施，文学上几乎没有取得什么成就。可以提及的是秦统一之前秦相吕不韦组织其门客集体编纂的《吕氏春秋》一书，以及李斯的奏议文。也可以说，撑起秦国文学大业的是出身中原的吕不韦和李斯。

吕不韦（公元前 292~公元前 235 年），《史记》中说他是"阳翟大贾人也"，阳翟即今河南禹州。他很有政治眼光和经济头脑，当他在赵国经商时遇到了在此地做人质的秦国公子子楚，马上以经济学家的眼光认为子楚"奇货可居"。后来辅佐子楚做了秦王，自己做了相国。在他辅政时期，有感于战国四公子的好士之风，也召集了大量的食客，让他们写下自己的见闻，汇集成二十余万字的巨著《吕氏春秋》，并且悬挂在咸阳城门，称能改一字者奖赏千金。《吕氏春秋》广泛吸收诸子百家的观点，体系完整，客观上反映了战国末期即将实现国家统一的历史趋势。

秦代唯一有作品流传下来的文人是李斯。李斯，司马迁说他是"楚上蔡人也"，即今天的驻马店上蔡县人。李斯在秦王嬴政时期位列客卿，面对当时秦王下令驱逐异国之人，写了气势宏伟的《谏逐客书》。此文列举了为秦国发展和强大做出重要贡献的几个"外国人"，如家在中原的商鞅、张仪等人。并以"太山不让土壤，故能成其大；河海不择细流，故能就其深，王者不却众庶，故能明其德"的气势劝说秦王收回了逐客令。《谏逐客书》逻辑性强，富于文采，成为后世奏疏文的楷模。鲁迅曾说："秦之文章，李斯一人而已。"

两汉时期，中原文学依然发达。洛阳才子贾谊把汉代政论体散文的创作推向了新的高度。《过秦论》是贾谊政论散文的代表作，分为上中下三篇，是一组见解深刻又极富艺术感染力的文章。这三篇文章，环环相扣地把秦朝亡国的原因剖析下去，思维严谨，说理透辟。名为"过秦"，实为以秦朝教训警告汉朝皇帝，"前事不忘，后事之师也"的结尾语句更显示了贾谊关注国家政治的热情。此文感情充沛，行文流畅，是汉初散文的典范之作。另外，贾谊的疏牍文如《论积贮疏》和《陈政事疏》都是根据国家现实问题而提出的一系列建议，具有很强的实用性和感染力。总之，贾谊是汉初最重要的思想家和最杰出的文人。他的政论散文体现了汉初知识分子在大一统的国家创始时期积极用世的人生态度和昂扬向上的精神风貌。

比贾谊稍后的另一个政论散文家是晁错，《史记》称他是"颍川人"，也即今河南禹州人。他很有才学，曾在汉文帝举贤良文学的对策中名列第一，他的名作《论贵粟疏》上承贾谊的《论积贮疏》而发，从古代圣王治国之法和当今农民生活状况等几个方面进行分析，立论深刻，逻辑严密，文风朴实，说服力强。

西汉中期出现的《盐铁论》是我国历史上第一部有关盐铁问题的专著。作者桓宽，汉代汝南郡（今河南上蔡）人。其作结构严整，气势磅礴，引喻设譬，语言简洁明快，切中要害，在西汉政治论文中独具一格。

东汉时期的南阳人张衡不仅是一位伟大的科学家，而且也是卓越的文学家。他所作的大赋《二京赋》，规模、容量超过前人，铺陈罗列，描绘细致，是汉代京都大赋登峰造极之作。《二京赋》除了描写以往大赋的传统素材外，还把商贾、游侠、辩士以及街市、百戏等市井万象写入其中，展示了一幅都市生活全图，具有很高的史料价值和文学价值。张衡文采出众，不仅能创作像《二京赋》那样的京都大赋，而且还写了《思玄赋》、《归田赋》等抒情小赋。他的《归田赋》构想了一个充满自然情趣的田园景象，在这里可以轻松地射猎垂钓，尽情地弹琴读书。这是我国文学史上第一篇描写田园隐居乐趣的作品，也是汉代第一篇比较成熟的抒情小赋，对陶渊明的隐逸之风和六朝的骈体文创作都产生了深远影响。

东汉末年陈留（今河南尉氏）人蔡邕创作的《述行赋》感情深沉，幽思婉转，将历史、现实、景物、情感有机融为一体，联想前代兴亡，指斥东汉天子，抒发内心抑郁不平之情，胆识超越前人。

汉献帝建安年间，社会动荡，民不聊生，国家名存实亡。蔡邕的女儿蔡琰根据自己的悲惨经历所写的《悲愤诗》，真实再现了汉末动乱的历史和作者惨痛的经历，诗中所展示的"斩截无孑遗，尸骸相撑拒。马边悬男头，马后载妇女"的战乱场面和"城廓为山林，庭宇生荆艾。白骨不知谁，纵横莫覆盖"的社会场景，与曹操《蒿里行》的"白骨露于野，千里无鸡鸣。生民百遗一，念之断人肠"，以及曹植《送应氏》中"中野何萧条，千里无人烟"的描写如出一辙，是那个时代的真实反映。这首带有史诗性质的诗歌，对唐代杜甫的"三吏"、"三别"等"史诗"般的诗歌有很深的影响，蔡琰也是我国历史上著名的女性文学家之一。

在蔡琰生活的建安年间，有一个文人集团——建安七子，他们与以许昌、洛阳为统治根据地的曹氏父子共同举起了当时文学的大旗，形成了中国诗歌创作的美学典范——建安风骨。曹氏家族虽籍贯安徽，但其政治基业和文学活动主要在中原，其内容充实、意境宏大、雄健深沉、慷慨悲凉的诗作多是在中原地区创作的。建安七子中属于中州籍的有应场和阮瑀。应场是汝南南顿（今河南项城西）人，伯父应劭、父应珣、弟应琚皆为汉代名儒，曹丕在《典论·论文》中评价应场的诗是"和而不壮"。阮瑀，陈留尉氏人，"以符檄擅声"（《文心雕龙》），深受曹操赏识，其诗作《驾出北郭门行》描写了一个孤儿遭受后母虐待的内容，用现实主义的精神揭露了不合理的社会现象，是一首传诵千古的名作。应场和阮瑀不仅是建安文学的骨干人物，而且他们的家族文化也非常优秀，应场与应劭、应琚，阮瑀与其子阮籍、其孙阮咸都是当时的文化名人，他们代表着古代良好的家风和文化传承。

魏晋正始年间政治黑暗，文人无所适从，出现了中国历史上最放荡不羁的文人团体——竹林七贤。《三国志·魏书·嵇康传》注引《魏氏春秋》说："康寓居河内之山阳县……与陈留阮籍、河内山涛、河南向秀、籍兄子咸、琅琊王戎、沛人刘伶，相与友善，游于竹林，号为七贤。"也就是说，这七人之中，阮籍、山涛、向秀、阮咸都是中原人。他们在河南云台山一带游居，嗜酒佯狂，不拘礼法，隐逸山水，以表面上的得意忘形掩藏内心的矛盾与苦闷。在文学上，阮籍的成就最高，其诗歌的代表作是82首五言《咏怀》诗，这组诗主要抒写作者内心的痛苦、孤独、寂寞，意蕴深沉，清逸玄远。阮籍的咏怀诗开创了我国五古抒情组诗的体例。在他之后，左思的《咏史》、陶渊明的《饮酒》和《归园田居》、鲍照的《拟行路难》，以及唐代陈子昂和张九龄的《感遇》、李白的《古风》等诗歌都是以组诗的形式写成的，可见阮籍的深远影响。阮籍佯狂不羁的行为方式也被后世文人所推崇，如《红楼梦》的作者曹雪芹以梦阮为字，表达着他对阮籍的崇拜。

西晋时期，籍贯为中牟的潘岳才华出众，是太康年间繁缛诗风的中坚人物。潘岳诗歌的代表作品是《悼亡诗》，以"望庐思其人，入室想所历。帏屏无仿佛，翰墨有余迹"等语写出了对亡妻的悼念之情，自潘岳以后，《悼亡诗》专指悼念妻子，可见其影响之大。清代的陈祚明说："安仁情深之子，每一涉笔，淋漓倾注，宛转侧折，旁写曲诉，刺刺不能自休。"（《采菽堂古诗选》卷十一）

西晋王朝在八王之乱中元气大伤，不久在匈奴人的铁蹄下灭亡。西晋皇族成员司马睿在支持者的拥戴下逃到建康称帝，大批中原文士也随同南下，因此东晋以及南朝的文学实际也是以中原文化为基础发展壮大起来的，人们谈论这一时期的文人时，也多以他们原先的籍贯为依据。在东晋至南朝的文坛上有一个大家族非常显赫，那就是陈郡阳夏（今周口市太康县）的谢氏家族。这个家族以政治起家，谢安、谢石、谢玄都是有名的政治家和军事家，但他们的后代却是当时文坛的中流砥柱。具有咏絮之才的谢道韫首开风气，谢混、谢晦、谢灵运、谢世基、谢惠连、谢庄、谢朓等人各擅其才，尤其是被称为"大小谢"的谢灵运和谢朓对中国古代山水诗的形成和发展作出了重要贡献。

谢氏家族在文坛上的地位非常突出。第一，谢灵运是诗歌史上第一位有成就的山水诗人，开创了"情必极貌以写物，辞必穷力而追新"的新诗风。自此之后，山水诗逐渐成为一种独立的诗歌题材。谢灵运的山水诗以富丽精工的语言，生动细致地描绘了永嘉、会稽等地的自然景色，风格鲜丽清新，如出水芙蓉。其诗作中多有佳句，如"林壑敛暝色，云霞收夕霏"、"山桃发红萼，野蕨渐紫苞"、"野旷沙岸净，天高秋月明"、"晓霜枫叶丹，夕曛岚气阴"、"池塘生春草，园柳变鸣禽"等语都形象逼真地描摹出大自然的美景，成为人们吟诵的名句。

第二，齐梁时期最杰出的诗人谢朓在继承谢灵运山水诗细致、清新的写作特点的同时，避免了谢灵运情景割裂等方面的弊病，形成了清新流丽的风格和情景交融的意境。《晚登三山还望京邑》和《之宣城郡出新林浦向板桥》都是传颂千古的名作，诗人以自然流畅的语言，将眼前层出不穷、秀丽多姿的自然景观编织成一幅幅色彩明丽的图画，具有极强的艺术感染力。他的写景名句"余霞散成绮，澄江静如练"、"天际识归舟，云中辨江树"、"余雪映青山，寒雾开白日"、"窗中列远岫，庭际俯乔林。日出众鸟散，山暝孤猿吟"，皆似一幅幅萧疏淡远的水墨山水画，闲淡高雅又富有情趣，给人以美的享受。而且他将讲究平仄四声的永明声律说运用到诗歌创作中，诗歌音调流畅和谐，铿锵悦耳，富于音韵美，对唐代五言律诗和绝句的形成影响深远，宋代的《严羽在沧浪诗话》中说"谢朓之诗，已有全篇似唐人者"，所说的就是这种讲究声律的格律诗。唐朝是新体格律诗达到顶峰的时代，而格律诗的源头主要从谢朓开始，因此唐代诗人对谢朓极为推崇。李白曾以"蓬莱文章建安骨，中间小谢又清发"、"谢朓已没青山空"等语来盛赞谢朓诗歌的特点和影响；杜甫也用"谢朓每篇堪讽诵"来表明自己对谢朓诗歌的仰慕。

第三，谢庄、谢惠连等谢氏子孙所写的《月赋》、《雪赋》，不仅以自然景物作为主要表现对象，而且结构精巧完整，语言对仗工整，显示出南朝骈赋走向诗化的趋势。总之，谢氏文人都能走在时代的前列，以自己的文学创作昭示着文学新风气的到来，对诗歌题材的开拓和体裁的发展贡献巨大。

宋州济阳考城（今河南省商丘市民权县）人江淹，历仕宋、齐、梁三朝，是当时最优秀的文人之一。他曾下苦功学习前代的诗歌，因此拟古之作，酷似古人，几乎能够乱真。他最知名的作品是骈体赋《恨赋》和《别赋》，这两篇作品写的是人间最普通的情感——生命中的遗憾和离别之情，但是构思新颖、文辞工整、清丽委婉，传唱度极高。《恨赋》描绘了帝王、列侯、名将、美人、才士、高人等的种种遗憾之事；《别赋》抒写富贵者、侠士、从军者、去国者、夫妻、恋人等人的离别情景。既充分发挥了赋体文空间结构的优势，又能以情感贯穿其中，因此层次清晰，情感鲜明。每篇都以四六对句为主，对仗精工又不失活泼流动，用典精当，声韵和谐，辞藻清丽，极富诗歌的意境，将中国文字的形式美和文学的境界美发挥到极致，是南朝骈赋的代表作。如《别赋》中通过"闺中风暖，陌上草熏"的凄迷和"芍药之诗，佳人之歌。桑中卫女，上宫陈娥。春草碧色，春水渌波，送君南浦，伤如之何"的清新婉转，将"暂离之状"和"永诀之情"描摹如画，充分显示了"黯然销魂者，唯别而已矣"的悠长意绪。

与江淹有关的还有一个"江郎才尽"的典故。江淹出身寒微，在当时门阀观念盛行的南朝，历尽坎坷，在郁郁不得志的时候借诗赋抒发情感，引起人们的共鸣。但是到了晚年，仕途通达，官运亨通，直做到金紫光禄大夫，封醴陵侯。在富贵奢靡的生活环境中，其思想逐渐平庸，文学才能显著减退，再也写不出感人的作品来，史称"晚节才思微退，时人皆谓之才尽"。江淹对自己晚年在文学上的无所作为也非常无奈。梁代钟嵘的《诗品》曾有这样一则故事："初，淹罢宣城郡，遂宿冶亭，梦一美丈夫，自称郭璞，谓淹曰：'我有笔在卿处多年矣，可以见还。'淹探怀中，得五色笔以授之。尔后为诗，不复成语，故世传'江淹才尽'。"

集南北文风之大成的庾信是南北朝时期中原地区最后一位杰出的文学家。庾信（513~581 年），字子山，庾肩吾之子，祖籍南阳新野。其家"七世举秀才"、"五代有文集"，文学传统很好。他早年仕梁，是重要的宫体诗人。梁元帝承圣三年（554 年）出使西魏，适江陵陷落，遂被留魏不返。北周时官至骠骑大将军、开府仪同三司，后人称"庾开府"。

庾信的诗歌创作可以依其 42 岁留魏为界，分为前后两期。前期多绮艳之作，与徐陵"文并绮艳，故世号为徐庾体"（《周书·庾信传》）；后期身仕异国，故国乡关之思时时涌现在诗中，诗风深沉苍凉。由南入北的经历，使庾信的艺术造诣达到了"穷南北之胜"的高度，羁留北方又心系故国的遭遇使他的诗歌包含了更多的意蕴和情致。如他的代表作《拟咏怀》27首不仅对仗工整，而且用典繁密自然。典故是庾信诗歌内涵丰富的一个重要因素，由此也可看出他难言的苦衷以及高超的表达技巧。杜甫说："庾信平生最萧瑟，暮年诗赋动江关"，指出了庾信一生的坎坷经历以及文学创作的卓越成就。

庾信在南朝的赋作大都绮丽柔靡，入北以后，身世之感，乡关之思，使他的赋作一改旧辙，虽然精工不减，格调却苍凉悠远。他的骈赋名作《哀江南赋》，叙述个人遭际及梁之兴亡，是"以悲哀为主"的"危苦之辞"。情深辞工，用典密切，音韵谐畅，是赋史上的千古绝唱。陈寅恪《金明馆丛稿初编·读哀江南赋》："古今读《哀江南》赋者众矣，莫不为其所感，而所感之情，则有浅深之异焉。其所感较深者，其所通解亦必较多。兰成作赋，用古典以述今事。古事今情，虽不同物，若于异中求同，同中见异，融会异同，混合古今，别造一同异俱冥、今古合流之幻觉，斯实文章之绝诣，而作者之能事也。"

庾信吸取齐梁文学声律、对偶、用典等修辞技巧，并且接受了北朝文学的刚健质朴之风，从而将南方的清绮风格与北方的贞刚诗风融合起来，丰富了文学的审美意境，达到了"文质彬彬，尽善尽美"的境界，为唐代文学新风的到来做了必要的准备。杜甫在《春日忆李白》中说："白也诗无敌，飘然思不群。清新庾开府，俊逸鲍参军。"可见被杜甫称为举世无双的李白诗歌也是在追随庾信和鲍照的诗风后形成的。

魏晋南北朝时期的中原文学体裁多样，名人众多，影响深远。除了上述的诗人和诗作外，还有志怪小说的最杰出之作——《搜神记》的作者东晋人干宝，其祖籍汝南新蔡。现存最早的论诗专著——《诗品》的作者钟嵘是颍川长社（今河南长葛）人。他仿汉代"九品论人，七略裁士"的著作先例，写成《诗品》，将两汉至梁作家122人，分为上、中、下三品进行评论。在《诗品》中，钟嵘提倡风力，反对玄言；主张音韵自然和谐，反对人为的声病说；主张"直寻"，反对用典，提出了一套比较系统的诗歌品评标准。

总之，在魏晋南北朝这个文学自觉的时代，中原籍文人以自己的出众才华和高涨的创作热情，奏出了时代的音符，引领着中国文学向前发展。

三、辉煌的唐代中原文学

唐代是中国历史上最强大的朝代之一，也是文学与文化全面发展、空前繁荣的时代。尤其是唐代诗歌，诗体完备、内容丰富、题材广泛、流派纷呈、风格多样，创造了诗歌史上的辉煌时代。清康熙年间所编纂的《全唐诗》，收录诗人 2200余人，诗 48900 余首。在这个文学的黄金时代，以东都洛阳为中心的中原地区成为文学家们生活与创作的主要阵地，涌现出了一大批杰出的作家和作品，推动了中国文学向前发展。

周祖谟主编的《中国文学家大辞典·唐五代卷》收录唐五代文学家近 4000 人，其中有 300 余人籍贯河南或移家中原，他们之中有 30 余人被后人熟知。唐代文学按年代分为初唐、盛唐、中唐和晚唐四个时期。在这四个时期，中原籍文人都对当时的文学活动产生过重要的影响。

隋朝虽然结束了自东汉建安年间开始的近 500 年的南北分裂局面，但是由于一系列的政治和社会问题，统一不到 30 年就灭亡了，继之而起的唐朝顺应历史潮流再次形成了统一。在初唐国家大一统的背景下，文学也逐渐走向"贵于清绮"的南方文风与"重乎气质"的北方文风互相融合的道路，诗歌创作非常重视齐梁时期盛行的声律辞藻的运用，一步步地迈向格律诗的大门。格律诗不仅有固定的字数、句数的限制，讲究平仄押韵，而且重视对仗对偶。在这种新诗体的形成过程中，陕州（今河南陕县）人上官仪贡献很大。

上官仪在贞观初进士及第，高宗朝官至三品，地位很高，声名显赫。他在贞观年间所作的诗句"风光翻露文，雪华上空碧"（《早春桂林殿应制》）显示了杰出的写作技巧和写景能力。上官仪非常重视诗歌的形式，追求诗歌的声律辞藻之美，他曾提出"六对"、"八对"的对仗技法，如正名对、同类对、连珠对、双声对、叠韵对、双拟对、隔句对、回文对等，以音义的对称效果来配置整体的意象。他的作品里就有不少通过精妙对法来写景的佳句，如"落叶飘蝉影，平流写雁行"、"鹊飞山月疏，蝉噪野风秋"、"云飞送断雁，月上净疏林"等都音响清越、媚美精工。《旧唐书·上官仪传》说他"工五言，好以绮错婉媚为本，仪既贵显，故当时颇有学其体者，时人谓之上官体"[①]。

---

① ［后晋］刘昫：《旧唐书》，中华书局 1975 年版。

上官仪以纯熟的写作技巧实现着对诗歌体制的创新。受其影响,高宗武后时期的中原文人杜审言、沈佺期及宋之问在促成律诗定型化方面起了非常关键的作用。

杜甫的祖父杜审言(645?~708年),字必简,祖籍襄阳,后迁居巩县(今河南巩义市),在高宗咸亨元年(670年)登进士第。他的诗歌对仗谨严,胡应麟《诗薮》说:"初唐无七言律,五言亦未超然。二体之妙,杜审言实为首倡。"他的五言律率先达到了较高的艺术水准,最有名的五律《和晋陵陆丞早春游望》把江南春色的秀美和浓厚的思乡之情浑融一体,尤其是颈联"云霞出海曙,梅柳渡江春"生动地传达出春天的优美景色和清新气息。

律诗的最后定型,是由被称为"沈宋"的沈佺期和宋之问完成的。沈佺期(约656~约715年),字云卿,相州内黄(今属河南)人,上元二年(675年)进士及第。他的七律在当时成就较高,如他于贬谪流放途中所写的《遥同杜员外审言过岭》:"天长地阔岭头分,去国离家见白云。洛浦风光何所似,崇山瘴疠不堪闻。南浮涨海人何处,北望衡阳雁几群。两地江山万余里,何时重谒圣明君。"用和谐流畅的声律和苍茫迷离的景色写出了无可奈何的伤感之情。有关宋之问的生平并没有确切的定论,一种说他是汾州西河(今山西汾阳)人,另一种说他是虢州弘农(今河南灵宝)人,在这里我们取第二种观点。宋之问的五律写得很好,如他被贬时期所写的《度大庾岭》:"度岭方辞国,停轺一望家。魂随南翥鸟,泪尽北枝花。山雨初含霁,江云欲变霞。但今归有日,不敢恨长沙。"用工整的对仗和平仄唱出了未到贬所而先想归期的痛苦心声。

杜、沈、宋三人都是高宗武后朝的馆阁文人,都是进士及第,都因媚附张易之、张昌宗兄弟而遭贬谪,也都把自己的才华放在了对诗歌形式美的追求上,尤其是被贬之后突破了馆阁文人应制诗的贫乏之病,写出了情韵俱佳的格律诗。正是经过他们的努力,唐代的新体格律诗最终确定了它的写作规范。王夫之《姜斋诗话》云:"近体,梁陈已有,至杜审言而始叶于度。"①《新唐书·宋之问传》说:"魏建安后迄江左,诗律屡变,至沈约、庾信,以音韵相婉附,属对精密。及之问、沈佺期,又加靡丽,回忌声病,约句准篇,如锦绣成文,学者宗之,号为沈、宋。"②这些论断都充分肯定了他们三人对律诗发展的贡献。

---

① [清]王夫之:《姜斋诗话》,人民文学出版社1961年版。
② [宋]欧阳修:《新唐书》,中华书局2003年版。

　　与沈宋同时的汝州人刘希夷虽然经历落魄，但他的《代悲白头翁》以流丽的语言和鲜明的意象咏叹人生，尤其是"年年岁岁花相似，岁岁年年人不同"、"宛转蛾眉能几时，须臾鹤发乱如丝"等语抒写了人生无常、红颜易老的感慨，为世人称许。中唐韦绚《刘宾客嘉话录》中记载："刘希夷曰：'年年岁岁花相似，岁岁年年人不同。'其舅宋之问苦爱此两句，恳乞，许而不与。之问怒，以土袋压杀之。宋生不得其死，天报之也。"以传闻的形式写出了当时文坛重臣宋之问对其诗的赏识。

　　与高级文人的典雅诗风不同，唐初白话诗僧卫州黎阳（今河南浚县）人王梵志的诗歌以说理议论为主，对世态人情多有讽刺，寓生活哲理于嘲谐戏谑之间，语言浅近，通俗幽默。如"吾富有钱时，妇儿看我好。吾若脱衣裳，与吾叠袍袄。吾出经求去，送吾即上道"，就以敏锐的观察力捕捉生活中不为人重视的事理，慨叹世情凉薄。"城外土馒头，馅草在城里。一人吃一个，莫嫌没滋味。世无百年人，强作千年调。打铁作门限，鬼见拍手笑"，则用诙谐的语言写出了诗人面对生死的坦然态度，并讽刺那些妄图追求长生之人。宋代范成大把此诗合成一联，"纵有千年铁门槛，终须一个土馒头"（《重九日行营寿藏之地》）。《红楼梦》中"铁槛寺"、"馒头庵"也由此而来。王梵志的创作是初唐白话诗的代表，开中唐以后白居易等人通俗易懂的诗歌创作的先河。

　　被称为"燕许大手笔"之一的燕国公张说，丧父后迁居洛阳，曾先后三次为相，执掌文坛三十余年，所写诗歌情深凄婉，人谓"得江山之助"，而且又奖掖后进，张九龄、贺知章、王翰、王湾等人都受其恩惠，对盛唐文学影响颇大。张说之后，河南籍文人王湾、祖咏、李颀、崔颢，在文坛上都颇负盛名。王湾，洛阳人，生卒年不详，景云三年进士及第。王湾是唐代较早写山水诗的诗人，《次北固山下》是其名作，"客路青山外，行舟绿水前。潮平两岸阔，风正一帆悬。海日生残夜，江春入旧年。乡书何处达，归雁洛阳边"，将思乡之情融于秀丽壮阔的美景之中。其他的如"林静秋色多，潭深月光厚"、"境绝人不行，潭深鸟空立"等语都充满了空灵清幽的意境。

　　汴州（河南开封）人崔颢，少有才名，开元十一年进士及第，"名重当时"，所作诗歌流畅自然、风流蕴藉，律诗、歌行都很擅长，写景抒情，各擅其妙。他的《黄鹤楼》一诗最为世人称道，当时大诗人李白亦为之倾倒，曾说："眼前有景道不得，崔颢题诗在上头。"宋代的严羽认为此诗是唐人七言律诗之首。其他的如《长干曲》和《雁门胡人歌》等，也都是流传很广的诗歌。

与王维、储光羲等人友善的洛阳人祖咏，开元十二年进士及第，但仕途不顺，后移家汝坟间，以农耕、渔樵自终。王翰任仙州长史、汝州别驾时，常与他聚饮，《汝坟秋同仙州王长史翰闻百舌鸟》、《寄王长史》等就是他与王翰的寄赠之作。祖咏之诗多写自然山水，是盛唐山水诗派的代表作家之一。《终南望馀雪》可视为他的代表作：“终南阴岭秀，积雪浮云端。林表明霁色，城中增暮寒。”由于他人生困顿，诗中颇有愁苦之句，如《汝坟别业》中的“失路农为业，移家到汝坟。独愁常废卷，多病久离群。鸟雀垂窗柳，虹霓出涧云。山中无外事，樵唱有时闻”，写出了人生的苦闷与隐居生活的悠闲。

李颀，居家颍阳（今河南登封），开元二十三年进士及第，与当时著名诗人王昌龄、崔颢、王维、高适、岑参等都有交往，尤其擅长七言诗歌。其边塞诗写得很有特色，如《古从军行》以反战情绪讽刺了帝王好大喜功、穷兵黩武的行径，音韵错落有致，朗朗上口。《古意》中“赌胜马蹄下，由来轻七尺”的豪迈与“今为羌笛出塞声，使我三军泪如雨”的悲壮增强了边塞诗的丰富内涵。李颀也擅长写送别诗，如《送陈章甫》就是其代表作，“陈侯立身何坦荡，虬须虎眉仍大颡。腹中贮书一万卷，不肯低头在草莽”、“闻道故林相识多，罢官昨日今如何”，写出了旷达的情怀、知己的情谊，风格豪爽。李颀对音乐也有很高的感悟，曾写有三首涉及音乐的诗歌，如《听董大弹胡笳弄兼寄语房给事》和《听安万善吹觱篥歌》以豪壮的语言写出了乐曲的美妙动听。

边塞诗为盛唐诗歌的一大流派，它奏出了盛唐昂扬雄壮的篇章，高适和岑参是盛唐边塞诗人的最杰出代表，被人称为“高岑”。高适虽不是中原人，但曾寓居梁宋十余年。他的边塞诗风格雄健深沉，代表作《燕歌行》是边塞诗中最杰出的作品。这首诗是他第一次北上归来后在宋州所写，诗中既有对男儿自当横行天下的英雄气概的表彰，也有对战争给征人家庭带来痛苦的深切同情，一方面颂扬战士浴血奋战的忘我精神，另一方面对将领帐前歌舞作乐的行为表示不满。全诗写得淋漓酣畅，纵横跌宕，充满奋发激昂、慷慨悲壮之气。

和高适齐名的岑参祖籍南阳，曾长期在边塞幕府中任职，对边塞生活非常熟悉。他的边塞诗突破了以往征戍诗写边地苦寒和士卒劳苦的传统格局，以雄奇壮丽的笔调描绘塞上的奇异风光和战争景象，气势豪迈。如作于天宝十三年的《白雪歌送武判官归京》将塞外八月飞雪的场景形容为“忽如一夜春风来，千树万树梨花开"，丝毫没有内地人出塞后的不适应，反而是以惊喜的心情欣赏自己从没见过的景色。《走马川行奉送封大夫出师西征》在"平沙莽莽黄入天。轮台九月风夜吼，一川碎石大如斗，随风满地石乱走"和"风头如刀面如割。马毛带雪汗气蒸，五花连钱旋作冰，幕中草檄砚水凝"的辽阔苦寒的环境中突出了"汉家大将西出师"的英雄气概。岑参的边塞诗最突出的特点是"奇"，他以好奇的心理构思，以雄奇的笔墨写景，给人塑造了一个与众不同、奇伟壮丽的边塞世界。高、岑虽然齐名，但诗风不同，清代的王士祯认为"高悲壮而厚，岑奇逸而峭"（《师友传续录》），确实是公允之语。

在诗人辈出、诗风多样的盛唐时期，最负盛名的当然是李白和杜甫，他们一个以狂放不羁的浪漫主义气质，一个以悲天悯人的现实主义情怀，将古典诗歌推向了巅峰。李白不是中原人，但中原地区与他的人生和诗歌创作有着很深的渊源。天宝三年，他被玄宗"赐金放还"离开长安后，沿黄河东下，来到洛阳，和杜甫相遇，两人结下了传颂千古的友谊，后又同游梁宋，遇到了高适。李白的诗集中有40余首吟咏洛阳的诗和十几首送给嵩山好友元丹丘的诗歌。当然这段文坛奇遇对杜甫的影响最大，他曾写过十几首怀念李白的诗歌，并给予"白也诗无敌，飘然思不群"的高度评价。

杜甫出生在河南巩县，是对律诗定型作出过突出贡献的杜审言的孙子。家族的文学传统，使杜甫对诗歌有了自觉的创作追求，认为"诗是吾家事"。虽然杜甫的诗歌各体兼善，但他对诗歌的最大贡献就体现在对律诗的继承和发展上。第一，他扩大了律诗的表现范围，不仅用律诗写应酬、羁旅、咏怀等传统的题材，而且还用律诗写时事，同时以组诗的形式写律诗，如《秋兴八首》等，极大地扩大了律诗的表现力。第二，杜甫写律诗非常讲究对仗和声律，在他的精心构思下，他笔下的律诗合律而又看不出声律的束缚，对仗工整却又看不出对仗的痕迹，显得极其自然连贯。第三，杜甫精于炼字炼句，用动词使诗句活起来，用颜色词增强感情色彩，用叠字和双声叠韵来营造氛围，增加诗歌的韵律美，真正达到了他"为人性僻耽佳句，语不惊人死不休"的诗歌追求。

杜甫的贡献不仅是在律诗的传承和发展上，更重要的是他以儒家悲天悯人的情怀，将他所经历的唐朝由盛转衰的发展轨迹以及安史之乱给国家和个人所带来的巨大灾难都融入他的诗歌创作中，从而具有史一般的真实感和认识价值，被称为"史诗"。安史之乱前他就写了《兵车行》、《丽人行》等反映统治者荒淫奢侈和穷兵黩武等问题的诗歌；安史之乱爆发后，他不仅亲眼目睹，而且还亲身经历了这场战乱所带来的巨大灾难，他以深广生动、血肉饱满的形象，展现了战火中整个社会生活的方方面面，如脍炙人口的"三吏"、"三别"、《自京赴奉先县咏怀五百字》、《羌村三组》、《北征》等通过普通人的生活和平常的琐事，写出了战争带来的种种问题。

杜甫的诗歌真可谓是认识当时社会的一面镜子，除了那些生动真切的战乱诗外，他还将一些显著的社会现象和知名人士纳入笔端，给后人一个具体可感的盛唐。《丹青引》和《戏题王宰画山水图歌》等展现了唐代画家高超的绘画技巧和杜甫自己的审美趋向；《观公孙大娘弟子舞剑器行并序》则将开元年间歌舞艺术之盛况以及最优秀舞蹈家的舞蹈造诣描摹如画；《饮中八仙歌》又把盛唐最负盛名的八个知名人士的风采展现得淋漓尽致，反映了唐代的酒文化与人格精神的关系，尤其是对李白"天子呼来不上船，自称臣是酒中仙"的狂傲形象的刻画，充分表现了这个天才诗人的傲岸气势，成为后人评价李白时最常用的话语。

与杜甫同时而稍后的汝州鲁山人元结也是一位具有高度政治责任感和人道主义精神的诗人。他的诗歌具有济世劝俗、补裨时政的社会功能，和杜甫有很大的相似性，因此也备受杜甫推崇。尤其是他的《舂陵行》，杜甫曾说："观乎《舂陵》作，欻见俊哲情，道州忧黎庶，词气浩纵横。两章对秋月，一字偕华星。"

中唐以后，中原依然是文坛的中心，两大诗歌流派的中坚人物都是河南人。崇尚雄奇怪异之美的韩孟诗派的代表人物韩愈是河南孟县人，他的诗歌以雄大气势见长和怪奇意象著称，具有一种生新怪异的风格。韩愈之后，生于福昌昌谷（今河南宜阳）的唐宗室后裔李贺（790~816年），因为入仕不顺而备受打击，其诗歌创作带有沉重的悲哀和苦痛，他以写鬼怪、死亡、游仙、梦幻等形式来表现自己的苦闷。他的诗歌造语奇特、想象怪异、诗境幽奇冷艳，因而其被后人誉为"诗鬼"。

与韩、李等人的风格相异，中原有一批诗人以浅切通俗为创作原则，如王建、元稹和白居易等。王建，颍川（河南许昌）人，他的100余首新题乐府诗多描写农民日常生活。他和张籍的新乐府创作，对扭转大历颓丧的诗调，将诗歌引向重写实、尚通俗的道路作出了重要贡献，对元稹和白居易的新乐府创作也有直接的影响。元稹（779~831年），洛阳人，他的新题乐府多表现生活的苦难，但水平不高，其代表作是探索唐朝治乱之由的《连昌宫词》。白居易（772~846年），出生于河南新郑，晚年闲居洛阳。他的诗歌早年与元稹齐名，称"元白"，晚年与刘禹锡齐名，称"刘白"。他提倡"文章合为时而著，歌诗合为事而作"，要求作品"补察时政"、"泄导人情"，他的《秦中吟》十首和《新乐府》五十首都是现实主义诗歌的杰作。其诗歌题材广泛、形式多样、平易通俗，被人称为"诗魔"。与白居易同时代的刘禹锡（772~842年），河南洛阳人，虽然仕途坎坷，但为人豪爽刚毅，其诗歌语言平易简洁、质朴昂扬，被誉为"诗豪"。与贾岛并称"姚贾"的陕州（今河南陕县）人姚合在当时亦有盛名，他与王建、刘禹锡、贾岛等人都有往来酬唱，诗歌以幽折清峭见长，因曾做过武功主簿，其诗被称为"武功体"。南宋"永嘉四灵"及江湖派诗人都以其诗为师法的对象。

晚唐诗歌呈现了无可挽回的衰颓，而李商隐就像唐代诗坛的最后一道灿烂晚霞。李商隐（812~858年），怀州河内（河南沁阳）人。他父亲早亡，家世艰难，又在仕途道路上无意中卷入牛李党争，因而一生始终没有显达的时候。家世、身世等各方面的不幸形成了他易于感伤的内向型性格。他的诗歌一部分是对国家政治的感悟，但更多的是吟咏怀抱、感慨身世。他善于把心灵中的朦胧图像化为恍惚迷离的意象，通过比兴、象征和典故等多种手法表现丰富的内涵，因此诗歌常给人以多样的、凄迷而又朦胧的感受，留给读者无限的联想空间，《无题》和《锦瑟》等都是这方面的名作。

晚唐五代诗坛还活跃着张祜、聂夷中、张蠙、郑畋等河南籍诗人，他们用哀婉深沉的语调唱出了晚唐的衰颓之音。

中原文坛不仅诗歌繁荣，而且在散文、小说方面亦有突出成就。古文运动的领袖人物韩愈提出"文以明道"、"词必己出"、"陈言务去"的创作理论，对中国散文的健康发展起到了决定性的作用，对后世影响深远。苏轼在《潮州韩文公庙碑》中给予其"文起八代之衰，道济天下之溺"的高度评价。自韩愈和柳宗元的古文运动之后，散体文逐渐打破了骈体文一统天下的局面。

小说方面，张说的《梁四公记》等在搜奇记异的事件描述中反映了唐代物产丰饶、交通发达、中外文化交流频繁的社会状况。元稹的《莺莺传》在爱情题材方面影响深远，元杂剧《西厢记》就由此而来。白行简《李娃传》将书生妓女题材表现得委婉曲折、淋漓尽致。郑还古的《博异志》、袁郊的《甘泽谣》和皇甫枚的《三水小牍》则以小说集的形式体现了中原人的想象能力和当时的社会风貌。郑处诲的《明皇杂录》、赵璘的《因话录》等也以笔记的形式反映了当时的社会状况，为后人留下了宝贵的文化资料。

中原文学在唐代繁荣的表现是多样化的。第一，作家众多。清代康熙年间编写的《全唐诗》标出籍贯的作者有720余人，其中中原籍的约有130人。第二，名家辈出。后世认为唐代有三大诗人，即李白、杜甫、白居易，其中中原籍的就有两位；唐代诗人有"三李"，即李白、李贺、李商隐，其中中原籍的有两位。第三，风格多样。唐代时期的中原人以敢为天下先的精神从事着文学创作。上官仪、杜审言、沈佺期和宋之问等人对律诗定型起着决定性作用，杜甫"即事名篇"的乐府创作，韩愈所开创的以奇为美的韩孟诗派，元稹、白居易以浅切通俗为美的元白诗派，李贺瑰丽奇特的想象，李商隐诗歌意象的朦胧多义等，都彰显着中原文人的开创性和个性化。第四，影响巨大。正是由于沈、宋等人的诗歌创作才形成了唐代律诗的创作格式，使律诗和绝句成为唐代最具代表性的诗歌样式由于杜甫诗体兼备又能自铸伟辞，为后来者提供了多种发展空间。中唐以后元稹、白居易继承了他缘事而发的现实主义精神，韩愈、李贺等人则受其奇崛、散文化和炼字等的影响，李商隐精严的七律也得力于杜诗七律组织严密的技法，宋代影响最大的江西诗派尊杜甫为祖师爷。杜甫"穷年忧黎元"、"安得广厦千万间，大庇天下寒士俱欢颜"的仁爱情怀为历代士人敬仰。韩愈以文入诗、以议论为诗的创作方法对宋代的诗歌创作影响巨大，而他所倡导的"古文运动"及其所创作的大气磅礴、笔力雄健的散体文对宋代散文的发展和兴盛有着深远的影响。

唐代能有如此多的中原人辉耀当时文坛，原因是多方面的。第一，优越的地理位置。中原是上古九州之一，地处平原、河流众多，沃野千里。尤其是洛阳在唐代被称为东都、神都，是当时仅次于长安的第二大城市。不仅储粮丰富，有全国最大的粮仓含嘉仓，而且商业非常发达，水陆交通十分便利，成为文人定居和出游的最佳选择。民国时期著名学者李键人在《洛阳古今谈》中说："有唐三百年，文学特盛于洛阳。唐初帝王多好文学，每行幸，常携词章之士以相从，太宗幸洛者六，高宗幸十四，以是文学之士多集东都。或歌咏以忘返，或卜居以终老。远之如初唐四杰王勃、杨炯、卢照邻、骆宾王，皆曾留连于洛滨……玄宗开元、天宝前后，诗人亦荟萃洛阳，如张说、贺知章、李白、杜甫等……白居易终老洛阳。"第二，以洛阳为中心的中原地区自古就是政治文化繁盛之地。传说中的黄帝定都新郑，夏商周的统治中心皆在中原，东汉、曹魏、西晋、北魏等王朝都定都洛阳或以洛阳为统治中心。都城文化基本上都是主流文化，所以以都城文化为基础的中原文化体现了当时的主流文化，深深影响着当地的士人和文化风气。第三，唐代盛行的律诗和绝句是以音韵学为基础的，杜审言、沈佺期、宋之问等对音韵的自觉使用，杜甫、白居易、李商隐等对诗律的创造和探索都与中原音韵学的盛行有密切关系。由于深厚的历史传统和天下之中的地理位置，历代文人学士多以洛阳语音为天下正音。隋代陆发言的《切韵》就是以洛阳音韵为标准语音，唐人李涪说："凡中华音切莫过东都，概居天下之中，禀气特正。"正因如此，中原文人在掌握声律方面有得天独厚的条件，这就有利于他们在唐代诗文创作中率先倡导革新运动。

直到当代，中原人们仍以这些文人为当地的荣耀，不仅用各种方式和途径加以纪念，而且把他们作为推广本地声望的一种资源。例如，河南巩义有杜甫故里、杜甫墓；沁阳被誉为商隐故里；焦作孟县有韩愈陵园等，这些都充分展示着中原文人的时代魅力和当代价值。

四、宋代及其以后的中原文学

公元 960 年，北宋建立。由于吸取唐代藩镇割据的教训，从建国之初北宋统治者就采取重文抑武的国策，因此中国文化在宋代达到了登峰造极的程度。现代大学者陈寅恪说："华夏民族之文化，历数千载之演进，造极于赵宋之世。"北宋文化的发展壮大基本上以都城东京汴梁为中心而展开，文学活动也大多在此进行。北宋文坛领袖欧阳修在洛阳任西京留守推官时就和梅尧臣等人切磋诗文，开始诗文革新运动。他继承了韩愈、柳宗元的古文运动精神，为宋代古文的发展开辟了广阔的前景。

有宋一代，中原地区依然人文荟萃、名家辈出，魏野、石延年、曾几、陈与义、岳珂等都是当时著名的诗人。但最能体现宋人精神的是宋词。由于中原的地理优势和历史条件，一大批中原词人及其他们的词作在宋代词史上占据着重要的地位。据统计，宋代著名的中原词人有 70 余位。

出生于卫州（今河南卫辉市）的贺铸是一位个性和词风都很奇特的词人。他长相奇丑，人称"贺鬼头"，写词却"雍容妙丽，极悠闲思怨之情"。他为人豪爽任侠，驰马走狗饮酒，却又博闻强记，苦读诗书。他身兼英雄豪气和儿女柔情。在宋代词史上他第一次表现出英雄豪侠的精神个性和悲壮情怀，"少年侠气，交结五都雄。肝胆洞，毛发耸。立谈中，死生同"；他怀念亡妻的《鹧鸪天》中"梧

桐半死清霜后，头白鸳鸯失伴飞"的凄婉与"空床卧听南窗雨，谁复挑灯夜补
衣"的深情感人至深。另一首写柔情的《青玉案》中："若问闲愁都几许，一川烟
雨、满城风絮、梅子黄时雨"，则用具体可感的三种意象来表现抽象又无形的愁
思的广度、密度和长度，构思奇妙，他也因此赢得了"贺梅子"的雅号。宋金时
期曾有二十余人唱和此词，这在唐宋词史上是独一无二的。

南北宋之际的洛阳词人朱敦儒有"词俊"之称，他的词继承了苏轼抒情自我
化的风格，有鲜明的自传性特点。如《鹧鸪天·西都作》："我是清都山水郎，天教
分付与疏狂。曾批给雨支风券，累上留云借月章。诗万首，酒千觞，几曾着眼看
侯王。玉楼金阙慵归去，且插梅花醉洛阳"，充分表现了他笑傲王侯、狂放不羁
的个性。靖康之难后，国破家亡的经历让他的词风由飘逸潇洒变为凄苦忧愤，
《相见欢》中"中原乱，簪缨散，几时收。试倩悲风吹泪，过扬州"充分展示了
他的慷慨悲壮。在两宋词史上，朱敦儒进一步发挥了词体抒情言志的功能，用词
来抒发人生感受，表现社会现实，给后来的辛派词人以直接的启迪和影响。

北宋都城沦陷和皇帝被俘的屈辱历史激起了无数中原人的抗金热情，相州
（今河南汤阴）人岳飞在戎马倥偬中横槊赋诗，用热血和生命谱写了气壮山河的
《满江红》。"怒发冲冠，凭栏处，潇潇雨歇。抬望眼，仰天长啸，壮怀激烈。三
十功名尘与土，八千里路云和月。莫等闲，白了少年头，空悲切。靖康耻，犹未
雪；臣子恨，何时灭？驾长车，踏破贺兰山缺。壮志饥餐胡虏肉，笑谈渴饮匈奴
血。待从头，收拾旧山河，朝天阙！"将民族的深仇大恨转化为英勇无畏的战斗
豪情和必胜信念，与铿锵有力的语言、激昂雄壮的旋律相结合，凝结成了永远辉
煌的乐章。

据说北宋有个不成文的规定，那就是朝中文武官员死后必须葬在京畿附近
500里，因此北宋文人的墓葬多在中原地区。如庐陵吉水（今江西）人欧阳修的
墓在新郑；苏州吴县（今江苏苏州）人范仲淹的墓在伊川；眉州眉山（今四川眉
山市）人苏轼和苏辙的墓在郏县，后人又将其父苏洵的衣冠冢葬于此，因此在郏
县有个"三苏坟"。这些文人之墓在当代已成为当地宣传本地文化的名片。

北宋以后，中原战乱，政治中心南移，元代北迁，中原渐渐失去了往日的繁
华和天下中心的位置，文坛上有影响的名人也逐渐稀少。有代表性的如南宋时期
开封人史达祖、明代中期的李梦阳和何景明、明末商丘人侯方域和清代宝丰人李
绿园等。

史达祖，字邦卿，号梅溪，汴（河南开封）人，曾是韩侂胄的亲信，词风与姜夔有神似之处。史达祖重视炼句，几乎每一首词都有精警之句，如"做冷欺花，将烟困柳"、"断浦沉云，空山挂雨"、"画里移舟，诗边就梦"，都属对精巧，清新空灵。史达祖善于咏物，最负盛名的是咏燕的《双双燕》和咏春雨的《绮罗香》。

明代中期诗文领域经历了一次新的变化，以李梦阳、王世贞为首的前后七子在复古的旗帜下，重新审视文学现状，寻找文学出路。前七子的文学活动主要在弘治（1488~1505 年）、正德（1506~1521 年）年间，以李梦阳和何景明为代表。李梦阳，扶沟（河南扶沟）人，是前七子的核心人物，以复古自命，希望借助复古来革新当时台阁文学的卑弱局面。他的创作除了拟古外，还有很多干预时政的作品，如《自从行》"若言世事无颠倒，窃钩者诛窃国侯。君不见，奸雄恶少椎肥牛，董生著书翻见收。鸿鹄不如黄雀啅，撼树往往遭蚍蜉"，对世情颠倒的愤懑之情溢于言表。何景明，字仲默，信阳人，他与李梦阳的创作主张和创作思想一致。如《点兵行》以犀利的笔调指责那些缺乏谋略而导致损兵折将的当政者，《玄明宫行》斥责贵者的骄奢淫逸等。

明末清初的侯方域是当时著名的才子文人。侯方域（1618~1654 年），河南商丘人，少有才名，与方以智、冒襄、陈贞慧并称为"明末四公子"，入清后曾中乡试。侯方域的文学成就较高，被誉为"清初三大家"之首。他的散文体裁多样，内容广泛，笔法流畅，委曲详尽。议论文如《朋党论》、《王猛论》都义正词严、酣畅饱满；抒情文如《与方密之书》、《祭吴次尾文》则声情并茂、缠绵悱恻。他打破文坛壁垒，以小说为文，展现了掾吏、伶人等下层人物的鲜明个性。如《马伶传》写艺人马伶为精进技艺而投身为仆的事迹；《李姬传》再现了风尘女子李香识大义、辨是非的品德和节操。由于侯方域的出众才华以及他与李香君的才子佳人式故事被广为传诵，清初的孔尚任将二人之事写成传奇佳作《桃花扇》。《桃花扇》以侯李二人的离合之情为线索，展示了南明小朝廷的兴亡历史，孔尚任的写作目的是借青年男女的离合之情写国家兴亡之感，因此剧终侯李二人意外相逢之后却没有再续前缘，而是双双入道。这个结局并不符合两人的真正遭遇，据可靠文献，侯方域入清后曾乡试中举，李香君也可能追随他回到商丘。《桃花扇》的创作虽然不太符合两人的真正经历，但却让他们的人格精神和爱情故事被更多的人所熟知。现在商丘市睢阳区的侯方域故居，显示了人们对这位才子的缅怀之情。

清代中期的李绿园（1707~1790 年）是宝丰宋寨（今河南平顶山市湛河区）人，所创作的长篇小说《歧路灯》是清代世情小说中较有代表性的作品。它讲述了书香门第子弟谭绍闻堕落败家，又在忠仆王中的帮助下浪子回头重振家业的故事。小说对封建社会的吏治、教育和当时市井社会的世态人情、风俗习惯等有生动的描写和展现，是人们了解当时社会的生动资料。由于《红楼梦》等小说的光辉的遮挡，以及《歧路灯》本身浓郁的说教理念，这部小说在很长一段时间内没有受到人们的关注，但近些年来，越来越多的研究者发现了它的价值，开始从思想、民俗、方言等方面对它进行研究。如果说《红楼梦》以华丽而又纯熟的语言展示了名门望族的家庭生活，《歧路灯》则以平实质朴的语言再现了当时中下层社会的世态人情，它们都有各自的内涵和价值。

因此，在中华文明的发展进程中，中原文学在不同时代都出现了有代表性的作家和作品，为中国文学的繁荣发展贡献着自己的力量。

第四节　戏曲文化

戏曲起源于原始歌舞，是一种历史悠久的综合性舞台艺术，它既能给人带来精神的愉悦，又能反映地方的风俗习惯和人文风情。中原的戏曲文化是中原地域文化的重要组成部分，其历史悠久、形式多样、内容丰富，展示了中原人民多彩的生活风貌发达的和艺术文化。中原的戏曲文化主要包括戏剧、歌舞和说书艺术等。

一、中原戏曲文化发展概况

中原历史悠久，从传说中的黄帝时代到夏、商、周时期，直至北宋，基本上都是全国的政治、经济和文化中心，从而为文艺的发展提供了坚实的基础。戏曲艺术在中原地区有着非常广阔的生存空间和丰富的表演内容，反映了中原人们的娱乐需求和审美情趣。

戏曲离不开音乐，音乐是戏曲艺术的一个基本元素。中原的音乐艺术在很早就起步了。20 世纪 60 年代，在舞阳县贾湖村的一处新石器时代遗址中出土了距今约 8000 年的一组骨笛，这组骨笛共 16 支，形状固定，多为七孔，磨制精细，反映了当时中原地区的音乐发展水平。夏商时代，中原的乐舞技艺已经达到了较高的层次，钟、磬、箫、管等一系列乐器的出土发掘，有力地证明了当时的音乐发展状况。春秋时期，中原歌舞已经兴盛，《诗经》国风中有一半左右的乐歌都是在中原产生或传唱的。在淅川、叶县等地出土的楚国编钟证明了先秦时期的中原歌舞在全国的领先水平。

两汉时期尤其是东汉定都洛阳之后，基于统治者的娱乐需求和民间市场的需要，中原的乐舞等表演艺术得到了长足的发展，取得了辉煌的成就，如在南阳等地出土的汉画像石和墓葬壁画中有很多歌舞表演的场面和歌舞艺人形象，洛阳等地出土的汉代百戏陶俑是汉代歌舞艺术发展状况的珍贵资料。唐朝时期东都洛阳有专门主管歌舞的机构——左右教坊，一些著名的歌舞艺术家都曾在洛阳及附近表演，如杜甫在《观公孙大娘弟子舞剑器行》诗中回忆了他童年在郾城观看当时最有名的舞蹈家公孙大娘"观者如山色沮丧，天地为之久低昂。㸌如羿射九日落，矫如群帝骖龙翔。来如雷霆收震怒，罢如江海凝清光"的舞剑艺术。

宋元时期中国的戏曲艺术走向成熟。宋代城市经济的发达，为戏曲文化的发展提供了坚实的社会基础。当时全国最大的城市——都城汴京设有专门的表演场所勾栏和瓦肆，有利于说书、歌舞等艺术的发展和繁荣，促进了戏曲的商业化。北宋的汴京已经有许多职业化的戏曲艺人，《东京梦华录》卷五《京瓦技艺》中写道："崇、观以来，在京瓦肆伎艺：张庭叟，《孟子书》主张。小唱：李师师、徐婆惜、封宜奴、孙三四等，诚其角者。嘌唱弟子张七七、王京奴、左小四、安娘、毛团等……般杂剧：枝头傀儡任小三，每日五更头回小杂剧，差晚看不及矣。悬丝傀儡张金线、李外宁。……孙宽、孙十五、曾无党、高恕、李孝详，讲史。李慥、杨中立、张十一、徐明、赵世亨、贾九，小说。王颜喜、盖中宝、刘名广，散乐。张真奴，舞旋。杨望京，小儿相扑。……诸棚看人，日日如是。教坊钩容直，每遇旬休按乐，亦许人观看，每遇内宴前一月，教坊内勾集弟子小儿，习队舞，作乐杂剧节次。"[1]可见当时不仅民间的戏剧、歌舞、说书、讲唱艺术繁荣，而且宫廷内的表演也有固定的时间，民间艺人也经常和宫中的艺人一起排练节目。可以说在各种艺术的各自发展和互相融合中，中原的戏曲艺术日渐繁荣。

元代是中国戏曲史上的辉煌时期，元杂剧的出现使戏剧开始成为一种独立的

---

① 孟元老：《东京梦华录》，中华书局2007年版。

艺术门类。元杂剧是在金院本和诸宫调的直接影响之下，融合各种表演艺术而成的一种完整的戏剧形式。从元代开始，中原的戏曲创作取得了很大的成就，出现了一大批戏曲作家。钟嗣成、赵天锡、郑廷玉、陆显之、姚守中、赵文殷、宫天挺、李好古等一大批中原剧作家的戏曲创作有力地推动了元杂剧的繁荣，尤其是郑廷玉的《看钱奴》、李好古的《张生煮海》、宫天挺的《范张鸡黍》等都是元杂剧中的佼佼者。明太祖朱元璋的孙子周宪王朱有燉一生都在开封度过，也可算为中原作家，他的30余种杂剧也都是在其封地开封创作的。他的作品取材广泛，反映了广阔的社会生活。"律圣"朱载堉是朱元璋的九世孙，出生于怀庆府（今河南沁阳）。郑王朱厚烷去世后，作为长子的朱载堉本该继承王位，他却七疏让国，辞爵归里，潜心著书，其著作有《乐律全书》、《律吕正论》、《律吕质疑辨惑》、《嘉量算经》、《律吕精义》、《律历融通》、《算学新说》、《瑟谱》等。其著述内容涉及音乐、天文、历法、数学、舞蹈、文学等，是一位大百科全书式的学者。在他多达百万字的著述中，以《乐律全书》最为著名。朱载堉对文艺的最大贡献是他创建了十二平均律，此理论被广泛应用于世界各国的键盘乐器上。现今坐落在焦作沁阳的朱载堉纪念馆，寄托了人们对这位伟大乐曲家的纪念之情。

清代中期以后，地方戏曲声腔日益丰富，许多地区都逐渐形成了具有自己地域特色的剧种，戏曲演出活动也极为活跃。据统计，明清以来先后在河南境内存在或流行的各类剧种约77个，其中戏曲剧种63个[①]。时至今日，在河南的地方戏中，影响最大的是河南梆子即豫剧，除此之外，还有曲剧、越调、大平调、四平调、二夹弦、道情等众多的声腔剧种，并涌现出了一大批剧作和戏曲名家。河南戏曲多方面反映了河南的民俗风情，具有极强的文化底蕴和艺术感染力。现在在河南的很多地方还保存有古戏楼，上面的碑记题壁、戏曲绘画、柱上楹联等都体现了不同时代的戏曲文化，具有较高的研究价值。

二、河南地方戏的种类及特色

河南戏曲历史悠久，种类繁多，听众广泛，具有深厚的文化艺术传统。新中国成立后，河南戏曲在改革中焕发了新的光彩。20世纪八九十年代，随着娱乐方式的增多，河南戏曲也曾陷入低迷，但在一大批艺术家的不懈努力下，通过戏

---

① 马紫晨：《河南剧种古来多》，《中州今古》1987年第2期。

曲下基层活动和电视专题戏曲节目等形式，河南各地的剧种又找到了自己的生存空间和传承方法，赢得了生机和希望。

河南戏曲底蕴深厚，许多地区都有适应本地方言和习惯的演唱方式，剧种众多。有些剧种在传承与创新中扩大了自己的影响，而有些剧种则在后继无人等因素的影响下日渐衰微。至今，在河南影响最大的三大剧种是豫剧、曲剧和越调，除此之外，怀邦、大平调、四平调、二夹弦、道情、宛邦等也有鲜明的地方色彩和演唱特色。

（一）豫剧

豫剧起源于河南，最早泛指河南各剧种，后来专指河南梆子。其在豫西山区演出多依山平土为台，又被称为"靠山吼"。它是中国五大戏曲剧种之一，也是中国第一大地方剧种。豫剧的流行区域主要在黄河、淮河流域，在安徽北部称梆剧，在山东、江苏的部分地区称梆子戏。豫剧的传播区域非常广，目前除河南省的豫剧团外，在湖北、安徽、山东、江苏、河北、北京、山西、陕西、四川、甘肃、青海、新疆、台湾等地都有专业豫剧团，这是其他任何一个地方剧种都无法与之相比的，显示了豫剧的巨大生命力。很多豫剧名家也从外省走来，如深受河南人民喜欢的豫剧六大名旦中的马金凤和崔兰田是山东曹县人；中国戏剧梅花奖"二度梅"获得者章兰是山东郓城人等。

豫剧起源于明朝中后期，是在中原地区盛行的民歌、小调的基础上，吸收北曲弦索、秦腔、蒲州梆子等演唱艺术后发展而成的。豫剧形成以后，由于语音方言的不同，在各地流传过程中形成了各具特色的多路流派，主要有四大声腔。如以开封为中心的"祥符调"；以商丘为中心的"豫东调"，又称东路调；以洛阳为中心的"豫西调"，又称西府调、靠山簧；以及在豫东南沙河流域流传的"沙河调"等。如今祥符调和沙河调有没落之势，豫东调与豫西调则表现出了顽强的生命力，影响力日益扩大。

祥符调发源于开封，是标准的中州音韵，为最正宗的豫剧唱腔。祥符调的男腔或高亢激越或古朴醇厚，女腔或庄重大方或委婉俏丽。唱词通俗易懂，多为七字句或十字句，非常讲究唱功，有"宁唱十句戏，不道一句白"的艺谚。这一派师承有序，名家名段很多，尤其涌现了众多唱旦角的艺术家，如陈素真、马双枝、李景萼、阎立品、桑振君、张岫云、宋桂玲、王秀兰、姚淑芳、王敬先、田岫玲、张水英等。除此之外，唱生角的唐喜成和唱丑角的牛得草、高兴旺等也深得老百姓的喜爱。

豫西调发源于洛阳，声音低沉，吐字清晰。角色演唱时多用大本嗓，且后挫下压，适合演出深沉、悲壮的剧目。代表人物中，旦角有常香玉、崔兰田、毛兰花、苏兰芳、汤兰香等名家；生角有贾宝须、王二顺、王遂朝等。

豫东调发源于商丘，唱腔咬字较重，慷慨激昂，粗犷豪迈。女声使用花腔较多，给人明快、俏丽之感；男声粗犷豪迈，多以二本嗓、本嗓交替使用。豫东调在发展过程中，打破了祥符调、豫西调中旦角一枝独秀的局面，在生、旦两方面都涌现了众多具有自己特色的艺术家。例如，生角有唐玉成、杨启超、刘新民、刘忠河、索文化、洪先礼、谢庆军等；旦角中的名角有马金凤、花桂荣、王润枝、司凤英、黄儒秀、陈玉英、张秀兰、黄爱菊、张卫华、董芙蓉等；净角中的李斯忠、吴心平等也特色鲜明。

沙河调流传于淮北、沙河流域，唱腔活泼婉转、激昂嘹亮。既适宜表达愉快舒畅的心情，也适合演唱慷慨壮烈的格调。著名的有顾喜轩、刘法印、曹彦章、张三旺等生角演员和刘玉梅、安金凤、徐梅兰等旦角艺术家。

豫剧角色行当由"生旦净丑"组成，各行当都有自己的表演要诀。如手势要诀是"花脸过项，红脸齐眉，小生齐唇，小旦齐胸"，武打戏的短打要"身如蛇形眼似电，拳如流星腿似钻；稳如重舟急似箭，猛、勇、急、快、坐、站稳如山"，在枪路上，有"走丝"、"连九枪"、"十三枪"、"九个鼻"、"八杆"、"单倒"；青衣中闺门旦表演要"上场伸手似撵鹅，回手水袖搭手脖；飘飘下拜如抱子，跪下不能露脚脖"，"说话不看人，走路不踢裙，男女不挽手，坐下看衣襟"；彩旦表演则要"斜眼偷看人，说话咬嘴唇；一扭浑身动，走路摔汗巾"；小旦出场式是"出门按鬓角，双手掖领窝，弯腰提绣鞋，再整衣裳角"；小生表演要"清、净、冲"等。优秀的艺术家都能很好地掌握表演分寸，在不温不火中传达着自己的角色魅力。

豫剧具有刚柔相济、豁达宽厚的"中和"之美。第一，豫剧唱腔铿锵有力、大气磅礴，具有抑扬有度、热情奔放的阳刚之气；第二，豫剧行腔醇畅、吐字清晰、本色自然、有血有肉，善于表达人物内心情感；第三，豫剧节奏鲜明、矛盾冲突尖锐、故事情节有头有尾，具有极强的表现力，既可以演出轻松的喜剧，又适合演帝王将相的大场面戏。

在长时间的发展过程中，豫剧出现了上千种剧目，有的取材于小说和历史演义，甚至形成了一系列的戏剧题材，如封神戏、三国戏、瓦岗戏、包公戏、杨家将和岳家将，有的反映爱情、婚姻、道德伦理。新中国成立之后，又出现了不少描写现实生活的现代戏和新编历史剧。流传至今，涌现了《春秋配》、《梵王宫》、《天河配》、《三上轿》、《十面埋伏》、《宇宙锋》、《贺后骂殿》、《桃花庵》、《秦香莲》、《卖妙郎》、《花木兰》、《拷红》、《断桥》、《大祭桩》、《五世请缨》、《秦雪梅吊孝》、《三哭殿》、《花枪缘》、《穆桂英挂帅》、《花打朝》、《铡美案》、《对绣鞋》、《打金枝》、《抬花轿》、《十五贯》、《血溅乌纱》、《泪洒相思地》、《七品芝麻官》、《朝阳沟》、《人欢马叫》、《红灯记》、《倒霉大叔的婚事》、《村官李天成》等一大批脍炙人口的剧目。

剧目的流传得益于一大批豫剧名家的全身心投入，在豫剧的演唱方面，众多的艺术家形成了自己的风格，受到了观众的欢迎，如"豫剧六大名旦"陈素真、常香玉、崔兰田、马金凤、阎立品、桑振君，"豫剧小皇后"宋桂玲，饰演小生的赵义庭、王素君，须生代表唐喜成、刘忠河和刘新民，扮演黑脸的李斯忠，以及丑角演员牛得草等。至今豫剧舞台上仍活跃着任宏恩、汤玉英、张宝英、王清芬、王希玲、汪荃珍、虎美玲、谷秀荣、李金枝、杨红霞、陈淑敏、朱巧云、王红丽、李树建、贾文龙、金不换、王艺红等一大批名家新秀。

（二）曲剧

曲剧是河南的第二大剧种，主要流行在豫西、豫南等地。它是在河南民间曲艺的基础上发展而成的，起初的形式是由表演者边踩高跷边唱曲子，后来逐渐发展成为高台曲。它最初出现的时候，演员既不化装，也不分行当，只是由数人踩高跷唱有故事情节的曲子，以三弦等乐器伴奏，走街串坊。发展至1920年前后，才出现了有简单化装和粗略的行当分工的高跷曲，演出鼓子曲中大多为有人物故事的民间传说脚本，如《小姑贤》、《打皂》、《小打鱼》等。民国十五年（1926年）河南省汝州市大张村关云龙率领剧社"同乐社"成员朱万明、马清波等人前去登封县演出，因为天下雨，不能踩高跷，他们便去掉高跷拐子登到台上演唱，"高跷曲"去掉高跷拐子并登上戏剧舞台，使它由一般的民间歌舞演变为正式的"高台曲"，这是曲剧发展过程中的标志性事件。

20世纪30年代前后，较为知名的高台戏班主要有四个。一是以朱万明为首，在洛阳一带活动；二是以刘乐为首，经常在孟津、新安一带活动；三是由胡定、刘宝才带领的戏班，在漯河、叶县一带活动；四是由秦中旭、李永治带领的戏班，经常在登封、偃师一带活动。新中国成立后，曲剧得到了恢复和发展，它不仅在河南省的大部分地区盛行，而且还在甘肃、陕西、河北、安徽、江苏、湖北等地建立有专业剧团。鉴于朱万明在河南曲剧形成发展中所作的贡献，1956年河南省首届戏曲观摩汇演大会授予他最高荣誉奖，他的家乡汝州市也被誉为河南曲剧的发祥地。

曲剧的主奏乐器是曲胡，另外还有三弦、唢呐、琵琶、二胡等。由于曲剧来源于里巷歌谣，因此民间色彩浓郁，音乐性、舞蹈性强，唱词活泼生动，唱腔流畅自然，很受观众欢迎。在豫西南地区，每逢节日或大型的集会，都有临时搭起的戏台以及曲剧的演出，在日常生活中，人们也时常哼唱一些曲剧名段来表达自己的喜怒哀乐。

与豫剧相比，曲剧的曲调相对简单，没有那么多的流派和声腔，但也涌现了一些脍炙人口的著名剧目和曲剧艺术家。而且由于它唱腔质朴，很适合那些没有什么音乐技巧的百姓演唱，因此一些曲剧中的名段名作传唱程度极高。著名的剧目如《秦香莲》、《陈三两》、《屠夫状元》、《李豁子离婚》、《闫家滩》、《寇准背靴》、《卷席筒》、《薛刚反朝》、《孤男寡女》、《徐九经升官记》、《风雪配》、《小二姐做梦》等。

河南曲剧名家辈出，那些优秀的剧目正是因为一些艺术家的演出而散发着不朽的魅力。曲剧皇后张新芳是南阳邓州人，九岁便已唱红舞台，她在保持曲剧传统风格的基础上，成功地吸收兄弟剧种的唱腔艺术，创造性地丰富了曲剧的艺术内涵，拓展了曲剧的表演领域和流行地域，塑造了一系列令人难忘的艺术形象。她善演悲剧人物，善于刻画人物内心世界，重视情感表达，音质洪亮，韵致醇厚，她所主演的《陈三两爬堂》在20世纪50年代拍成电影后成为众人传唱的名剧。出生于湖北汉口的王秀玲幼年起便随父学唱曲剧，她扮相秀丽、音质甜美，唱腔清丽柔婉、吐字清晰、声情并茂，是曲剧闺门旦的代表人物。她从艺60余年来曾主演过100余部传统戏和现代戏，塑造了众多形象生动、个性鲜明的少女、少妇形象，如《风雪配》、《红楼梦》、《花庭会》、《拾玉镯》等都深受人们的喜爱。被誉为"曲剧第一旦"的周玉珍声腔明亮清脆，唱作兼工，扮相秀丽端庄，做派婀娜多姿、活灵活现，在海内外享有盛誉，由其主演的《寇准背靴》、《小二姐做梦》、《五福临门》等影响很大。

男演员中马琪、海连池、胡希华等各擅所长，多方面展示了曲剧的生活化和生动性。马琪在《寇准背靴》中因活灵活现地出演了寇准一角而被冠以"活寇准"的美名，他的"帽翅功"和"踢靴功"是最为人称道的两个"绝活儿"。海连池是曲剧丑角表演艺术家，他广泛吸收越调、豫剧和其他地方剧种的声腔艺术与表演技巧，善于把日常生活化的动作巧妙地结合到传统的程式之中，扩大了曲剧的表现力，他的代表作有《卷席筒》、《徐九经升官记》等，尤其是小仓娃一角的准确诠释让他和《卷席筒》家喻户晓。出生于南阳社旗的胡希华也以丑角见长，他的嗓音高亢明亮，形象收放自如，唱腔韵味十足，由其主演的《屠夫状元》、《李豁子离婚》等在民间的传唱度极高。

在河南，曲剧在整体上没有豫剧的影响力大，但是它的一些代表剧目由于更贴近生活，更富于表现力，因此更受普通老百姓的欢迎，尤其是在豫西南的许多地区，几乎人人都会唱曲剧。

（三）越调

越调是河南的第三大剧种，其最大的特点是唱得多，成套的唱腔往往几十句甚至上百句，给人以气势磅礴之感，非常过瘾。越调的主要伴奏乐器为四股弦，还有笛子、三弦、月琴、锣和鼓等，听起来或高亢嘹亮，或低沉婉转。

越调的发展也有较长的历史，根据现存的资料可以得知在清朝乾隆年间（1736~1795 年）越调已经在南阳一带广泛流传了，清朝末年在河南西南部地区出现了很多专业班社，尤其是在汝州、宝丰、郏县等地有 100 多个越调班社，抗日战争期间越调班社日渐减少，新中国成立后，又逐渐焕发了生机。

在越调的发展过程中，诞生了众多被人们喜爱的艺术家。民国年间筱金钩的演出极为轰动，当时人们评论说"人以梅兰芳目之，实非过誉之言"。20 世纪 50 年代，张桂兰带领剧团在西安演出，其主演的《牛郎织女》曾连演 40 多场，观众排长队购票，风靡一时。50 年代末，何全志、陈静、李金英、田发根等几位艺术家颇受瞩目，张秀卿在周口地区越调剧团开始尝试排演现代戏，是越调现代戏演出的开端。60 年代以后，申凤梅和毛爱莲成为越调剧坛上最受人们欢迎的艺术家。

申凤梅出身科班，主攻须生和花旦，尤以须生见长。她戏路宽广，现代剧、历史剧都演唱自如，尤其善演三国戏。她所饰演的诸葛亮形神兼备，20 世纪 60 年代曾进京演出《收姜维》、《诸葛亮吊孝》等三国戏，并受到周恩来总理接见，夸赞她为"活诸葛"。被誉为"越调皇后"的毛爱莲是越调"婉约派"的奠基人和

"毛派"创始人。毛爱莲的风格似说似唱，唱腔轻巧圆润、清新优雅，尤其是鼻腔共鸣的运用，更具独到之处。她的代表剧目有《抱琵琶》、《秦香莲》、《借粮》、《火焚绣楼》、《白奶奶醉酒》等，尤其是《火焚绣楼》和《白奶奶醉酒》被拍成电影后成为家传户颂的剧目。除了申凤梅和毛爱莲之外，陈静、袁秀莲、何全志的表演也各有独到之处，塑造了许多生动鲜明的艺术形象。近年来，申凤梅的亲传弟子申小梅在越调剧坛上也占有一席之地，所排演的《老子》获得了第24届上海白玉兰戏剧表演艺术奖。

（四）其他戏曲种类

在河南，除了豫剧、曲剧和越调这三大剧种外，还有许多地方剧种，它们虽然影响不大，但地域性强，通俗易唱、生动活泼，反映了当地老百姓的喜好和民风民俗。

怀梆，因起源于旧怀庆府（今沁阳）一带而得名，主要流行于黄河以北、太行山区一带，如沁阳、博爱、济源、孟州、温县、武陟、修武、获嘉、焦作、新乡等地。其前身是由围桌说唱祈雨演变而来的海神戏，后来逐渐成为登台化装表演的戏曲。怀邦的唱腔和音乐多为民间曲调，唱腔慷慨激昂，表演粗犷奔放，唱、白均用怀庆方言，因为沁阳等地邻近山西，因此很有点山西梆子的味道。常用的乐器有尖胡、二胡、板胡、京胡等，并配以月琴。怀梆有300多本传统戏，其中代表剧目有《反徐州》、《雷振海征北》、《燕王扫北》、《反西京》、《天仙乐》、《古槐案》、《张春醉酒》、《老少换》、《红珠女》、《赶秦三》、《辕门斩子》、《桃花庵》、《凤仪亭》、《老征东》、《五女拜寿》、《杨排风》、《小二黑结婚》、《刘胡兰》、《洪湖赤卫队》、《红灯记》等。

宛梆，也叫"南阳梆子"，因南阳简称宛，故名宛梆，主要流行于河南西南部的南阳及周边广大地区。宛梆是明末清初陕西的东路秦腔传入南阳后，与南阳当地的民歌小调、民间说唱融合而演变形成的一个剧种，至今已有300多年的历史。因与秦腔关系密切，因此它的唱腔尖亮高亢。目前，宛梆已渐趋衰落，只剩下内乡县一家国有宛梆专业剧团，因此传承和发展宛梆还需要各方面的努力与人才的培养。

二夹弦，主要流行于河南东部和山东西南部地区，因为它的伴奏乐器四胡每两根弦夹着一股马尾拉奏，因而其流行地的群众按照方言习惯称它为"两家弦"。它的伴奏乐器以四胡和柳叶琴为主，辅以二胡、板胡、三弦、横笛等。在唱法上，除老生受高调梆子影响用"二本腔"（假声）外，小生、旦、丑、净均以真声为主，尾声翻高用假声，保持了传统的演唱特色。二夹弦的传统剧目有"老八本"（《头堂》、《二堂》、《休妻》、《花墙》、《大帘子》、《二帘子》、《花轿》、《抱牌子》），以及《站花墙》、《梁祝下山》、《安安送米》、《吕蒙正赶斋》、《小姑贤》、《王定保借当》等 90 余出，大都具有浓郁的乡土气息。近年来二夹弦的发展也面临后继无人、剧团倒闭等许多问题，为了抢救该濒危剧种，二夹弦表演艺术家田爱云经多方筹措创办了二夹弦戏校，目前已经培养 40 多名学生。2004 年 6 月，恢复组建了开封市二夹弦实验剧团，并到各地演出。

四平调，起源于安徽省砀山县周寨镇，是在"砀山花鼓"的基础上吸收评剧、京剧、豫剧等的腔调发展而成，主要流行于安徽、江苏、山东、河南四省接壤地区。在表演艺术上，四平调保留了花鼓载歌载舞、说唱结合的艺术特点，女声在质朴之中不失委婉俏丽，男声则高昂豪放、刚柔相兼。代表剧目有《小包公》、《小借年》、《陈三两爬堂》、《三告李彦明》、《小姑贤》、《焦裕禄》、《白毛女》、《丰收之后》等，演出范围不断扩大，极受好评。近些年来，随着电视、手机等传播媒介的普及，戏曲艺术门类受到了严重的冲击，四平调的发展也面临危机，全国四平调剧团由原来的 30 多个减少到四五个，亟须社会各界的重视和传承人的培养。

太康道情，主要流行于豫东南地区。道情戏起源于唐代道士所唱的"经韵"，宋代发展成为唱白相间的道情鼓子词。道情戏以唱为主，剧本多唱词而少插白，一板下来就是上百句唱词。伴奏乐器主要是坠胡。演唱时多用真嗓，音调清悠委婉，悦耳动听，生活气息非常浓郁，演唱过程中的"嘚"、"喔"甩音非常独特，后来被豫剧名剧《朝阳沟》所借鉴。太康道情的许多剧目已经失传，目前现存的传统剧目有 70 多部，如《王金豆借粮》、《雷宝童投亲》、《打万监生》等；现代剧目有 40 多部，如《沙家浜》、《红灯记》、《夜闯盘龙山》等。作为地方戏曲，太康道情根植于民间，从剧目内容、唱词、表演到唱腔，都具有浓郁的生活化特征。目前太康道情由于种种原因而陷入困境，亟须社会的重视和保护。

河南坠子，源于河南，是由流行于河南和皖北的曲艺道情、莺歌柳、三弦书等结合形成的曲艺形式，主要在河南、山东、安徽、天津、北京等地传唱。因主要伴奏乐器为"坠子弦"，且用河南语音演唱，故称为河南坠子。一般情况下，一人演唱，此人左手打檀木或枣木简板，边打边唱；也有两人对唱，一人打简板，一人打单钹或书鼓。唱词基本为七字句。伴奏者拉坠琴，有的并踩打脚梆子。河南坠子在河南各地广泛流传以后，受地域语言、风土人情等人文环境的影响，便有了声腔流派的分化，出现东、西路河南坠子之分。西路坠子主要包括开封、郑州、许昌、漯河等地的坠子；东路主要是指豫东南的商丘、周口等地的河南坠子。20世纪30年代以后，商丘涌现了张大贵、刘世红、王玉兰、王玉凤等一批河南坠子艺人。他们通过交流切磋，兼收地方戏曲和兄弟曲种之长，对坠子唱腔进行了不断的改革创新，使东路河南坠子的风格特色更加鲜明。东路河南坠子男艺人的唱腔粗犷浑厚、铿锵诙谐、边说边唱，乡土气息非常浓厚。女艺人的唱腔分"文派"和"武派"，"文派"唱腔音色柔美，长于抒情，"武派"唱腔俏丽乖巧，长于激情。河南坠子从酝酿到形成，一直在民间流传，保持着朴素的乡土风味和浓厚的生活气息，出现了一些优秀的剧目，如《借髢髢》、《偷石榴》、《王庆卖艺》、《梁祝下山》、《小姑贤》、《三打四劝》、《王麻休妻》等。

在历代的流传过程中，河南戏曲积累了丰厚的成果，涌现了一大批有思想深度的剧目，体现了广大老百姓的理想和愿望。第一，河南戏曲体现了中原人民重德爱人的思想，如《屠夫状元》、《卷席筒》、《卖妙郎》等都展示了下层人民尊老孝亲、互帮互助的传统美德。第二，河南戏曲体现了中原人民不畏强权的人格精神和除暴安良的社会理想，如《七品芝麻官》、《铡美案》、《血溅乌纱》、《白蛇传》等剧目中都展现了老百姓不屈不挠的斗争精神和渴望清官坚持正义、秉公断案的社会理想。第三，河南戏曲表达了中原人民关心国家命运、渴望保家卫国的献身精神，如《花木兰》、《五世请缨》、《寇准背靴》、《穆桂英挂帅》、《红灯记》等传统剧目和现代戏都是这一精神的体现。第四，河南戏曲再现了普通老百姓生活中的种种问题，反映了他们的生活状态和世俗情感，如《王金豆借粮》、《李天保吊孝》、《秦雪梅吊孝》等在琐事中刻画人物形象，展现普通人的价值取向。第五，河南戏曲具有浓郁的历史意识，如《打金枝》、《三哭殿》、《诸葛亮吊孝》、《程婴救孤》等都将历史故事与时代精神相结合，既展现了历史的厚重感，又给人以精神的启迪。第六，河南戏曲再现了中原人民对美好爱情和幸福生活的向往，如《抬花轿》、《风雪配》、《火焚绣楼》等爱情戏都在一波三折的戏剧冲突中展现了普通人的情和爱。

河南的戏曲文化不仅历史悠久，而且在形成和发展过程中，各剧种之间互相融合、互相吸收借鉴，形成了独具特色的艺术形式。但自20世纪80年代以来，随着广播、电视等传媒业的迅猛发展，人们足不出户就可以享受各种艺术演出，日常的娱乐方式也越来越多样化，中国的传统戏曲受到了前所未有的冲击，河南戏曲艺术的演出阵地、演出时间和观众群体都日益减少。因此，在传统戏曲文化日渐衰落的今天，戏曲艺术更需要人们的重视和保护。为此，河南当地百姓和地方政府也在积极努力，希望使这些传统艺术能永葆青春。河南电视台举办的《梨园春》栏目 20 年来以打擂的形式吸引了许多戏曲爱好者继承和发扬戏曲文化；一些地方剧种也在积极申报国家非物质文化遗产名录，希望得到更大的扶持力度；一些戏曲发达的地区通过举办各种文化节来推广传统的曲艺文化，如河南省宝丰县每年正月举办的马街书会就是一次民间曲艺盛会，是全国各地说唱艺人的"朝拜圣地"，各类艺人以天作幕，以地为台，以曲会友，展演自己的曲目和艺术。2006 年，马街书会被列入首批国家级非物质文化遗产名录。

但是，河南戏曲的生存和发展还面临着很多问题。如今，除了豫剧、曲剧、越调这三大剧种还被人们所熟知外，其他的一些地方小剧种正濒临灭绝。这些濒危剧种都有过兴盛的历史，代表着不同地域的文化特色，具有浓郁的艺术独特性，如怀梆、北调子、宛梆、二夹弦、道情戏、四平调、大弦戏、羊羔戏等。这些濒危剧种大都分布在河南边远山区和经济落后地区，演出单位基本上是县级以下剧团，各级财政支持极少，剧团经费紧张，演员收入还达不到当地平均水平，演出剧目和能够演唱的人员越来越少，许多演员迫于生活压力纷纷转行从事其他行业。这些剧种如果得不到及时的抢救保护，将会很快从人们视线中消失。因此，河南戏曲艺术尤其是濒危剧种的保护和传承，应该得到全社会的重视。希望各级政府和各界人士加大扶持力度，拓宽传承和发展的途径，留住我们的民族艺术和传统文化。

第六章　中原科技文化

"科学技术是第一生产力"，中国作为拥有悠久历史的四大文明古国之一，其古老的科技之光，首先在中原大地普射光芒。中国科学院自然科学史研究所于2015年1月推选出85项"中国古代重要科技发明创造"，其中有多项出自中原地区。中原是中国古代科技发展的源头，黄帝轩辕氏的元妃嫘祖是种桑养蚕之法、抽丝编绢之术的创造者，其故里西陵（今河南省西平县）于2007年被中国民间文艺家协会命名为中国嫘祖文化之乡。相传神农炎帝制作耒耜，种植五谷，促进了中原农业的发展；他又尝遍百草，首开医药先河，为中华医药事业发展奠定了基础；他帮助人民制作陶器，改善了人类的生活条件等。神农炎帝不仅是中华人文始祖，也是中华科技文化的始祖。另外，被称为四大发明的指南针、造纸术、火药和活字印刷术均发轫于中原。

第一节　农耕文化

我国一直被称为"农业大国"，是世界农业的发源地之一。这是因为我国农业人口众多，耕地面积较大，并且我国的农耕文化有着悠久的历史。而我国的农耕最早兴起于中华民族的母亲河——黄河流域所在的中原地区。

一、农耕文化内涵

河南地处中原，其农耕文化有着悠久和丰富的历史。中原地区的农耕活动，既包括农作的劳动过程、使用的劳动工具，也包括相关的农耕制度，体现着中原地区独有的文化特色。中原农耕文化是中国农耕文化的一个重要组成部分，是中国农业文化的基础，又是宋代以前中国农业文化的轴心。

在中国文化产生和发展的过程中，农耕文明是基础，因为它以满足人们最基本的生存需要衣、食、住、行为目的，它决定着中华民族的生存方式，塑造着中华民族文化本身。中国古代农耕文化的核心，是天、地、人"三才"理论在实践中的指导和运用，"三才"是哲学，也是宇宙观，用在农业生产上，是一种合乎生态原理的思想。"三才"在中国农业上的运用，并表现为中国农业特色的，是二十四节气、地力常新和精耕细作，这三者便是对应于天、地、人"三才"思想的产物。《吕氏春秋》中的《上农》、《任地》、《辩土》和《审时》四篇，是融通天、地、人"三才"的相互关系而展开论述的。西汉《胜之书》的"凡耕之本，在于趋时、和土、务粪泽"，既可作技术看，也可视为"三才"的具体化。这种思想贯穿于后来的《齐民要术》等所有农书。

二、农耕文化概述

中国农业最早在中原地区兴起，农业产生于距今 10000 年左右的新石器时代。很久以前的原始时代，当时的黄河中下游一带自然植被茂密，遍布郁郁葱葱的森林和草原，土壤肥沃，特别适合农业生产，因此，这里最先发展起了原始农业。

早在八九千年前，中原华夏民族就开始了农耕实践。在中原地区发现可以说是整个黄河流域迄今发现的最早也最有代表性的农耕文化遗址，即距今约 8000 年的河南裴李岗文化，这里出土了农业生产工具和粮食加工工具，表明农耕文化已经确立，并有了一定发展。到距今 7000~5000 年的河南仰韶文化时期，出现了大型定居村落，还出现了家畜饲养业，农业进入了锄耕（或耜耕）阶段。

大约在西周以前，中原地区的农业种植主要以粟黍为主。春秋到汉代时，中原农业作物已有"五谷"、"九谷"之说。故此，中原人又被称为"粮食之民"。不过，粮食生产不是唯一的。当时还饲养"六畜"（马、牛、羊、猪、狗、鸡），种桑养蚕，种植蔬菜、油料，樵采捕捞，进行农副产品加工等。特别是农桑并重的生产结构，成了中国传统小农经济的基本特征。

中原农耕文化包含了众多特色耕作技术与科学发明。裴李岗文化有关遗存中出土了不少农业生产工具，为早期农耕文化的发达提供了实物证据，尤其是琢磨精制的石磨盘棒，成为我国所发现的最早的粮食加工工具。三皇之首的伏羲教人们"作网",开启了渔猎经济时代;炎帝号称"神农氏",教人们播种收获,开创了农业时代。大禹采用疏导的办法治水,推进了我国水利事业的发展,保证了农耕事业的顺利进行,也促进了数学、测绘、交通等相关技术的进步。战国时期,由河南人郑国主持修建的"郑国渠",极大地改善了关中地区的农业生产条件。随着民族的融合特别是中原人的南迁,先进的农业技术与理念传播到南方,促进了中国古代农业水平的提高。可以说,中国农业的起源与发达、农业技术的发明与创造、农业的制度与理念,均与河南密切相关。

三、农耕文化内容

我们从农耕工具、农耕技术和农业制度及农耕思想三个方面来讨论中原农耕文化的内容。

(一) 农耕工具

"工欲善其事,必先利其器",农耕工具,不仅是农耕文明的智慧结晶,也是农耕文明的物质载体。

关于神农的神话在全国遍地开花,而在河南最多,且最为集中,我们在前文已经探讨过,这里重点介绍神农作为农业发明者的相关内容。据说神农氏之前,人们吃的是爬虫走兽、果菜螺蚌,后来人口逐渐增加,食物不足,迫切需要开辟新的食物来源。神农氏为此尝遍百草,历尽艰辛,多次中毒,找到了解毒办法,并终于选择出可供人们食用的谷物,接着又观察天时地利,创制斧斤耒耜,教导人们种植谷物。于是农业出现了。这种传说是农业发生和确立时代留下的印迹。

耒耜,木质双齿,最古老的耕作工具,相传是神农氏发明。正因为这项发明,神农氏才成为划时代的伟大人物。可以说,耒耜是农业文明的开端,它对于农业文明的意义,不亚于蒸汽机对于工业文明的贡献。随着文明的进步,木质的耒耜被安装上金属刃口,或者整体换为金属,品种也繁多起来,形成锸、铲、锄、犁铧等,耒耜退出了历史舞台。但人们没有忘记这种工具的开创之功,很多农具的名字都是"耒"字旁,如"耙"、"耱"、"耧"、"耖"以及"耕耘"两字。后来,人们将"耒耜"作为所有农具的统称。

最初的犁是石头犁。把石块磨成三角形,中间钻出一个圆孔,用藤索皮筋在上面绑一根木棒,最早的复合农具就做成了。此前耒耜翻土由上而下间断作业,犁则是由后向前连续作业,效率大为提高,在耕作史上有划时代的意义。此后,铜犁、铁犁，以至耕犁、曲辕犁的发明，使犁铧在大地上的运行越来越快捷。

中原地带使用的旱地犁，由犁铧、犁壁、犁辕、犁箭、犁床、犁梢等部件组成。这种犁巧妙地利用前进时产生的推力，使耕起的土垡沿着犁铧后面的弧形犁壁升高并翻转，把表层土翻压在下面，使土壤表层的枯草秸秆、杂草种子、病虫的虫卵都被埋进土里，可增加土壤肥力，减少作物病虫害。

犁过的田地，"耙"就派上了用场。耙大约在南北朝时开始使用，最初是单梁耙，一根木梁上安一排铁齿；随后出现双梁耙，分方耙和人字耙两种。耙能把翻起来的土块弄得细碎平实，使庄稼的根儿与土壤很好地附着在一起，既耐旱又防病虫害。耙后的土壤细碎疏松，易造成土壤中水分蒸发，这就需要"耱"出场了。耱跟耙很像，不过没有铁齿，木梁间用荆条编成席状，用以平摩压实表层土，达到保墒、提墒的目的。

通过犁、耙、耱这些环节，收拾好土壤，就用耧车（也称耧犁）进行播种。用耧车播种，开沟、下种、覆土一气呵成，并且种子入土均匀，深浅一致，节省种子。播种后，还有活儿要做，就是用砘车压地。砘车大约发明于宋元时期，由一根木轴和两三个石轮组成，用以碾压播种后的沟垄，使种子与土壤紧密结合，防止土壤水分蒸发，便于种子吸收水分、养分，容易发芽、生长。[①]

（二）农耕技术

农耕技术与农耕工具相辅相成，互相促进。农耕技术的不断进步，表明中原农业的不断向前发展，也说明中原人民勤劳勇敢，善于发明创造。我国在公元前2000多年的夏朝进入阶级社会，黄河流域也就逐步从原始农业过渡到传统农业。从那时起，中原农业逐步形成精耕细作的传统。

使用木石农具，刀耕火种，撂荒耕作制，是原始农业生产工具和生产技术的主要特点。传统农业以使用畜力牵引或人力操作的金属工具为标志，生产技术建立在直观经验的基础上，而以铁犁牛耕为其典型形态。

距今4000多年的龙山文化时期，中原农业已由锄耕阶段进入了犁耕阶段。到了公元前21世纪，中原地区进入了文明社会，中原农业和农耕技术的发展也进入了新的时期。从夏到春秋时期，中原农业进入了沟洫排灌的农业时代。殷墟甲骨文除记载了不少农事活动内容外，还出现了"犁"字的象形文字，可能当时

---

① 姚伟文：《耒耜谱写大地乐章"收藏农耕记忆"系列之二》，华夏经纬网2010年4月9日。

牛耕农业已在中原大地兴起。周朝晚期,铁制农具在中原地区渐次使用。耕作方式上出现了耦耕和犁耕,并重视深耕和修苗的作用。

到魏晋南北朝时,以抗旱保墒为中心的精耕细作的技术体系基本形成。中原地区春季干旱多风,土壤水分容易蒸发,成为影响产量的大问题,先民们多方探索,最后从耕作方法上找到有效办法,这就是"犁—耙—耱"技术体系,即先耕、后耙、再耱,三项连续作业,主要目的是为了抗旱保墒。这种耕作技术行之有效,至今仍被视为成本最低而且最环保的抗旱技术。这些耕作方法,中原的劳动人民已使用了2000年左右,十分适应黄河中下游的气候条件,被视为耕作史上最杰出的创造之一。直到唐代中期,中原农耕技术不仅在中国,而且在整个世界上都是最先进的,其影响也极其深远,至今仍是中国北方农业中重要的增产措施之一。后来随着中原人的大量南迁,这些技术措施也随之传播过去,从而奠定了南方水田耕作技术发展的基础。应该说,中原古代先进的农耕技术,对中国传统农耕文化的发展产生了重大影响,从而奠定了中国传统农业文化的基础。

到了两汉和南北朝,中原农业的优秀传统和技术体系基本形成。两汉时期,中原冶铁业非常发达,政府对农具的制造和推广也非常重视,从而促进了中原农耕文化更加迅速的发展。就垦耕工具来说,除了铁犁外,还有铁齿耙、铁镐、铁镢、铁锹等;播种工具则出现了耧车。此外,还有新型的覆土工具、田间管理工具、灌溉工具、收割脱粒收藏和运输工具、加工工具等,到东汉时又出现了水磨。另外,铁范铸造金属器类已相当普遍,在当时都属于领先技术。

英国著名的中国科技史专家李约瑟认为,中国的科学技术观是一种有机统一的自然观。这大概没有比在中国古代农业科技中表现得更为典型的了。中原地区的劳动人民不仅从中国古代哲学思想中汲取精华,移植到农业生产中来,还善于总结经验,不断升华长期农业生产实践的经验,推动华夏传统农业不断向前发展。

作为中国农业文化的内容之一,农作物品种的选育、栽培和粮食的加工、储藏也在中原地区率先得到了发展。另外,丝麻的栽培与纺制,也大大推动了中华民族文化的形成和发展。

中原地区的先民们不仅最早在华夏大地开发了农业,而且也很早认识到了水利与农业的关系,并进行了农田水利建设和灌溉机械的创造发明,这正如徐光春举例所说:"大禹采用疏导的办法治水,推进了我国水利事业的发展,也促进了数学、测绘、交通等相关技术的进步。战国时期，由河南人郑国主持修建的'郑国渠'，极大地改善了关中地区的农业生产条件。"①

除了水利方面，养蚕文化也在河南起源。考古学家在河南新密超化镇莪沟村发现的莪沟遗址就出土了一个陶纺轮，这说明距今 8000 年左右的伏羲时代，桑蚕文化已经起步。之后，新密境内裴李岗文化遗址出土的文物，也佐证了伏羲在新密境内"化蚕为丝"的传说。《皇图要览》说："伏羲化蚕为丝。"《纲鉴易知录》说："伏羲化蚕桑为惠帛。"不仅是这些古文献有记载，在浮戏山还流传着伏羲女娲向玉仙圣母求教植桑养蚕的大量动人传说。在浮戏山、具茨山、马骥岭，据专家对这里山川、丘陵的树种标本检测，从古代开始，这里就存在桑、槲、栎、栗等树木，其叶都可以养蚕。而且，新密境内流传下来的以桑、栗树命名的地名多达 37 处，如桑地滩、栗树岗等。所有这些，都说明了浮戏山（即伏羲山）与中国桑蚕起源有着密切关系。②

（三）农业制度及农耕思想

中国古代农业的制度与理念与中原密切相关，中原古代农业制度包括农业耕作制度与农业土地制度等多种制度。中原古代的耕作制度大体经历了西周至战国时期的熟荒耕作与休耕制、秦汉至隋唐时期的轮作复种制、宋元至明清时期的轮作复种制和间作套种制三个发展阶段。其中，轮作复种制和间作套种制等仍然延续至今。

中原传统农业是建立在直观经验的基础之上的，但它不局限于单纯的经验范围，而是形成了自己的农学理念。这种农学理念是在实践经验基础上形成的，表现为若干富有哲理性的指导原则，因而又可称为农学思想。这自然要提到两部著作：一部是战国时期吕不韦主持编撰的《吕氏春秋》，另一部是北魏贾思勰所著的《齐民要术》。吕不韦是战国末年卫国濮阳人，原籍阳翟（今河南省禹州）；贾思勰虽不是在河南出生，但他来到了河南境内的朝歌（淇县）一带，且该书主要反映的是太行山以东黄河以北地区的农业情况。

可以说，土地制度是中原农耕文化中最重要的制度文化。在中国古代史上，土地制度可分为三个阶段：第一阶段是原始社会的土地氏族公社所有制，第二阶

---

① 徐光春：《特别报道：中原文化与中原崛起》，《河南日报》2007 年 4 月 16 日。

② 郭坤、杜欣、金月全：《从后台走向前台的"中国羲皇文化之乡"（下）》，《周口晚报》2014 年 9 月 6 日。

段是奴隶社会的奴隶主贵族土地国有制，第三阶段是封建土地所有制。古代中国不同阶段土地制度的变革，在中原地区引起了很大的反响。如商鞅变法废除井田制引起贵族怨恨，最后兵败被俘，车裂而死。由此完全可以说，中国古代农业的制度变革与中原密切相关。

在中原农业发生和发展的过程中，与农业有关的哲学和政治思想也产生和发展了起来。如孔子、墨子、商鞅、韩非、李斯、贾谊、晁错等人的重农思想，孔子、老子、韩非、贾谊等人的民本思想，以及其他思想如务实、安土乐天、崇上尊老等，都具有重大影响。这些思想和观念，是与中原农耕文化的生产组织与生活方式紧紧地联系在一起的，深刻影响了中国文化的发展，今天仍有积极意义。

中原农耕文化尽管在漫长时期中居于核心和主导地位，反映了黄河流域旱作农业的特点，其先进技术和思想理念远远高于周边地区，但是它并不保守，在发展过程中也吸收和融合了其他地区的文化因素。当然，中原农耕文化的技术和精神也毫不吝惜地传入和影响了其他地区，并推动这些地区文化的发展和农业的进步。不过宋代以后，中原灿烂的农耕文化日益失去了光辉，其轴心地位出现了倾斜。

第二节　医药文化

医药文化是中华民族文明史的精华所在，而中原医药文化是中原文化的精粹，也是中国医药文化的精粹。中原文化和中原医药文化相互依赖、相互促进。河南是中医药的重要发祥地，也是"医圣"张仲景的故乡，有着深厚的医药文化积淀和辉煌的医药文化历史。

一、医药文化内涵

河南是人文始祖黄帝的故里，也是"医圣"张仲景的故乡。提起河南医药文化，首先要提到"医圣"张仲景，其传世巨著《伤寒杂病论》是中国医学史上最伟大的著作之一，而他也成为了河南中医的代名词。如今，仲景文化正成为河南中医药发展的名片，遍布全省的"仲景大药房"便是仲景医药文化发展的明证。

我国的传统医学发源于中原，中原医学文化以整体的治疗思想、多角度观察病理的方法、奇特的治疗技术、和谐的用药手段而著称于世，是传统文化中的精华。

二、医药文化概述

据历史考证，河南省古代有文献记载的医药学家就有 2000 多位，有著作 600 余部。当代还有国医大师李振华、骨伤大家郭维淮等，真可谓名医辈出，星光璀璨。

《黄帝内经》、《伤寒杂病论》、《神农本草经》三大医学巨著主要在中原完成；有关中医药的名胜遍布中原，如"四大怀药"之乡闻名中外；中原历代名医辈出，据不完全统计，春秋战国至明末，史传并有籍可考的名医中，河南就有 912 人。[①]

黄帝被后人公认为中医药的创始人，战国时期编著的《黄帝内经》至今仍是中医工作者必读的指导性医学著作。东汉南阳人张仲景的《伤寒杂病论》，提出了六经辨证的理论体系，是我国第一部理、法、方、药兼备的中医经典专著，被誉为"中国医方之祖"。洛阳龙门石窟的"药方洞"，保留有北齐时期完整的中医药方 118 个，治疗的病种达 37 个，这些药方为中国现存最早的石刻药方。唐代医家孙思邈，也曾长期在中原地区行医，著有《千金要方》、《千金翼方》，集方剂之大成，并收录了"医圣"张仲景有关伤寒的部分病证，使医学理论和医圣文化得以广泛传播。

北宋都城开封设有"尚医局"、"御药院"、"药密库"、"太医局"、"翰林医官院"等机构，设置之全在当时首屈一指。在"医官院"放置的制作精细的"针灸铜人"，成为世界针灸医学发祥地开封的象征。

遍布中原的中医药名胜古迹如南阳医圣祠、洛阳龙门药方洞、药王庙、十三帮会馆、神农洞等，都见证了中原医学文化的源远流长与博大精深。可以说，中医药文化起源于中原，中医药大师荟萃于中原，中医药文化发达于中原，中医药巨著诞生于中原。[②]

---

① 郑玉玲：《打造独具特色的中原中医药文化》，《河南日报》2013 年 3 月 27 日。
② 佚名：《河南中医药历史与发展》，《中国中医药报》2009 年 10 月 19 日。

三、医药文化内容

中原地区的医药文化，我们从医和药两大方面来谈。

（一）医文化

据不完全统计，春秋战国至明末，史传中有籍可考的全国 5000 多位名医中，河南就有 912 人。最著名的是东汉时期南阳人张仲景，开辨证论治之先河，被后世尊为"医圣"。南齐时河南阳翟（今禹州）人褚澄，进一步阐述了中医基础理论。隋唐之际，河南籍的医家甄权（扶沟人）、孟诜（汝州人）、崔知悌（鄢陵人）、张文仲（洛阳人），在国内享有盛誉。宋金元时期的张从正是金元四大家之一，为中医"攻下派"的代表；河南许昌人滑寿，其在经络理论研究上的成就，对后世针灸学的发展产生了巨大的影响；还有王怀隐、郭雍、王贶等，对推动中医学的发展起到了很大作用。明清时期，固始人吴其浚编著了我国第一部大型植物志《植物名实图考》；孟津的平乐郭氏正骨以其独特的理论和治疗技术，丰富了中医药文化宝库。此外，还有大批长期在中原地区从事医药活动的大家，如战国时期的神医扁鹊，三国时期外科鼻祖华佗，南北朝时期的针灸家皇甫谧，唐代著名医药学家、药王孙思邈等，都曾在河南行医采药，著书立说。[①]

张仲景之所以被称为"医圣"，不仅仅是有高超的医疗技术，而且"德、学、艺"齐备。首先，他医德高尚，辞官行医，拯救黎民于水火之中，其德行令人感佩。其次，他创立了中医辨证论治与经方施治体系，第一次总结出病理、症状与疗法和药方等相匹配的中医诊疗范式，后世医者莫不遵从其理念，至今无人超越。他的名字与《伤寒杂病论》、《金匮要略》这两部伟大著作一样，成为世界医学史上最为耀目的高峰与符号。清代医学家陈修园赞张仲景为："医门之仲景，儒门之孔子也。"孔子为儒门之圣人，医林中人将张仲景比之孔子，而称赞为医门之圣。

"药王"孙思邈，原本是京兆华原（陕西耀县）人，中年以后长期在河南阳翟（今禹州）采药行医，著书立说，取得了中医药研究的巨大成就。孙思邈经常深入民间，向民众与同行虚心请教，收集校验秘方；他第一个倡导建立妇科儿科；第一个提出"防重于治"的医疗思想，认为医药与健康密不可分；第一个完

---

① 佚名：《河南中医药历史与发展》，《中国中医药报》2009 年 10 月 19 日。

整论述医德，认为行医做药应利己益人、济世救民；第一个系统、全面、具体论述药物种植、采集及收藏方法。孙思邈著有《千金要方》、《千金翼方》两部著名医药著作，共收集载入验方 5300 多种，对疾病的预防、诊断和治疗以及药物、针灸、食疗养生等都有精辟论述，对中华医药学作出了重大贡献，是中华中原医药文化非常重要的部分。

张从正，金代睢州（现河南省兰考县）人，位列金朝四大名医之首。他继承前人又有所突破，承袭《黄帝内经》和"医圣"张仲景的学说，精通内科和外科，认为疾病是由邪气侵入引起，主张用"汗、吐、下"三种方法治病，人称"攻下派"。其攻邪理论突破了张仲景《伤寒杂病论》六经辨证的常规用药规律，为后世温病学家提供了理论基础和实践经验。张从正著有《儒门事亲》、《治病撮要》、《张氏经验方》等医学著作，为我国医学的病机理论和治疗方法作出了很大贡献。

针灸是中国传统医学的精华部分，至今在医学界仍广泛使用。上文说到北宋都城开封是世界针灸医学的发祥地，其实中原地区的针灸可以追溯到原始社会，那时候中原地区的人们就已经会用砭石治病，用砭镰、砭刀做外科手术，用砭镞、砭针做针刺，用砭核作按摩、热熨等。中原古代对针灸有突出贡献的人是甄权和王惟一。

甄权是古代的医学名家，唐代许州扶沟（今河南省扶沟县）人。他精通针灸，亦擅医药，对养生也深有研究，享年 103 岁，是中国古代针灸界的大家。著有《古今录验方》、《明堂人形图》、《针方》、《针经书》等，对后世影响较大。唐代名医孙思邈就是根据甄权绘制的人形图重新绘制修订了"人体经络腧穴彩图"，不过遗憾的是现已失传。

王惟一是中国古代著名的针灸学家，开封之所以能成为世界针灸医学的发祥地，与王惟一有着密不可分的联系。王惟一是宋仁宗时期的朝廷御医，奉旨铸造了两座针灸铜人，这是医学史上的一大创举，两具铜人作为最早的人体模型和针灸直观教具，在医学史上具有重要意义。他总结前人针灸医疗经验，著有《铜人腧穴针灸图经》一书，用图说明治病穴位。在书中，王惟一把 354 个穴位，按十二经脉联系起来，注有穴位名称，绘制成图，为铜人注解。按照图可查到所需用的穴位，按照穴位可查到所治之症候，是我国古代针灸典籍中一部很有价值的针灸学专著。王惟一是宋代杰出的针灸学家和医学教育家，对中国针灸教学和医学发展作出了巨大贡献。

(二)药文化

说到中原药文化,还要再次提到神农氏。"神农氏尝百草",亲验本草药性,发明了药草疗疾,悟出了草木味苦的凉、辣的热、甜的补、酸的开胃,这是中药的重要起源。神农教民食用不同的草药治不同的病,为"宣药疗疾"还刻了"味尝草木作方书"。经过神农无数次反复实践积累下的许多药物知识,不断得到后人的验证,逐步以书籍的形式固定下来,形成了中国最早的中草药学的经典之作《神农本草经》。后世本草著作皆以此为宗,对中医药的发展一直产生着积极的影响,并逐步发展丰富,形成了如今世界闻名的中医药宝库。

河南盛产中药材,有 2780 多种,品种数及产量居全国第三位。其中,产于焦作的"四大怀药"(怀菊花、怀山药、怀地黄、怀牛膝)距今已有 3000 多年的栽培历史,自周代开始,历朝都将"四大怀药"列为贡品。此外,禹白芷、裕丹参、密二花、息半夏、桐桔梗、山茱萸、辛夷花、连翘、冬凌草、柴胡等药材,同样产自中原,质优量大。①

如今,河南南阳市境内已经确定的天然中药材达 2357 种,地道名优中药材 50 多种,中药材总储量 2.5 亿多公斤。其中,南阳山茱萸、辛夷的全国市场占有率分别达到 60%和 70%,被命名为全国"山茱萸之乡"、"辛夷之乡"。

河南还是中药材的重要集散地之一,历史上有禹州、百泉两大全国性中药材交易会。

第三节 天文文化

我国与以游牧为主的国家不同,是靠先进的农业创建了文明古国。远古时期农业发展的每一个进步,都离不开天文历法方面取得的成就。黄河流域是中华民族的摇篮,也是中华天文文化的源泉。中国古代天文学主要包括天象观测和历法两个方面,天文学是中华大地上的第一学,历法是中华大地上的第一法。阴阳五行太极八卦,就是受到天文历法的影响而创立的。

---

① 毛磊:《中医中药泽被苍生 "中医中药中国行"河南站活动今日启动》,《大河报》2009 年 10 月 24 日。

一、天文文化内涵

每一种文化都有自己的时空观，中华文化的时空观是由天文历法奠定的。日行一度，历中一天，日周天 365~365 度，历中 365~366 天。度论空间，天论时间，时间空间一体形成。动态的时间，动态的空间，动态的万物，历中的时空物三者是一体关系。不懂天文历法，就无法理解动态的无限循环的时空观。牛顿的绝对时空观止于爱因斯坦，中华先贤所建立的时空观，至今无人提出挑战，将来肯定会在物理学领域为人类作出贡献。中医的奠基经典是《黄帝内经》，《黄帝内经》将懂不懂天文历法定为能不能为工（中医医生）的第一标准。因此，不懂天文历法，读不懂源头经典，就无法理解中医文化；同样，不懂天文历法，就无法理解中华文明的起源与演化。①

二、天文文化概述

黄河流域是中华民族的摇篮，中原地区的天文学家在天象观测方法、天文仪器等方面都曾有重大建树。

商丘位于黄河的中下游，在距今四五千年的时候，不仅农业高度发达，而且还产生了一位在天文历法方面取得重要功绩的人物，他就是阏伯。称他为远古时代的天文学家当之无愧，英国的李约瑟曾对阏伯在天文历法方面为全人类所作的贡献给予了高度评价。

在殷墟出土的甲骨文中，有不少关于气象和星象的记载，出现了中国最早的日食记录和大火星记录；历法方面，当时的人们已开始了阴阳合历标记时间等。

早在春秋时期，古人就用土圭观测太阳，测定出了冬至。天文历法方面，《夏小正》是中国历史上见诸文献最早的历法。位于河南省的登封观星台和周公测景台是中国现存最古老的天文观测建筑。东汉时期出生于南阳的张衡发明了地动仪，并创立"浑天说"。唐代魏州昌乐（今河南省南乐县）人僧一行提出"恒星自行"观点的时间比英国天文学家哈雷早 1000 年。

---

① 王培楠：《太阳、月亮、北斗星：破译中华文化密码的三大坐标》，《南方日报》2010 年 10 月 17 日。

三、天文文化内容

据《左传·昭公元年》记载，阏伯是帝喾的儿子，被封为火正。火正是管理火的职务，这个"火"是指天上的大火星，而不是人们常见的人间之火。大火星简称为火星、大火等。在原始社会"刀耕火种"时期，耕种前放火将田地的杂物焚烧以作肥料是其首要步骤，但在什么时候焚田，必须要有准确的时间把握。烧早了，田里的种子发芽后如果没有雨水就会枯死；烧晚了，又会受到雨水的干扰而不能出芽，影响收成。经过古代人类的长期观察和不断总结经验，人们得出在大火星见于东方的时候烧荒播种最为合适，于是，就把大火星定为授时的标志。这个掌管授时的人就是阏伯。

如今在商丘睢阳还有阏伯台，这是一座高17米的夯土台建筑，比较符合当时的状况，因为阏伯观察火星只需要站在高岗地带能看得清楚即可。古代测量日月星辰的办法常采用"立竿见影"的方法。现代的考古学也为古人祭祀大火星找到了实物依据。如仰韶文化庙底沟类型的彩陶盆上，据考证画的是大火星的形象，濮阳西水坡仰韶文化晚期更有了参、商二星的图形，战国曾侯乙墓器箱星图也有大火星图像。

在殷墟出土的甲骨文中，卜辞占了主要部分，其中有不少关于气象和星象方面的记载。气象方面涉及风、雷、雨、雪、雹、云、虹等，这是因为商代是个农耕时代，人们靠天吃饭，需要了解天气的变化情况。星象方面则涉及日食、月食、火星、新星等恒星及木星等行星，彗星、日珥等也有记载。其中有一条刻辞说："癸酉贞：日夕有食，佳若？癸酉贞：日夕有食，非若？"意思是说，癸酉日占：傍晚有日食，是吉利的吗？癸酉日占：傍晚有日食，是不吉利的吗？这是中国最早的日食记载，大约发生在公元前1200年，比巴比伦可靠的日食记录还要早。

又如，殷墟卜辞中也曾记录有大火星的相关信息，"七日己巳夕壹，〔庚午〕（有）新星并火"，这是人类有关大火星记载的珍贵资料，殷商时期祭祀和观察大火星的活动成了国家的头等大事之一。

甲骨文中还有不少关于历法方面的记录，当时的人们已开始用天干地支组成的六十甲子循环来记录日期，当时使用"太阴纪月"、"太阳纪年"的太阴太阳历，即阴阳合历，也就是今天的农历。

战国时期，魏国石申是著名的天文学家、占星学家，河南开封人，著有《天文》一书，西汉以后该书被奉为《石氏星经》，它是中原乃至中国最古老的天文学专著，书中记载有 221 颗恒星的坐标位置，是世界上最早的恒星表。[①]《石氏星经》和战国时期的甘德写的另一部天文学著作合在一起被称为《甘石星经》，该书为中国世界纪录协会评选的世界最早的天文学著作。

东汉时期，出生于南阳的大科学家张衡在天文学史上涂下了浓墨重彩的一笔。张衡发明了天文史上著名的水运浑天仪，包括浑象和浑仪两个部分，浑象是古代用来演示天象的仪表，浑仪是测量天体球面坐标的一种仪器。这台浑天仪在天文仪器史上占有重要地位，对中国后来的天文仪器影响很大。后人在它的基础上进一步改进完善，发展成了更复杂的天象表演仪器和世界最早的天文钟。张衡还发明了预测地震的地动仪，比世界上其他地区的发明早了大概 1800 年；并制造出一种测影仪器——土圭，用来研究天文、地理。张衡著有《浑天仪图注》和《漏水转浑天仪注》两本说明书，又撰成《灵宪》一部，绘制《灵宪图》一份，在这些著作中张衡全面阐释了自己的天文学理论：他认为宇宙是无限的，天体的运行是有规律的；他从太阳运行（地球公转）角度解释了冬天夜长、夏天夜短和春分、秋分、昼夜等的原因；还解释了"月光"和"月蚀"两种月球现象，并分析了月蚀的成因。张衡还发现在中原地区可以见到的星星有 2500 个，与现代人的结论基本一致。

鉴于张衡在天文学史上的巨大贡献，联合国天文组织将月球背面的一个环形山命名为"张衡环形山"，将太阳系中的 1802 号小行星命名为"张衡星"。20 世纪中国著名文学家、历史学家郭沫若评价张衡是："如此全面发展之人物，在世界史中亦所罕见，万祀千龄，令人景仰。"

一行和尚，本名张遂，唐魏州昌乐（今河南省濮阳市南乐县）人，唐代著名高僧，古代著名的天文学家。一行在全国选择 11 个地方，对当地北极高度和冬夏至、春秋分太阳影子长度进行测量，完成了世界上第一次对地区子午线的测量，是天文史上的一次创举，比阿拉伯人对子午线的实测早 90 年，比英国天文学家哈雷 1718 年提出的"恒星自行"说约早了 1000 年。李约瑟曾评价僧一行组织的子午线长度测量是"科学史上划时代的创举"。一行在天文学上的成就，不

① 单远慕：《中原古代科技成就述略》，《黄河科技大学学报》1999 年第 12 期。

仅在国内闻名，而且在世界上都有很大影响。他修订的《大衍历》是当时世界上比较先进的历法。日本曾派留学生吉备真备来中国学习天文学，回国时带走了《大衍历经》一卷和《大衍历主成》十二卷。《大衍历》作为当时世界上较为先进的历法，相继传入日本、印度，并极大地影响了这两个国家的历法。20世纪中晚期，为纪念这位出色的中国古代天文学家，国际小行星组织将一颗行星命名为"一行小行星"。[①]

第四节　陶瓷文化

土与火是人类进化的基础条件，中国的陶瓷就是土与火相结合的智慧结晶。中国是陶瓷的发源地。在古代，陶和瓷原本是两种不同的事物，陶是用黏土烧制的器物，是胎体没有致密烧结的黏土和瓷石制品，因此相对比较粗糙；"瓷"在《说文解字》中解释为"瓦器。从瓦次声"，《康熙字典》解释为"陶器致密者"[②]。由此可见，瓷和陶相比，外表更为细密、精致。陶器与瓷器的区别在于使用的材料和烧成的温度，二者缺一不可。陶器可以使用包括瓷土在内的各种矿物黏土制作，烧成温度较低，多在700~1000℃，胎体基本烧结，不再遇水分解，但气孔率和吸水率较高。在显微镜下观察胎体，极少存在玻璃相莫来石结晶体，换句话说就是没有瓷化，敲击之声较沉闷。而瓷器使用的是氧化铝含量较高的瓷土即高岭土烧制，烧成温度至少在1100℃以上，胎质基本瓷化，显微镜观察有大量莫来石结晶体存在，气孔率和吸水率较低，敲击之声清脆。瓷器是从陶器发展而来的，可以说没有陶器的发明与发展就不可能有瓷器。瓷器的发明是我们的祖先在长期制陶过程中，不断认识原材料的性能，总结烧成技术，积累丰富经验，从而实现量变到质变的结果。

英语单词"China"既有"中国"的意思，也有"瓷器"的意思，足见中国的瓷器在外国人心中的地位。据学者研究发现，早在欧洲掌握制瓷技术的1000多年前，中国就已经能够制作出精美的瓷器。陶瓷可谓是中西文化交流的一座

---

① 李兴濂：《僧一行和尚科学家》，《宝安日报》2014年6月30日。
② 张玉书等编：《康熙字典》，上海书店出版社1985年版。

重要桥梁。

一、陶瓷文化内涵

陶瓷是中华历史文明传承的重要载体和永恒见证，是中华民族文明史上的宝贵财富。河南陶瓷文化源远流长，透过穿越千万年的器物，我们可以看到古代人们的生活状态，通过陶瓷制作流程、技术工艺的演变过程，可以看到人类文明的进化历程，这些都属于陶瓷文化不可分割的部分。

二、陶瓷文化概述

中原陶瓷文化源远流长，中原陶器发展经历了原始陶器、红陶、白陶、唐三彩等几个阶段。在距今约 8000 年的新郑裴李岗遗址发现的红陶小口双耳三足壶，是我国最早的陶器，属于新石器陶器，说明早在 8000 年前，中原地区就有了彩陶。在距今 7000~5000 年的河南渑池仰韶村遗址，专家们又发掘出土了红底黑彩、深红彩的陶罐、碗、小口尖底瓶，以及龙山时期的磨光黑陶、压印方格纹灰陶、带流陶杯和绳纹灰陶鬲等，这些彩陶线条流畅、图案绚丽，充分证明了远古时代中原地区的陶艺技术和文明发达程度。仰韶文化是黄河流域影响最大的原始文化，它为探讨中国文明起源和华夏文明奠定了基础，因此仰韶圣地被誉为"华夏之源"。另外，郑州二里岗商代遗址出土过最早的原始青瓷。

白瓷，顾名思义是胎和釉均为白色的瓷器，因为胎和釉中铁含量比较少，以氧化焰烧成，釉纯净透明，表达人们对纯净、和平的向往之情。北齐武平六年（575 年）的范粹墓曾出土 10 件白瓷，有碗、四耳罐等，胎体以北方次生高岭土为原料，胎色白，釉色乳浊，玻璃质强，墓址位于今天的河南省安阳市。

唐三彩的诞生已有 1300 多年，大家熟知的是在洛阳发现的唐三彩，但其实在河南巩义早就出现了唐三彩，那里还有俗称的"唐官窑"遗址。唐三彩是中国陶瓷史上的一大亮点，它与唐文化的世界性紧密相连，既有深厚的底蕴，又广泛地吸收外来文化，同时还影响了世界文化发展的进程。唐三彩对契丹族建立的辽王朝（916~1125 年）的陶瓷产品有着较大的影响，辽瓷有着鲜明的民族特色，他们的陶瓷工艺首先适合其自身生产和生活的需要，但显然受到了中原先进制瓷工艺的深刻影响，因此辽代陶瓷可谓中原与契丹两种文化互为借鉴融合的产物。不管从工艺上，还是从造型上，抑或从装饰上，辽瓷都带有明显的中原陶瓷文化因素。[①]

中国的陶瓷技术到了宋代更加发达，宋代是我国陶瓷业的鼎盛时期。宋朝在全国有五大官窑，分别为汝窑、钧窑、官窑、哥窑、定窑。汝窑在古汝州，今河南宝丰清凉寺和临汝县；钧窑在今河南禹州；官窑地址有多个说法，但多数人倾向于河南开封；哥窑在今浙江龙泉县；定窑在今河北曲阳。在这五大官窑中，至少有两个是确认在河南境内，说明当时河南的陶瓷技术相当发达。不管在当时还是在今天，宋官窑瓷器都极具收藏价值。但据说宋代五大官窑的藏品留世极少，故价值连城，是顶级博物馆镇馆之宝。

随后，中原陶瓷在此基础上进一步发展，如今的唐三彩、汝窑和钧窑正在进一步复兴发展，各方面的技术工艺又有了长足的进步，达到一个新的高度。

三、陶瓷文化内容

中原的陶瓷文化灿若星辉，这里仅列举最有名的唐三彩、钧瓷和汝瓷三种。

（一）唐三彩

唐三彩是唐代一种多色彩的低温陶器，"三"并不是说唐三彩只有三种颜色，而是有多种颜色。在同一器物上，黄、绿、白或黄、绿、蓝、赭、黑等基本釉色同时交错使用，形成绚丽多彩的艺术效果。唐三彩在古代是冥器，用于殉葬。如今随着唐三彩复原工艺的发展，它已成为文房陈设、馈赠亲友的佳品。唐三彩是盛唐文化的印证，虽然在唐代文献中没有相关记载，但并不影响它历经千百年岁月依旧光彩照人。

唐三彩发现，清末光绪年间，在修筑陇海铁路时，河南洛阳附近发现大批唐墓，墓葬内出土了大量造型精美、色彩绚丽的三彩器。无知的筑路人觉得这些陪葬品留着晦气，遂将其砸碎。古玩商则将出土的三彩器运往北京，引起金石学家王国维、罗振玉等的重视，一时洛阳唐三彩蜚声中外，外国商人纷至沓来，重金购买。唐三彩因此成为盛唐的象征，名列中华艺术瑰宝。唐三彩与唐文化的世界性紧密相连，它既有深厚的底蕴，又广泛地吸收外来文化，同时还以极大的辐射力影响世界文化发展的进程。沿着丝绸之路传入大唐的各种工艺技术、珍奇异

---

①《辽代陶瓷作品深受中原文化影响》，http://www.lipingov.cn/news/16861.htm。

物、宝相花纹都成为唐代艺术表现的对象。唐代统治者豪华奢靡的生活方式和当时盛行的厚葬之风也促使唐三彩蓬勃发展。

我国著名陶瓷家冯先铭在河南巩义黄冶村发现了窑炉和大量三彩实物，如三彩陶俑、三足炉、马、骆驼等，化验的成分同洛阳唐三彩完全一致，这才真正找到了唐三彩的窑址所在。巩义唐三彩为异军突起的陶瓷美学开辟了新的境界，它以独特的艺术风格、精湛的技艺、雍容华贵的造型和斑驳灿烂、变化万千的色彩，烘托出富有浪漫情调的盛唐气象。[①]

（二）钧瓷

钧瓷始于唐代，在宋代达到鼎盛时期，钧窑与汝窑、官窑、哥窑、定窑一起被称为宋代五大名窑，并名扬天下。宋徽宗把它列为御用珍品，禁止民间私藏。金、元、明和雍正年间，钧瓷被称为"宝瓷"，当时素有"家有财产万贯，不如钧瓷一片"、"雅堂无钧瓷，不可自夸富"、"黄金有价钧无价"等说法。[②]

钧瓷是我国陶瓷宝库中的瑰宝，它色彩斑斓、古朴典雅、风格独特，在我国陶瓷史上有着极其重要的地位。钧瓷之所以名贵，除了它是一种理想的陈列品外，主要在于它烧造极难。一件钧瓷从采料、粉碎到设计、注浆、修刻、旋坯、对接、定型、上釉、煅烧等，要经过几十道工序。古代文献上说："共计一坯功，过手七十二，方能成器，其中微细节目尚不能尽也。"更重要的是器物上所呈现的"窑变"色泽不仅和原料、燃料、炉温、窑位等内在因素有关，而且和季节、气温、风向等外界自然条件也有直接关系，因此钧瓷是火的艺术，烧制难度极大，常有"十窑九不成"之说，即使同一窑同一位置的产品也效果各异，所谓"钧不成双"就是这个道理。[③]钧瓷的烧制技术已经由原来的柴烧、煤烧、炭烧发展到了气烧，但不管用什么烧制技术，钧瓷"入窑一色，出窑万彩"的特点充分说明了其举世无双的收藏价值。

禹州作为中国陶瓷的重要发祥地之一，早在4000多年前已有较为成熟的彩陶生产工艺，至宋代制瓷水平达到顶峰，成为北方地区最重要的制瓷中心，举世闻名的钧窑就诞生于此。目前，禹州境内古瓷窑址数量达150余处，是河南省古窑址数量最多的地区之一，其中钧官窑遗址、扒村窑遗址还

---

① 钱汉东：《探访巩义唐三彩古窑址》，《文汇报》2004年5月27日。
②③ 赵学仁：《钧瓷的发展》，河南禹州钧官窑址博物馆、河南省禹州市钧瓷研究所，2008年。

是全国重点文物保护单位，悠久的陶瓷历史和灿烂的陶瓷文化，使禹州先后获得"中国陶瓷文化之乡"、"中国陶瓷历史文化名城"和"中国中原瓷都"等称号。[①] 自 2004 年开始，禹州市每年举办一次钧瓷文化节，增强了钧瓷文化及禹州传统文化的影响力，钧瓷烧制技艺已入选国家第二批非物质文化遗产名录。

新中国成立后，在周恩来总理的直接关怀下，钧瓷烧制得以恢复，并得到了快速发展。特别是改革开放以来，钧瓷生产工艺与水平都得到了划时代的提升，钧瓷被称为"国宝"、"瑰宝"，不断作为国礼现身世界。1997 年，为祝贺香港特别行政区政府成立，河南省政府向香港特别行政区政府赠送钧瓷珍品"豫象送宝"。整件礼品由墩、座、瓶三部分组成，总高 1997 毫米，寓意 1997 年香港回归。另外，天地人系列"祥瑞瓶"、"乾坤瓶"、"华夏瓶"连续三年被指定为博鳌亚洲论坛的国礼；"丰尊"、"海晏鼎"、"象天鼎"、"珠联璧合"连续四年被选定为东盟博览会的国礼；"玉龙腾飞"则被选为云南世博会的国礼。

（三）汝瓷

汝瓷有"青瓷之首，汝窑为魁"之称，是宋代五大名窑之一，但北宋汝官窑只烧制了 20 年就消失了，传世的作品也非常少。汝瓷因其悠久的历史文化渊源和传世品的稀少而弥足珍贵。

汝瓷为宋代汝窑烧制青瓷的统称，它的创制很特别，有天青、豆青、粉青等颜色，汝瓷釉中含有玛瑙，色泽青翠华滋，釉汁肥润莹亮，有"雨过天青云破出"的赞誉。宋徽宗是个非常虔诚的道教徒，讲求清静无为，凡事要与大自然相和谐。当时流行青瓷，皇帝更是想得到青中极品天青色，便命汝窑烧制。但传说天青色瓷器屡烧不成，皇帝将要降罪，后来听说烧制天青色要使活人跳入窑火中祭窑方可烧成，于是督窑官的小女儿便自己投身窑火之中，从此便烧制出了闻名千古的天青色。随着北宋的灭亡，汝窑毁于战火，前后只 20 年左右。所以北宋汝瓷传世极少，且近千年来无人知道汝窑窑址具体在何处，于是便造成了 20 世纪八九十年代汝瓷的天价。

新中国成立之后，周恩来总理亲自批示："发掘祖国文化遗产，恢复汝瓷生产。"经过汝瓷专家的不断努力，他们成功恢复了汝瓷技术，并做了进一步开发。

---

① 《弘扬传承陶瓷文化 河南古陶瓷博物馆在禹州揭牌》，http://www.ha.xinhuanet.com/hnxw/2013-11/08/c_118068037.htm。

汝瓷又回到人们的视野，焕发出新的生机。2005 年，汝瓷被世贸组织（WTO）确定为原产地保护地理标志性产品。2009 年，汝瓷被授予"河南省十大最具影响力地理标志产品"称号。汝瓷也常作为"国礼"、"珍宝"送给外国要人，如 2010 年的上海世博会把汝瓷定为国宝礼品。2011 年 5 月，汝瓷被列入第三批国家非物质文化遗产名录。

第七章 中原饮食文化

俗话说民以食为天，饮食是人们每天必须要进行的事情。伴随着人们的饮食行为，逐渐产生了饮食文化。饮食文化是一定的政治、经济和科学技术水平的反映，具有民族性和地域性，体现了社会生产力的发展水平、人们的生活方式和生活中的禁忌习俗等内容。中原的饮食文化是中原人民在长期的生存、生产和发展过程中逐渐形成的有着明显地域特征的文化。它不仅包括中原人们的饮食特点、饭菜种类，也包括与饮食有关的炊具、食器、酒器等器具文化，以及一系列与饮食相关的文化因素。

第一节 豫菜文化

在大禹划分的九州中，河南位于天下之中的以平原为主的豫州，所以中原的饮食文化从狭义上来说就是豫菜文化。豫菜的形成、发展与中原地区的整体发展是一致的，都有着悠久的历史和丰富的内涵。

一、豫菜文化的发展历程

豫菜起始于上古三代，至北宋形成了独具特色的菜系。早在4000多年前，夏王启在禹县（今禹州）就有设宴招待诸侯的"钧台之享"的行为。商朝的开国宰相伊尹是夏朝末年空桑（今河南杞县）人，出身于厨师家庭，擅长烹调，被后人尊为中原菜系的创始人和中华厨祖。从安阳殷墟出土的商代炊具和甲骨文的记载来看，殷商时期的烹饪方式主要是炖、蒸、煮、烤，甲骨文中就有烤排骨、烤鹅鸭等。秦汉时期，中原人已开始将粮食加工成粉制作各种饼食，烹饪方法更加多样，如羹、炙、炮、煎、熬、蒸、脍等。河南新密打虎亭出土的东汉画像石中已有磨制豆腐的图像。魏晋南北朝时期，中原地区在少数民族的统治下，饮食习惯也受到了游牧民族的影响，出现了大吃羊肉和喝酪浆的方式。唐朝时期，洛阳水席盛行。水席本来是洛阳寺庙的僧尼为施主做的饭菜，讲究素菜荤作，连汤带水一起食用，久而久之就形成了水席。武则天在洛阳时，洛阳水席经宫廷名厨的加工改良，成为豫菜的一大类别。

北宋是豫菜文化发展的鼎盛时期。北宋的城市格局打破了之前结构严谨、规矩严格的城坊制度，使居住区和商业区合二为一，大大促进了城市经济的发展，当时的都城汴京（今开封）是一个"万国咸通"的大都会。汴京作为一个手工业发达、商业繁荣的大城市，市民的消费能力是极强的，饮食业因此得到了长足的发展，豫菜形成了讲究色、香、味、形的完整体系，菜品的品种多样、形式繁杂。南宋孟元老在《东京梦华录》中详细记载了东京饮食情况，为后人了解北宋的饮食文化提供了翔实的资料。

《东京梦华录》卷二"州桥夜市"条云：

出朱雀门，直至龙津桥。自州桥南去，当街水饭、爊肉、干脯。王楼前獾儿野狐肉、脯鸡。梅家鹿家鹅鸭鸡兔、肚肺鳝鱼、包子鸡皮、腰肾鸡碎，每个不过十五文。曹家从食。至朱雀门，旋煎羊白肠、鲊脯、爛冻鱼头、姜豉、抹子、抹脏、红丝、批切羊头、辣脚子、姜辣萝卜。夏月麻腐、鸡皮麻饮、细粉素签、沙糖冰雪冷元子、水晶皂儿、生淹水木瓜、药木瓜、鸡头穰、沙糖菉豆甘草冰雪凉水、荔枝膏、广芥瓜儿、咸菜、杏片、梅子姜、莴苣、笋、芥、辣瓜儿、细料馉饳儿、香糖果子、间道糖荔枝、越梅、锯刀紫苏膏、金丝党梅、香枨元，皆用梅红匣儿盛贮。冬月盘兔、旋炙猪皮肉、野鸭肉、滴酥水晶鲙、煎夹子、猪脏之类，直至龙津桥须脑子肉止，谓之杂嚼，直至三更。

《东京梦华录》卷二"饮食果子"条云：

所谓茶饭者，乃百味羹、头羹、新法鹌子羹、三脆羹、二色腰子、虾蕈鸡蕈浑炮等羹、旋索粉玉棋子群仙羹、假河鲀、白渫斋、货鳜鱼、假元鱼、决明兜子、决明汤斋、肉醋托胎衬肠、沙鱼两熟、紫苏鱼、假蛤蜊、白肉、夹面子茸割肉、胡饼、汤骨头乳炊羊、脏羊、闹厅羊、角炙腰子、鹅鸭排蒸、荔枝腰子、还元腰子、烧臆子、入炉细项莲花鸭签、酒炙肚胘、虚汁垂丝羊头、入炉羊、羊头签、鹅鸭签、鸡签、盘兔、炒兔、葱泼兔、假野狐、金丝肚羹、石肚羹、假炙獐、煎鹌子、生炒肺、炒蛤蜊、炒蟹、渫蟹、洗手蟹之类，逐时旋行索唤，不许一味有阙。或别呼索变造下酒，亦即时供应。又有外来托卖炙鸡、燠鸭、羊脚子、点羊头、脆筋巴子、姜虾、酒蟹、獐巴、鹿脯、从食蒸作、海鲜时果、旋切莴苣生菜、西京笋。又有小儿子着白虔布衫，青花手巾，挟白磁缸子，卖辣菜。又有托小盘卖干果子，乃旋炒银杏、栗子、河北鹅梨、梨条、梨干、梨肉、胶枣、枣圈、梨圈、桃圈、核桃、肉牙枣、海红、嘉庆子、林檎旋、乌李、李子旋、樱桃煎、西京雨梨、夫梨、甘棠梨、凤栖梨、镇府浊梨、河阴石榴、河阳查子、查条、沙苑榅桲、回马孛萄、西川乳糖、狮子糖、霜蜂儿、橄榄、温柑、绵枨金桔、龙眼、荔枝、召白藕、甘蔗、漉梨、林檎干、枝头干、芭蕉干、人面子、巴览子、榛子、椰子、虾具之类。诸般蜜煎香药、果子罐子、党梅、柿膏儿、香药、小元儿、小腊茶、鹏沙元之类。更外卖软羊诸色包子、猪羊荷包、烧肉干脯、玉板鲊、虵鲊、片酱之类。其余小酒店，亦卖下酒如煎鱼、鸭子、炒鸡兔、煎燠肉、梅汁、血羹、粉羹之类，每分不遇十五钱。诸酒店必有厅院，廊庑掩映，排列小阁子，吊窗花竹，各垂帘幕，命妓歌笑，各得稳便。

东京的食肆随处皆是，而且出现了有代表性的店铺。一方面，菜品的种类繁多，荤素搭配，荤菜的品种尤其丰富，并且善于运用各种家畜的内脏做原料，通过煎炸烧烤等方法制成可口的食物。另一方面，利用各种蔬菜做成的小菜和利用各种水果加工而成的干果制品随处可见，这些小菜和果脯通过不同的加工方式而呈现不同的口味和特色。另外，东京的饮食业与饮酒业互相配合，共同发展。

宋人的品菜方式也极为讲究，《东京梦华录》卷四"食店"条云：

大凡食店，大者谓之"分茶"，则有头羹、石髓羹、白肉、胡饼、软羊、大小骨、角炙犒腰子、石肚羹、入炉羊、罨生软羊面、桐皮面、姜泼刀、回刀、冷淘、棋子、寄炉面饭之类。吃全茶，饶斋头羹。更有川饭店，则有插肉面、大燠面、大小抹肉、淘煎燠肉、杂煎事件、生熟烧饭。更有南食店，鱼兜子、桐皮熟脍面、煎鱼饭。又有瓠羹店，门前以枋木及花样杏结缚如山棚，上挂成边猪羊，相间三二十边。近里门面窗户，皆朱绿装饰，谓之"欢门"。每店各有厅院东西廊，称呼坐次。客坐，则一人执箸纸，遍问坐客。都人侈纵，百端呼索，或热或冷，或温或整，或绝冷，精浇、臕浇之类，人人索唤不同。行菜得之，近局次立，从头唱念，报与局内。当局者谓之"铛头"，又曰"着案"。讫，须臾，行菜者左手权三碗，右臂自手至肩，驮叠约二十碗，散下尽合各人呼索，不容差错。

一有差错，坐客白之主人，必加叱骂，或罚工价，甚者逐之。吾辈入店则用一等琉璃浅棱椀，谓之"碧椀"，亦谓之"造羹"，菜蔬精细，谓之"造斋"，每碗十文，面与肉相停，谓之"合羹"，又有"单羹"，乃半个也。旧只用匙，今皆用箸矣。更有插肉、拨刀、炒羊、细物料棋子、馄饨店。及有素分茶，如寺院斋食也。又有菜面、胡蝶斋胝胅，及卖随饭、荷包白饭、旋切细料馉饳儿、瓜斋、萝卜之类。

由上述资料可以发现，北宋的豫菜品种繁多，形成了一系列的菜品和特色美食。第一，它根据不同的阶层和场合分为不同的菜系，有民间菜、寺庵菜、市肆菜、官府菜、宫廷菜等。民间菜是豫菜的基础，它色重味浓、经济实惠，如杂烩菜、红烧肉、蒸茄荚等。市肆菜适应城市经济的发展，集各种菜品之精华，是豫菜的主体，如桶子鸡、鲤鱼焙面等。寺庵菜是僧尼为招待施主而研制的素食斋饭，如清蒸素鸡、素火腿、素海珍等。官府菜典雅庄重，如凤求凰、套四禽、紫酥肉等。宫廷菜集豫菜精华之大成，讲究技法，注重食疗，口味清纯，如珍珠汤、龙凤呈祥、皎月香鸡等。第二，在饮食过程中讲究合理搭配，米面结合，以面食为主，包子汤类互搭，荤素相配，比较有利于人们的消化吸收。第三，出现了有代表性的店铺或商家，如万家馒头、史家瓶羹、曹婆婆肉饼等。

北宋之后，由于京城的迁移，中原失去了它的中心地位，豫菜的发展也逐渐走向了衰微。当代的豫菜是在原宫廷菜、官府菜、市肆菜和民间菜的基础上，根据中原的物质条件，逐步积累演变发展起来的。

二、豫菜文化的特征

豫菜在形成和发展过程中，形成了具有自己地域特色的适合本地老百姓生活习俗的文化特征。

第一，米面结合，以面食为主。河南地处平原，自从小麦传入中国后，中原地区就成了小麦的主产区，由小麦而产生的面食成为河南人的主食。面食主要有面条、包子、馒头和烧饼之类。面条从做法上来看有汤面、捞面和蒸面之分。汤面就是在水中下面，带面汤一起喝，汤中有面，面里含汤，最易消化，尤其适合中老年人的胃口。在郑州等地流行的烩面是河南地区一种比较有特色的汤面，它不是用普通的白开水为汤，而是在牛肉汤或羊肉汤里下面条，再配以粉条、海带、木耳、青菜等作为配料，具有营养、实惠的特点。流行于豫西、豫西南地区的浆面条也是清爽可口有特色的汤面。捞面是先让面条在开水里煮好后捞上来，在面条的上面浇上炒菜，搅匀食用。比较有特色的捞面如新野板面和新野臊子面等。河南蒸面的主要形式是卤面，据说卤面的产生与洛阳白马寺的寺庙文化有关。在魏晋时期，白马寺香火鼎盛，带动了周边的饮食业，很多人经营面食，但剩余的面条隔夜后容易发酸，人们便把面条蒸过后放凉，第二天和炒好的菜搅匀后再蒸，这样面条筋道爽口、易盛易带，很适合在外边食用，直到今日，卤面依然是最具河南特色的快餐面食。

面条的食用需要碗筷等工具，但人们在田间劳作或行走他乡时需要更快捷的食物，而包子、馒头和烧饼就符合这些人们的饮食条件。包子、馒头主要以蒸为主；饺子也可看作是微型的包子，但它既可蒸也可煮；烧饼则是在炉子上烧烤而成。蒸饺、灌汤小笼包、菜盒子、水煎包、锅贴、杠子馍、双麻火烧、鸡蛋灌饼等就是河南独具特色的包子、馒头、烧饼的种类。

第二，五味调和，质味适中。河南地处中原，长期作为全国的政治、经济和文化中心，不管是在物质上还是在精神上都有很强的包容性，能融合不同地域的文化因素。豫菜将南甜、北咸、西酸、东辣的口味倾向融为一体，创造出一种甜而不腻、咸而不齁、酸而不酷、辛而不烈的烹饪特色，符合古代"中庸"、"中和"的文化要求。这种中和之味与人体各器官的保养是相适应的，《黄帝内经》云："是故味过于酸，肝气以津，脾气乃绝；味过于咸，大骨气劳，短肌，心气抑；味过于甘，心气喘满，色黑，肾气不衡；味过于苦，脾气不濡，胃气乃厚；味过于辛，筋脉沮驰，精神乃央。是故谨和五味，骨正筋柔，气血以流，腠理以密，如是则骨气以精。"[1] 因此，河南饮食的中和口味也体现了养生的基本要求。

第三，荤素搭配，以素食为主。中原的饮食讲究就地取材，老百姓所种的瓜、果、蔬菜，田地里的各种野菜，以及所喂养的鸡、鸭、猪等都是人们制作饭菜的主要材料。在封建时代，受当时税收政策和生产力低下等因素的影响，一般老百姓的物质生活都不富裕，只有在逢年过节时才能吃上一些荤菜，平时都以素食为主。为了使饮食有滋有味，人们想出各种做菜方式，如素菜荤作就是中原老百姓的一大发明。在唐代盛行的洛阳水席里有一道非常有名的菜品叫"牡丹燕菜"，给人感觉像是用珍贵的燕窝做成的，但实际上它的主要原料就是家家食用的白萝卜。

① 姚春鹏译注：《黄帝内经》，中华书局 2010 年版。

第四，体现了药食同源的理念，具有很强的养生观念。中原人一般早上吃粥和馒头，中午以干饭为主，晚上仍是粥或其他带汤的食物。尤其是古都洛阳更是以汤为主，有"早上豆腐汤，晚上丸子汤"之说。河南很多地区的人们见面打招呼时，早上或中午会问"吃饭了吗"，晚上则是"喝汤了吗"。在这早中晚的不同饭菜种类中，体现了"早上吃好，中午吃饱，晚上吃少"的养生理念，而且符合人体早上和晚上要多补充水分的生理需求。

第五，地域特征比较鲜明，概括来说就是中扒（扒菜）、西水（水席）、南炖、北面（面食、馅饭）。豫东以开封为代表，口味居中，恪守传统，面食居多，扒制类菜肴最有特色；豫西以洛阳为代表，菜品汤水居多，水席最具典型特色，口味偏酸，羊肉汤、牛肉汤是日常美食；豫南以信阳为代表，炖菜较为典型，口味稍偏辣；豫北以新乡、安阳为代表，口味偏重。

经过历史积淀，豫菜也产生了许多知名的菜品和著名品牌。面条类如郑州的合记烩面、方城烩面、新野板面、襄县焖面、郏县饸饹面、洛阳和汝州等地的浆面条、洛阳卤面等；馒头包子类有沈丘顾家馍、汝州锅贴馍、濮阳壮馍、济源王屋山的土馍、南阳博望锅盔、开封的双麻火烧、太康烧饼、少林寺素饼、信阳鸡蛋灌饼、信阳勺子馍、灵宝肉夹馍、商丘水激馍、新安县烫面角、葛记焖饼、郑州蔡记蒸饺、郸城油旋饼、开封第一楼灌汤小笼包、信阳水煎包、开封锅贴等；汤类如洛阳水席中的大部分菜品、逍遥镇胡辣汤、洛阳的牛肉汤、孟津铁谢羊肉汤、罗山大肠汤、酸辣乌鱼蛋汤、酸辣肚丝汤等；卤菜类如开封桶子鸡、道口烧鸡、南阳黄牛肉、信阳板鸭、安阳熏肚、开封五香羊蹄、太康肘子、鹿邑试量狗肉、周口邓城叶氏猪蹄等；特色小吃类如开封炒凉粉、信阳石凉粉、濮阳裹凉皮、安阳扁粉菜和血糕、内黄烧灌肠、鲁山揽锅菜、淮阳酱蒲菜、鹿邑妈糊；名菜类如洛阳牡丹燕菜、开封的炸八块、糖醋软熘鱼焙面、扒广肚、葱扒羊肉、信阳烤鱼、信阳炖菜、安阳炒三不沾、开封菊花火锅等。

当代，豫菜仍是以河南人的口味习惯为发展方向的地方菜系，但在信息发达的今天，它在吸收其他地方菜品文化的基础上又有所创新和发展。河南的厨师文化也呈现出了新面貌，尤其是被誉为"中国厨师之乡"的长垣县，其烹饪更是以历史悠久、厨师众多、技艺精湛、服务广阔著称于世。目前，长垣从事烹饪工作的专业厨师有3万余人，遍及46个国家和地区，现有中国烹饪名师50余人，在全国县级地区中位居第一。

第二节　名酒文化

中国是酒的故乡。在古代社会，饮酒不仅是人们的日常活动，而且还与社会的生产、科技的发展和文学艺术的表现等有着密切的关系，是一种独具特色的文化现象。人们饮酒不仅仅是满足口腹之乐的生理性消费，更多的是表示一种礼仪、一种情趣、一种心境。中原是酒文化的发源地，在中国酒文化的发展历程中占有重要的地位。

一、中原酒文化的发展历程

在中国古代，酒是农业发展到一定水平尤其是粮食生产出现剩余之后的产物。以河南为中心的中原地带是我国古代农业的主要生产区域，在距今七八千年前的裴李岗文化时期，中原就出现了原始的农业和家畜饲养业。在属于裴李岗文化的舞阳贾湖遗址中发现了水稻和酒类的残存物，据此可以推断，伴随着原始农业的发展，原始的酿酒业已经出现。

人们对酒是如何发明的有多种不同的说法，如上天造酒、猿猴造酒、仪狄造酒和杜康造酒等，在这些观点中，只有仪狄造酒和杜康造酒颇具合理性。《战国策》载："昔者，帝女令仪狄作酒而美，进之禹，禹饮而甘之。"仪狄的身份不明确，但第一个饮酒的禹的统治中心就是中原地区。东汉初年的许慎在《说文解字》中说："古者少康初作箕帚、秫酒。少康，杜康也。葬长垣。"杜康的身份有两种说法，一种认为他是黄帝的厨师，另一种认为他是夏朝的第五代帝王少康。但不论是仪狄说还是杜康说，都说明中国酿酒的开端起始于河南。汉末建安年间的大政治家兼大诗人曹操在《短歌行》里吟唱道："青青子衿，悠悠我心。何以解忧，唯有杜康。"自此之后，杜康造酒基本为世人认可。西晋人江统在《酒诰》中说："酒之所兴，肇自上皇，或云仪狄，一曰杜康。有饭不尽，委余空桑。郁结成味，久蓄气芳。本出于此，不由奇方，历代悠远，经□弥长，稽古五帝，上迈三王，虽曰贤圣，亦咸斯尝。"①说明了在上古时代中原地区先进的农业经济为酒的发明提供了物质条件，从而产生了酿酒业。

现今河南省汝阳县杜康村有杜康当年造酒的遗址。《直隶汝州全志》卷九载："伊阳古迹，杜康矶，城北五十里，杜康造酒处……有杜水，《水经注》名康水。"《伊阳山川》记载："杜水河源出牛山，会于伊，长十里，俗传杜康造酒于此故名。"伊阳就是今天的汝阳，杜康矶即杜康村，杜水河现称杜康河。杜康村依山傍水，有得天独厚的酿酒条件。杜康河发源地有上百处泉眼，流经杜康村时穿过一段峡谷叫酒泉沟，酒泉水清澈透亮，天越冷时水越暖，为酿制好酒提供了优越的水资源条件。

杜康村的酿酒历史代代相传。1958 年人们在杜康村南挖水库地基时曾挖出七处洞穴，其中藏有枯树皮和霉变的秫米，考古专家认为是远古时期人们用桑木制作的发酵体。1957 年当地农民在杜康村南酒泉沟挖地基时，发现一座古代的酿酒作坊遗址，里面有粮食残存物，还有陶漏斗、陶蒸锅，以及贮酒用的陶甄、罍、尊、壶等，陶锅下面有深 1.4 米、宽 0.9 米的灰坑，考古专家断定为商代酿酒作坊遗址。1972 年又挖掘出了西汉时期的酿酒作坊遗址。现在杜康村仍保留有明清时期的酿酒工具和相关碑文。古往今来，人们将杜康尊奉为酒神，杜康酒也成为酒中的珍品。

上古三代是中国酿酒业发展的一个重要时期。夏代的造酒技术和酒文化已发展到较高水平，酒在人们生活中也占有重要的位置。据统计，在二里头遗址中的陶器随葬品中，占比例最大的是酒器②，最大的青铜器是酒爵，可见夏代贵族饮酒之风的盛行。商周时代的酿酒业已经比较普遍和发达，酒器分工细致，制作工艺精湛，安阳殷墟小屯村出土的酒器有角、斝、爵、觚、觥、觯、尊、彝、卣、盉等种类，涉及酿酒、贮酒、盛酒、烫酒、温酒、斟酒、饮酒等功能。商代人饮酒成风，《史记》载纣王在朝歌（今河南淇县）时"好酒淫乐……以酒为池，悬肉为林"。

西周时期，中原的美酒已得到世人的称赞，《诗经》邶风、郑风等国风中就有吟咏中原美酒的诗篇。春秋战国时期，中原城市里已有悬挂旗帜的酒店，"宋城酤酒"闻名遐迩。汉代时中原名酒品种繁多，酒成为人们生活的必需品，是

---

① ［清］严可均辑：《全晋文》，商务印书馆 1999 年版。
② 方酉生：《河南偃师二里头遗址发掘简报》，《考古》1965 年第 5 期。

"天之美禄，帝王所以颐养天下，享祀祈福，扶衰养疾"，"百礼之会，非酒不行"，"百药之长，嘉会之好"（《汉书·食货志》）。洛阳一带的"沙洛绿鄙酒"成为天下第一美酒。两汉时期，洛阳、南阳、大梁等繁华的城市中酒楼众多，随处可见。刘向《列仙传》载："酒客者，梁市上酒家客也，作酒常美，日售万钱。"《古诗十九首·青青陵上柏》中有："斗酒相娱乐，聊厚不为薄。驱车策驽马，游戏宛与洛。"从南阳起家的光武帝刘秀曾将宛西一带的三潭酒定为贡品。曹操根据河南地区的酿酒经验撰写了酿酒专著《九酿法》。南阳人张仲景的医学名著《金匮要略》杂症篇中用黄酒作药引的达 35%，可见酒的用途越来越广。

北魏孝文帝迁都洛阳后，从山西等地调集了大批酒匠，使洛阳成为北方的酒业中心。《洛阳伽蓝记》卷四记载了洛阳西市有两个专门酿酒的地方——延酤里和治觞里。这里的美酒极佳，鹤觞酒是一代名酒，"京师朝贵多出郡登藩，远相饷馈，逾于千里。以其远至，号曰鹤觞，亦名骑驴酒。永熙年中南青州刺史毛鸿宾赍酒之藩，路逢盗贼，饮之即醉，皆被擒获，因此复名擒奸酒"。除此之外，郎陵（今驻马店确山）的封清酒也名噪一时，贾思勰在《齐民要术》中收录了封清酒的酿造方法，"郎陵何公夏封清酒法：细判曲如雀头，先布瓮底。以黍一斗，次第白水五升浇之。泥，着日中，七日熟"。

唐朝时期，中原酒业依然繁荣，尤其是神都洛阳的商业区殖业坊和清化坊内酒肆林立，白居易的《咏怀》诗有"毕卓时时醇，酒肆夜深归"之语，洛阳酒业之繁荣由此可见。洛阳东边的宜阳酒也颇负盛名，李贺在《开愁歌》中吟道："旗亭下马解秋衣，请贳宜阳酒一壶。"商丘在当时也是繁华的都市，酒业兴盛，自称酒仙的李白曾漫游到宋州，畅饮梁园美酒，《梁园吟》中有"平台为客忧思多，对酒遂作梁园歌"、"人生达命岂暇愁，且饮美酒上高楼"、"五月不热疑清秋"之语。杜甫在《遣怀》中用"昔我游宋中，惟梁孝王都。名今陈留亚，剧则贝魏俱。邑中九万家，高栋照通衢。舟车半天下，主客多欢娱"来描述商丘热闹的酒肆。除了洛阳和商丘，其他地方也产美酒。李白曾在南阳宛西三潭泉的酒肆边狂饮，留下了"爱此寒泉清"的诗句。荥阳地处荥水之滨，沿岸各处多产好酒，李肇的《唐国史补》曰"郑人以荥水酿酒，近邑与远郊美数倍"，并列举"荥阳之土窟春"为唐朝的美酒之一。颍川郡（今许昌）的酿酒技术也很出名，《白居易集·池上篇序》说："颍川陈孝山与酿法酒，味甚佳。"

宋代是中原酒文化的辉煌时期，无论是酿造还是交易，都达到了前所未有的程度。根据《宋会要·食货》中东京麹院年产 200 万斤酒麹的记载和苏轼《酒经·酿造法》中配麹量的比例，可推断出东京每年的酿酒量在 8000 万斤左右，数量之大，让人惊叹。南宋朱弁在《曲洧旧闻》卷七《张次贤记天下酒名》一文中保存了北宋张能臣的《酒名记》原文，《酒名记》列举了北宋 216 种名酒，其中产自河南的就有 80 种，而且还有多种被遗漏的名酒未列其中，如开封的宫廷御酒、西京的金浆酒和荥阳的土窟酒等。

《酒名记》为人们了解宋代的酿酒业提供了宝贵的资料，所列的河南名酒主要涉及开封城内和各州府。开封城内的名酒有七大类，分别是后妃家酿酒品 7 种、宰相府家酿 3 种、亲王家酿 10 种、外戚家酿 7 种、内臣家酿 4 种、开封府酿 1 种、开封城酒店酿制 27 种。京城之外的名酒有 21 种，如南京应天府（今商丘）的桂香酒，西京河南府（洛阳）的玉液酒，澶州（濮阳）的中和堂酒，卫州（卫辉）的柏泉酒，相州（安阳）的银光酒，滑州（今滑县）的风麹酒、冰堂酒，怀州（今沁阳）的香桂酒，郑州的金泉酒，许州（今许昌）的潩泉酒，蔡州的银光香桂，唐州（今唐河）的淮源酒、泌泉酒，邓州的香泉酒、香菊酒、甘露酒和寒泉酒等。

北宋时期，除了开封的名酒之外，河南其他地方的美酒也誉满天下。陆游在《老学庵笔记》中说："承平时，滑州冰堂酒为天下第一。"滑州冰堂酒在宋代确实，名气很大。《胜饮编》卷九有"冰堂春，欧阳永叔在滑县所造酒名"的记载，黄庭坚的词作《减字木兰花·饮宴》中有"冰堂酒好，只恨银杯小"之语，秦观也曾写诗感叹说："酢头春酒响潺潺，垆下黄公寝正安。梦入平阳旧地馆，隔花螭口吐清寒。"（《题务中壁》）除了冰堂酒外，汝州宝丰县酿酒业的规模也很大。尤其是著名理学家程颢任汝州酒监后，对酿酒业免征或少征税收，使宝丰的酿酒业发展迅速，当时在宝丰县附近就有上百家酒作坊。直到现在，宝丰酒在中国名酒系列中仍占有一席之地。宝丰县的商酒务镇也以独特的名字显示着自己辉煌的酿酒史。

北宋之后，中原的酿酒业随着政治中心地位的丧失也逐渐衰落，但像宝丰酒、安阳等地的名酒仍受到人们的追捧。南宋人周煇出使金朝路过相州时曾记有："至相州，阛阓繁盛，观者如堵。二楼曰康乐、曰月白风清，又二楼曰翠楼、曰秦楼，时方卖酒其上，牌书'十洲春色'酒名也。"[1]范成大在使金途中对相州

---

① 周煇：《北辕录》，见《全宋笔记》第五编第九册，大象出版社 2012 年版。

的"翠楼沽酒满城欢"的景观也大为赞赏。

明清时期，河南地区的名酒主要有温县温酒、鹿邑县鹿邑酒、卫辉府明流酒、泌阳县郭集酒、清丰县清风酒和宝丰县的宝丰酒、赊店的赊店酒等。明正德《汝州志》载有《酒务春风》诗曰"百尺楼台数里环，醉乡深处醉贤关。千家春散陶巾裹，万斛愁消毕甕间。远近旗帘如上箸，依稀风景似中山。我思监正因过此，分得余春上笑颜"之语。清代乾隆年间，温县温酒曾作为贡品献入宫廷。李汝珍的《镜花缘》第九十六回列举的河南名酒有卫辉明流酒和河南柿子酒。

二、中原酒文化的特点

中原酒文化历史悠久，具有浓郁的地域特色和时代特点，尤其是北宋时期开封的酒文化充分体现了中原酒文化的内涵特点。

第一，河南名酒的酿造材质种类繁多，从酒名上就可看出。有的酒以材料独特命名，如桂香、菊香等；有的以山泉水质取胜，如金泉、溧泉、寒泉等以泉为名；有的用酒麴的原料命名，如拣米酒、羊羔酒等。酒名的不同也可看出酒味的特点，北宋的开封酒多以醇、醹、醑、醴为名，如向太后天醇酒、张温成皇后醹醁酒、懿王重酝酒等；有的以酒色取名，如玉液、玉沥、琼液、琼浆、碧光等。根据明代冯时化《酒史·酒考》中"酒之清者曰醽，清而甜者曰酏，浊者曰醆，亦曰醨，浊而微清者曰醙，厚者曰醇，亦曰醹。重酿者曰，三重酿者曰酎。薄者曰醨。甜而一宿熟者曰醴。美者曰醑。苦者曰醋。红者曰醍，绿者曰醽，白者曰醆"的记载推测，宋酒以色白、色绿为佳，在味道上以厚、甜、美为上。

第二，中原酿酒业的发达，带来了饮酒市场的昌盛。东京开封不仅酒店众多，而且根据需求者的不同分为三个等级。最高规格的酒店称为正店，次于正店的酒店为脚店，次于脚店的小酒贩称为拍户。北宋时期东京的脚店有数千家，拍户则处处皆是，不计其数。正店可以将酒零售给脚店，再由脚店转卖。宋仁宗天圣五年（1027年）曾下诏给三司："白矾楼酒店，如有情愿买办，出办课利，令在京脚店酒户内拨定三千户，每日于本店取酒沽卖。"就价格上来看，好酒的价格是比较昂贵的。如在东京位列"酒店上户"的遇仙正店内，"银瓶酒七十二文一角，羊羔酒八十一文一角"。每逢节日，东京城的人们昼夜饮酒欢歌，如在中秋之夜，"民间争占酒楼玩月"，东京酒肆的普及与影响可见一斑。

《东京梦华录》卷四"会仙酒楼"：

　　如州东仁和店、新门里会仙楼正店，常有百十分厅馆动使，各各足备，不尚少阙一件。大抵都人风俗奢侈，度量稍宽，凡酒店中，不问何人，止两人对坐饮酒，亦须用注碗一副，盘盏两副，果菜碟各五片，水菜碗三五只，即银近百两矣。虽一人独饮，碗遂亦用银盂之类，其果子菜蔬，无非精洁。若别要下酒，即使人外买软羊龟背大小骨、诸色包子、玉板鲊、生削巴子、瓜姜之类。

　　正店是东京酒文化繁荣的象征。东京酒业繁荣的时候仅正店就有 72 家，正店酒家都能自酿好酒，各具特色。根据建筑风格的不同，正店的名称也不同，以楼阁为主体的叫酒楼，如遇仙楼、礬楼等；仿照花园式建筑的称园子，如蛮王园子正店、梁宅园子正店等。礬楼是东京最大的酒店，也叫“白矾楼”、“樊楼”、“丰乐楼”，被誉为“京师酒肆之甲”，每天在此饮酒的有上千人之多。宋代诗人刘子翚《汴京纪事诗》有“梁园歌舞足风流，美酒如刀解断愁。忆得少年多乐事，夜深灯火上礬楼”[①]之语，充分写出了礬楼的热闹景象。宋仁宗微服出行，来到礬楼感慨道：“城中酒楼高入天，烹龙煮凤味肥鲜。公孙下马闻香醉，一饮不惜费万钱。招贵客，引高贤，楼上笙歌列管弦。百般美物珍馐味，四面栏杆彩画檐。”[②]宋徽宗也曾扮作读书人携同名妓李师师到礬楼取乐。

　　《东京梦华录》卷二“酒楼”：

　　凡京师酒店门首，皆缚彩楼欢门，唯任店入其门，一直主廊约百余步，南北天井两廊皆小阁子，向晚灯烛荧煌，上下相照。浓妆妓女数百，聚于主廊槏面上，以待酒客呼唤，望之宛若神仙。北去杨楼以北穿马行街，东西两巷，谓之大小货行，皆工作伎巧所居。小货行通鸡儿巷妓馆，大货行通戗纸店。白矾楼，后改为丰乐楼，宣和间，更修三层相高，五楼相向，各有飞桥栏槛，明暗相通，珠帘绣额，灯烛晃耀。初开数日，每先到者，赏金旗，过一两夜则已。元夜则每一瓦陇中，皆置莲灯一盏。内西楼后来禁人登眺，以第一层下视禁中。大抵诸酒肆瓦市，不以风雨寒暑，白昼通夜，骈阗如此。州东宋门外仁和店、姜店，州西宜城楼药张四店、班楼，金梁桥下刘楼，曹门蛮王家、乳酪张家，州北八仙楼，戴楼门张八家园宅正店，郑门河王家，李七家正店，景灵宫东墙长庆楼。在京正店七十二户，此外不能遍数，其余皆谓之“脚店”。卖贵细下酒，迎接中贵饮食，则第一白厨，州西安州巷张秀，以次保康门李庆家，东鸡儿巷郭厨，郑皇后宅后

　　① 杨国学校注：《屏山集校注与研究》，中国书籍出版社 2012 年版。
　　② [明] 冯梦龙：《喻世名言》，人民文学出版社 1987 年版。

宋厨，曹门埤筒李家，寺东骰子李家，黄胖家。九桥门街市酒店，彩楼相对，绣旆相招，掩翳天日。政和后来，景灵宫东墙下长庆楼尤盛。

北宋东京的大小酒店都挂有自己的招牌，如用竹竿挑在店首的酒旗、挂在店门前的酒帘。这些招牌不仅有招徕顾客的作用，而且明确所售酒类、酒名，表示是否营业，如《东京梦华录·中秋》就有"至午未间，家家无酒，拽下望子"的记载。东京酒店门前有扎彩楼的习俗，"凡京师酒店，门首皆缚彩楼欢门"，"九桥门街市酒店，彩楼相对，绣旆相招，掩翳天日。政和后来，景灵宫东墙下长庆楼尤盛"（酒楼），"中秋节前，诸店皆卖新酒。重新结络门面彩楼花头，画竿醉仙锦旆"（中秋）。五言六色的彩楼、酒旗折射了东京城市经济的繁荣和人们生活的安逸。

第三，北宋时期东京市民根据季节变化和经济条件而选择自己所饮的酒类。中秋节时人们有饮新酒的习俗，"诸店皆卖新酒"。老酒一般在冬季饮用，也是招待客人的贵重物品，范成大在《桂海酒志》中说："老酒以麦曲酿酒，密封藏之可数年。士人家尤贵重，每岁腊中，家家造酢使可为卒岁计，有贵客则设老酒冬酢以示勤，娶婚亦以老酒为厚礼。"除此之外，还有小酒和大酒。小酒是春秋两季随酿随饮的酒，大酒是夏季饮用的酒，价钱比小酒要贵，《宋史·食货志》载"自春至秋，酝成即鬻，谓之小酒，其价自五钱至三十钱，有二十六等"，"腊酿蒸鬻，候夏而出，谓之大酒，自八钱至四十八钱，有二十三等，凡酝用粳、糯、粟、黍、麦等曲法酒式"。

第四，中原的酒文化在发展过程中与茶文化产生了互相为用的关系。在古代，与酒关系最密切的饮用品是茶。中原虽然不是茶文化的发源地，但是自从饮茶风俗传入河南之后，河南人对此也非常热衷。中唐时期，河南济源人卢全嗜茶如命，对饮茶颇有研究。他的《走笔谢孟谏议寄新茶》诗，传唱千年而不衰，诗中对茶的功效的品评最为人称道，被人概括成"七碗茶诗"，"一碗喉吻润，两碗破孤闷。三碗搜枯肠，唯有文字五千卷。四碗发轻汗，平生不平事，尽向毛孔散。五碗肌骨清，六碗通仙灵。七碗吃不得也，唯觉两腋习习清风生"的描述成为人们向往的品茶境界。卢全因为对茶的深刻领悟和精到见解而被世人尊称为"茶仙"。

北宋都城东京汴梁的茶文化与酒文化相互为用，共同繁荣。许多茶店也是酒肆。政府设有专门的管理机构负责茶酒事务，如掌管宫廷事务的内诸司有茶酒局，掌管全国各地事务的外诸司有都茶场。民间亦有专门的租赁业务以满足老百姓的宴会需求，"凡民间吉凶筵会，椅桌陈设，器皿合盘，酒檐动使之类，自有茶酒司管赁"，"主人只出钱而已，不用费力"。东京的茶楼也鳞次栉比，御街"以南东西两教坊，余皆居民或茶坊"，比较有名的茶店如州桥附近的"李四分茶"、朱雀门旁有"薛家分茶"、相国寺东门大街的"丁家素茶"。东京的夜市非常热闹，饮食业极其兴旺，有些茶店开业极早。"夜市直至三更尽，才五更又复开张"，"冬月虽大风雪阴雨，亦有夜市"，"至三更方有提瓶卖茶者"，潘楼东去十字街的"鬼市子"中，"茶坊每五更点灯"。人们一般是将茶和酒一起饮用，"凡店内卖下酒厨子，谓之'茶饭量酒博士'"。

茶坊酒肆就是饭店，人们去茶坊多数是为了吃饭，"大凡食店，大者谓之'分茶'，则有头羹、石髓羹、白肉、胡饼、软羊、大小骨、角炙犒腰子、石肚羹、入炉羊、罨生软羊面、桐皮面、姜泼刀、回刀、冷淘、棋子、寄炉面饭之类。吃全茶，饶虀头羹"，"新封丘门大街，两边民户铺席，外余诸班直军营相对，至门约十里余，其余坊巷院落，纵横万数，莫知纪极。处处拥门，各有茶坊酒店，勾肆饮食"。甚至茶即是饭，"所谓茶饭者，乃百味羹、头羹、新法鹌子羹、三脆羹、二色腰子、虾蕈鸡蕈浑炮等羹、旋索粉玉棋子群仙羹、假河鲀、白渫虀、货鳜鱼、假元鱼、决明兜子、决明汤虀、肉醋托胎衬肠、沙鱼两熟、紫苏鱼、假蛤蜊、白肉、夹面子、茸割肉、胡饼、汤骨头乳炊羊、𪍿羊、闹厅羊、角炙腰子、鹅鸭排蒸、荔枝腰子、还元腰子、烧臆子、入炉细项莲花鸭签、酒炙肚胘、虚汁垂丝羊头、入炉羊、羊头签、鹅鸭签、鸡签、盘兔、炒兔、葱泼兔、假野狐、金丝肚羹、石肚羹、假炙獐、煎鹌子、生炒肺、炒蛤蜊、炒蟹、渫蟹、洗手蟹之类，逐时旋行索唤，不许一味有阙。或别呼索变造下酒，亦即时供应。"

北宋东京的茶酒文化是北宋饮食文化的一个重要组成部分，是北宋城市经济繁荣的缩影，它反映了北宋的风土人情和社会习俗，具有鲜明的时代特色。

当代河南的酿酒业依然发达，涌现出了许多有地域特色的酒品。例如，南阳社旗县的赊店酒继承了上千年的工艺，在河南酒业中占有一席之地，"赊店老酒，天长地久"成为家喻户晓的广告语。位于平顶山市宝丰县的宝丰酒是清香型白酒的典范，以"清香纯正，绵甜柔和，甘润爽口，回味悠长"著称于世。产自周口鹿邑的宋河粮液被誉为"中原浓香型白酒的经典代表"，据说它的诞生与著名哲学家老子有关，因此那"道法自然香"、"中国性格、宋河粮液"的广告语也具有很强的感染力。宋河粮液是较高层次的消费，对于广大的鹿邑老百姓来说，他们更喜欢"鹿邑大曲"，它既有厚重的历史，又经济实惠，普及性强。产于商丘宁陵县的张弓酒已有千年的发展史，以"窖香浓郁，绵甜爽净，醇厚丰满，回味悠长"著称，那句"东西南北中，好酒在张弓"说出了张弓酒的气势。洛阳市汝阳县的杜康酒在继承传统工艺的基础上又有新的发展，被列为"中国十大文化名酒之一"。除了遍布河南各地的白酒厂家之外，河南的红酒业也形成了规模，尤其是民权县的葡萄酒享誉海内外。

中原的酒文化是中国文化的重要组成部分，既具有明显的地域特色，又与其他的文化现象有着千丝万缕的联系，反映了酒这一传统饮品在中国人生活中的重要地位。酒依托古代诗文的魅力，扩大了自己的影响和知名度；在著名诗人文人的宠爱下，成为文人精神气质的一部分；在政治斗争中，成为政治家实现自己政治目的的工具；在戏剧构思中，酒成为主要的故事情节或者推动关目发展的重要手段；在书法艺术中，酒为艺术家抒发自己狂放不羁的个性、尽情展现笔走龙蛇的气势增加了无穷的动力。

第三节　食器文化

古人云："民以食为天。"这也是西周时期以来中原文化的重要思想。吃历来是人们生活中的一件大事，而和吃相关的器物也是相当重要的。从原始时代的"茹毛饮血"，到如今的煎炒烹炸煮蒸，中国的食器文化历经了一个相当长的演化过程。研究中国古代饮食器具，对传承中国饮食文化具有重要意义。

一、食器文化内涵

饮食活动必须以饮食器具为载体，因此和饮食文化相照应，我国的食器文化也有着自己的特色。如各种做法工具、盛饭工具、吃饭工具及饮酒工具，都反映着饮食的变化，传承着中华饮食文化的魅力。土与火是人类文明进步的基础条件，有了火，人类可以把生的食物变为熟的食物，所以必须有对应的做饭、盛饭、吃饭的工具。与之对应的食器文化，记载并传承着中原地区几千年来的饮食习惯、制度等，构成了中原食器文化的独有内涵。

二、食器文化概述

早在距今 7000~5000 年，中原就有了篑形器、鬲、大口缸、壶、杯等，说明中原地区的食器文化和其文明是完全同步的。后来，属于二里岗文化的郑州商城遗址出土了鬲、钵、爵等。

在商代晚期的安阳殷墟出土的器物中，除了著名的司母戊大方鼎（现已改名后母戊大方鼎）之外，涵盖的食器就更多了，不仅在数量上较大，种类也非常丰富。其中出土的陶器有鬲 21 件、觚 97 件、爵 88 件、簋 70 件、豆 30 件、盘 56 件、罐 27 件、壶 3 件、小罐 10 件等。青铜礼器又有鼎 6 件、簋 4 件、觚 13 件、爵 15 件、觥 1 件等。在中原地区，陶器以及青铜时代出现的青铜礼器一直被作为重要的随葬器物，并且绝大多数的青铜礼器皆为食器，说明了中原文化对食的重视。而著名的辽宁红山文化与浙江良渚文化的随葬玉器大多与祭祀相关，说明祭祀是红山人、良渚人的头等大事，与中原文化形成了鲜明的对照。[①]

从这些丰富的出土器物中我们可以看到有大量的食器存在，充分说明中原地区食器的种类极其繁多。当然，在中原地区其他墓葬出土的食器也不胜枚举。因此，食器文化是中原文化、中原饮食文化的重要组成部分，更是中华餐饮文化不可分割的部分。

三、食器文化内容

从古汉字上看，古代的食器多用"竹"部、"鬲"部、"瓦"部、"金"部，由此反映出古代的生产力、生产工具的发展状况。刘振峰认为正是因为中原文化始终把解决"食"的问题放在首位，所以从一件件陶器发展到精美的礼器，从一种普通的饮器演化为象征国家的重器。中原文化以此不断夯实了赖以存在的物质基础，历经几千年而绵延不绝。而辽宁红山文化、浙江良渚文化，虽然很多方面在同时代处于领先地位，但由于着重应用于祭祀活动，导致了这两种史前文化的中断。[②]

（一）炊具（做饭工具）

早期的炊具可分为陶制、青铜制两大类。一般百姓多用陶制，青铜炊具为贵

---

①② 刘振峰：《从两种文化特征上看中原文化何以长盛不衰的内因》，重庆师范大学硕士学位论文2010 年。

族所用。我国古代炊具有鼎、镬、甑、鬲、釜等。

鼎，最早是陶制的，殷周时开始用青铜制作。《说文解字》中说："鼎：三足两耳，和五味之宝器也。"鼎原本是一种炊器，后来才用作宗庙的礼器和墓葬的明器，一种食器被列为陪葬的器物，也说明了古代中原人对吃的重视。鼎腹一般为圆形，下有三足，故有"三足鼎立"之说。鼎腹下面可以烧烤，鼎的大小因用途不同而差别较大。古代常将整个动物放在鼎中烹煮，可见其容积较大。夏禹时的九鼎，经商代传至周朝，象征国家最高权力，只有得到九鼎才能成为天子，可见它是传国之宝。

镬，是无足的鼎，与现在的大锅相仿，主要用来烹煮食物。《说文解字》释为："鑮也。"郑玄注曰："镬所以煮肉及鱼、腊之器，既熟，乃脀于鼎。"段玉裁《说文解字注》曰："鑮也。少牢馈食礼有羊镬，有豕镬。镬所以煮也。从金。蒦声。"鑮，鬵也。鬵，大盆也。由是可见，"镬"是一种用来烹煮肉类食物的无足大盆。后来它又发展成对犯人施行酷刑的工具，"镬亨"（亨今烹）是古代的一种酷刑，即将人投入镬中活活煮死。

甑，是蒸饭的用具，与今之蒸笼、笼屉相似，最早用陶制成，后用青铜制作，其形直口立耳，底部有许多孔眼，置于鬲或釜上，甑里装上要蒸的食物，水煮开后，蒸气透过孔眼将食物蒸熟。

鬲，是象形字，由字形来看下部有三足，上为空腹。《说文解字》直接释为"鼎属。实五觳。斗二升曰觳。象腹交文，三足"，说明它与鼎相近，但不同在于鬲只用作炊具，故体积比鼎小，鬲的足部是中空的，且与腹相通，这就可以更大范围地接受传热，使食物尽快烂熟。鬲与甑合成一套使用称为"甗"。

釜，敛口圆底，或有二耳。其用于鬲，置于灶，上置甑以蒸煮。盛行于汉代。有铁制的，也有铜制或陶制的。著名诗人曹植的《七步诗》就提到了釜："其在釜下燃，豆在釜中泣。"釜和鬲都是今天锅的前身，"釜底抽薪"这个成语是说从锅底抽去燃烧的柴火，使水止沸。

以上几类是较为典型、常见的食器名称，这些名称现在大部分不再单独作为炊具使用，但还存在于传统文化中，如古诗词和成语等，通过它们，我们可以感受到古代中原地区食器文化的丰富性。

（二）餐具（吃饭器具）

像炊具一样，中国古代的餐具也有不同的制造材料，早期主要为陶器，还有竹器，后来，中国富于智慧的劳动人民又发明了瓷器、玻璃、玉器、银器等餐具。人类起始阶段，没有严格意义的烹饪，所以很多时候都是用手直接把食物送进口中，部分国家或民族还保留着类似的风俗。但在中原地区，随着社会生产力的不断发展，人家的餐具也发生了较大的变化。古代的餐具（吃饭器具）可以分为盛食类和进食类，其品种和炊具一样，极其丰富。

古代在中原地区出土的餐具种类繁多，主要有簋、簠、豆、罐、盂、匕、箸等。

簋，《说文解字》释为"黍稷方器也"，是古代盛食物的器具，形似大碗，人们从甗中盛出食物放在簋中再食用。

簠，是一种长方形的盛装食物的器具，用途与簋基本相同，因此有"簠簋对举"的说法。

豆，像高脚盘。《说文解字》注为："古食肉器也，从口，象形。"本用豆来盛黍稷，供祭祀用，后渐渐用来盛肉酱与肉羹，而在现代汉语中，豆只有植物一种意义了。

罐，盛东西或汲水用的瓦器，亦泛指各种圆筒形的盛物器皿。现在我们也经常使用这个字，其至今保留着原始的意义，如"罐头"、"火罐"等。

盂，本义为盛饮食或其他液体的圆口器皿。盆盂，均为盛物之器。

以上是盛食物的器具，而如何去吃呢？我们的老祖先发明了"匕"和"箸"。

匕，不是现在所说的"匕首"，在古代是指勺子、汤匙一类的取食用具。古人常以刀匕、刀俎并举，并以"俎上肉"比喻受人欺凌、任人宰割的境遇。我们熟悉的《鸿门宴》中有这么一句："人为刀俎，我为鱼肉，何辞为？"说的就是这种境遇。古人食肉常用匕把鼎中肉取出，置于俎上，然后用刀割着吃。

箸，就是今天的筷子，夹食的用具，与"住"谐音，含有停步之意，因避讳故取反义为"快"，又因以竹制成，故加"竹"字头为"筷"，沿用至今。

以上食器的质料均可选用竹、木、陶、青铜等。一般百姓的食器多用竹、木、陶制成，贵族的食器则以青铜居多。古代统治者所用的筷子，有的用金、银或象牙制成。

（三）用具（饮酒器具）

在华夏五千年的文明史中，酒是不可或缺的重要部分。中原更是华夏酒文化的发祥地，是中华酒文化最浓厚的区域之一。曹操的"何以解忧？唯有杜康"奠定了杜康的千古盛名。而与酒文化对应的酒器也非常多样，包括盛酒器具和饮酒器具。在河南地区出土的盛酒器具有尊、觯、壶、彝、爵、觚、觥、杯等，下面逐一介绍。

尊，是古代酒器的通称，敞口，高颈，圈足，尊上常饰有动物形象。

觯，也是古代的酒器，青铜制，形似尊而小，或有盖。盛行于中国商代晚期和西周初期。

壶，是一种长颈、大腹、圆足的盛酒器，不仅装酒，还能装水。今有"酒壶"、"水壶"等。

彝，古代盛酒的器具，常作古代宗庙祭器。

爵，古代饮酒器的总称，下有三足，可升火温酒。

觚，盛行于商代和西周的一种酒器，用青铜制成，口作喇叭形，细腰高足，腹部和足部各有四条棱角。

觥，是一种盛酒、饮酒兼用的器具，像一只横放的牛角，长方圈足，有盖，多作兽形，觥常被用作罚酒。

杯，椭圆形，是用来盛羹汤、酒、水的器物。杯的质料有玉、铜、银、瓷器，小杯为盏、盅。

第四节　养生文化

养生文化是中原文化及至中华文化的重要组成部分，可以说，伴随着人类始祖的诞生，养作为一种文化也就随之问世。不过早先的发展情况缺乏史料记载，仅仅留下了一些历史传说。

一、养生文化内涵

养生文化根植于中国古人的哲学思想，又在古老的医药文化、体育文化中进一步发扬光大。创作于中原地区的《老子》一书提出了著名的"人法地，地法天，天法道，道法自然"的思想，这是事物变化的一般规律，也是生命发展的基本规律。庄子继承并发扬了老子的思想，他分别阐述了"形"、"神"、"性"三者的内涵及相互关系，认为"气"在"身"内，养形的关键在于"养神"和"养性"。道家主张"致虚极，守静笃"，这其实就是道家的养生思想。而"无所不包"的《易经》主张"一阴一阳之谓道"，体现了阴阳协调的养生智慧和"天人合一"的养生思维。《黄帝内经》作为传统医学的经典著作之一，早早提出了"上工治未病"的思想，张仲景在《金匮要略》中把这一思想做了进一步的延伸和阐释。太极则是融武术与养生为一体的体育运动方式，太极中的动静结合、阴阳协调和道家的思想是一致的。如今，在社会经济快速发展、人们生活工作压力较大的情况下，养生又成了新时代推崇的生活方式，而这些离不开发源于中原的养生文化。

二、养生文化概述

在中国传统养生理论中，精、气、神占有十分重要的地位，它们是构成古代朴素人体生命学说的基本要素。这就是所谓的"天有三宝：日、月、星；地有三宝：风、火、水；人有三宝：精、气、神"。

从古老的传说来看，夏朝的开创者大禹在养生方面颇为讲究。《帝王世纪》中就记载了这方面的传说："尧命（禹）以为司空，继鲧治水，乃劳身涉勤……手足胼胝，故世传禹病偏枯，足不相过，至今巫称禹步是也。"[①] 这里的"禹步"，实行上就是一种呼吸运气结合脚步移动的导引养生方法。

有文字记载的中国养生历史，其萌芽可以上溯到殷商时代。从对殷墟出土的甲骨文的考证中可以发现，殷商时的人们在生病、分娩时都祈祷祖宗神灵佑助；对日常生活中的吉凶祸福与健康状况也时时卜问，进而举行各种形式的祭祀活动以清除不祥。此外，甲骨文中还出现了有关个人卫生（如沐、浴）和集体卫生（如大扫除称"寇帚"）之类的记载。

中国养生文化史上第一个黄金时代的到来首推春秋战国，在养生问题上贡献最大的又属当时的儒、道两家。儒家养生思想的奠基人是孔子。在先秦诸子学说中，养生思想最丰富深邃，对后世影响最大的当首推以老子和庄子为代表的道家学派。

老子，河南鹿邑人，春秋末期著名的思想家，道家学派的创始人，也是著名的养生理论家和实践者。老子非常重视"长生久视之道"，甚至把养生治身置于

---

① 皇甫谧等：《帝王世纪世本逸周书古本竹书纪年》，齐鲁书社 2010 年版。

治国平天下之上。老子一方面是"修道而养寿"的身体力行者，另一方面又在长期的养生实践中摸索出了一整套带有道家色彩的养生理论和养生方法。他所提出的"见素抱朴，少私寡欲"的思想，既反映了道家的处世哲学，也体现了"清静无为"、"致虚极"、"守静笃"的养生观。特别是老子提出的"营魄抱一，能无离乎？专气致柔，能婴儿乎？涤除玄览，能无疵乎？"更是涉及了气功养生的具体方法和具体步骤。老子所倡导的上述锻炼原则，在先秦以来的两千多年气功养生史上，曾经产生过极其重大的影响。

战国末年，《吕氏春秋》一书诞生，该书在养生学方面显得更加成熟，养生理论也更加专门化。其主要内容包括节欲、适度、运动三个方面，至今仍是人们养生的重要宝典。

可见，先秦时期中原地区诸子百家提出的养生思想，为中国养生文化的形成奠定了坚实的基础。

秦汉至隋唐时期是中国养生文化繁荣的鼎盛期。西汉初年开始，由于当时的最高统治者大多热衷于追求长生不老之术，在客观上促进了养生文化的兴盛。

《黄帝内经》汇集了先秦时期的各种养生观点，并且首次专门从医学角度探讨了养生问题。它涉及的养生原则主要有两条：一是调摄精神与形体，努力提高机体防病抗衰的能力；二是适应外界环境，避免外邪侵袭。此外，《黄帝内经》还记载了许多具体的养生术，如导引、按足乔等，都具有实用养生价值。后世的各种养生著作，多数是在《黄帝内经》的基础上发展、完善起来的。

东汉以后，在《黄帝内经》的引导和带动下，中医养生学日趋繁荣。这一时期很多著名的医学家都长于养生，其中又以张仲景和华佗影响最大。"医圣"张仲景在《金匮·脏腑经络先后病脉证第一》中提出了若干具体养生原则，即"不令邪气干忤经络"、"导引、吐纳"、"房事勿令竭之，服食节其冷热苦酸辛甘，不遗形体有衰"，以及"饮食禁忌"等。

中原的传统养生文化非常注重主客观相结合，它是儒、道两种学说相互融合的结果，中国的养生文化也是在这一思想指导下逐渐形成的。即使今天，谈到养生的时候，也不能仅谈到吃、运动，还必须有个体的主观因素。可见，早在几千年前，中原养生文化就确定了中华养生文化的基调。

三、养生文化内容

相传黄帝是个长寿之人，记载黄帝的养生术最详细的是《黄帝内经》。书中认为，养生的最基本条件，首先，要顺应自然变化的规律，根据四时的寒暑变化而变换衣着，安排作息时间，对自然界的气候变化要敏感，在春夏季节多多保养阳气，秋冬季则要注意培补阴精。其次，要把调摄精神情志作为养生的重要措施，做到恬淡虚无、精神内守。保养正气在养生中占据着主导地位，所谓"正气存内，邪不可干"。从根本上说，各种各样的锻炼方式、营养食品都只是养生的辅助手段，而最根本的还在于人体自身的抵抗力强大。

中国养生文化中这种主张通过"养性立德"来增强社会环境适应能力的做法，从社会历史发展的角度来看，似乎失之消极被动，但从养生延年的观点来看，它无疑也是人的主观能动性的另一种表现形式。

在中国养生理论中，"神"通常是作为人体生命活动现象的总称这样一种基本概念出现的，它包括了在大脑的精神、意识思维活动，以及脏腑、经络、营卫、气血、津液等全部机体活动功能和外在表现。"神"的生成主要以先天之精为基础，以后天的精气为补养，所以"神"的盛衰与精、气的盈亏密不可分。只有作为生命物质要素的精气充足，作为生命活动功能外在表现的"神"才可能旺盛。至于"神"的生理功能，祖国医学认为主要体现在它是人体生命活动的主宰上。人的整个机体，从大脑到内脏，从五官七窍到经络、气血、精、津液，以至肢体的活动，无一不是依赖"神"作为维持其正常运转的内在活力。正因为"神"在人体生命活动中占有如此重要的地位，所以《黄帝内经》明确地得出了"得神者昌，失神者死"的重要论断。

战国末年产生的被后世称为"杂家"的《吕氏春秋》一书，在养生学方面显得更加成熟，养生理论也更加专门化。《吕氏春秋》中首次提出了"流水不腐，户枢不蠹"的运动养生观。认为要想祛病健身，就必须坚持运动，以便达到开塞通窍、使精气血脉畅流不息的养生目的。这也是今天运动健身养生法风靡全国的源头。

先秦时期属中国养生文化的开端，特别是诸子百家在养生领域中所做的各种大胆探索，更是为中国养生文化的形成奠定了坚实的基础。

"竹林七贤"之一的嵇康信奉道教，注重养生，曾著有《养生论》，是中华、中原养生文化的重要组成部分。嵇康有自己一套独特的养生诀窍。他认为，人之所以能长寿，在于平时在细微之处保养自己。他认为既要保持心理上的健康，进行有益的身体锻炼，同时还要适当服用一些调理身体的药物，从而使形体与精神互相结合，表里完全贯通。其养生思想使中华养生文化又达到了一个新的境界。

唐代名医甄权不仅精通针灸，也深谙养生之道，他提出吐故纳新可使肺气清肃，是健身延年的有效方法，并主张饮食不必甘美。这些养生观点的效果在他身上得到了验证，他活了103岁，当时唐太宗李世民曾亲临其家，问其养生之道，并赐予寿杖衣物等。

另外，发源于中原地区的少林武术文化和陈氏太极文化，也强调在运动中养生，尤其是太极融武术与养生为一体的，其动静结合、阴阳协调的思想和老子的养生思想是一致的。

经过几千年的发展，如今的养生文化吸取中原传统养生文化的丰富经验，创造了更为合理科学的养生方案，注重"天人合一"，强调宇宙、自然、四时和人的身心、饮食、运动相结合。但归根结底，中华养生文化的精华仍是古人智慧的结晶，是中原文化的重要内容。

第八章　中原水文化

　　水是生命之源，生产之要，生态之基。兴水利、除水害，事关人类生存、经济发展、社会进步，历来是治国安邦的大事。一定程度上，中华文明的发展史就是中华民族与洪涝、干旱作斗争的历史。在以农耕文明为主导的农业社会的历史进程中，我国的治水文化自始至终发挥着决定性的作用。从都江堰、黄河大堤、京杭运河到洪泽湖；从坝工、防洪工程、水力机械到提水工具；从《管子·度地》、泥沙理论、水文学到水利文献；从李冰、王景、郭守敬到潘季驯，中华治水史辉煌灿烂。治水活动不仅催生了中华物质文明的创造，而且还促成了政治文明和精神文明的创造。就物质文明而言，不论是农业、手工业、商业的发展，还是聚落、村镇、城市的盛衰，都与水密切相关；就政治文明而言，治水孕育国家的诞生，成为治国方略、国家政策、管理制度，是治国安邦的重要组成部分，大河安澜是国家兴旺与社会稳定的基石；就精神文明而言，在治水活动中，先民们所形成的治水思想、方法、理念、文学、艺术、诗词等，逐渐内化为中华民族精神的内核。从这个意义上说，中华民族所创造的文明都蕴含着治水的成果。

　　河南是全国唯一横跨黄河、淮河、海河、长江四大水系的省份，境内有1500多条河流，流域面积100平方千米以上的河流有493条。黄河横贯中部，境内干流711千米，流域面积3.62万平方千米，约占全省流域面积的1/5。省境中南部的淮河，支流众多，水量丰沛，干流长340千米，流域面积8.83万平方千米，约占全省流域面积的1/2。北部的卫河、漳河流入海河。西南部的丹江、淇河、唐白河注入汉水。[①] 在长期的水事活动中，中原人民逐渐形成了识水、治水、用水、护水的思想、理念、行为、风俗、习惯、思维方式、规章制度等具有知识价值的精神财富，并在实践活动中创造了物质财富，形成了内涵深厚、源远

---

　　① 张莉华：《关于河南水资源现状调查与开发利用的建议》，《水资源研究》2008年第3期。

流长、博大精深的水文化。中原水文化种类繁多、独具特色，诸如大禹治水的传说、引漳十二渠的修筑、传世名作《清明上河图》、平粮台古城遗址、济渎庙、黄河号子、黄河小浪底水库、红旗渠、南水北调中线工程等都代表了不同历史时期和时代特色的中原水文化。据统计，中原水文化中，有世界文化遗产 1 处——大运河，预备申报世界文化遗产 1 处——云台山风景名胜区，国家级水文化遗产 32 处，国家级水利风景区 41 处。作为省会城市的郑州，位于淮河上游和黄河中下游，历史上曾是水旱码头，"西控虎牢，东蔽大梁"，"北通幽燕，南达湖广"，以"九州腹地，十省通衢"而享盛名。郑州水文化丰富，如历史时期的阳城地下陶瓷管道供水工程、圃田泽、鸿沟、汴河新柳、南池荷风、熊桥芦月、金水晴波以及世界文化遗产大运河遗产的重点河段——汴河故道索须河段和通济渠荥阳故城段等，由此形成了具有地域特色的水文化。

第一节　治水文化

"水兴则邦兴，水安则民安。"兴水利、除水害，历来是治国安邦的大事。一部华夏文明史，某种意义上就是一部治水史。中原先民在防御水患与开发利用水资源的治水过程中，孕育了独具特色的治水文化。除大禹外，河南历史上还出现了许多治水名人，如春秋时期著名的楚国令尹孙叔敖、战国末年兴修郑国渠的郑国、魏晋时期兴修秦渠的司马孚、宋代引洛入汴的著名建筑家和水工专家宋用臣等。[①]治水孕育了华夏文明，为中原文化的发展提供了动力和源泉；治水塑造了自强不息、艰苦奋斗、不屈不挠的中原人文精神；治水催化了我国奴隶制国家的诞生，并对中华政治体制产生了极为深远的影响。

一、治水文化内涵

人类文明的诞生和发展，与水有着不解之缘。大河和海洋是人类文明起源的摇篮。由于四大文明古国分别位于尼罗河、幼发拉底河与底格里斯河、印度河和

---

① 郭永平：《广博深厚 璀璨耀人——河南水文化的内容体系》，《河南水利与南水北调》2013 年第 9 期。

黄河河畔的平原上，与大河具有明显联系，故有人称其为"大河文明"。大河文明以农耕文明为特征，其根基是大河流域灌溉便利的千里沃野，独特的农耕环境为人类生存创造了良好条件。

纵观中华文明的发展历史，不难发现，治水与文明之间有着极为密切的关系。治水为中华民族的生存与发展提供了极为重要的安全保障和物质保障，中华文明的开创和发展在很大程度上是治水斗争的产物。治水催化了中国奴隶制国家的诞生，并对中华政治体制产生了极为深远的影响。治水是强国富民的重要途径，对人类经济社会的发展具有直接的重要作用。治水直接为中华文化的发展提供了动力和源泉，伟大的治水精神和传统成为中华民族宝贵的精神财富。

中原是一个洪涝灾害多发的地区，有关大洪水的记载很多。因此，防洪自古以来就是中华民族最主要的治水活动之一。与洪水作斗争，成为人类生存和经济社会发展的必要条件。

何谓治水？古文献在记载"壅塞百川"、"疏川导滞"的同时，还记载了"禹……卑宫室而尽力乎沟洫"和"伯益作井"。《现代汉语词典》对"治水"的解释为："治理水道，消除水患。"由此可见，人类治水的内容不仅包括筑堤建坝、修筑城池、疏浚河道、堆筑高台等防御水患的实践，而且还包括凿井、挖池、修渠以利取水、储水、排灌等开发利用水资源的活动。① 中原地区先民在与水患旱涝等自然灾害作斗争的过程中，修建的治水工程、使用的治水工具、选取的治水方式以及所形成的治水精神、治水思想、治水理念等构成独具特色的中原治水文化。

二、治水文化概述

治水在中华文明的形成与发展中居重要地位。可以说，河南的历史就是一部治水史。河南既是中华民族的重要发祥地之一，也是水利大省，河南水文化为黄河文明、中原文明的形成和发展奠定了坚实的基础。② 史前时期，中原地区的治水活动始于大禹治水，构成华夏文明之源。夏商周时期，"昔三代之居，皆在河洛之间"③，在黄河以南，黄河与洛水之间的洛阳和郑州地区出现沟洫农业，水稻

---

① 张应桥：《我国史前人类治水的考古学证明》，《中原文物》2005 年第 3 期。
② 郭永平：《水利万物　人心思水——河南水文化建设的意义》，《河南水利与南水北调》2013 年第 7 期。
③《史记》卷 28《封禅书六》。

种植得到推广。商代的甲骨文中，有田间沟渠的文字，表明农田灌溉已出现。春秋战国时期，先民兴建的无坝引水工程如郑国渠、蓄水工程如芍陂，均是当时著名的大型灌区，有力地推动了中华农业文明的发展。秦汉时期，秦始皇治水和王景治水，促使我国农业经济重心在黄河流域形成。三国至南北朝时期，淮河中下游成为继黄河流域之后的又一重要经济区。隋唐以后，我国经济重心逐渐南移，主要原因是南方农田水利发展迅速，超过了北方。

（一）史前治水

中原先民很早就开始了治水实践。据考古发掘，在伊、洛河三角平原龙山文化的矬李遗址中，有圆筒式水井；在汤阴县龙山文化的白营遗址中，有木构架支护的深水井。水井对于人类社会发展有着极其深远的历史意义。水井的出现，改变了人类生活的进程，人们由以渔猎为生到转为种植粮食、饲养家畜、纺织与制陶，从而出现人类农业文明的曙光。与此同时，文字的产生、城市的出现以及国家的诞生成为文明社会的重要标志。

在中华民族的治水史上，首推大禹。传说中的大禹用"行山表木"、"准绳规矩"等工具，"居外十三年，过家门不敢入"。经过调查研究，大禹改过去"障水"为"疏导"，终于把"浸山灭陵"的洪水分疏九河，导流于渤海，平治了水患。大禹治水，对于形成一个统一的国家起到了重要作用，因而，大禹是中华民族从局部发展到全面发展以至多民族大融合的推动者和领导者，完成了一次伟大的历史跃进。在治水的过程中，大禹加强了各个部落之间的联系和协作，打破了以血缘关系为主的氏族部落管理模式，取而代之的是行政区的划分，促使国家的产生，大一统思想开始萌发。考古发掘的淮阳平粮台古城址中，有陶制管道的排水设施，其在城中间路下埋有三排陶质排水管道，直筒形，一端直径为 0.23~0.26 米，另一端为 0.27~0.32 米，便于衔接，这是发现最早的城镇排水设施。

春秋时期，楚国孙叔敖修建大型灌溉工程——期思—雩娄灌区，灌溉固始和安徽金寨的农田，是最早的关于引水自流灌溉的记载。郑国大夫邓析利用杠杆原理，创制成汲水用的桔槔提水工具，是最早发明的提水机械。西门豹修建漳河十二渠，灌溉安阳和河北磁县等地农田。考古发掘的登封古阳城供水工程，距今已有 2500 多年历史，是从阳城东的告成北沟和城西的肖家沟引水入城的供水工程，有八条干支输水管道向城内供水，估计总长有 8000 米，管道按高低分为两层，这与城内居民点北高南低的地形有关。① 根据已发掘的 3 号水管道看，比降为 20%，管道内径是 12.3 厘米，粗估管道流量可达 20~30 升/秒。整个供水系统计有输水管（管道槽和陶管）、沉淀池、贮水设施、控制流量的四通管等，创建了我国最早的城市供水系统工程。

（二）秦汉魏晋治水

秦汉时期，秦修沁河枋口渠，位于济源县五龙口，经历代修缮，灌溉效益经久不衰，沿用至今。汉元帝时，南阳郡太守召信臣在泌阳修建马仁陂，在邓县修建六门碣、钳庐陂蓄水灌溉工程。西汉时期，黄河决口频繁，水患严重。绥和二年（公元前 7 年），贾让应诏上书，提出三种黄河治理方案，后世称为"贾让三策"，其主旨是不与水争地，给洪水以出路。贾让的上策是：开辟滞洪区，实行宽堤距，迁出滞洪区人口，人不与水争，河定民安；中策是：开渠建闸，发展引黄灌溉，并从漳河分洪；下策是：加固堤防，维持河道现状。意思是说，人们努力防洪，一方面为改善生存条件要与不利的自然环境作斗争；另一方面，也要遵循自然规律，主动限制国土开发的力度以适应自然。

东汉建武七年（31 年），杜诗任南阳郡太守时，造作水排，这是一种利用水力作原动力的冶炼鼓风机械，其发明和应用，要比欧洲早 1000 多年。"又修治陂地，广拓土田，郡内比室殷足。"② 汉明帝永平十二年（69 年），发卒数十万，命王景治理黄河和汴渠。王景总揽全局，统筹兼顾，认真总结前人研究成果和实践经验，并且通过实际查勘，根据地势情况，统一规划制定了荥阳（今河南省荥阳县古荥镇）到千乘海口的堤防路线，并采取了疏浚河道、建立分水建筑物等工程措施，使黄河"无复溃漏之患"。王景历经三年治理黄河，终于完成治水工程，数十年的洪水灾害得到平息，明帝拜王景为河堤竭者。从东汉到魏晋南北朝，再到隋唐五代，王景治理黄河所带来的益处一直泽被后代，百姓称赞"王景治河，千载无患"。他的治水方法与策略在中国历史上发挥着重要影响，被历代治水者所推崇和效法。

西晋初，徐、兖、豫三州大水，洪涝灾害严重。晋武帝下诏书，诏献对策，杜预上疏分析灾害，提出了废除兖、豫东界陂塘的方案。他认为由于陂塘的浸润，地下水位较高，每逢大雨，积水无法下渗，人们也无法居住，林业、牧业俱

---

① 李京华等：《登封战国阳城贮水输水设施的发掘》，《中原文物》1982 年第 2 期。
② 《后汉书》卷 31《杜诗传》。

废，故不宜多留陂塘。为此，他提出，兖、豫东界平原陂塘地区"宁泄不蓄"，主张保留汉代旧陂旧堰，以及山谷私家小陂，可能是因为这些工程作得比较坚固实用，占地面积也较小，而废除魏以后所建的陂堰，可能是因为这些工程是在战争环境中的应急之作，不仅工程粗糙，而且占地面积较大。杜预的奏疏被批准执行以后，在河南平原废掉了不少曹魏以后建立的陂堰，也取得了减少内涝灾害的效益，因而"朝野称美"。杜预通过对水情、地情、灾情的调查分析，提出了对平原河道首先要疏通排泄，废弃害多利少的陂堰，留下了平原治水的实践经验，这是难能可贵的。

北魏郦道元（？~527 年），范阳涿县（今河北涿县）人，曾在河南任颍川（今许昌市）太守、鲁阳（今鲁山县）太守、河南尹等官职。493 年，曾随孝文帝巡视黄河，观三门山砥柱峡天险，也对河南的山川进行过广泛的调查研究。所著《水经注》，对《水经》原书做了大量补充而成为 30.3 万字的巨著。该书旁征博引，详加考证，集中国 6 世纪以前地理学著作之大成，是水文地理、水利考古的重要文献。

（三）唐宋治水

在唐代，有专门为水利部门制定的法律《水部式》，其对水利灌溉管理规定甚详。当时在河南发展并修复了许多农田水利工程，如在今河南省东部，修了陈留的观省陂，灌田达百顷；在陈箕城县（今西华县），整修三国时邓艾所建的水利旧址，引颍水灌田，名邓门陂；在息县西北，扩建隋玉梁旧渠，洪陂 60 所，灌田达 3000 顷；在光山县曾建雨施陂，灌田 400 余顷。修复的农田水利工程，还有管城县（今郑州）的李氏陂、中牟的二十四陂、许昌的堤塘、平舆的葛陂、永城的大剂陂等，促进了农业生产的发展。

五代（后梁、后唐、后晋、后汉、后周）各国，都在河南地区建都立国，在这半个世纪中，长江以北战争不断，中原人民深受其害。尤其是朱温掘开滑州黄河堤后，黄河以南连年大水，给河南的农业生产带来了十分严重的破坏。后来契丹兵入据后晋首都汴梁，将这个古城及周围几百里内的城镇村庄洗劫一空。千里中原，荒草遍地，人烟稀少，河南水利设施失修废弃，社会历史的发展又出现了一次短暂的曲折。

北宋王朝建立后，统一全国的政权，并建都于开封，河南又一次成为全国的政治、经济和文化中心，为水利的发展提供了极好的机遇。熙宁二年（1069

年），宋神宗支持王安石变法，颁布了《农田利害条约》，并设立各路农田水利官，主持全国水利和地方水利。根据《农田利害条约》规定，无论官员和百姓提出的兴修水利建议，不管是创议新建工程，还是修复原有的水利设施，在实行以后，根据效益大小分别给以奖励，收效大的可以量材录用。对群众兴修水利而经济上有困难的，由国家以低息贷款给以扶助，因而调动了人们兴修水利的积极性，出现了"四方争言农田水利，古陂废堰悉务兴复"的局面。①

在农田水利中，还利用黄河水、沙资源淤溉改良土壤，在陈留等八县，"引黄、汴河水淤溉"，仅京畿一路的淤田，每年就可增产粮食几百万石。在京都开封附近，兴建了水网工程，不仅能将涝水排出导入泗水，而且汴河、惠民河、五丈河、金水河贯穿全城，水运交通四通八达，北宋名画《清明上河图》生动地描绘的开封汴渠已经成为把经济中心的南方和政治军事中心的汴京联系起来的运输大动脉，是维持中央集权统治的供给生命线，因此，水利开发主要是围绕汴渠修复治理进行的，并把农田水利推向法制化，水利建设为推动农业发展和社会繁荣作出了重要的贡献。

（四）金、元、明、清治水

金、元、明、清时期是河南社会历史发展的中衰时期。由于元、明、清三朝均建都北京，河南不再是全国的政治、经济和文化中心，特别是经历了金、元时期的残酷掠夺和连续不断的战争破坏，运河淤废、水患日益频繁，黄河夺淮达700年之久，水利时兴时废，水害深重，仅在某些时候开展过一些治理活动。

金章宗明昌五年（1194年），"河决阳武（今原阳县境内）故堤，灌封丘而东"，② 黄河改道夺淮，河南首当其冲，灾难深重。元、明、清统治者力保漕运，一直到清咸丰五年（1855年）黄河在今兰考铜瓦厢决口，黄河再次掉头北去，改道由山东利津入海为止，黄河夺淮近700年之久。

元朝建都大都（今北京），把大运河改建为南北向，直通京都，河南汴渠漕运逐渐废弃。元代黄河决溢频繁，自至元九年（1272年）到至正二十六年（1366年）的95年中，决溢40年，有时一年决口十几处或几十处。随后，几乎年年决溢，"塞河之段，无岁无之"。据资料分析，自宋端平元年（金天兴三年，1234年）蒙古军在开封以北寸金淀决河以灌宋军以后，黄河可能由封丘南、开封东至

---

① 《宋史》卷 327《王安石传》。
② 《金史》卷 27《河渠志》。

陈留、杞县分为三股：一股经鹿邑、亳州等地会涡水入淮；一股经归德（今商丘）、徐州，合泗水故道南下入淮；一股由杞县、太康，经陈州会颍水至颍州南入淮。至元二十三年（1286 年），"河决开封、祥符、陈留、杞县、太康、通许、鄢陵、扶沟、洧川、尉氏、阳武、延津、中牟、原武（今原阳县）、睢州十五处"。元大德元年（1297 年），黄河在杞县蒲口决口，黄水直趋 200 里，至归德（今商丘）横堤以下和古汴水合流入淮河。至正四年（1344 年），黄河在白茅口（今山东省曹县境）决口，泛滥七年，到至正十一年（1351 年）四月，朝廷才派贾鲁治河。

贾鲁这次治河"有疏、有浚、有塞"。整治、疏浚旧河道；筑塞小口，培修堤防，从"归德府哈只口至徐州路三百余里，修完缺口一百七处"；用沉船法堵塞白茅决口，使河归故道。共动用民工 15 万人，军兵 2 万人，共用"中统钞百八十四万五千六百三十六锭有奇"，动用了大量的人力、财力，至当年 11 月竣工。后世评价贾鲁治河为"贾鲁修黄河，恩多怨亦多。百年千载后，恩在怨消磨"。①

明代建都北京，黄河夺淮持久，河道极不稳定，在河南地区呈多支分流状态，黄、淮、运交织在一起。为了保运，在黄河治理上实行"抑河南行"的方针，造成黄河长期夺淮的局面，为河南带来了深重灾难。明代前期，河患多发生在河南境内，尤其集中于开封上下，决溢次数极为频繁。据不完全统计，仅在《明实录》、《明史》和《明史纪事本末》中，洪武至弘治年间（1368~1505 年）有决溢记载的年份就有 59 年。其中十之八九都在兰阳、仪封以上的河南各地，仅开封（包括祥符县）一地决溢的记载就有 26 年之多。为使运道久安，刘大夏又在弘治八年（1495 年）正月堵塞黄陵岗（今兰考）、荆隆口（今封丘）等口门七处。筑二堤，一自河南胙城起，经滑县、长垣、东明、曹州、曹县抵虞城，共360 里；另一起封丘于家店，历铜瓦厢、陈桥、抵小宋集，共 160 里。前后二堤相翼，决溢之患，从此稍息。

清代建都北京，漕运"仰给江南"，水利仍以保漕为先决条件。在康熙、乾隆盛世时，重视水利，发展农业。康熙皇帝曾"以三藩及河务、漕运为三件大事，夙夜廑念，曾书而悬之宫中柱上"。② 由于明末清初连续 40 多年的战乱，黄

①《行水全鉴·尧山堂外记》。
②《清圣祖实录》卷 154。

河堤防失修，在顺治执政的 18 年（1644~1661 年）中，见于《清史稿·河渠志》的决口即有八九年之多。其中数次北决，漕运受到很大影响。顺治九年（1652年），河决封丘大王庙，屡堵屡决，溃水从长垣趋东昌（今聊城），阻滞运道。顺治十一年（1654 年），黄河复决大王庙，于顺治十三年（1656 年）清廷乃下决心堵口，仍挽河南行，走明代故道。顺治十四年（1657 年），吏部左侍郎朱之锡总督河道后，为整治河工，曾数次上疏，陈述利害，提出河政十事，对河工夫役、料物、职守及河工弊端等，做了详细阐述。在他治河期间，连续堵塞祥符、山阳、阳武、陈留等决口，作出了一定的贡献。乾隆二十六年（1761 年）七月，黄河、沁河同时并涨，河南武陟、荥泽、阳武、祥符、兰阳南北两岸共决口 15处，其中中牟杨桥决口达"数百丈"，大溜直趋贾鲁河，由涡河入于淮，开封、陈州、商丘等州县被淹，由大学士刘统勋督办堵塞。

乾隆二十二年（1757 年）夏大水，开封、归德、陈州和汝宁府因积涝成灾，"计漫潦地界不下数百里"，"汪洋弥望，室庐倾塌，禾稼荡然"，乾隆帝慑于荒极民反，遂拨银运粟，兴修水利，拯救民困，并派侍郎裘曰修、巡抚胡宝瑔前往灾地视察积潦受灾之由，提出疏浚方法，于当年八月开工，以工代赈，至次年雨季前告成，河流顺畅，耕种以时，当年获丰收。胡宝瑔为纪念这次治水的成就，把疏浚河道、沟渠的深度和宽度合绘一图，镌之以石，树立永城隋堤上，名曰《开归陈汝四府水利图碑》，现存商丘博物馆。这次疏浚河道的方法是"……先开干河，为受水之地；继开支河，以引入干河；继开沟洫，以引入支河"。

河南巡抚胡宝瑔对于干支河治理后如何进行开挖沟洫以及岁修管理，以扩大巩固这次治水效果，与钦差裘曰修共同商度，认真总结实践经验，制定管理规章，奏陈《河渠经久事宜》八条，立论周详，奉御批"如所议，永远实力行之"。其中，第一条"水利宜专责成也"，主旨是水利必须年年修、年年管，官民要分工负责，具体规定了府、道、州、县各级官吏对水利的职责。第二条"各河岁修宜筹也"，对于筹划岁修经费，"干支各河自应每年酌用民力，照业食佃力之例修浚、培筑"，"工段绵长民力不继者，再请旨动帑"，规定岁修以群众自办为主，工程大的再国家补助。第三条"民田沟洫宜开也"，说明开沟洫的重要性和必要性。第四条"小港废渠宜复也"。第五条"桥闸涵洞宜整也"。第六条"堤堰宜防盗挖也"。第七条"河道阻水宜禁也"。第八条"洼地宜加酌办也"，规定了岁修、管理的具体事项。这是豫东平原河道成功治理的实践经验，很有借鉴的意义。

嘉庆、道光年间，值得一提的是固始人吴其浚著《治淮上游论》。吴氏嘉庆十二年（1807 年）进士，殿试一甲一名（状元），历任官迹半天下，精研植物学，于道光元年至九年（1821~1829 年），连遭丁忧在固始家居，注意调查研究，认真考察水灾之由，著《治淮上游论》，指出"治河必先治淮，而治淮必先治淮之上游，此其枢要，不在江南，而在安徽之境"。提出利用河南入安徽境淮河干流两侧湖泊洼地作闸坝控制以滞蓄洪水的治淮方略。认为河道对洪水不能尽容者，而利用天然湖泊洼地分容之，主张蓄、滞并用以减灾，以解决淮河干流洪水来量大而泄量小的矛盾。他远见卓识，认为自己的主张虽当时办不到，但要"姑存此文，以俟将来"，预见将来有所用。吴氏的主张中，包含着"蓄泄兼筹"的治淮方略，补充了当时人们治水"疏"与"堵"的策略思想，难能可贵。

咸丰五年（1855 年），黄河在河南铜瓦厢决口，铜瓦厢在兰阳县黄河北岸（今兰考县东坝头西）。黄河西来，到这里漫转东南，是明清两代河防上的一个险要处所。咸丰五年农历六月中旬，黄河发生大水，十八日，兰阳铜瓦厢三堡以下的无工堤段，"登时塌三四丈，仅存堤顶丈余……"；十九日，这段堤防终于溃决；到二十日，全河夺溜。铜瓦厢决口之后，黄河主流先流向西北，淹及封丘、祥符两县村庄。而后折转东北，淹及兰、仪、考城、长垣等县村庄。黄河决铜瓦厢夺大清河入海之后，在相当长的一个时期里，清朝统治者拿不定治理方案，有人主张要堵复决口，挽河回淮徐故道，而更多的人坚持因势利导，就新河筑堤，使之改行山东。从铜瓦厢决口之日起，一直到光绪前期，都是争论不休。从同治末年开始，山东境内的沿黄堤防在原有民埝的基础上才陆续修建起来。此外，这期间还筑有菏泽贾庄以上至河南考城的南岸大堤，北岸补修的金堤也"一律完竣"，至光绪十年（1884 年），新河堤防才较为完整起来。铜瓦厢决口，使黄河长期南夺淮河入海的局面归于终结。

清道光以后，随着国家逐步沦为半殖民地半封建社会，政治腐败，水利更加荒废。清代林则徐在多年治水的实践中表现出 "重民思想"，他把治水看作是致治养民之本，在其重要著作《畿辅水利议》中指出"自古致治养民为本，而养民之道，行利防患，水旱无虞，方能盖藏充裕"。林则徐的这种"重民思想"在其多年的治水实践中又表现为爱民、恤民、悯民。他在治水过程中注重深入实际，事必躬亲，勤政负责，真正做到了"在官不可不尽心"。

（五）近现代治水

近代以来，引进西方水利科技。民国前期，河南建立水利机构，水利勘测、水利教育开始发展。明、清时代，河南地方水利和黄河修防。采用中央专职河官与地方官吏相结合的治理体制。1928 年，冯玉祥在河南大力提倡打井，当年完成 400 余眼。1929 年导淮委员会成立后，在潢川、淮滨、固始三县修有低矮生产堤。1929 年，建有莲花寺岗水电站，装机三台，计 400 千瓦，为河南省首建的水电站。别廷芳还组织群众治河改地，保护耕地，为总结经验，还编写《治河改地》一书，详述治河方法和保护耕地的措施。黄河花园口蒋介石题刻的石碑记录了抗日战争时期黄河人工决堤的惨剧。

新中国成立时，全国首届政协会议就将兴修水利、防洪防旱等水利事业规定在《共同纲领》中。新中国成立以后，在治水方略上，党中央、国务院提出了"蓄泄兼筹"、"统筹兼顾"、"除害与兴利相结合"、"治标与治本相结合"、"节水优先，空间均衡，系统治理，两手发力"的方针，做出了一系列重大决策，领导和组织全国人民对大江大河进行了大规模的治理，广泛开展了农田水利基本建设。在治水思路和方向上，要求从全流域着眼，摸清水情；从流域规划入手，综合利用，统筹安排，注重根除水害与灌溉、发电、航运的有机结合，强调防洪与防旱的有机结合，区别轻重缓急，实现当前利益和长远利益、局部利益和整体利益的有机结合。这些方略和思路，成为我国治水兴水长期坚持的主导思想。

1952 年 10 月，新中国成立后毛泽东同志第一次出京视察就来到了黄河边，在开封发出了"要把黄河的事情办好"的伟大号召。20 世纪 80 年代，黄河小浪底水库通过了论证并在 90 年代进行建设，2003 年南水北调中线工程开工。

另外，治水对华夏文明的深刻影响也反映在科学技术方面，治水的实践推动了与之相关的天文、数学、地理、建筑、冶金等科学技术的发展。例如，黄河是一个含沙量高、灾害频仍的河流，对黄河的治理有力地促进了数学、力学、地理学、建筑技术、金属冶炼等科学技术的发展。

三、治水文化内容

农耕文明是我国古代农业文明的主要载体，是中华文明的重要组成部分。而水，作为自然资源、生命的依托，与人类的繁衍生息、劳动创造结下了不解之缘。"缘水而居，不耕不稼"，①不仅形象地展示了原始社会人类与水的关系，而且也说明水与农耕的渊源。神话传说中的伏羲氏"作结绳而为网罟，以佃以渔"，就是教给人民结网打鱼和驯养禽畜；神农氏"因天之时，分地之利，制耒耜，教民农作，神而化之，使民宜之，故谓之神农也"，②这是农耕文明的曙光。黄河流域裴李岗文化遗址的发现，表明在七八千年以前我国黄河流域的先民们已经创造了灿烂的农耕文化。③大禹治水时，大力兴修沟洫，并在卑湿的地区推广植稻，从而为夏朝的建立奠定了基础。战国时期，堤防的出现加大了河床的容蓄能力，提高了防洪标准。东汉时期的王景治水，使黄河"无复溃漏之患"。到明朝中叶，提出了"以堤束水，以水攻沙"的治水思想，由此从单纯治水发展到治水与治沙相结合，对今天黄河小浪底工程仍有借鉴价值。

中原先民在长期的治水实践中积累了丰富的治水经验，发展了水利技术工程，对中华民族的科技进步和发明创造产生了深远的影响。例如，由于治水斗争的需要，以规矩、准绳为代表的测量工具相继被发明，并进而催生了原始数学。在农业生产中，古代人发明了桔槔、辘轳、翻车、筒车、戽斗、刮车等提水工具，以帮助农业灌溉。在利用人力获取水的同时，中国古代人也注意到了水中所蕴含的能量，并因此创造出水碓、水排和水磨等机械工具，将水能转化为机械能，用于农业和手工业生产。

（一）裴李岗文化的农耕

我国古代文明是随着农耕的发展而逐渐发展起来的。

据考古发现可知，我国黄河流域最早的农业遗址，为距今七八千年前的黄河中下游的裴李岗文化遗址。究其原因，黄河流域土壤肥沃，具有良好的保水和供水性能，是适宜原始农业生产的土壤。在裴李岗文化中，不仅出现了粟类和稻类的农作物，还出土了与之相对应的农业生产工具和粮食加工工具，诸如石斧、石铲、石刀、石镰、石磨盘和石磨棒等。据对裴李岗文化时期的裴李岗、沙窝李、莪沟、铁生沟、马良沟五处遗址的初步统计，这类工具发现有石镰 37 件、石刀 4 件、石磨盘 80 件、石磨棒 42 件。④裴李岗文化中出土数量众多的石磨盘和磨

①《列子》卷 5《汤问》。
②《白虎通义》卷 1《号》。
③ 王星光：《试论中国耕犁的本土起源》，《郑州大学学报（哲学社会科学版）》1987 年第 1 期。
④ 贾兵强：《裴李岗文化时期的农作物与农耕文明》，《农业考古》2010 年第 1 期。

棒是谷物加工工具，证明当时已有丰富的谷物加工活动。裴李岗文化出土的农业工具种类之全、数量之多、制作之精，又反映出当时的农业生产已具有一定的水平。尤其是铲和锄的出现，说明当时的农业已进入锄耕农业阶段，而且是粟作与稻作兼有的原始农业生产。

在裴李岗时期，新郑沙窝李遗址、许昌丁庄遗址等都有发现粟类作物，说明粟是裴李岗文化时期河南地区种植最普遍、最早的农作物之一。据考古发掘和研究表明，在新郑沙窝李遗址发现有分布面积 0.8~1.5 平方米的粟的碳化颗粒；在许昌丁庄遗址一方形半地穴房子中也发现有碳化粟粒。

通过对裴李岗文化的研究，我们发现裴李岗文化遗址的分布具有以下三个特点：第一，遗址坐落在靠近河床的阶地上，或在两河的交汇处，一般高出河床10~20 米，这类地区具有较好的生存环境和生存空间。第二，遗址坐落在靠近河流附近的丘陵地带，遗址的位置本身较高，距河床较远。这类遗址既临河，又有大片可供农耕的土地，也是人类生息活动的好场所。第三，遗址坐落在海拔较低并且邻近河流的平原地带，这类遗址一般距河床较近，所以，周围环境多为平坦的沃田。如许昌丁庄遗址为平原地带，位于老潩河南岸，比河床高出 3 米，距裴李岗 50 公里；新郑裴李岗遗址位于裴李岗村西北一块高出河床 25 米的岗地上，双洎河河水自遗址西边流过，然后紧靠遗址的南部折向东流，遗址就在这一河弯上。

然而，裴李岗时期虽然已经产生农耕文明，但还处在农业发展的初级阶段，这时的采集渔猎经济在全部裴李岗人的生产活动中还占有非常重要的地位。如贾湖遗址出土的生产工具中，农具仅占 25.4%，而狩猎工具则占 49.5%，捕捞工具占 25.1%。同时，裴李岗的农业聚落遗址发现得还不多，面积也较小，文化内涵亦不甚丰富。这也说明裴李岗时期的农业耕作发展规模有限，农业文化并不很发达。但是裴李岗文化应是厚重的中原文明乃至博大精深的中华古代文明的重要源头之一，值得我们加以深入研究。

（二）大禹治水

面对滔天洪水，中华民族依靠自己的智慧、力量和百折不挠的精神，与洪水进行顽强抗争，并最终战胜了洪水，广为传诵的大禹治水的故事即反映了这一点。

在治水过程中，大禹组织各部族力量共同治水，由此促进了以血缘关系为纽带的氏族部落的大联合，促进了华夏各部族的融合与团结。大禹治水前后，通过开展农田水利建设、大力发展农业、实行平衡政策等方式，为国家的建立奠定了经济基础。大禹治水成功后，民心思定，渴望实行必要的集权体制以对抗较大的自然灾害并进行大规模的农业开发，为国家的建立奠定了思想基础。大禹治水成功后，组织严密、高度集权的治水机构逐渐沿袭为国家的组织机构，为国家的建立奠定了组织基础。由此，大禹治水催生了我国第一个奴隶制国家，从此文明时代取代野蛮时代。

1. 大河之患与大禹治水

大禹治水是我国古代著名的神话传说之一，其在《尚书》、《山海经》、《论语》、《淮南子》、《墨子》、《史记》等文献中均有相关记载。今天，我们能够见到的最早的文献记载是《尚书》和《诗经》，内容记载较为完备的是《史记》。《史记·夏本纪》载："禹乃遂与益、后稷奉帝命，命诸侯百姓兴人徒以傅土，行山表木，定高山大川。禹伤先人父鲧功之不成受诛，乃劳身焦思，居外十三年，过家门不敢入。薄衣食，致孝于鬼神。卑宫室，致费于沟淢。陆行乘车，水行乘船，泥行乘橇，山行乘檋。左准绳，右规矩，载四时，以开九州，通九道，陂九泽，度九山。令益予众庶稻，可种卑湿。命后稷予众庶难得之食。食少，调有余相给，以均诸侯。禹乃行相地宜所有以贡，及山川之便利。"由此可见，尧舜时期的"洪水横流，泛滥于天下"，致使茫茫大地，一片汪洋。为了制止洪水泛滥，保护农业生产，禹总结父亲的治水经验，改"围堵障"为"疏顺导滞"，即利用水自高向低流的自然趋势，顺地形把壅塞的川流疏通。然后，大禹把洪水引入疏通的河道、洼地或湖泊，然后合通四海，从而平息了水患，使百姓得以从高地迁回平川居住和从事农业生产。后来，禹因此而成为夏朝的奠基者，并被人们称为"神禹"而传颂于后世。

著名历史学家范文澜先生曾说过："禹是古帝中最被崇拜的一人。……神话里说是洪水被禹治得'地平天成'了。这种克服自然、人定胜天的伟大精神，是禹治洪水神话的真实意义。考洪水的有无或禹是否治洪水，都是不必要的。"值得一提的是，最近发现并公之于世的西周中期铜器"遂公盨"中关于大禹治水事迹的记述在内容乃至用语上均与传世的《尚书》等文献惊人一致，被认为是大禹治水的证据。所以，大禹治水的神话故事是可信的，至少反映出4000多年前，我们先民在应对洪涝灾害中所表现的敢于同自然灾害作斗争的大无畏精神。

2. 大禹治水与夏的诞生

司马迁在《史记·夏本纪》中把大禹作为夏王朝的创立者，禹的活动时代当为新石器时代龙山文化晚期。大禹在治理洪水的过程中，加强了各个部落之间的联系和协作，由于需要强有力的统一领导，原来由血缘关系为纽带的氏族部落被以行政区划分的"九州"所代替，即《左传·襄公四年》中所谓的"茫茫禹迹，划为九州，经启九道"。划分了九州之后，大禹又任命了九个地方行政长官"州牧"进行管理。同时，大禹还把夏邑作为统治中心，按地区的不同部署原有部落，此时的部落联盟统治已经完成由血缘关系向地缘关系的转变，而这正是国家形成的标志之一。

治理全国水患的工程极其浩大，可以想见当时生产力低下的情况下，治理泛滥的洪水需要复杂的组织管理才能够成功。大规模的治水活动，需要有统一的意识和行动，也需要建立强有力的指挥机构，从而有效地组织和协调人力、物力。

为了更好地治理洪水，大禹在舜的基础上逐步构建完善各种组织机构，并使之分工明确，各司其职。大禹在帝舜时期是负责平治水土的"司空"，兼任总摄联盟内各项具体事务的"百揆"。由于治水任务职责的重大和时间的紧迫，赋予了治水领导者至高无上的权力，这都促成了中央集权国家的产生。《国语·鲁语下》："昔，禹致群神于会稽之山，防风氏后至，禹杀而戮之。"禹在会稽大会诸侯之时，防风氏部落的首领因迟到被大禹当场杀掉，足见禹的权力之大、权威之强。同时，大禹治水过程中，为了更好地管理各部族，还在虞舜时期就已经创制出的法律制度的基础上，又制定了相关的法律制度，并付诸实施。《史记·夏本纪》："皋陶于是敬禹之德，令民皆则禹。不如言，刑从之。"《吕氏春秋·离俗览·用民》："夏有乱政，而作禹刑"，法律和刑罚的制定都是国家正式形成的体现。

治水仰赖统一国家，而统一国家又促进了治水的成功，大禹治水与中国国家的形成正是如此相互促进的关系。大规模的治水活动促进了王权的产生，为禅让制转变为世袭制的专制制度提供了重要条件。与此同时，在长期治水过程中形成的凌驾于各氏族部落之上的组织机构，演化成奴隶制的国家机器。大禹凭借其在治水过程中所赢得的威望，接替舜的位子，成为部落联盟的首领，通过征三苗、画九州、合诸侯、戮防风氏等一系列过程，联合各部族，逐步使血缘团体向地域团体过渡，挑战古老的氏族制度，促进了中国国家的形成。

《史记·夏本纪》的记载是："禹死，天下授益。三年以后，益让位于禹子启，于是启遂即天子位，是为夏后帝启。"启世袭禹的帝位，是一个划时代的举动，标志着"各亲其亲，各子其子"的时代到来，特殊的公共权力开始凌驾于氏族社会之上，我国第一个奴隶制国家产生了。

3. 大禹治水思想

从大禹治水的神话故事和文献记载中，我们可以看出，不论是大禹的治水方法，还是大禹治水中所体现出的不畏艰险、吃苦耐劳、公而忘私、不屈不挠的精神，都已经积淀形成大禹治水精神。大禹治水精神是我国传统文化精神的象征。这样一种精神是中华文明创造的前提条件，也反映了中华文明的特色。直到今天，我们仍然看到这样一种精神在促进我们民族继续创造着新的文明。① 具体来说，大禹治水精神的内涵，概括起来主要包含以下内容：

（1）公而忘私精神。大禹之时，"鸿水滔天，浩浩怀山襄陵，下民其忧"②。大禹受命于危难之中，担负起了治水安民的重任。为了治理水患，大禹"娶涂山氏女，不以私害公，自辛至甲，四日，复往治水"。③《史记·夏本纪》载："（禹）劳身焦思，居外十三年，过家门不敢入。"如上所述，大禹"舍小家顾大家"、"三过家门而不入"的崇高品质，体现了大禹公而忘私的奉献精神。难能可贵的是，在治水过程中，大禹之妻生子启，也没时间去看望，禹说："启呱呱而泣，予弗子，惟荒度土功。"④ 他劳而忘身，率先垂范，始终奋战在治水第一线，《庄子·天下》载："禹亲自操橐耜"，顶风冒雨，不避寒暑，"腓无胈，胫无毛，沐甚雨，栉疾风，置万国。禹大圣也，而形劳天下也如此"，足迹遍神州，"手足胼胝，面目黧黑"⑤，"禹劳身苦思……闻乐不听、过门不入、冠挂不顾、履遗不蹑"⑥，历尽千辛万苦，终使"九州攸同，四隩既宅，九山刊旅，九川涤源，九泽既陂"。⑦ 大禹这种忘我忘家、全身心献身治水的精神，已成为历代学习的榜样。

同时，据文献记载，禹之父鲧用"堙"、"障"之法治理水灾，"九载，绩用弗成"，"帝殛鲧于羽山"。⑧ 禹不因父鲧被诛而记仇推辞，反而继父遗志，以治水和公众利益为己任，接受虞舜所嘱托的任务，竭尽全力平治水土，同样体现了大

---

① 沈长云：《论大禹治水及其对中华文明进程的影响》，中国先秦史学会：《禹城与大禹文化文集》，中国文联出版社 2007 年版。

② 《史记》卷 2《夏本纪》。

③ 《水经》卷 30《淮水注》。

④ 《尚书·虞书·益稷》。

⑤ 《史记》卷 87《李斯列传》。

⑥ 《吴越春秋·越王无余外传第六》。

⑦ 《尚书·虞书·禹贡》。

⑧ 《尚书·虞书·尧典》。

禹大公忘私的精神。

（2）民族至上精神。在五千年的历史演进中，中华民族形成了以爱国主义为核心的团结统一、爱好和平、勤劳勇敢、自强不息的伟大民族精神。它使得中华民族不仅创造了灿烂的文明，而且生生不息、连绵不绝，表现出强大的生命力。[①]我们知道，大禹是古代羌族的首领，在带领羌人治理洪患的艰苦历程中，推动各民族间的交流，使之相互影响、渗透、交融，优势互补，促进了华夏民族的融合、成长、壮大，使夏成为中华民族文化的源头。同时，大禹既根据不同民族的特点，采取相应的政策，尊重各民族的生活方式、风俗习惯；又通过传授先进的生产技术、传播优秀的文化艺术等方式，增进了民族团结，促进了生产力的发展。[②]

治水目标也凸显大禹治水以民族利益高于一切。关于大禹治水的目的，《墨子·兼爱》指出，禹治水土"（西）以利燕代胡貉与西河之民"、"（东）以利冀州之民"、"（南）以利荆楚、干、越与南夷之民"。也就是说，其治水的终极目标是包括华夏族与非华夏族在内的所有民族都免受旱涝灾害的威胁。《吕氏春秋·爱类》曰："疏河决江"，"所活者千八百国，此禹之功也。"这就意味着，大禹治水成功后使更多的部落或部族的生命、财产和耕地、山林免予被洪水卷走。大禹治水对于形成一个统一的九州起到了重要作用，因而大禹是中华民族从局部发展到全面发展以至多民族大融合的推动者和领导者，完成了一次伟大的历史跃进。[③]所以说，在治水过程中，大禹以民族根本利益为重，促进了华夏各民族之间的融合，奠定了中华文明的发展基础。

（3）民惟邦本精神。大禹认为："民可近不可下，民惟邦本，本固邦宁。予视天下愚夫愚妇一能胜予。……予临犯民，懔乎若朽索之驭六马，为人上者，奈何不敬。"[④]刘向在《说苑·君道》中说："河间献王曰：'禹称：民无食，则我不能使也；功成不利于人，则我不能劝也。'……民亦劳矣，然而不怨苦者，利归于民也。"《淮南子·修务》载："（禹）夙兴夜寐，以致聪明，轻赋薄敛，以宽民力；布德施惠，以振穷困；吊死问疾，以养孤孀。百姓亲附，政令通行。"由此可知，

---

① 胡金星：《从大禹治水精神浅谈水文化与民族精神和时代精神》，首届中国水文化论坛组委会：《首届中国水文化论坛优秀论文集》，中国水利水电出版社 2009 年版。
② 谢兴鹏：《大禹精神的内涵及其现实意义》，《绵阳师专学报（哲学社会科学版）》1997 年第 1 期。
③ 杨超：《论大禹精神——过渡时期的政治经济文化》，《中华文化论坛》1994 年第 1 期。
④《尚书·夏书·五子之歌》。

大禹治水的目的是为了解除洪水对民众的危害，从而达到固本强基，实现国富民强。

在治水过程中，大禹始终以人民利益为出发点，从而得到人民的爱戴和拥护。为此，墨子说："为天下厚禹，为禹也。为天下厚爱禹，乃为禹之人爱也。"① 如有些部落缺乏食物，禹便"命益予众庶稻，可种卑湿。命后稷予众庶难得之食。食少，调有余相给，以均诸侯"。② 也就是说，大禹与益、稷一起，施与饥民以粮食与肉类，如果一个地区缺乏食物，就从食物多的地区调入，于是，"众民乃定，万国为治"。③ 在治水成功以后，大禹"身执耒锸，以为民先"④，兴建水利灌溉工程，开垦土地，植谷种粮，栽桑养蚕，发展农业生产。这就是大禹治水精神的最高境界，也是历代治国思想和理念的核心。

（4）科学创新精神。面"汤汤洪水方割，荡荡怀山襄陵，浩浩滔天"⑤ 和鲧治水方法失败的局面，大禹认真总结治水规律和方法，尤其是总结其父鲧的治水经验⑥，创造发明了测量工具，提高了治水的技术水平，在此基础上，创造性地提出了"疏川导滞"⑦ 的疏浚排洪治水方案。由于当时的科技与生产力水平低下，大禹采取的不是"征服自然"、"人定胜天"，而是顺其自然、给洪水出路。所以说，大禹治水包含因势利导的科学精神。

关于大禹治水的疏导方法，《孟子·滕文公上》记载："禹疏九河，瀹济、漯而注诸海，决汝、汉，排淮、泗而注之江，然后中国可得而食也。"所以说，禹治水时采用疏导的方法，而鲧治水是用堵截的方法，因此禹成功了，而其父鲧失败了。⑧ 那么，治水究竟从哪里开始疏导为好呢？大禹同四岳等人顺着黄河上溯，历尽艰难险阻，希图找到黄河发源处，从那里开始导河。《尚书·禹贡》内有大禹"导河积石"的话，可见禹采取了实事求是的科学态度。

在治水活动中，大禹以人为本、吃苦耐劳、无私奉献的治水精神成为中华民族精神的象征。继承和发展大禹治水精神是中华民族生生不息、薪火相传的动力和支撑，是凝聚中华民族的重要思想基础，是各族人民团结和睦、共同奋斗的精

---

①《墨子·大取》。
②③《史记》卷 2《夏本纪》。
④《韩非子》卷 49《五蠹》。
⑤《尚书·虞书·尧典》。
⑥《国语》卷 1《鲁语上》。
⑦《国语》卷 5《周语下》。
⑧ 王玉哲：《中华远古史》，上海人民出版社 2000 年版。

神纽带。大力弘扬大禹治水精神是国家不断创新和发展的力量源泉，是中国特色社会主义建设的不竭动力。[①]

(三) 王景治河

东汉时期的王景总揽全局，统筹兼顾，认真总结前人研究成果和实践经验，并且通过实际查勘，根据地势情况，统一规划制定了荥阳（今河南省荥阳县古荥镇）到千乘海口的堤防路线，并采取了疏浚的河道、建立分水建筑物等工程措施，使黄河"无复溃漏之患"。

与此同时，王景破除了当时盛行的按经义治河、盲目追求复禹河故道的保守思想，经过"商度地势"、"分流而治"，规划了一条"河、汴分流，复其旧迹"的新渠线，并避开了宽窄不一、再三弯曲的原堤线，抓紧有利时机进行治理。从渠首开始，河、汴并行前进，然后主流行北济河故道，至长寿津转入黄河故道，最后注入大海。王景根据实际情况，吸取历史上的经验教训，采取了"十里立一水门，令更相回注"的办法。所谓"十里"不是固定的，而是根据黄河溜势变化的特点采取多口分水。这样根据渠水的大小，合理开关水门，从而解决了在多泥沙善迁徙的河流上的引水问题，这是王景在水利技术上的又一大创造。同时王景又沟通了黄河的各个分流，采取同样的设立水门的方法，使支流发挥分流、分沙，作用以削减洪峰水势。

王景历经三年治理黄河，终于完成治水工程，数十年的黄水灾害得到平息，明帝拜王景为河堤谒者。从东汉到魏晋南北朝，再到隋唐五代，王景治理黄河所带来的益处一直泽被后代，百姓称赞"王景治河，千载无患"。他的治水方法与策略在中国历史上发挥了重要影响，被历代治水者所推崇和效法。

(四) 乾隆治水

乾隆皇帝继位之后，全国各地水旱频频发生，如广东、河南等地常发大水，陕西、云南等地时有旱灾，而河北、山东等地则水旱灾交替来袭，成为社会的隐患。乾隆皇帝认识到水旱灾害的严重性，要求大臣们以预防为主，兴修水利、去除水患。他下令各省督抚平时就要讲求疏导之方和灌溉之利，反对靠天吃饭和单纯依靠朝廷赈济来应对水旱之灾。针对各地水利设施年久失修的实际情况，他要求地方官员把水利作为一项长期的和经常性的任务来做。

---

① 贾兵强：《大禹治水精神及其现实意义》，《华北水利水电学院学报（社科版）》2011年第4期。

为了掌握第一手资料，乾隆皇帝重视调查研究，多次派鄂尔泰等大臣到全国各个重要的水利施工现场调查水道的实际情况，又派户部侍郎赵殿等大臣勘察卫河、运河、金沙江等河流，命直隶总督孙嘉淦筹划水利，从而为进一步进行大规模的治水活动打下坚实的基础。之后，乾隆皇帝在前代治河成就的基础上，动用大量人力、物力和财力对淮扬运河和淮河入江水道等进行了疏浚和整治。即使是在他出游的途中，也不忘亲临重要水利设施工地，与大臣共同探求治理的方法，充分体现出了对水利事业的重视。在乾隆皇帝的旨意下，河南、安徽、江南、云贵等地的地方官员纷纷从各地实际出发，疏浚河道，加固堤防，修建陂塘沟渠、圩埝土坝等大量水利工程。此外，在他的关心下，修建了江苏宝山至金山242里长的块石篓塘和浙江金山至杭县500里海塘，这些水利工程起到了防洪、保护农业生产的作用。乾隆皇帝尤其重视京城周围地区的水利建设，仅对永定河进行的大规模治理活动就达17次之多，还多次亲临现场指导治河工作，大大提高了永定河的防洪抗灾能力。

在兴修水利的过程中，乾隆皇帝深刻体会到水利人才对水利建设的重要性，所以比较注意培养和选拔水利人才。他规定，担任过河官或者熟悉治水业务的地方官员，可以在履历中注明，优先提拔使用，如浙江按察使完颜伟因为熟悉浙江海塘事务并主持兴建金山海塘有功，乾隆皇帝将其提升为江南河道总督。正是由于这种激励，乾隆时期有很多的官员重视水利、热心水利，从而促进了这一时期中国水利的发展。

（五）小浪底水利枢纽工程

黄河小浪底水利枢纽工程位于河南省洛阳市孟津县小浪底，在洛阳市以北黄河中游最后一段峡谷的出口处，南距洛阳市40千米。小浪底水库两岸分别为秦岭山系的嵝山、韶山和邙山；中条山系、太行山系的王屋山。水库最高运用水位275米，水库面积达272.3平方千米，上距三门峡水利枢纽130千米，下距河南省郑州花园口128千米。它不仅是中国治黄史上的丰碑，也是世界水利工程史上最具有挑战性的杰作。[①]

1991年9月，小浪底水利枢纽工程前期工程开工。小浪底水利枢纽主体工程建设采用国际招标，以意大利英波吉罗公司为责任方的黄河承包商中大坝标，

---

① 贾兵强：《科技黄河》，中国水利水电出版社2014年版。

以德国旭普林公司为责任方的中德意联营体中进水口泄洪洞和溢洪道群标，以法国杜美兹公司为责任方的小浪底联营体中发电系统标。1994 年 7 月 16 日，合同签字仪式在北京举行。1994 年 9 月主体工程开工，1997 年 10 月 28 日实现大河截流，1999 年底第一台机组发电，2001 年 12 月 31 日全部竣工，总工期 11 年，坝址控制流域面积 69.42 万平方千米，占黄河流域面积的 92.3%。水库总库容126.5 亿立方米，调水调沙库容 10.5 亿立方米，死库容 75.5 亿立方米，有效库容 51.0 亿立方米。2009 年 4 月，全部工程通过竣工验收。

小浪底水利枢纽工程由主坝、泄水建筑物和引水发电系统组成。主坝采用壤土斜心墙堆石坝，坝顶长 1667 米，最大坝高 154 米，坝体总填筑量 5185 万立方米，基础混凝土防渗墙深 80 米。坝基采用混凝土防渗墙及帷幕灌浆防渗。泄水建筑物包括 10 座进水塔、3 条明流泄洪洞、3 条孔板泄洪洞、3 条排沙洞、1 座正常溢洪道和 1 座非常溢洪道。引水发电系统有 6 条引水隧洞，分别向 6 台水轮发电机组供水。洞长约 300 米，洞径 7.8 米，单洞最大引水流量 305 立方米/秒。主厂房为地下式，尺寸为 251.5 米 × 25 米 × 61.4 米，最大跨度 26.2 米。围岩为砂岩，层面平缓且多泥化夹层。顶拱及边墙共采用 25 米长，325 根 1500 千牛顿预应力锚索支护。[①] 枢纽特点是水工建筑物布置集中，形成蜂窝状断面，地质条件复杂，混凝土浇筑量占工程总量的 90%。施工中大规模采用新技术、新工艺和先进设备，泄洪洞群工程集中了小浪底工程的重点、难点和关键项目。

小浪底水利枢纽工程是具备防洪、防凌、发电、排沙等多项功能的大型综合性水利工程。工程建成后，可使黄河下游防洪标准由目前的 60 年一遇提高到千年一遇，基本解除黄河下游凌汛威胁；水库采用蓄清排浑运作方式，利用 75.5亿立方米的调沙库容拦沙，可使黄河下游河库 20 年不淤积，减少两到三次大堤加高费用；水库可每年增加 20 亿立方米的供水量，大大提高下游 4000 万亩灌区的用水保证率，改善下游灌溉供水条件。[②]

（六）治水与自然科学的萌芽

自然科学是人们关于自然现象和规律的知识。它主要来源于人类的生产实践和社会实践。当生产实践的感性认识积累到一定程度，经过飞跃上升到理性认识阶段才能成为科学。在原始社会，科学只是以萌芽状态存在于生产技术之中。工

---

① 《中国电力百科全书》编辑部：《中国电力百科全书·水力发电卷》，中国电力出版社 2001 年版。
② 李民：《黄河文化百科全书》，四川辞书出版社 2000 年版。

具的制造、火的使用、采集和渔猎、畜牧和农业以及日常生活用品的制造等，无一不是科学知识萌芽的土壤。当然，这时的科学知识受人们生产活动的性质和生产经验的限制，只能知其然而不能知其所以然；同时，人们对自然的认识和原始的宗教、神话交织在一起，所以它有很大的局限性。

为了治理水患，原始先民在长期的治水实践中积累了丰富的治水经验，发展了水利技术工程，并在水文测量、修筑围堤和兴修水利的过程中，推动水利、冶金、纺织、陶瓷、交通运输以及天文学、数学、力学、地理学和生物学的发展。从大禹治水的传说中，就可以了解治理洪水的活动对科学技术的影响。

1. 科学治水思想的萌芽

面对浩浩洪水和鲧治水方法失败的局面，大禹创造性地提出了"疏川导滞"的疏浚排洪治水方案。由于当时的科技与生产力水平低下，大禹采取的不是"征服自然"、"人定胜天"的办法，而是顺其自然、给洪水出路。《禹贡》中把大禹治水后形成的河道加以记述，被后人称为"禹河故道"。大禹治水所采用的疏导方法，是行之有效的科学治水方法，也是我国水利科学产生的标志，谱写了我国治水历史的第一页，揭开了我国水利科技史的序幕，是中国水利科学思想的肇始。

2. 数学知识的萌芽

我们的祖先很早就积累了关于事物的数量和形状的数学知识。人们认识"数"是从"有"开始的，起初略知一二，以后在社会生产和实践中不断积累，知道的数目逐渐增多。仰韶文化及马家窑文化遗址中出土的陶器的口沿上，发现有各种各样的刻划符号50余种，可视为代表不同意义的记事符号。我国古代也有"结绳记事"和"契木为文"的传说。因此，这些刻划符号极可能是我国文字的起源，也可能是数字的起源。如 "丨"、"丨丨"、"丨丨丨"、"丨丨丨丨"、"Ⅹ"、"十"等符号与甲骨文、金文中的数字分法很相似，陶文中（半坡）还有符号"羊"，可能为一个较大的数字。

大禹在治水的过程中，"左准绳，右规矩……随山刊木，定高山大川"，这里面就蕴含着数学知识。《周髀算经》载："故禹之所以治天下者，此数之所有生也。"当然，把数的产生与应用全部归功于大禹有点牵强，但是大禹发明了测量工具"准绳"、"规矩"，可见在进行水文测量等治水实践中肯定离不开数学计算，因而治理洪水的工程活动确实推动了数学的进步。

此外，水文测量说明那时人们对各种几何图形已经有了一定的认识和应用。

考古也发现，新石器时代开始出现的竹编织物和丝纺织品，可能表明人们对形和数之间的关系有了进一步的认识，因为织出的花纹和所包含的经纬线数目之间存在着一定的关系。陶器的器形和纹饰也反映出新石器时期人们具有一定的几何图形概念，已有圆形、椭圆形、方形、菱形、弧形、三角形、五角形、五边形、六边形、等边三角形等多种几何图形，并已经注意到几何图形的对称、圆弧的等分等问题。

第二节　节水文化

节约用水是缓解水资源短缺和化解干旱化趋势的有效手段。据统计，改革开放以来，中国以年平均 1% 的用水低增长，支持了年平均 9.88% 的国民经济高速增长；以世界平均 60% 的人均综合用水量，创造了高于世界平均水平 3 倍的国内生产总值增长率；以连续近 20 年的农田灌溉用水量的零增长，扩大灌溉面积近 1.5 亿亩，全国粮食总产量增长 65%，人均产粮增长 22.5%。[①] 党的十八大以来，以习近平同志为总书记的党中央，从战略和全局高度对保障国家水安全做出一系列重大决策部署，明确提出"节水优先，空间均衡，系统治理，两手发力"的新时期水利工作方针，为加快水利改革发展提供了科学指南和根本遵循。

河南省地处南北气候和从山区到平原的过渡地带，气候和地理条件特殊，加上河南省水利基础设施相对薄弱，洪涝灾害、水资源短缺且分布不均问题依然存在，节水问题已成为当地经济和社会可持续发展的重要制约因素。实践证明，水利不仅是农业的命脉，而且是国民经济和社会发展的基础设施和基础产业。河南省应转变治水观念，厘清治水思路，注重水资源的优化配置、节约和保护，实现可持续发展，从而实现河南省全面建成小康社会的目标。

---

① 张岳：《60 年水利的历史见证》，《中国水利》2009 年第 11 期。

一、节水文化内涵

水是文明之源，生产之基，生态之要。节水文化是伴随着文化的产生而产生的，在人类的发展史上扮演着不可或缺的角色。我国历史悠久，有光辉灿烂的传统水文化，但在传统中却未曾有节水文化。

从人类与水共处的发展历程来看，大致经历了四个阶段：一是依存阶段，相当于原始文明时期，历时约 200 万年，是使用劳动工具采猎和用火的时期，人类被动地适应自然，穴巢而居，充分享用大自然的直接赋予。这一阶段孕育着水文化，但不可能有节水文化。二是开发阶段，相当于农业文明时期，历时 1 万多年（公元前 1 万年至 16 世纪初）。整个阶段的社会生产力和科学技术不断获得很大的进步和发展。在此期间自然界的水资源量可以满足人类社会发展的需要，也没有产生节水的客观要求。因此，虽有大量水文化的壮丽篇章，但仍没有节水文化。三是掠夺阶段，人们违背自然规律，"征服"自然的文化达到空前的地步，使水资源遭到破坏甚至枯竭，水资源危机四起，人与水的关系极不和谐。这一阶段，水利科学技术取得巨大的进步，增添了水文化的风采。但在贪婪索取、无节制开发和掠夺中，也无节水文化可言。四是和谐阶段，由于掠夺式的开发，人类伤害了大自然，遭到大自然的报复。人类在饱尝苦果后，从 20 世纪开始反省，理智地谋求与水资源和谐相处，着力于节约、治理、保护和管理，使水资源与经济、社会、环境、生态持续协调发展。[①]

由此可见，在古代，人们节水意识比较淡薄，节水文化处于孕育期。我国开展国家层次的全面节水工作是从 20 世纪 80 年代初开始的。1983 年全国第一次城市节约用水会议，是我国强化节水管理的重要标志。1988 年颁布的《中华人民共和国水法》中，将以法律形式确定。1990 年的全国第二次城市节约用水会议，提出创建"节水型城市"。1995 年，党的十四届五中全会提出《制定国民经济和社会发展"九五"计划和 2010 年远景目标的建议》，把水利列在国民经济基础设施建设的首位，把节水排在资源节约的首位。1997 年，国务院审议通过《水利产业政策》，规定各行业、各地区要大力普及节水技术，全面节约各类用水。2000 年，《中共中央关于制定国民经济和社会发展第十个五年计划的建议》中，首次提

① 刘仲桂：《让文化成为节水型社会建设的"助推器"》，《中国水利报》2009 年 2 月 5 日。

出"建立节水型社会"。2002 年，颁布的新《中华人民共和国水法》中明确规定："国家厉行节约用水，大力推广节约用水措施，推广节约用水新技术、新工艺，发展节水型工业、农业和服务业，建立节水型社会。"至此，节水文化的含义在理论上和法律上得以确立。

节水文化是人们在长期节水实践活动中所形成的节水设施、节水工程、节水行为、节水政令、节水思想等方面的总和。总的来说，广义的节水文化是指人类在社会历史实践过程中创造的有关节约用水的物质财富和精神财富的总和。狭义的节水文化则专指思想、意识、精神领域的成果总和，即指有关节约用水的社会意识形态以及与之相适应的政治、社会组织、社会制度、风俗习惯、道德、法律政策、学术思想、宗教信仰、文学艺术等。[①]

节水文化应该是指社会群体在开发、利用、配置、保护和管理水资源的实践过程中，与节约水资源和提高水资源利用效率相关联的各种文化现象的总和。它涵盖了人们传统的思维方式、行为方式和价值观念等的变化。节水文化的实质是人们处理用水与节水关系的文化。[②]具体来说，节水文化不仅包含以节水为重点的水库、小水窖、小水池、小塘坝、小泵站、小水渠等基础设施，大力推广滴灌、喷灌等节水灌溉技术的节水农业，划定水源保护区的用水效率控制规划工程，而且还包含水患意识、"以水定需，节约用水"的人水和谐节水观念、严格的水资源管理制度等，从而实现及水资源的优化配置、节约和保护，实现可持续发展。

二、节水文化概述

河南省多年平均降水量 776 毫米，多年平均水资源总量 413 亿方，人均占有量 440 立方米，为全国人均占有量的 1/5，立方百米均水量 7075 立方米，居全国各省区第 19 位。并且水资源分布极为不均，在人口稠密、工业城市较多、农业用水量大的豫北、豫东平原地区，人均、立方百米均水量只有 3000~3450 立方米。全省地表水丰枯变化大，年径流量相差 2~3 倍之多，并且有连续枯水年发生。径流量的 70% 集中在汛期，北部平原区大多数河道汛后基本断流，成为季节性河流。径流量由南向北递减，多年径流深沙颍河以南到南阳盆地为 100~200 毫

① 高辉、屈艳萍：《节水文化在节水型社会建设中的作用》，《中国防汛抗旱》2012 年第 3 期。
② 刘仲桂：《让文化成为节水型社会建设的"助推器"》，《中国水利报》2009 年 2 月 5 日。

米、沙颖河以北为 100~50 毫米、最低的豫北平原东部只有 40~50 毫米。[①]

目前，河南省现有的各类水利工程年均供水量为 260 亿方，根据全省水资源供需分析，平均年份需水量为 300 亿方（其中农业用水 210 亿方、工业用水 50 亿方、城乡生活和环境用水 40 亿方），缺水 50 亿方。如遇到中等旱年、大旱年，则缺水更严重。根据河南省水利厅 2020 年供需水预测，通过各种节水措施后，全省正常年份仍需水 360 亿方、中等干旱年需水 400 亿方、中等干旱年缺水 95 亿~100 亿方。[②] 因此，应加大宣传国情、省情、水情的力度，增强人民的水患意识、节水意识、水资源保护意识，通过兴建节水工程、推广节水农业、建立循环经济、科普教育等多种形式，在全社会营造节水文化，为国家粮食战略和粮食安全作出应有的贡献。

河南省是水资源严重短缺地区，人均水资源量仅相当于全国平均水平的 1/5，加强水资源管理对河南省意义重大。节约用水是有效应对和化解中原地区水资源短缺、水环境恶化等问题的重要手段和有效方式。2013 年 12 月，河南省人民政府出台了《关于实行最严格水资源管理制度的实施意见》，确立了用水总量控制制度、用水效率控制制度、水功能区限制纳污制度和水资源管理责任和考核制度，并首次明确了河南省水资源指标控制体系的"三条红线"。[③] 截至目前，最严格水资源管理制度"三条红线"已覆盖全省 18 个省辖市和所有县市区，初步构建了实行最严格水资源管理制度的体系。同时，节水型社会建设和 5 个国家级、9 个省级水生态文明城市建设试点也深入开展。[④] 2015 年，河南省提出要着力践行"节水优先，空间均衡，系统治理，两手发力"的新时期治水思路，加快水利基础设施和水生态文明建设，全面推荐水利改革发展，为加快中原经济区建设、确保粮食安全、建设美丽中原提供坚强的水利支撑。

节水文化主要是以节水灌溉工程为载体，以水库、小水窖、小水池、小塘坝、小泵站、小水渠等基础设施为节点的现代工程文化。在建设中原经济区过程中，河南省要把大中型灌区续建配套与节水改造作为保障粮食安全的重要举措，完成大型灌区和中型灌区的改造任务，加大灌区续建配套和节水改造力度。以渠

① 时子明：《河南自然条件与自然资源》，河南科学技术出版社 1983 年版。
② 王玉霞等：《低压管灌技术在河南节水农业中的应用研究》，《河南科学》2006 年第 6 期。
③ 张海涛：《"三条红线"守护中原水家底》，《河南日报》2014 年 1 月 2 日。
④ 王小平：《治水兴水成效显著 水利发展任重道远》，《中国水利》2014 年第 24 期。

系为单元成线成片整体推进，到 2020 年基本完成 38 处大型和重点中型灌区续建配套和节水改造任务。全面开展大中型灌区末级渠系改造工程建设。按照《河南省现代灌区建设管理标准》要求，努力实现投入多元、管理规范、制度灵活、效益提升，全面提升灌区建设和管理水平。加快推进赵口引黄灌区二期、小浪底北岸灌区、小浪底南岸灌区、西霞院灌区、故县水库灌区、燕山水库灌区、槐扒灌区工程进度。同步规划建设小型灌区，尽量解决大中型灌区覆盖不到、非宜井区农田的"望天收"问题。

节水文化还包括推广滴灌、喷灌等节水灌溉技术的节水农业，划定水源保护区的用水效率控制规划等，以及节水科学知识、"以水定需，节约用水"的人水和谐节水观念、严格的水资源管理制度等。节水灌溉从典型示范转向全面推广，以节水增效为目标对现有灌溉面积进行技术改造，到 2015 年全省节水灌溉面积超过 3000 万亩。在易灾地区、革命老区、黄河淤地坝等国家水土保持重点防治地域，开展水土保持生态清洁型小流域建设和生态示范工程建设。在山丘区特别是贫困山区，因地制宜规划建设一批小水窖、小水池、小塘坝、小泵站、小水渠等"五小水利"工程。积极推进浅山丘陵、坡耕地整治工程，加大梯田、坡面水系和以水窖、塘堰坝为主的小型水保工程建设力度，提高农田蓄水保墒能力。对江河源头及其两岸、湖库周围以及水土流失严重地区的陡坡耕地有计划地实施退耕还林。建立健全水土保持、建设项目占用水利设施和水域等补偿制度。探索建立生态环境用水保障机制和补偿机制，启动水生态系统保护与修复工作。

三、节水文化内容

节水文化是人们在使用、节约、保护水资源的实践中，形成的关于水的价值观念和行为方式的总和，是人们对水事活动的理性思考，是反映水事活动的社会意识。水文化对人的思想意识、价值观念、道德情操等诸方面具有潜移默化的影响，促使人们改变自己的意识和价值观，随之调整自己的行为，形成共同的行为规范。从文化的角度看，个人和社会的节水意识、价值观念和节水行为规范构成了节水文化。[①] 节水文化是人类处理用水与节水关系的文化，是人们在用水过程中通过转变思想观念、改变生活方式、改进用水器具、加强用水管理、尊重水的

---

① 黄伟军：《生态文明从节水开始》，《中国水利报》2008 年 8 月 7 日。

权利，从而达到节约用水目的的文化，它对于节水行为有着巨大的引导和规范作用。倡导节水文化，是我国经济社会发展的必然要求，是建设社会主义和谐社会、建设现代文明的必然要求，更是我国所面临的严峻水资源形势的必然要求。

(一) 节水农业

我国发展节水灌溉技术的历史几乎与我国近代灌溉的历史一样长，因为只要灌溉就应当考虑节水。早在 20 世纪 50 年代，就有部分地区开始进行喷灌的研究和试点。到 20 世纪 70 年代，喷灌技术受到普遍重视，我国相继召开了全国性的技术研讨和推广大会，不管在交流技术经验还是在制造舆论方面，都起到了很好的作用。2012 年 11 月，国务院办公厅发布了《国家农业节水纲要 (2012~2020 年)》，这是深入贯彻落实 2011 年中央 1 号文件、中央水利工作会议精神和国务院关于实行最严格水资源管理制度部署，切实把节水灌溉作为经济社会可持续发展的一项重大战略和发展现代农业的一项根本性措施来抓的具体体现。

据测算，河南省人均水资源占有量 440 立方米，按国际公认的人均 500 立方米为严重缺水边缘的标准，河南属于严重缺水地区。河南农业节水一直都在探索中前进，全省农田灌溉基础设施不断完善。已建成的 3000 多万亩高标准粮田，沟渠相通、旱能浇、涝能排，抗旱减灾能力明显增强。[①] 自 2003 年以来，河南紧紧围绕发展现代农业、保障粮食安全、促进农业增效和农民增收的宗旨，大力发展节水农业，在豫西山地丘陵旱区和黄淮海平原灌区示范推广了测墒灌溉、水肥一体化、集雨补灌、聚水保墒等高效节水技术，取得了显著成效。[②] 据统计，河南省年推广农田节水技术模式 8500 万亩次以上，推广管道喷灌、滴灌等田间节水灌溉技术 2500 万亩次以上，灌溉水利用率提高 10%~30%，亩节水 20~40 立方米，平均亩增产粮食 10%~30%。高效节水喷灌具有"省水、省钱、省力，增产、增效、增收"的效果，但长期以来，财政资金投入主要以农田水利为主，田间农业节水技术推广投资很少，一定程度上制约了农田高效节水技术的推广应用。

引黄灌区是河南省农业节水的重要组成部分，涉及郑州、洛阳、开封、安阳、鹤壁、新乡、焦作、濮阳、三门峡、商丘、周口、许昌、济源 13 个省辖市65 个县市区。该地区农业人口 3342 万人，占全省的 43.6%；耕地面积 234 万公

---

① 范亚旭、张培奇：《河南：节水农业大旱之年显身手》，《农民日报》2014 年 8 月 23 日。
② 王凯：《河南节水农业发展现状、存在问题及对策》，《河南农业》2013 年第 23 期。

顷，占全省耕地面积的 35.5%。2005 年以来，全省多年平均引黄取水量 28.2 亿立方米，占流域分配取水量 55 亿平方米的 51%。[①] 引黄灌溉有效解决了沿黄两岸平原农业区的灌溉问题，对补充地下水、提高粮食产量和品质、改善灌区水资源状况起到了积极的作用。

沿黄平原地区农业灌溉用水量占全区总用水量的 65% 以上，农田灌溉用水占农业用水的 90% 以上。由于灌区输配水系统配套程度低、田间灌水技术落后等原因，农业灌溉水利用系数平均在 0.5 左右。随着工业化、城镇化发展和河南粮食核心区建设，工农业用水的矛盾日益突出，已经成为引黄灌区工农业发展的主要制约因素。引黄灌区必须通过井渠双灌、井渠沟灌溉、引黄调蓄工程、井渠蓄排等系统的综合技术措施，挖掘农业节水潜力，提高水的利用效率，走内涵式发展道路，在节水中求得农业的可持续发展，全面提高引黄灌区节水灌溉水平，促进灌区良性发展。

河南省节水农业要坚持水利节水措施与农艺节水措施相结合，因地制宜地推行窄短畦灌、格田灌、沟灌、地膜灌等节水灌溉方式；逐步推行渠道防渗和管道输水、喷灌、滴灌、渗灌等先进节水灌溉技术；扶持农业旱作技术和农作物抗旱新品种的研究和推广，提高农业节水效益。

（二）节水城市

河南省水资源贫乏，是我国北方的缺水省份之一。随着河南省城市化、工业化、现代化水平的提高，城市数量继续增加，城市规模不断扩大，城市用水的比重逐步上升，城市居民对水质的要求越来越高，城市水的供需矛盾越来越突出，城市的供水、节水和水污染防治工作面临十分严峻的形势。创建节水型城市，是缓解河南省水资源短缺压力、推进城市节约用水、提高城市水资源利用率和保障水平的有效载体，是促进河南省建设资源节约型社会的一项重要工作。

节水型城市是城市节约用水工作的最高荣誉称号。2002 年开始，建设部和国家发展和改革委员会组织专家评审首批国家节水型城市。截至 2013 年 4 月，国家相关部委已命名六批国家节水型城市，计 64 个城市（县城）。其中，河南省的郑州市和许昌市被列入国家节水型城市名单。为进一步推进河南省城市节约用水工作，切实提高城市用水效率，改善城市水环境，加快资源节约型社会的建

---

① 段鹏等：《河南引黄灌区节水灌溉综合技术模式研究》，《河南水利与南水北调》2014 年第 15 期。

设，根据住房和城乡建设部、国家发展和改革委员会《关于印发〈国家节水型城市申报与考核办法〉和 〈国家节水型城市考核标准〉的通知》（建城〔2012〕57 号）精神，2012 年，省住房城乡建设厅、省发展改革委决定在全省范围内开展创建河南省节水型城市活动。

建设节水型城市，要坚持把节约用水放在首位。要根据本地区水资源状况、水环境容量，合理确定城市规模和功能分区，调整优化城市经济结构和产业布局；积极发展节水型工业、服务业，促进企业向节水型方向转变；关、停、并、转一些高耗水、高污染用水大户；尤其要加强城市规划区地下水的开发利用和保护，凡是城市公共供水能力可达到的区域，严禁新开自备井，并随着公共供水能力的提高，逐步关闭其他自备水源。在房屋建筑中要按规定安装使用符合节水标准的用水器具，大力推广"节水型住宅"。与此同时，河南省要抓好城市污水处理工程建设，加大污水处理设施建设融资力度，已建和在建的大型污水处理厂要加快配套设施建设，尽快发挥效益。要以城市水价改革为切入点，加快调整城市供水价格，形成有利于节水治污的水价机制；研究制定回用污水的合理价格，鼓励污水再生资源的利用；逐步实行容量水价和计量水价相结合的两部制水价制度和阶梯式计量水价，形成有效的经济制约机制。

近年来，作为省会城市的郑州市紧紧围绕"留住天上水、南调长江水、北引黄河水、保护地下水、开发再生水"的水资源开发利用战略，以提高水资源的利用效率、效益和水生态文明建设为目标，全面开展了巩固节水型城市创建成果、建设节水型社会的整体推进工作，不断创新水资源管理模式，提高全市用水效率和效益，取得了显著成绩。[①] 2002 年，郑州市被列入为全国首批"国家节水型城市"。2005 年，郑州市被国家确定为全国第二批节水型社会建设试点城市。2013 年，郑州市被确定为全国水生态文明城市建设试点地区。

在建设节水型城市与社会的过程中，郑州市出台了《郑州市人民政府关于加强水资源管理工作的通知》、《关于加快节约型社会建设的实施意见》、《郑州市城市节约用水管理条例》、《郑州市节约用水条例》、《郑州市水资源管理条例》等一系列政策，编制完成了《郑州市节水型社会建设的规划》，充分运用法律、行政、经济、技术等手段，全面开展节水型社会建设工作。郑州市转变过去对水资源的

---

① 郑州市节约用水办公室：《2013 年度郑州市城区供用水及地下水管理情况报告》，《郑州日报》2014 年 5 月 12 日。

粗放管理与利用方式，以节水技术改造、提高单位用水的效率和效益为突破口，不断提高水资源的利用效率和效益，走过了一段成绩斐然的探索道路。据统计，郑州市节水工程项目的总设计节水能力达 1.2 亿立方米以上，实现年节水 8900 万立方米。这些示范单位和示范工程分布在市、县、区的各行各业，典型代表有郑州宇通客车股份有限公司、河南金星啤酒集团等单位的工业循环水利用工程，市直机关事务管理局等单位的中水利用工程，建业森林半岛社区、河南省体工大队等单位的雨水利用工程，以及新密东方红灌区、荥阳李村灌区、中牟杨桥灌区等农业节水灌溉示范工程。[①]

（三）节水制度

为了加强节约用水管理，科学合理利用水资源，适应经济和社会可持续发展的要求，根据《中华人民共和国水法》和有关法律、法规的规定，2004 年 5 月 28 日，河南省第十届人民代表大会常务委员会第九次会议通过《河南省节约用水管理条例》，对于指导河南省节约用水制度建设具有里程碑意义。《河南省节约用水管理条例》分总则、计划用水、节约用水、保障措施、法律责任和附则，共六章 35 条内容。

《河南省节约用水管理条例》明确提出，节约用水应当坚持合理开发和高效利用的原则，实行总量控制和定额管理相结合的制度。各级人民政府应当加强对节约用水工作的领导，广泛开展节约用水的宣传教育，提高全民节水意识；推行节水措施，推广节水新技术、新工艺，发展节水型工业、农业和服务业，建立节水型社会。

对于新建、改建、扩建的建设项目设计最大用水量达到县级以上人民政府水行政主管部门规定的数额，应当在建设前编制用水、节水评估报告；直接取用江河、湖泊、水库或者地下水资源的，应当编制水资源论证报告。建设项目可行性报告应当附用水、节水评估报告或者水资源论证报告。新建、改建、扩建的建设项目应当采用节水型的工艺、设备和器具，节水设施应当与主体工程同时设计、同时施工、同时投入使用。建设项目竣工后，水行政主管部门应当参加节水设施的竣工验收，未经验收或者验收不合格的节水设施，不得擅自投入使用。用水单位不得擅自停止使用已建成的节水设施。已经投入使用的建设项目，没有使用节

---

① 徐东坡、洪玉锡：《郑州市节水办：倾心建设节水型城市》，《河南日报》2009 年 9 月 29 日。

水设施或节水器具的，应当逐步更新使用节水设施或节水器具，具体办法由省辖市人民政府制定。

对于工业用水应当采用先进技术、工艺和设备，增加循环用水次数，提高水的重复利用率。生产设备冷却水、锅炉冷凝水应当循环使用或者回收使用，不得直接排放。以水为主要原料生产饮料、纯净水等产品的企业应当采取节水措施，提高水的利用率。生产后的尾水应当回收利用，不得直接排放。

对于用水单位和居民生活用水产品应当安装使用节水设备、器具。任何单位和个人不得指定用户购买、使用特定的节水设备、器具。任何单位和个人不得生产、销售已明令淘汰的用水设备和器具。经营洗浴、游泳、水上娱乐、洗车的单位和个人，应当安装使用节水设施、器具。城市应当按照国家规定建立污水处理设施。新建供水设施的地区应当规划相应的污水处理设施和污水回用设施。

规划建筑面积和日均用水量超过规定规模的新建宾馆、饭店、住宅小区和机关、事业、企业单位办公设施及其他建设项目，应当逐步推行中水设施系统建设。国林绿化、环境卫生、洗车业、建筑业应当优先使用中水和其他再生水。城市园林绿化应当选种耐旱型花草树木。绿地、树木、花卉灌溉，应推广滴灌、微喷灌等节水灌溉方式。

（四）节水教育

节水教育是一种具有广泛意义的科学普及教育，是我国公民基本文化道德素养的重要组成部分，必将有利于增强全民节水意识，促进节水型社会建设。我国工业水循环利用和再生利用程度低。例如，2004 年万元 GDP 用水量为 399 立方米，约为世界平均水平的 4 倍，是美国等先进国家的 8 倍。万元工业增加值用水量为 196 立方米，工业用水重复利用率为 60%~65%。而国外发达国家万元工业增加值用水量一般在 50 立方米以下，工业用水重复利用率一般在 80%~85%以上。[①] 为了提高全民依法用水、节约用水的意识，河南省每年都组织开展形式多样、持续不断、重点突出的节水宣传教育活动，并联合多家新闻媒体不定期对郑州市水资源管理、节约用水、水行政执法等工作情况进行系列报道。

节水优先是保障国家水安全的战略选择。当前和今后一个时期，要把全面落实最严格水资源管理制度作为重要抓手，着力强化水资源开发利用控制、用水效

---

① 孙凯：《用先进的节水文化普及节水意识》，《中国水利报》2008 年 8 月 21 日。

率控制、水功能区限制纳污"三条红线"的先导作用和刚性约束。坚持以水定城、以水定地、以水定人、以水定产，将水资源承载能力作为区域发展、城市建设和产业布局的重要条件，建立健全规划和建设项目水资源论证制度，严格控制缺水地区发展高耗水产业和项目，从源头上拧紧水资源需求管理的阀门，推动经济结构调整和产业优化升级。加快完善用水定额、计划用水、计量监控等制度，大力推进工业、农业、生活节水，加大雨洪资源以及海水、中水、微咸水等非常规水源的开发利用力度，进一步提高水资源利用效率和效益。建立水资源承载能力监测预警机制，推动建立国家水资源督察制度，强化地方政府节约和保护水资源的主体责任，加大对最严格水资源管理制度落实情况的监督考核并严格责任追究。

为了提高城市居民节水意识，从 1992 年开始，每年 5 月 15 日所在的那一周为"全国城市节水宣传周"，旨在动员广大市民共同关注水资源，营造全社会的节水氛围，树立绿色文明意识、生态环境意识和可持续发展意识，使广大市民在日常生活中养成良好的用水习惯，促进生态环境改善，实现人与水和谐发展，共同建设碧水家园。2014 年全国城市节约用水宣传周的主题为"全面推进城市节水，点滴铸就生态文明"。2014 年 5 月 11 日，由许昌市创建国家节水型城市工作领导小组办公室主办的第 23 个"全国城市节约用水宣传周"启动仪式在许昌学院举行。启动仪式上，有关人员宣读了《节约用水倡议书》，重申了节约用水的重要意义和许昌市水资源缺乏的严峻形势。虽然许昌市的节水工作取得了一定成绩，但仍需全市人民继续努力。许昌市水资源和水环境形势严峻，全市年人均水资源占有量为 208 立方米，仅为全国人均占有量的 1/10，远远低于国际严重缺水警戒线 1000 立方米的标准。另外，一些单位对城市节水的认识还不到位，重经济、轻生态，没有将节水减排与城市可持续发展紧密相连。近年来，许昌市坚持"节流为先，治污为本，科学开源，综合利用"的原则，以创建"国家节水型城市"、"全国水生态文明城市建设试点"为载体，进一步加强计划管水、节约用水，为许昌市的节水工作奠定了坚实基础。2013 年，许昌市被国家住房和城乡建设部、国家发展和改革委员会联合命名为"国家节水型城市"。[①]

世界水日的宗旨是唤起公众的节水意识，加强水资源保护。1993 年 1 月 18日，第 47 届联合国大会做出决议，确定每年的 3 月 22 日为"世界水日"。1988

---

① 《许昌市开展"全国城市节约用水宣传周"活动》，河南省人民政府网 2014 年 5 月 12 日。

年《中华人民共和国水法》颁布后，水利部即确定每年的 7 月 1~7 日为"中国水周"，考虑到世界水日与中国水周的主旨和内容基本相同，因此从 1994 年开始，把"中国水周"的时间改为每年的 3 月 22~28 日，时间的重合，使宣传活动更加突出"世界水日"的主题。2015 年 3 月 22 日是第 23 届世界水日，3 月 22~28 日是第 28 届中国水周。联合国确定 2015 年世界水日的宣传主题是"水与可持续发展"。我国 2015 年世界水日和中国水周活动的宣传主题为"节约水资源，保障水安全"。每年的世界水日和中国水周，河南省都会在广场、主干道两边及大型居民生活区开展节约用水宣传活动，并组织市民参与。如河南省水利系统积极开展宣传活动，举办节约用水有奖知识竞赛，扩大了覆盖面，起到了良好的宣传效果。2015 年第 23 届世界水日和第 28 届中国水周，河南水利系统共悬挂宣传条幅 140 条、发放水法宣传特刊及宣传单页 23000 余份、制作宣传展板 600 余块、张贴宣传画报 4000 余套、水法宣传进社区 20 个、进学校 30 余所，[①]有效地深化了"节约水资源，保障水安全"的主题，使社会各界增强了水忧患意识和水法制观念，为促进人水和谐、营造良好的水事秩序奠定了社会基础。随机调查显示，郑州市民的节水观念已经普及到 95% 以上，80% 以上的市民对郑州市的水资源状况有比较清楚的认识。

受传统观念的影响，我国水资源利用方式粗放，用水方式陈旧落后，用水效率不高，用水浪费严重。因此，河南省要通过制定奖罚、扶持、鼓励等一系列水资源节约和保护政策，引导全社会形成"人与自然和谐相处"、保护生态环境的节约水资源的消费模式。现实生活中，作为个人，应该积极参加节水大行动，除了交流用水方式和经验外，还应学习节约用水、循环用水的行为和生活方式，提高水的利用效率。此外，每个公民都应采用健康文明的生活方式，选择环保用品，自觉监督污染源头，爱护水资源，自觉用好水。

（五）节水器具

节约用水主要是减少水资源的宏观流失和提高用水效率，如减少管道跑、冒、滴、漏流失，限制高压出流置，限制无意识超时用水等，其中节水器具在节水中起重要作用。根据建设部《节水型生活用水器具标准》（CJ164-2002），节水型生活器具分为节水型生活用水器具、节水型水嘴（水龙头）、节水型淋浴器、

---

① 水政监察总队：《全省水利系统开展形式多样的"世界水日""中国水周"宣传活动》，河南水利网 2015 年 3 月 30 日。

节水型洗衣机、节水型便器及节水型便器系统等七种，日常节水器具有水龙头恒流节水器、淋浴节水器、感应水龙头、延时自闭水龙头、延时冲洗阀、红外线槽沟节水器、IC 卡节水器等。

由于近年来用水紧张，大多数市民意识到节水的重要性，在家庭的水龙头、坐便器、淋浴器这用水"三大件"上，对节水"指标"要求越来越高。在居民生活中，坐便器的用水量占到日常用水总量的 40%~50%。我国原来多采用 9 升以上的坐便器，不仅用水量大，跑漏水现象也十分严重，每年因此浪费的水资源约 10 亿立方米。[①] 据测算，一个漏水的坐便器，一个月要流掉 3~25 立方米水。家庭只要注意改掉不良习惯，就能节水 30%~70%。[②] 目前，我国强制执行的节水坐便器标准为 6 升洗净，并且节水型便器中洗阀有延时冲洗、自动关闭和流量控制功能。应加快淘汰"耗水"型生活用水器具，强化节水型生活用水器具的普及力度。

2015 年 2 月 3 日，国家知识产权创意产业试点园区协同创新中心推广的一项河南省濮阳市明锐建筑节能技术有限公司节水专利技术，是一套成熟的低成本节水方案，补上了国内建筑领域卫生间及排水系统节水的"短板"。据统计，冲厕用水占生活用水总量的 30%，全国冲厕用水每年总量已经超过 100 亿立方米，超过南水北调一期工程每年总调水量 95 亿立方米。该节水系统可将盥洗用水收集处理后，用作冲厕用水，节水效率达 30%~50%，同时减少污水排放，一个三口之家每年可节水、减污 40 吨。[③]

实现节水文化与节水行为规范的良好互动，推动节水型社会建设，需要以科学发展观为指导，营造节水爱水的良好社会氛围，通过文明教育、科技普及来塑造整个社会的节水文化，并形成科学而有效的制度行为规范。

（六）中原水窖

中原水窖是一种利用庭院屋顶、丘陵山地低洼地方收集、蓄存雨水的技术，主要分布在豫西南和豫西丘陵地域。由于水窖建筑容易，投资少，成本低，使用方便，因而是一项相对成熟的节水技术。水窖有旱地水窖、集雨水窖等。

平顶山市辖区内 45 个乡镇 1050 个行政村的 145 万人口分布在浅山丘岗区，

① 部冬霞：《"小水箱"策动节水革命》，《中国质量技术监督》2006 年第 12 期。
② 张海涛：《节水惜水刻不容缓——访省水利厅厅长王小平》，《河南日报》2014 年 8 月 8 日。
③ 尹江勇：《我省发明补上节水"短板"》，《河南日报》2015 年 2 月 6 日。

旱地耕作面积为 200 多万亩。统计资料显示，在这一地区，常年降雨量为 500~600 毫米，80% 的降水保证率只有 400 毫米左右，年际间和季节间降水变异很大，且与作物生长需水期不能同步。旱情几乎年年发生，大旱年份农作物绝收面积在 60% 以上。20 世纪 90 年代末，平顶山市和县（市）农业局的专业技术人员带着技术，带着工具和材料，来到郏县辛庄岗，来到鲁山县赵竹园，来到汝州市王窑、马头山，来到那些居住在丘陵山区的人们中间，传播集雨补灌技术，开挖旱地水窖。1999 年，平顶山市《政府工作报告》中提出："全市每年要建成 4000 座旱地水窖。"各有关县（市）相继制定了旱地水窖建设的技术标准，出台了补助、奖励措施。自 2000 年以来，在汝州大峪、郏县安良、宝丰观音堂、叶县夏李等旱地区域内，建设了大量水窖，增加了有效灌溉面积，解决了人畜饮用难题。

为拓宽开发水源思路，新密市水利部门因地制宜，变过去分散蓄水的水窖为集中蓄水的水池，使工程造价降低 42%。据悉，香山项目区 2007 年建成的两个大蓄水池，集中拦蓄雨水、泉水，通过管网直接输送到田间地头，使每立方米投资由 95 元下降到 55 元。另外，蓄水池周围还进行了美化绿化，现已成为当地一道亮丽的风景线和休闲去处。袁庄北横岭项目区 2000 个水窖由于提前半年竣工，在 2007 年严重旱情发生时，项目区群众利用水窖适时灌溉小麦，使小麦亩增产 120 公斤。据统计，2007 年新密市集雨节灌工程共投资 5000 多万元，建成水窖 2 万多个，铺设管网 45 万米，涉及 10 个乡（镇）30 个行政村 4 万多亩农田。新密市兴建的 2 万多个集雨水窖已全部蓄水，为今冬明春农作物灌溉提供了水源保障。①

2014 年入夏以来，河南省遭遇了"50 年以上一遇"的特大干旱，但地形条件复杂、人口居住分散的洛阳嵩县丘陵山区，基本未因干旱发生人畜饮水困难。究其原因在于遍布嵩县的集雨水窖，它们是山区群众赖以生存的水源保障。截至 2014 年，全县共建设 14566 座集雨水窖，解决了 6.5 万余人和 2.3 万多头大牲畜的饮水困难问题，保证了山区群众的生产、生活用水。2014 年，为加快农村抗旱吃水工程建设步伐，提高农村抗旱减灾能力，洛阳市出台了《洛阳市农村抗旱吃水工程建设奖补办法》，采取"政府引导，行业指导，群众自愿，先建后补"的原则，按照水窖容积进行资金补助。以 50 立方米容积水窖为例，修集水渠、

①《河南郑州新密 2 万座水窖提前蓄水 700 多名山民告别灌溉难》，河南农业信息网 2007 年 11 月 9 日。

沉淀池，装过滤网，接水管入户，全部建成需要 7000 多元，后期能得到补助 3000 元左右，补贴将近一半。据市水务局有关负责人介绍，洛阳市计划从 2014 年起连续三年，每年补贴新建集雨水窖 2000 个，三年共新建 6000 个，将解决 3 万名以上丘陵山区群众和 1 万头以上大牲畜的饮水困难问题。[①]

　　另外，要促进农民节水，建设农村节水文化，必须通过各种方式和手段使农民在节水过程中受益，使节水行为成为其自觉自愿的行为。第一，国家和地方政府要加强对农业节水的认识。随着人口的增加、水资源的日益紧缺和干旱的加剧，发展节水农业是解决水资源供需矛盾的唯一出路。第二，加强农业节水基础设施建设，做好农业节水基础设施建设的规划，国家和地方政府要加大对农业节水的投入。第三，对农民采用节水技术进行补贴。在现有粮食补贴、农机补贴的基础上，对农民采用抗旱节水高产品种、秸秆还田、喷灌、滴灌、畦田建设等行为进行补贴，使农民在节水行为过程中切切实实地受益，实现节水、增产和增效。第四，通过对水资源进行严格管理和调控水价，促进农业节水和农村节水文化建设。当前一些地区地下水资源的开采还没有得到有效控制，农业水价也存在过低的问题。什么时候用水像用电那样得到精确控制和收费，农民感到舍不得用水，农田用水必须珍惜时，节水才能转化为自觉行为。第五，通过大量的科技示范、宣传、培训，让农民知道传统灌溉的问题，了解和掌握如何科学用水，实现节水、增产和增效。

第三节　调水文化

　　水资源是关系到国家环境与发展的战略性经济资源。然而，水资源供需矛盾突出、水质污染加剧、水土流失等已成为困扰世界的重要环境问题。就国内而言，我国水资源分布不均匀，南方水多，北方水少。长江流域及其以南地区，水资源量占到全国河川径流的 80% 以上；而在黄淮海流域，水资源量只有全国的 1/14。其中北方九省区，人均水资源不到 500 立方米，特别是城市人口剧增、生态环境

---

　　① 石蕴璞、陈亚辉：《河南嵩县：小水窖创造抗旱大奇迹》，洛阳网 2014 年 8 月 14 日。

恶化、工农业用水技术落后、浪费严重以及水源污染等，已成为国家经济建设发展的"瓶颈"。因此，调水工程是缓解我国北方水资源严重短缺局面的战略性基础设施，由此形成的调水文化成为中原水文化的重要组成部分。

一、调水文化内涵

国外许多国家如美国、加拿大、法国、澳大利亚、巴基斯坦、印度等，都曾进行过调水尝试，并且有些还取得了巨大的效益。世界著名的调水工程有：美国的中央河谷、加州调水、科罗拉多水道和洛杉矶水道等远距离调水工程及澳大利亚的雪山工程，巴基斯坦的西水东调工程等，俄罗斯的调水工程更是世界著名。

调水在我国有着悠久的历史，如沟通珠江和长江流域的灵渠工程、京杭大运河都是历史上跨流域调水的典型事例。南水北调是当代跨流域调水工程，分东中西三条线路，把长江流域丰富的水资源调到缺水的西北华北地区。目前，我国计划中和正在开展的跨流域调水有：从长江上游引水到黄河上游的南水北调西线工程；新疆北部引额尔齐斯河的北水南调工程；甘肃从大通河到秦王川、湟水河的引水工程；从黑河向古城西安的引水工程等。河南境内和经过河南的著名水利工程有战国初期以漳水为源的大型引水灌溉渠系引漳十二渠、古代最早沟通黄河与淮河的人工大运河鸿沟、春秋时期西门豹治邺和孙叔敖于固始修建的期思陂、西汉时黄河首次大规模堵口工程瓠子堵口、东汉大型蓄水灌溉工程鸿隙坡和六门陂、隋朝开通的沟通黄河与淮河的骨干运河汴渠和以洛阳为中心的贯通全国连接五大水系的京杭大运河，以及现代的三门峡水利枢纽、小浪底水利枢纽、黄河大堤等。[1]

在我国调水文化及其发展史方面，代表性成果有：邹逸麟的《试论我国运河的历史变迁》介绍了我国历史上的运河型跨流域调水工程文化。[2] 万咸涛的《我国跨流域调水工程建设对生态与环境影响概述》阐述了历史上跨流域调水工程简况和存在的环境问题以及调水工程对生态与环境的影响。[3] 郑连第的《中国历史上的跨流域调水工程》系统论述了我国历史上所修筑的跨流域调水工程。[4] 此外，贾克

① 郭永平：《广博深厚 璀璨耀人——河南水文化的内容体系》，《河南水利与南水北调》2013年第9期。
② 邹逸麟：《试论我国运河的历史变迁》，《历史教学问题》1982年第3期。
③ 万咸涛：《我国跨流域调水工程建设对生态与环境影响概述》，《江苏环境科技》1999年第1期。
④ 郑连第：《中国历史上的跨流域调水工程》，《南水北调与水利科技》2003年第S1期。

平等的《国内外跨流域调水研究扫描》①、马玉泊等的《跨流域调水对区域自然生态环境影响评价》②、徐少军等的《跨流域调水对汉江中下游生态环境影响及对策》③、刘涛等的《跨流域调水的生态效应综合探讨》④ 对于深入分析和认识跨流域调水技术发展有一定价值。

上述研究表明，调水系统一般包括水源工程如蓄水、引水、提水等工程，输配水设施渠道或管道、隧洞和河道等，渠系建筑物如交叉、节制和分水等建筑物，受水区内的蓄水、引水、提水等设施。因此，调水文化不仅包括以跨流域调水和流域内调水工程为代表的物质水文化，而且还包括保障调水设施正常运行的以调水制度、调水思想和调水政策为代表的非物质水文化，是工程水文化、制度水文化、政治水文化、法制水文化的总和。

二、调水文化概述

自古以来，就有"得中原者得天下"之说。春秋时期，诸侯林立，各自为政。楚国为了吞并宋、郑等国，在宋国（商丘）边界的睢水、汴水上堵坝拦水，淹没了宋国的大片土地。公元前651年，齐桓公为中原霸主，集诸侯于葵丘（今民权县境）会盟，订立盟约，为解决边界水事纠纷，以周天子的名义下达禁令，并制定"无曲堤、毋壅泉"等规定，不准以邻为壑，搞边界阻水工程。

公元前360年，魏惠王开古运河鸿沟，沟通黄、淮运道，形成了诸侯国的水道交通网，兼有灌溉之利。黄河两岸连贯性堤防也始建于战国。这一时期，虽是水利建设的起始阶段，但表明水利建设已在灌溉、防洪、水运和城区供、排水等方面广泛地发挥了作用，有效地促进了城、乡生产的发展。汉武帝时，修建了鸿隙陂大型蓄水灌溉工程，它位于汝河平原地区，曾有过长期显著的灌溉效益。

从三国鼎立，直到两晋、南北朝时期，中原战乱连年，人民流亡，土地荒芜，水利失修，农业生产遭到严重破坏。但在曹魏政权时期，由于增强军事力量的需要，屯田济军、运兵运粮，使灌溉和航运工程又有所发展，但调水工程都带有战时水利的特征。曹魏政权于建安元年（196年）发布了《置屯田令》，任命枣

---

① 贾克平等：《国内外跨流域调水研究扫描》，《水利经济》2000年第3期。
② 马玉泊、丁二峰：《跨流域调水对区域自然生态环境影响评价》，《地下水》2010年第2期。
③ 徐少军等：《跨流域调水对汉江中下游生态环境影响及对策》，《人民长江》2010年第11期。
④ 刘涛等：《跨流域调水的生态效应综合探讨》，《山西建筑》2010年第27期。

祗为屯田都尉，招募流民屯田许昌，兴办农田水利，在临颍、西华境内开掘河道，名为"枣祗河"，上通许昌南六里的南屯粮库，既可用来灌溉，又兼作运道，使许昌地区大面积种上了水稻，促进了粮食产量的增长。为了及时运送军粮，还修了许多运粮河。从襄城到许昌，从繁昌（今临颍西北）到许昌，运粮河四通八达。建安七年202年，曹操于浚仪（今开封市）修睢阳渠，即疏通浚仪至睢阳（今商丘市南）一段汴渠，以利运道。建安九年（204年），曹操北征袁尚，为了运粮，在淇水上用大枋木筑堰，遏淇水北流，开成白沟运渠。

隋唐至北宋时期，河南的经济和文化达到历史上的鼎盛阶段，也是水利大发展的时期。隋的统一，加强了封建王朝对人力物力的控制，社会秩序安定下来，为了加强漕运，隋代营建东都洛阳并开凿南北大运河。大业元年（605年），隋炀帝开通济渠，"发河南诸郡男女百余万"，[1] 通济渠共分两段：西段自东都洛阳西苑（今洛阳市涧西一带）引谷（今涧水）、洛二水，循东汉所开阳渠故道，傍洛东行，至偃师汇洛河，至巩县洛口入黄河；东段自黄河南岸的板渚（今荥阳县汜水镇东北）引黄河水流经广武山南麓，东行汴水故道，至开封东汴水折向东南流，经陈留、雍丘（今杞县）、睢县、宁陵至宋城（今商丘），东南行蕲水故道，又经夏邑、永城至安徽泗县、江苏盱眙对岸注入淮河。初名通济渠，又名御河，唐初改称广济河，唐宋时通称西段为漕渠或洛水，东段为汴河或汴渠。通济渠从大业元年（605年）三月开工，到八月结束，由东都洛阳至江苏江都共1000多千米，沿途尽量利用天然河流和历史相继开凿的鸿沟水系人工运河，既减少工程量，又可利用淮河北侧支流补充和调节水量。

隋大业四年（608年），隋开挖永济渠，这条运河线路是在东汉建安年间所开白沟的基础上进行疏浚、扩宽和改建的，利用沁水南通黄河，北引沁水与清、淇二水相接，东北行入白沟。运河流经武陟、新乡、汲县、黎阳（今浚县境）、临河（今浚县东）、内黄、河北省大名西、山东省临清，东北流入河北至天津，再西北行通至涿郡，全长1000余千米。通济渠和永济渠的成功开挖，形成了以洛阳为中心，沟通南北的航运系统。

由于隋朝历史短暂，大运河的作用未能得到充分发挥。到了唐宋时期，汴渠得到整治，并不断改进转运制度，漕运能力大为提高。唐初，漕运年运输量不过

①《通典》卷10《漕运》。

20 万石，到天宝元年（742 年），漕运量每年高达 400 万石。到玄宗天宝十四年（755 年）爆发"安史之乱"以后，北方财源断绝，唐王朝财政收入更是依靠转漕东南地区的粮食、物资，使漕运成为唐王朝维持统治的命脉。北宋建都开封，漕运路线比唐朝要近一半，由淮入汴，水道畅通，滩阻较少，不需转运。加之造船、水工技术的进步，宋朝的漕运量很快地超过了唐朝。每年漕运量一般 500 万~600 万石，多时还曾达到 800 万石，成为全国漕运史上的最高纪录。

唐宋两代对调水工程十分重视。初唐时，中原连遭战乱，社会经济摧残严重，要复兴经济必须首先恢复农业。在唐代律法中，有专门为水利部门制定的法律《水部式》，它对水利灌溉管理规定甚详。河南发展并修复了许多农田水利工程，如在今河南省东部，修了陈留的观省陂，灌田达百顷；在陈箕城县（今西华县），整修三国时邓艾所建的水利旧址，引颍水灌田，名邓门陂；在息县西北，扩建隋玉梁旧渠，洪陂 60 所，灌田达 3000 顷；在光山县曾建雨施陂，灌田 400 余顷。修复的农田水利工程，还有管城县（今郑州）的李氏陂、中牟的二十四陂、许昌的堤塘、平舆的葛陂、永城的大剂陂等，促进了农业生产的发展。唐朝对航运网效益的发挥也比较重视，除对运河经常疏浚以保持河道畅通、提高通航能力外，还注意运河的扩建，对航运网有所补缀。开元十二年（724 年），采纳洛阳人刘宗器的建议，"塞汜水旧汴口，于下流荥泽界开梁公堰，置石门，以通淮、汴"，再次对汴河引黄水的口门进行了治理。并且说明唐代汴河引黄河水的口门，是采取汴口石门和板诸口两者交替使用的办法，以求维护汴河畅通。

907~960 年，五代（后梁、后唐、后晋、后汉、后周）各国，都在河南地区建都立国，在这半个世纪中，长江以北战争不断，中原人民深受其害。尤其是朱温掘开滑州黄河堤后，大河以南连年大水，给中原的农业生产带来了十分严重的破坏。后来契丹兵入据后晋首都汴梁，将这个古城及周围几百里内的城镇村庄洗劫一空。北宋王朝建立后，统一全国的政权，并建都开封，河南又一次成为全国的政治、经济和文化中心，为水利的发展提供了极好的机遇。熙宁二年（1069 年），宋神宗支持王安石变法，颁布了《农田利害条约》，并设立各路农田水利官，主持全国水利和地方水利。在农田水利中，还利用黄河水、沙资源淤溉改良土壤，在陈留等八县，"引黄、汴河水淤溉"，仅京畿一路的淤田，每年就可增产粮食几百万石。在京都开封附近，兴建了水网工程，不仅能将涝水排出导入泗水，而且汴河、惠民河、五丈河、金水河贯穿全城，水运交通，四通八达，北宋名画

《清明上河图》生动地描绘的开封汴渠已经成为把经济中心的南方和政治军事中心的汴京联系起来的运输大动脉，是维持中央集权统治的供给生命线。

宋太平兴国三年（978年），西京转运使程能向宋太宗上疏，拟在河南南阳下向口（今下向铺一带）筑坝置堰，拦住白河水，将水引入石塘、沙河、蔡河（开封东南）及睢水，直达汴京，并与南方的湘潭漕渠连贯起来，解决南方物资北运的困难。宋太宗遂下诏书征发州、县数万民工和官兵，堑山填谷，经博望、罗渠、少柘山（今二龙山），施工月余，竣渠百余里，抵达今方城县城东南的八里沟一带，因系汉淮分水岭，地势高，修成后渠高而水低，水不能到达。后遂增加民工，突击开渠，仍未修通，石堰又被洪水冲毁，漕渠开挖就此废止。北宋引汉通淮，选线方城缺口，南水北调，限于技术条件虽未成功，但它的实践尝试还是具有启示意义。

宋、金之际，黄河屡次于河南决口，下游剧烈变迁，形成所谓黄河"夺淮入海"的局面：宋时汴水于开封西北的汴口入黄河，黄河则由此折向东北，从山东入海。改道了的金代黄河走向是从河阴（今河南荥阳东北）附近转东北入河南汲县，东向入山东西境后，折向东南，经江苏徐州、宿迁、泗阳、清江，东向入海。到了元代，河南与山东之间的一段黄河进一步南移：从河阴向东，历开封北，转向东南，经河南杞县后达徐州（下与金代同）。"夺淮入海"的交接点在今清江市之北；元初漕粮经达的所谓"中滦旱站"，经黄河南移后，正处于黄河北岸。这是宋、金、元之际河道的重要变化之一。

明代的清河灌区，位于河南省东南部的固始县境内，是利用史河为源流，在古代期思和芍陂灌溉工程的基础上修复和发展起来的。引水口在固始县黎集，在史河上打坝，凿开东岸的石咀头引水向北，称为清河；又在史河下游，自东岸开渠引水向东，称为湛河；清河尾在湛河中部相会。由于清河长90里，湛河长40里，合计百余里，故又有"百里不求天"灌区之称。灌区遍布陂塘，灌溉用水由渠入陂，由陂入田，是一种渠塘结合长藤结瓜型的灌溉工程。明代对清河和湛河上的四座水闸先后都进行了重修。均济闸是引水口的节制闸，引水流量的大小靠均济闸节制。中闸是清河上重要的控制建筑物，关闭中闸，可将清水灌入下胜湖和石梁堰，还可以将清河中过剩水量，通过石梁堰河口排入泉河。清河两岸其他34处陂塘依靠清河上的临时筑坝节节拦水，次第蓄水。当时90里长的清河，将30多个陂塘轮灌一次，历时为一个月。当时灌区设立了管理机构，负责水闸和土坝的启闭和管理。在中闸的石碑上明确规定了每座土坝闸门的启闭时间。在湛河上有溥惠、匀利两座水闸,灌区内共有陂塘16处。湛河一方面直接从史河引水;另一方面承受清河的尾水、退水,用两座水闸抬高水位,引水入湖堰陂塘。清河灌区引水口的选择和工程布置以及管理都是非常科学的,是劳动人民以聪明智慧开发水利的象征。1958年,在古老的石咀头引水口下游修建了永久性的梅山灌区渠首枢纽工程,沿用至今,已成为梅山灌区的组成部分。

新中国成立后,为缓解河南省水资源严重短缺的局面,河南省修建大型调水工程如黄河小浪底水库、红旗渠和南水北调等,促进了河南经济、社会与人口、资源、环境的协调发展与科学发展。自1952年10月30日毛泽东主席提出"南方水多,北方水少,如有可能,借点水来也是可以的"设想以来,在党中央、国务院的领导和关怀下,广大科技工作者做了大量的野外勘查和测量,在分析比较了50多种方案的基础上,形成了南水北调东线、中线和西线调水的基本方案,并获得了一大批富有价值的成果。南水北调工程可以为中华民族的伟大复兴之梦提供水资源的保证。

2012年6月,为加大引黄调蓄工程建设进度,河南省人民政府研究出台《河南省关于进一步加大引黄工作的实施意见》,编制完成《河南省引黄调蓄工程规划》,要求引用黄河水的各省辖市、县(市、区),制定加快引黄灌溉工程建设的具体措施,推进西霞院水利枢纽输水工程前期论证工作,以此缓解工农业和城市用水紧张局面,不断扩大引黄灌溉面积,争取2015年全省引黄灌溉面积在目前1213万亩的基础上增加987万亩,达到2200万亩,并在2020年达到3000万亩以上。

三、调水文化内容

春秋战国时期的水文化遗产有:楚国在睢水和汴水上筑坝拦水、楚相孙叔敖"作期思之陂"、郑国大夫邓析发明桔槔提水工具、西门豹修建漳河十二渠、魏惠王开古运河鸿沟等。考古发掘的登封古阳城供水工程,距今已有2500多年历史,是从阳城东的告成北沟和城西的肖家沟引水入城的供水工程,有八条干支输水管道向城内供水,估计总长有8000米,管道按高低分为两层,这与城内居民点北高南低的地形有关。根据已发掘的3号水管道看,比降为20‰,管道内径是12.3厘米,粗估管道流量可达20~30升/秒。整个供水系统计有输水管(管道槽和陶管)、沉淀池、贮水设施、控制流量的四通管等，创建了我国最早的城市供水系统工程。[①]

秦汉以降，秦修沁河枋口渠、汉武帝修建鸿隙陂、南阳郡太守召信臣建马仁陂、贾让治河三策、杜诗造作水排、王景治理黄河和汴渠、曹操修睢阳渠、杜预建陂堰、隋开凿南北大运河、唐代邓门陂（同时期还有李氏陂、中牟的二十四陂、许昌的堤塘、平舆的葛陂、永城的大剂陂等）、宋开通淮入汴漕运、王安石的《农田利害条约》、元代黄河频繁改道、明代的清河灌区、清代整治豫东平原河道和吴其濬的《治淮上游论》，以及当代人工天河红旗渠、南水北调工程等都是河南水文化遗产的代表。

(一) 期思—雩娄灌区

西周时期的农田灌溉，除依赖自然的雨量外，很少有借助筑凿渠去调剂水量。楚庄王时期，楚国已经有了凿渠灌田的人工灌溉工程，即期思—雩娄灌区。《汉书·地理志》载："汝南郡，有期思县"，唐颜师古注云："故蒋国。"郦道元在《水经注·淮水》"（淮水）……又东过期思县北"之下作注云："县故蒋国，……楚灭之以为县，……城西北隅，有楚相孙叔敖庙，庙前有碑。"由此可知，期思，原是蒋国的都邑。楚国灭蒋国后，期思成为楚国的县邑，是楚国在淮水中游的重镇。雩娄，故城在今河南固始县东南。《淮南子·人间训》云："孙叔敖决期思之水，而灌雩娄之野。庄王知其可为令尹也。"朱成章先生认为，期思—雩娄灌区就是今河南固始县的"百里不求天灌区"，因为春秋中期楚庄王（公元前 613 年~公元前 591 年）时，今河南省东南部淮河两岸，包括今河南省固始县境，都属于楚国牢固控制的疆域。今河南固始县城东北有期思，县城南有雩娄。灌区位于固始县史河东岸、泉河西岸的一个狭长地带，这一点与《荀子》及《吕氏春秋》所说孙叔敖是期思人相符。[②]

期思—雩娄灌区是把古期思水引入众多中小陂塘的渠道工程，统称期思陂，是我国水利发展史上的一个伟大创举。因为在那个时候，中原广大地区的水利设施还停留在"沟洫"阶段，只作排水防涝之用，不见引水抗旱的记载，还算不得完整意义上的农田水利工程。这种渠道工程在主要只种旱地作物的北方当然也并

① 方燕明：《中华文明探源工程中中原地区的考古发现与研究》，《郑州大学学报（哲学社会科学版）》2008 年第 4 期。
② 朱成章：《我国最古老的灌溉工程——期思—雩娄灌区》，《自然科学史研究》1983 年第 1 期。

非急需，而在专种水稻的南方却是刻不容缓的事。因为只有解决了水利问题，大面积种植水稻才能旱涝保收。[①]《绎史·孙叔敖碑》谓期思陂等水利设施"钟天地之善，收九泽之利"，明嘉靖《固始县志》盛赞期思陂曰："固始之富饶，盖亦赖此。"[②] 期思陂现在看来只是小型的，放在战国时代可算是中型的，但在春秋中期却是大型的。它的意义主要不在于算不算大型的，而在于它是我国有史料记载的第一个农田水利工程，时间比魏国的西门豹渠、秦国的都江堰和郑国渠，分别要早约 200 年、350 年和 360 年。[③]

（二）鸿沟运河

据东汉时期《水经·河水》记载：河水"又东过荥阳县北，蒗荡渠出焉"。北魏郦道元注释说："大禹塞荥泽，开之以通淮、泗，即《经》所谓蒗荡渠也。"[④] 战国时期，最先进行变法的魏国成为这一时期七国中最先强盛起来的国家。魏惠王在位时（公元前 369~公元前 319 年），为了与列国角逐，迁都于大梁（今河南开封西北）。公元前 361 年，《史记·河渠书》载魏国动工开挖以大梁为中心，"通宋、郑、陈、蔡、曹、卫，与济、汝、淮、泗相会"的运河，这就是历史上著名的鸿沟。鸿沟上段，自和引水从荥阳开始（济水分河之处，即荥口石门），和济水共行一段流程后，经荥泽（郑州西）后开大沟引至圃田泽（郑州东），又引至国都大梁（今河南开封）城北。《水经注·渠水》曰："渠出荥阳北河南东，过中牟县北，又东至浚仪县。"此段流程单一，未见分支。由于鸿沟先在河南荥阳把黄河带有较多泥沙的水引入圃田泽（在今河南省中牟县西，已湮），使水中的大部分泥沙沉积在圃田泽中，既减轻下游渠道的堵塞，又使圃田泽起到水柜的作用，调节鸿沟的水量。然后引水向东，绕过大梁城的北面和东面，向南与淮河支流丹水、睢水、涡水、颍水等连接起来，许多自然河道连结成网，船只可以畅通无阻。鸿沟的开凿，不仅在黄河、淮河、济水之间形成了一个相当完整的水上交通网，而且由于它所联系的地区都是当时我国经济、政治、文化最发达的地区，所以在历史上影响深远。

在西汉时期，黄河在濮阳瓠子决口，鸿沟水运逐渐萧条。到东汉明帝时，鸿

---

① 郭仁成：《楚国农业考辨四题（下）》，《求索》1984 年第 2 期。
② 张正明：《楚文化史》，上海人民出版社 1987 年版。
③ 刘玉堂：《楚国社会经济演进轨迹鸟瞰》，《江汉论坛》1996 年第 3 期。
④《水经注》卷 1《河水》。

沟已经完全无法利用。然而在明帝永平十二年（69 年），东汉王景又对其进行了治理。之后鸿沟一名逐渐被汴水替代，并写为"汴渠"。[①] 唐代，通济渠改名为广济渠，习惯上也称为汴渠、汴水或汴河。唐朝政府十分重视对运河郑州段的维修浚治。"发河南府怀、郑、汴、滑三万人疏决开旧河口，旬日而毕"。[②] 北宋在改造、疏浚前代原有水道的基础上，形成以首都开封为中心向四周辐射的"漕运四河"系统。北宋郑州段汴河与隋唐时期相比，线路基本上没有多少变化。北宋末，高宗南逃，下诏毁坏运河水道，郑州段汴河破坏严重。元明清建都北京，南北运输线东移，运河不再经过郑州地区。[③] 其中元代末年，由工部尚书总治河防使贾鲁负责黄河河防工程的倡导和开凿，故名贾鲁河。[④]

（三）隋唐大运河

大运河由隋唐大运河、京杭大运河、浙东大运河三部分组成，全长 2700 千米，跨越地球 10 多个纬度，纵贯我国最富饶的华北大平原与江南水乡，是我国古代南北交通的大动脉，也是世界上开凿最早、规模最大的运河。大运河南起余杭（今杭州），北到涿郡（今北京），途经今浙江、江苏、山东、河北四省及天津、北京两市，贯通海河、黄河、淮河、长江、钱塘江五大水系，对我国南北地区之间的经济、文化发展与交流，特别是对沿线地区工农业经济的发展起了巨大作用。京杭大运河在世界内河航运史上占有重要地位，是世界上最长的大运河。2002 年，大运河被列为"南水北调"三线工程之一。2014 年，大运河成为我国第 46 个世界遗产项目，是我国古代劳动人民在东部平原上创造的一项伟大的水利工程。

大运河由春秋吴国为伐齐而开凿，隋朝大幅度扩修并贯通至都城洛阳且连涿郡，元朝翻修时弃洛阳而取直至北京。隋唐时期，我国内河航运进入了一个新的历史发展时期。隋大业元年（605 年），隋炀帝杨广下令开凿一条贯通南北的大运河，这时主要是开凿通济渠和永济渠。黄河南岸的通济渠工程，是在洛阳附近引黄河的水，行向东南，进入汴水（今已湮塞），沟通黄、淮两大河流的水运。通济渠又叫御河，是黄河、汴水和淮河三条河流水路沟通的开始。隋朝的都城是

---

① 《读史方舆纪要》卷 46《河南道》。
② 《旧唐书》卷 49《食货下》。
③ 李静兰：《隋唐大运河郑州段历史价值及遗产廊道构建研究》，郑州大学硕士学位论文 2012 年。
④ 《元史》卷 64《河渠志》。

长安，所以当时的主要漕运路线是：沿江南运河到京口（今镇江）渡长江，再顺山阳渎北上，进而转入通济渠，逆黄河、渭河向上，最后抵达长安。黄河以北开凿的永济渠，是利用沁水、淇水、卫河等河为水源，引水通航，在天津西北利用芦沟（永定河），直达涿郡（今北京）的运河。隋大业六年（610年），南北大运河开凿完工，大大便利了南北交通，加强了京都和河北、江南地区的水上运输。当年，航行在运河里的船队，南来北往，舳舻千里，呈现出一派繁忙景象。不过，隋朝是一个短暂的朝代，开河不久就灭亡了。

元朝定都大都（今北京）后，要从江浙一带运粮到大都。但隋朝的大运河，在海河和淮河中间的一段，是以洛阳为中心向东北和东南伸展的。为了避免绕道洛阳，裁弯取直，元朝就修建了济州、会通、通惠等河。明、清两代，又对大运河中的许多河段进行了改造。大运河集航运、灌溉、防洪于一体，在农业文明中打入了商业文明的楔子。运河的贯通，除承担传统意义上的农业职能外，更重要的是带来了我国历史上最大规模的南北物资交流，冲破了"文不经商，士不理财"的观念束缚。

（四）《农田水利约束》

王安石是北宋时期杰出的政治家、文学家和思想家，历任知县、通判、知府、参知政事等职。他在浙江鄞县任知县时，执法严明，为百姓做了不少有益的事。他组织民工修堤堰，挖陂塘，改善农田水利灌溉，便利交通。在青黄不接时，将官库中的储粮低息贷给农户，帮助百姓度过饥荒困难。后王安石得到宋神宗重用，对北宋王朝的政治、经济、军事、文教进行过全面的改革，先后推行均输、青苗、免役、方田均税和农田水利等10多种新法。其中的《农田水利约束》，是王安石变法中的重要内容之一，是我国第一部比较完整的农田水利法。

《农田水利约束》又称《农田利害条约》（以下简称《条约》），正式颁布于1068年。《条约》拟定前，政府曾派官员到全国各地调查水利情况，同时指令各地方官府提出当地的水利建设建议，并分设勘察本地水利的专职官员，把勘察结果和有关意见汇总后制定为条文，以法令形式颁行全国。

据《宋会要辑稿》等文献记载，《条约》的主要内容如下：

（1）支持兴修水利，鼓励为农田水利建设献计献策。《条约》规定，无论官民，均可向各级官吏提出有关农田水利的意见和建议。经勘察属实，小型工程由州县实施，大型工程则由中央政府组织实施。工程完工后，对建议人按照功劳大小进行酬奖。

（2）要求各州县将本县境内荒废田地亩数、荒废原因、所在地点、水利状况、需修复和新建的水利设施、实施方案以及招募垦种等情况，详细绘成图册报送州府，以便全面掌握情况。要求各县对那些屡经水灾的地区做出治理规划，经上级核准后，限期加以实施。各县官吏能用新法兴办农田水利并有成效者，要给予不同的奖励，对贪污工程款项者给以严惩。

（3）规定了组织人力物力实施水利工程的具体办法。《条约》规定，所有的老百姓都应该支援水利建设，任何人不得阻挠破坏。小型水利工程的经费由受益人出工出钱，而大型工程经费，民间可向官府借钱，一次还不清的借贷允许分两次、三次归还；若官府借贷不足，允许州县富户出钱借贷，依例出息，由官府负责催还。

（4）要求各州县设专管官员负责推行《条约》，并特设都大提举淤田司，实行大规模的淤灌。《条约》的颁布和实施，大大调动了全国人民兴修水利的积极性，出现了"四方争言农田水利，古堰陂塘悉务兴复"的喜人景象，许多地方的百姓在新法的鼓励下，自动组织起来，自筹经费大兴农田水利，形成了一次水利建设的高潮。据《宋会要辑稿》记载，《条约》颁布六年间京畿和各路兴修的农田水利多达 10793 处，灌溉田亩 3000 多万亩，淤灌得田 700 多万亩，农业生产水平显著提高，充分展现了《条约》实施的效益。

（五）人工天河——红旗渠

红旗渠位于河南省林州市（原林县），林县处于山西、河南、河北三省交界处的太行山东麓，境内山峦起伏，沟壑纵横，土薄石厚，地质复杂，更为严重的是水源奇缺，灾害年年有，十年九不收，是个山穷、水穷、地穷、人穷的贫瘠山区。为了改变因缺水造成的贫困，20 世纪 60 年代，勤劳勇敢的林县人民在中国共产党的正确领导下，自力更生，艰苦奋斗，劈开太行山，引漳河水入林县，历经十年，在太行山腰修建出了人工天河——红旗渠，从而彻底改变了全县十年九旱、贫困落后的面貌。红旗渠总干渠长 70.6 千米，干渠、分干渠、支渠、斗渠共 1500 多千米，人们把它誉为"人工天河"、"中国的水长城"，在 20 世纪 70 年代，周恩来总理曾十分自豪地向外国友人介绍说："新中国有两大奇迹，一个是南京长江大桥，一个是林县的红旗渠。"在国外，1974 年美联社称："红旗渠的人工修建是毛泽东意志在红色中国的突出体现。"日本《朝日新闻》则称："红旗渠是世界第八大奇迹。"联合国教科文组织把红旗渠列为世界近代十大人造奇迹之一。

20 世纪 60 年代,林县人民在国家政治经济最困难的时期和人民生活极其艰难的条件下,仅凭自己的双手,用铁锤和钢钎,克服重重困难,历经十年,终于在太行山的悬崖峭壁上修成了全长 1500 多千米的红旗渠,结束了林县千百年来靠天吃饭、水贵如油的苦难历史,并且孕育了"自力更生,艰苦创业,团结协作,无私奉献"的红旗渠精神。

红旗渠,这条林县人民用血泪修筑而成的人工天河,不仅被老百姓亲切地称为"生命之渠"、"希望之渠",更为重要的是,红旗渠被看成是林县人民、中原人民乃至中华民族的一座精神丰碑。它以自力更生为根本,以艰苦奋斗为核心,以团结协作为导向,以无私奉献为保障,既弘扬了中华民族的优良传统,又倡导了正确的人生价值观;既继承和发扬了中华民族传统美德,又体现了当今中国人民的理想、信念和追求。红旗渠精神是红旗渠修建过程中形成的一笔宝贵精神财富。正是凭借这种精神与信念,林县人民才可以摆脱贫困,走向致富的道路。

红旗渠精神是传统文化与当代精神的最佳结合与集中体现,蕴含着党的领导、群众路线、干部作风、革命精神等十分深刻而丰富的内涵,体现了中国共产党的优良品质和劳动人民的光荣传统,体现了社会主义制度的优越性和巨大凝聚力,具有感化陶冶、激励鼓舞、团结凝聚的重要意义与当代价值,是中原人民所认同的精神追求。应弘扬红旗渠精神,进一步凝聚中原人民的精神追求,为中原经济区建设提供凝聚力和强大的精神动力。

(六)南水北调中线工程河南段

南水北调工程不仅是中国跨区域调配水资源、缓解北方水资源严重短缺现象的战略性基础设施,而且是节约水资源、保护生态环境、促进经济发展方式转变的重大示范工程之一。加快南水北调工程建设,是党中央、国务院根据中国经济社会发展需要做出的重大决策,是推动我国经济社会可持续发展的战略工程、生态工程、民心工程。从历史的长远眼光看,建设南水北调功在当代、利在千秋,对我国的经济、社会和生态可持续发展具有深远的影响,对于贯彻落实科学发展观,优化我国水资源配置,落实节约资源、保护环境的基本国策,实现中华民族伟大复兴具有极为重要的意义和作用。南水北调,尤其是中线工程,为中原经济区建设提供了良好的发展机遇。

南水北调中线工程涉及河南、湖北、河北、北京、天津等地，工程始于加坝扩容后的南阳丹江口水库的陶岔渠首闸引水，沿唐白河流域西侧过长江流域与淮河流域的分水岭方城垭口后，经黄淮海平原西部边缘，在郑州以西孤柏嘴处穿过黄河，自安阳出境，而后沿京广铁路西侧北上，进入北京市颐和园的团城湖，最后到达京津地区，输水总干线全长 1267 千米，河南境内长 731 千米，约占总干渠的 58%，水源保护区范围涉及 8 个省辖市、35 个县（市、区）（见表 8-1）。中线工程途经北京、天津、石家庄、郑州等 19 座大中城市以及 130 余座城镇，涉及受益人口约 1.45 亿人，GDP 约占全国的 13%。南水北调中线工程建成后，每年可为沿线城市生活、工业增加供水 64 亿立方米，为农业增加供水 30 亿立方米，大大改善供水区生态环境和投资环境，推动区域经济发展。对于中原经济区而言，目前南水北调工程在经济可持续发展、生态文明建设、中原历史文化旅游区建设、新农村建设、城镇化建设等方面具有引领作用。

表 8-1　南水北调中线一期工程总干渠（河南段）涉及行政区划名单

省辖市	水源保护区涉及县（市、区）
南阳市	淅川县、邓州市、镇平县、宛城区、卧龙区、方城县
平顶山市	叶县、鲁山县、宝丰县、郏县
许昌市	禹州市、长葛市
郑州市	新郑市、中牟县、管城区、二七区、中原区、荥阳市
焦作市	温县、博爱县、中站区、解放区、山阳区、马村区、修武县
新乡市	辉县市、凤泉区、卫辉市
鹤壁市	淇县、淇滨区
安阳市	汤阴县、龙安区、殷都区、文峰区、安阳县

首先，南水北调工程的建设和运营无疑会带动地区相关产业的发展，可以直接或间接拉动中原经济区 GDP 增长，从而带动中部地区崛起。另外，随着工程进入运行期，中原地区产业结构升级的速度将加快。中原地区是我国重要的农产品基地，农业增长方式的转变和产业结构的调整需要有足够的水资源作为保障。同时，水资源的增加有利于发挥中部地区的资源优势，建立有特色的主导产业，也有利于关联产业和相关基础产业的发展，从而壮大城市群，建设先进制造业，打造内陆开放高地、人力资源高地，成为与长江中游地区南北呼应、带动中部地区崛起的核心地带，成为引领中西部地区经济发展的强大引擎，以及成为支撑全国发展新的增长极。通过满足中部受水区城市生活用水和生态用水需求，可以直

接促进当地服务业的发展，也可以带动地区旅游业。

其次，南水北调工程为中原新农村建设创造了重要契机。在工程建设过程中，水源地、工程沿线地区的基础设施得到改善，农村地区的农业生产条件和公共服务设施也随之改善。在工程运行期，沿线地区的用水条件得以改善，生态环境质量得以提高，有助于发挥城市群的辐射带动作用，构建大中小城市、小城镇、新型农村社区协调发展、互促共进的发展格局，走城乡统筹、城乡一体、产城互动、节约集约、生态宜居、和谐发展的新型城镇化道路，引领"四化"协调发展。这些都将极大地推动中部地区新农村建设的进程。

再次，南水北调工程有助于促进中原地区城乡协调发展。南水北调实施必然伴随着大量工程移民的出现，尤其是水源地的移民数量较为庞大。工程涉及的移民问题，主要是对土地的占用而引起的。移民搬迁将加快中原地区城市化建设的步伐，有利于农村人口向城市集聚，不仅能带动地方经济的发展，而且将促进中部地区交通、能源、通信、医疗等社会体系的基础设施建设，形成以工程为中心的新兴城镇。从宏观上看，新兴城镇的建设将提高中部地区的城市化水平。同时，应因地制宜探索新型农村移民社区建设模式，发挥移民的主体作用，尊重移民意愿，稳步开展试点，把新型农村社区建设作为推进城乡一体化的切入点，促进大多数社区移民向第二、三产业转移就业，推进农民转变生产生活方式，推动形成城乡衔接的公共交通、供水供电和生态建设、环境保护一体化的发展格局。

最后，南水北调工程为沿线生态旅游带与中原历史文化旅游区带来了机遇。南水北调工程不仅仅是简单的"输水线"，更要充分挖掘和利用工程附带多元价值，促进区域经济、生态环境、文化建设并进。2011年国家旅游局公布的《中国旅游业"十二五"发展规划纲要》中，把"南水北调中线生态文化旅游带"列为加快规划建设的国家精品旅游带，提出要依托南水北调中线工程，整合沿线自然人文资源，建设体现地方特色和文化内涵的集景观游览、文化娱乐、城市游憩、生态休闲等于一体的景观工程。《国务院关于支持河南省加快建设中原经济区的指导意见》中，明确提出要挖掘整合旅游资源，推动文化旅游融合发展，建设中原历史文化旅游区。《中原历史文化旅游区总体规划》提出以中原旅游区悠久厚重的古都文化、绵长深厚的历史文化、佛道宗源的宗教文化、百姓归宗的根亲文化、丰富多彩的黄河文化及地域文化、名扬天下的名山文化等为依托，以建设"中国极品，世界一流"为目标，把中原旅游区建设成为集文化品赏、历史怀古、文化创意、民俗体验、山水休闲度假等于一体的综合性国家级文化旅游示范区、世界著名的历史文化旅游目的地。

对于南水北调工程而言，在《中原历史文化旅游区总体规划》中，提出要整合南水北调中线工程沿线自然人文资源，建设体现地方特色和文化内涵的集人文景观、自然景观游览和城市游憩、生态休闲于一体的生态文化旅游带，把中原历史文化旅游区建设成为弘扬中华优秀传统文化的核心区域和华夏历史文明传承创新区的重要载体。南水北调中线工程河南段沿线旅游资源与中原历史文化旅游区规划中拟建设的郑州新区、焦作云台山、登封嵩山、洛阳龙门、平顶山尧山—大佛、信阳鸡公山、许昌鄢陵、永城芒砀山、驻马店嵖岈山、南阳卧龙岗 10 大旅游产业集聚区和黄河、伏牛山、南太行、桐柏—大别山等 6 个旅游度假区相得益彰，应挖掘整合旅游资源，实施旅游精品发展战略，加快建设中原历史文化旅游区、古都文化旅游区、豫东皖北鲁西历史文化旅游区、伏牛山休闲度假旅游区、太行山和桐柏—大别山生态红色旅游区，加快开发黄河文化旅游带和南水北调中线生态文化旅游带，加快培育世界文化遗产、中国功夫、拜祖寻根等一批精品旅游线路，打造世界知名、全国一流的旅游目的地。通过文化旅游的发展，促进生态保护，强化环保意识，提升环境质量，改善人居环境，发展环境友好型的现代旅游产业，实现中原经济的可持续发展。

总之，南水北调工程对中原经济社会的可持续发展具有重大现实意义。中原是南水北调工程最重要的受水区，河南省接收调水的比重接近全部调水量的一半，因此，南水北调工程对中原地区环境变迁、经济增长、社会发展的深远影响是不容忽视的。例如，南水北调工程投资规模大，预计主体工程静态总投资 4616 亿元（以 2000 年价格计），仅此项每年可以拉动中国经济增长 0.2~0.3 个百分点，每年可增加就业人口 50 万~60 万人。而调水工程建成之后，为受水区的经济发展提供了充足的水资源，在很大程度上促进了受水区和整个国家的经济发展。因此，实施南水北调工程将为中原经济区带来巨大的社会效益、经济效益和生态效益，有助于实现中原经济可持续发展，给建设"富强河南，文明河南，平安河南，美丽河南"的中原梦提供难得的历史机遇。

第四节　崇水文化

水是生命之源。远古时期，先民逐水而居，后来凿井而饮。故《管子·水地篇》记载："地者，万物之本原。水者，地之血气，如筋脉之通流者也。"[1] 这样的论述是建立在经验认识的基础之上的，说明"水"的地位十分重要，具有本源的意义。"水"在中国文化传统中呈现出两种意象：一是孔子在川上所感叹的"逝者如斯夫，不舍昼夜"，以及由此引出的"时间之水"，象征了对有限生命逝去的无奈；二是《老子》中由"上善若水，水善利万物而不争，处众人之所恶，故几于道"所引发的象征了本体与价值的"道德之水"。[2]

远古的先民在对自然现象的膜拜、祈求、恐惧、屈从的漫长过程中，缓慢地、辩证地认识了水，进而产生了崇水文化，涉及政治、经济、文艺、哲学、宗教、民俗等多个领域。河南的崇水文化特色鲜明，斑斓多姿，并大多广泛流传，对周边地区乃至华夏和世界华人族群影响深远。例如，在农历二月初二，传说能够呼风唤雨的龙要抬头升天，古代中原人便把这一天定为"龙抬头节"，开展各种各样的活动，一来祈求龙王降雨，二来祈福消灾祛毒。又如，舞钢市水灯文化历史悠久，据考证，从宋代起就有中秋节放河灯祈福的民间习俗。2001年，为继承和发扬传统民俗文化，舞钢市举办了首届水灯节，引起巨大轰动，周边数十万群众前来观灯。水灯节期间，该市还通过大型文艺演出、燃放烟火、民俗表演、书画奇石根艺摄影展等活动，使水灯节的内容更加丰富多彩，受到当地民众和广大游客的欢迎和赞扬。[3] 由此可见，崇水文化成为中原水文化的重要组成部分，是华夏历史文明的主干。

一、崇水文化内涵

中西方文明起源中都有史前洪水泛滥的传说。在西方，有关"诺亚方舟"的

---

[1] 黎翔凤：《管子校注》，中华书局2004年版。
[2] 孟凯：《先秦道家崇"水"思想及其影响》，《学术论坛》2011年第3期。
[3] 郭永平：《广博深厚 璀璨耀人——河南水文化的内容体系》，《河南水利与南水北调》2013年第9期。

传说家喻户晓。希伯来《圣经》中诺亚凭借"方舟"保住了生命的种子,洪水退后再行繁衍。而在中国,大禹治水一直是洪水故事的核心。

自有农业文明以来,中国人对水的崇拜,包含了祈求适时适量的雨水以求得丰年的含义。这一原始文化内涵衍生出原始水神崇拜,并构成后世龙王崇拜形成和发展变异的坚实基础。甲骨文中关于求雨、卜雨、祭雨神的记载比较多,证明我们的祖先早就认识到了雨水对农作物生长所起的决定性作用。因为雨水的适时适量与否在生产力低下、生产工具落后的生存状况中,直接关系到农耕社会居民的生存问题,故而祈求雨丰收是中国水崇拜最原始的文化内涵之一。汉代以后,在拜龙求雨时,还混杂采用阴阳五行、祈祷、巫术等手段。我国民俗盛行"舞龙"活动,也许就是从求雨仪式中变化而来的。另外,历朝历代还保留有祭四渎(江、河、淮、济)的仪式。①

中国水崇拜除具有祈雨求丰收的原始文化内涵之外,还具有祈求生殖繁衍的内涵。在原始社会里,由于生产力水平低下,人们的生存和居住条件较差,对原始人来说,人类自身繁殖的重要意义绝不亚于祈求丰年。由于人们对水生生不息的生命活力及其滋润哺育万物生长的功能的直观认识,基于万物有灵的观点,人们在水崇拜的原始文化内涵中寄寓了祈求生殖繁衍的观念。②

由水与生命、与农作物生长的密切联系而产生的对水的种种神秘力量的崇拜,弥漫散布到了中国百姓生活的各个方面、各个角落,形成了与水有关的种种民俗现象。如诞生礼俗中的洗三、送水礼、冷水浴婴;婚俗中的泼水、喷床、喝子茶;葬俗中的浴尸、洗骨葬;节俗中的洗澡节、沐浴节、泼水节;巫俗中的符水禁咒等,可谓数不胜数。③ 由此可知,崇水文化是人们在长期利用和管理水事的实践中,基于对周围自然环境的认知与调适而创造出来的一种文化现象。它通常包括一个国家(民族、地区)对水资源、水环境的认识与信仰,利用水资源的技术,管理水资源的制度三方面的内容,是信仰、技术、制度三元结构的有机整合。因此,崇水文化主要包括人们在水事活动中形成的敬水、畏水、拜水、祈雨的文化现象,不仅包含以崇水文化遗迹为代表的物质水文化,而且还包含以崇水思想为代

---

① 胡俊:《中国古代的崇水思想》,《科技资讯》2006 年第 6 期。
② 郑筱筠:《试论观音净瓶、杨枝与中印拜水习俗》,《云南师范大学学报(哲学社会科学版)》2001 年第 4 期。
③ 向柏松:《中国水崇拜》,三联书店上海分店 1999 年版。

表的非物质水文化，是精神水文化、技术文化、制度水文化和民俗水文化的总和。

二、崇水文化概述

中原地区崇水文化始于神话传说时代的大禹治水。传说鲧用堵法治水失败，只好自沉于羽渊，化为玄龟，而禹因受启示于龟背文（纹），用疏法治水获得成功。《洛阳记》载："禹时有神龟，于洛水负文列于背，以授禹。文即治水文也。"[①]后人在治水之前，均祭祀神龟，治水中，浇注大龟，以镇水妖，永保平安。

我国进入奴隶社会，有记载可查考的最早的水利设施约在公元前 2000 年前，如河南登封龙山文化就发现了凿井技术和陶制排水管道。据考古发掘，在伊、洛河三角平原龙山文化的矬李遗址中，发现了圆筒式水井。尤其值得一提的是，矬李遗址中发现了一段宽 2~3 米、深 1 米的水渠。同时，还发现一条仰韶文化时期的古渠道，宽 4 米、深 0.4 米，内填白色细砂土。[②]上述在矬李遗址发现的水井和水渠遗迹，至少可以说明当时在农业上已经出现灌溉的水利技术，并且有可能是井渠灌溉的开始。在汤阴县龙山文化的白营遗址中，发现了木构架支护的深水井。汤阴水井的井壁是用木棍以井字形结构方式自下而上层层垒成的，井深 11 米，叠压的井字形木架共有 46 层。河南汤阴水井是中原地区迄今发现的结构最复杂的水井，为研究中国水井的起源和构筑技术提供了宝贵资料。[③]在自来水发明、应用之前，水井是中原人民赖以生存的水源。人们对水井十分崇拜，在河南民俗中，就有不少与水井相关的民俗活动，如除夕封井、初五打水、供奉龙王爷、祭井，以及很多俗语如"井水不犯河水"、"井里打水往河里倒"、"出了井底又入海底"、"井要淘，人要教"等，从而形成独特的水井文化。

公元前 1600~公元前 1100 年前后，商代有关水利工程的文字记载了沟洫井田制度。西周时期的文献中，已有蓄水、灌排、防洪等方面的记载。特别是在春秋战国时期，出现很多水利工程，如楚国在睢水和汝水上筑坝拦水、楚相孙叔敖"作期思之陂"、郑国大夫邓析发明桔槔提水工具、西门豹修建漳河十二渠、魏惠王开古运河鸿沟等。史上著名的西门豹治邺发生在河南的安阳，说的是战国时期魏国著名政治家、军事家、水利家西门豹在任邺令时的治水故事。西门豹听说有

---

① （晋）陆机：《洛阳记》。
② 洛阳博物馆：《洛阳矬李遗址试掘简报》，《考古》1978 年第 1 期。
③ 安阳地区文物管理委员会：《河南汤阴白营龙山文化遗址》，《考古》1980 年第 3 期。

巫婆每年选取一个民女嫁与河神为妻，为百姓所患苦，西门豹即以其人之道还治其人之身，将巫婆等投入水中，最终革除了旧习，这说明当时人们对河神的崇拜非常普遍。西门豹的功绩之一是破除"河伯娶妇"的迷信，兴修水利，在漳河流域"发民凿十二渠，引河水灌民田"，使邺曾经荒凉贫瘠的土地"成为膏腴"。[①]河伯娶妇的原因是对水的种种神秘力量的崇拜引发人们对掌管水的神灵的崇拜。每当人们在洪水、干旱等自然灾害前无能为力之时，就希望通过祭祀神灵祈求消灾避难，由此产生了一系列的祭祀水神、水灵的习俗和文化。

据统计，河南省国家级水文化遗产有 32 处，如表 8-2 所示。这些水事活动，经过长期的社会发展和文化积淀，逐渐形成以黄河河神、洛水水神和济水水神为代表的河川水神文化，以黄帝、女娲、大禹和王景为代表的人物水神以及水神动物的化身——龙，同时衍生出水神信仰、风水思想以及岁时民俗，形成了独具特色的中原崇水文化。

表 8-2　河南省国家级水文化遗产名录[②]

编号	名称	时代	遗产地
1	七里坪遗址	旧石器时代	栾川
2	白营遗址	新石器时代	汤阴
3	董桥遗址	新石器时代	西平
4	煤山遗址	新石器时代	汝州
5	平粮台古城遗址	新石器时代	淮阳
6	大河村遗址	新石器时代	郑州
7	王城岗及阳城遗址	新石器时代	登封
8	新砦遗址	新石器时代至夏	新密
9	唐户遗址	新石器时代至周	新郑
10	八里桥遗址	夏	方城
11	卫国故城	周	淇县
12	叶邑古城	周	叶县
13	郑韩故城	东周	新郑
14	启封古城	春秋	开封
15	大运河	春秋至中华人民共和国	河南

---

　　① 王延荣、国立杰：《中原水文化建设的思考——水利改革与发展需要水文化大发展大繁荣的支撑》，《河南水利与南水北调》2012 年第 7 期。

　　② 对于水文化资源全国重点文物名录数据统计的截止时间为 2013 年 5 月，主要依据 1961 年 3 月、1982 年 2 月、1988 年 11 月、1996 年 11 月、2001 年 6 月、2006 年 5 月、2013 年 5 月国务院分别公布的第一批、第二批、第三批、第四批、第五批、第六批和第七批全国重点文物保护单位以及 2006 年国务院公布第一批国家级非物质文化遗产名录中相关河南省水文化遗产数据整理而成。

编号	名称	时代	遗产地
16	五龙口古代水利设施	秦至清	济源
17	三杨庄遗址	汉	内黄
18	汉魏许都故城	汉、魏	许昌
19	水泉石窟	南北朝	偃师
20	青天河摩崖	南北朝至唐	博爱
21	隋唐洛阳城遗址	隋唐	洛阳
22	大运河商丘南关码头遗址	隋至宋	睢阳
23	小商桥	宋	临颍
24	泗州寺塔	宋至明	唐河
25	济渎庙	宋至清	济源
26	归德府城墙	明	商丘
27	永济桥	明至清	光山
28	开封城墙	清	开封
29	国共黄河归故谈判旧址	1946 年	开封
30	红旗渠	1969 年	林州
31	大禹神话传说	史前	禹州
32	河洛大鼓	当代	洛阳

三、崇水文化内容

水是人类生活必不可少的一种重要资源，人的一生，从生老病死到婚丧嫁娶都离不开水，作为圣洁的象征，水被人们赋予了神圣的力量，崇水习俗在中原人民生活中占有十分重要的地位，成为传承中原文化的文明因子。如豫西南地区的汉族定亲习俗中，女方收到男方的定亲礼物后，要以水作为主要的回礼，称作"回鱼箸"。南宋时期孟元老《东京梦华录·娶妇》中对此有较详细的记载："女家以淡水二瓶、活鱼三五个、箸一双，悉送在元酒瓶内，谓之'回鱼箸'。"[①]这种回礼无疑包含了祈求生子、祝福婚姻美满幸福的意义。下面，我们择要介绍中原崇水文化。

（一）古代的雩礼与祈雨

原始农业生产建立在风调雨顺的基础上，但是雨水往往并不能如人所愿适时适量而降，多则成涝，少则为旱，而不论是旱还是涝都会对农业收成构成严重威胁。处于生产力低下时期的原始人对降雨知识知之甚少，常常认为是有某种水

---

① 程民生：《宋代地域文化》，河南大学出版社 1997 年版。

灵、水神的力量来操纵雨水。所以，原始人遇旱，便祈水灵、水神降雨，遇涝则祈水灵、水神止雨，在平常也会祈水灵、水神带来风调雨顺。

雩礼简称"雩"，它是古代吉礼的一种。所祭祀的对象为被人们认为能兴云降雨的"山川百源"。早在殷商甲骨卜辞中就多次出现呼雩、舞雩的记载。

西周时，祈雨的礼仪日臻完备，国家设有专司祈雨的巫师。据《周礼》记载，周朝设置有春官大宗伯这一职位，其任务是祭祀天神、地祇和人鬼，并明确规定宗伯掌握有理巫师的政令，如果遇到国家范围的大旱，就要率领巫师进行雩礼仪式。雩礼的基本形式是舞蹈，祭祀时由巫女组成舞蹈队，一边跳舞一边呼号，同时献上牺牲、玉帛等贡品。雩祭一般分为常雩和大雩两种，常雩是在每年孟夏四月龙星开始出现时举行，而大雩一般只有在旱情特别严重时才举行。由于常雩为例行公事，所以从春秋以后史书中一般不再记载常雩，而只记载大雩仪式。

周代每年孟夏四月举行的常雩是由周天子主祭，称为"大雩帝"。常雩仪式要有盛大的舞乐队伍，具有浓厚的节日气氛，祭祀的对象为天帝及山林川泽之神，主要目的是求得风调雨顺，以图五谷丰登。遇天旱还要举行临时的雩祭，这种临时的雩祭虽然不定时，但气氛相当严肃，要求只用巫舞而不能用乐，祈祷的态度十分殷切，有时候甚至用人作为牺牲祭神。春秋时，鲁国作为诸侯国中礼仪制度保存最完整的国家，其举行的雩礼具有代表性。在《春秋》所记载的近300年鲁国历史中，仅大雩就有20多次。战国时，常雩仪式与前代略有不同，天子主持常雩仪式祭天地，同时配以五方天帝；其他诸侯只能祭祀句龙、后土诸神。在祭祀过程中，仍然由女巫组成舞蹈队边舞边号，加之献以牺牲、玉帛。到了汉代，雩礼的地位在国家祭祀礼制中得到进一步巩固，有了更为严格的规范。直到清代，雩礼仪式仍未停止，不过此时祭祀祈雨已完全不同于早期的巫术祈雨形式。清代雩礼仍有常雩、大雩之分，每年孟夏选择一个日子在天坛的圜丘举行常雩。如果进行完常雩仍不下雨，皇帝就要派遣大臣分别向天神、地祇以及太岁祈祷。若超过七天还不下雨，就要在社稷坛进行祭告，过七天还不下雨，就要再次向天神、地祇以及太岁祈祷。如此反复三次还不下雨的话，说明旱情就很严重了，便要举行大雩仪式了。

（二）济渎庙与济水祭祀

我国古代，人们将长江、黄河、淮河、济水四条河流并称为"四渎"。"渎"，通窦，本来的意思是指孔穴，引申含义为水道口。在古人看来，四大河流应该各有源头，它们分别从四个"窦"发源而流入大海，故谓之"渎"。千百年来，人们视黄河为"母亲河"，并将黄河视为四渎之宗。在四渎崇拜中，河渎之神占有十分重要的地位。

河南济源市西北2公里济水东源处庙街村内的济渎庙，全称为济渎北海庙，是我国四渎庙宇中建筑规模最大、保存最好的古建筑。济渎庙占地8.6万平方米，呈"甲"字形，取"神龟探海"之意。据史料记载，济渎庙始建于隋开皇二年（582年），是当时朝廷为了祭祀济水神而兴建的。

自隋代修建济渎庙后，四渎神在皇帝的尊封中从"公"上升到"王"，年年的祭祀活动内容也日趋正规，有了详细的祭祀礼仪和程序。在唐代以前，济水原被称为北渎大济之神，唐玄宗李隆基在747年又将济渎神封为清源公，因此济渎庙又被称为清源祠，而祭祀更加隆重。唐贞元十二年（796年），朝廷鉴于北海远在大漠之北，较难祭祀，所以在济渎庙后增建北海祠。据《济渎北海庙祭品碑》记载，唐贞元十二年（796年），皇帝选择黄道吉日，命特使奉朝廷祭祀的祝文来到济源，先要吃斋净身，等候祭祀。正式祭祀时，朝廷特使必须腰悬宝剑和玉佩，穿上朝靴，在官帽上插上漂亮的羽毛，挂上表示官员等级的七串玉串。陪同祭祀的济源县尹穿绣花官服，佩剑着靴，帽上挂着六串玉串，手上捧着三章祭文；县丞腰上挂着玉佩，帽上挂着五串玉串。祭台正中摆着济渎神位，神位前供奉着牛、羊、猪三牲供品。在庄严的乐曲声中，朝廷特使首先宣读祝文，县尹随后敬献三章祭文，然后地方官齐拜。济源百姓、各色艺人都会聚济渎庙，或献艺表演，或观看盛况。

在元延祐元年（1314年），全国发生大规模旱情，元仁宗先是在京城南的长春宫隆重祭祀七天七夜，然后命道教法师崇真等人奉上金龙、玉符各两枚，到济源祭祀。六月，皇帝特使在当地官员陪同下，到济渎庙祭祀，投沉了事先准备好的金龙玉简。金龙玉简入水后，仍清澈可鉴。当夜即雷电交加，大雨如注。三天后，特使又到紫微宫祭祀。第四天，再到天坛山、王母洞投放金龙玉简。当天还是晴空万里，等金龙玉简投放之后，又迎来了一阵雷阵雨。

（三）七夕节

七夕节又名乞巧节、七巧节或七姐诞，发源于中国，是华人地区以及部分受汉族文化影响的东亚国家的传统节日，时间是在每年农历七月初七。该节日来源南阳牛郎与织女的传说。《西京杂记》中有"汉彩女常以七月七日穿七孔针于开襟楼，人俱习之"的记载，这是我们于古代文献中所见到的最早的关于七夕节的记录。在唐宋诗词中，妇女乞巧也被屡屡提及，如唐朝王建有诗曰"阑珊星斗缀珠光，七夕宫娥乞巧忙。"据《开元天宝遗事》载，唐太宗与妃子每逢七夕都会举行夜宴，共度节日。这一习俗在民间也代代相传，经久不衰。发展到宋元之际，七夕乞巧已经相当隆重，京城中还设有专卖乞巧物品的市场，称为乞巧市。

　　该节日有很多活动，一是妇女们穿针乞巧。元陶宗仪《元氏掖庭录》载："九引台，七夕乞巧之所。至夕，宫女登台以五彩丝穿九尾针，先完者为得巧，迟完者谓之输巧，各出资以赠得巧者焉。"二是喜蛛应巧。其俗稍晚于穿针乞巧，大致开始于南北朝之时。南朝梁宗懔《荆楚岁时记》载："是夕，陈瓜果于庭中以乞巧。有喜子网于瓜上则以为符应。"五代王仁裕《开元天宝遗事》载："七月七日，各捉蜘蛛于小盒中，至晓开；视蛛网稀密以为得巧之侯。密者言巧多，稀者言巧少。民间亦效之。"宋朝孟元老《东京梦华录》载，七夕"以小蜘蛛安合子内，次日看之，若网圆正谓之得巧"。现在我们过七夕节习惯多沿袭唐俗。三是投针验巧。这是七夕穿针乞巧风俗的变体，是明清两代盛行的七夕节俗。明刘侗、于奕正的《帝京景物略》载："七月七日之午丢巧针。妇女曝盎水日中，顷之，水膜生面，绣针投之则浮，看水底针影。有成云物花头鸟兽影者，有成鞋及剪刀水茄影者，谓乞得巧；其影粗如锤、细如丝、直如轴蜡，此拙征矣。"四是种生求子。在七夕前几天，人们先在小木板上敷一层土，播下粟米的种子，让它长出嫩苗，再摆一些小茅屋、花木在上面，做成田舍人家小村落的模样，称为"壳板"。或将绿豆、小麦等浸于磁碗中，等它长出敷寸的芽，再以红、蓝丝绳扎成一束，称为"种生"。南方各地也称为"泡巧"，将长出的豆芽称为巧芽，甚至以巧芽取代针，抛在水面乞巧，称之为"水上浮"。五是"拜织女"，这是少女、少妇们的事。她们大都预先约好五六人或十来人联合举办，举行的仪式是于月光下摆一张桌子，桌子上置茶、酒、水果、五子（桂圆、红枣、榛子、花生、瓜子）等祭品；又有鲜花几朵，束红纸，插瓶子里，花前置一个小香炉。约好参加拜织女的少妇、少女们，斋戒一天，沐浴停当，准时都到主办的家里来，于案前焚香礼拜后，大家一起围坐在桌前，一面吃花生、瓜子，一面朝着织女星座默念自己的心事。少女们希望长得漂亮或嫁个如意郎君、少妇们希望早生贵子，都可以向织女星默祷。六是七夕洗发。湖南湘潭地区《攸县志》载："七月七日，妇女采柏叶、桃枝，煎汤沐发。"散文名家琦君的《髻》一文中，也提到其母与叔婆等女眷在七夕沐发。这项习俗应该和人们对七夕"圣水"的信仰有关。人们认为，七夕这天取泉水、河水，就如同取天上银河水一样，具有洁净的神圣力量，有的地方直接叫它"天孙（织女）圣水"。因此，女性在这天沐发，也就有了特殊纪念意义，代表用银河里的圣水净发，因而一定能获得织女神的保佑。在一些地方，还流行七夕用脸盆接露水的习俗。传说七夕节时的露水是牛郎织女相会时的眼泪，如抹在眼上和手上，可使人眼明手快。此外，还有吃巧果、染指甲、拜魁星、为牛庆生、晒书晒衣等活动。

（四）开封禹王台庙会

开封因为地理原因屡遭黄河水患，为怀念大禹治水的伟大功绩，于明嘉靖二年（1523 年）在古吹台上建禹王庙，古吹台因而改称为禹王台。此后，经历明、清两代对台上建筑物的多次修葺，到现今禹王台公园内的主要景点有：纪念师旷的古吹台，挂康熙亲书"功存河洛"牌匾的御书楼，乾隆御碑亭，为纪念李白、杜甫、高适三位大诗人登吹台吟诗作画而兴建的"三贤祠"，纪念大禹治水功绩的禹王殿，以及为纪念三十七位治水功臣而建的"水德祠"等。

据载，北宋年间，在都城开封，官员们一到每年仲春都要在禹王台一带的先农坛举行盛大的祭祀活动。至明清两代，这项祭祀活动已逐渐发展为传统庙会，赶会人群数量众多。清代有诗为证："一湾绿树禹王台，时节清明花正开。相约邓家诸姐妹，明朝城外踏青来。"而"柳如细霞春日暖，日暮游人犹未散。禹王台畔疑无路，前车不行后车荡"的诗句，也是对当年禹王台庙会盛况的生动写照。

开封的禹王大庙会开办至今，并能够根据旅游市场的需求和游客的"口味"不断创新，目前已显现出浓郁的地方特色和民族特色，同时具有雅俗共赏、老少皆宜的特点。这里既有场面宏大的"历代皇帝祭祀禹王"巡游活动，又有绝活杂耍表演；既有少儿爱玩爱坐的水球飞椅，又有老人爱听爱看的豫剧大戏；既有各种开封风味小吃摊，又有草编制品、糖画、面人等开封民间工艺品。进入庙会的游客，不论年龄、职业以及文化层次，都可以从中满足自己的休闲娱乐需求，融入这幅民俗画卷当中。

（五）温县与温泉

温泉的水多是降水或地表水渗入地下深处，吸收四周岩石的热量后又上升流出地表，一般都是矿泉。泉水温度等于或略超过当地水沸点的称为沸泉，周期性地、有节奏地喷水的温泉称为间歇温泉。我国目前已知的温泉点约有 2400 多处，温泉最多的是云南，有 400 多处，以腾冲的温泉最为著名。河南温泉有温县温泉、鲁山温泉群和汝州温泉等。

温县的县名和温这一姓氏都是因温泉而得名。据《温县志》载:"约在公元前21世纪,此地已立国,以境内有温泉得名,称温国。履癸(夏桀王)二十六年,商灭温,温为商之畿内邑。"传说在夏代帝相年间,夏政权被寒浞把持,帝相流亡在外,全国处于无序状态。身处伯爵之位的昆吾氏,在自己广大的领地内,将太行山以南的黄河水北畔之地,封赐其子而建立温国,成为夏的一个主要地方国。温国土地平整,水利方便,粮丰草茂,人口繁多、交通便利,是一个比较富裕的诸侯国。商代建国后设立温邑,周朝春秋以后始设温县,至今已有3000多年的历史。商朝时期有著名的六色泉,据史料记载,夏商时期,太行山以南黄河以北地区,林海茫茫,古树参天,水草繁茂,动物众多,泉水叮咚,是国王及王公大臣们赏玩游猎之地。相传有一天,商纣王带领妲己及宫廷人员外出游猎,行至六村(今温县陆村)一带,听说村北有一清泉,泉水喷涌,水呈赤、白、黄、绿、蓝、紫六种颜色,甘甜清冽,沁人肺腑,纣王很是兴奋,于是扬鞭催马来到六色泉。行至六色泉百步之外就听到泉水声响清脆悠扬,斜阳下可见六种水色变幻莫测,灿灿发光,十分奇妙。纣王近前观赏品尝,见泉水甘甜清冽,胜似玉液琼浆,不由大声感叹。妲己及宫女们见了,更是争相品尝,赞不绝口。纣王玩到兴奋处,不思回宫,令人安营扎寨,临泉安歇,尽情玩耍,至翌日方回朝歌。六色泉在朝歌一经传开,朝歌一带达官权贵纷纷携妻带子,慕名前来观赏游玩,车马行人络绎不绝,好不热闹。为了接待这些达官贵人,官府在附近修了许多建筑,俗称官胡同,在历史上相当一段时间影响很大。

(六)迎春与打春

立春,民间称"打春"。旧时立春日,城区有迎春和打春两种仪式。府官及县官在立春这天,身着官服亲自参加,辰时左右集中全副执事,锣鼓喧天,举行迎春仪式。按定制前往东郊迎春牛和芒神,要在东郊搭建春棚,准备香烛、白酒,由十岁左右的儿童装扮为芒神,也称芒童,用竹、苇扎架,外糊彩纸,制作一具真牛大小的春牛,腹内装花生、核桃、柿饼和铜制钱,并备抬送及鼓乐手多人。出迎时,全副执事及鼓乐在前,知府、知县乘轿率士农工商各界民众按职业各携不同工具随后。出迎队伍出东郊迎春,主事人带领鼓乐手相迎,引至春牛、芒神面前,知府、知县下轿,着老廪生分列左右,而后知府、知县向春牛、芒神一揖。主事人敬酒,知府、知县各饮一杯,并向春牛、芒神献酒一杯。之后抬春牛，芒神伴随，原队至南郊入城，将春牛和芒神送到府、县衙门正堂院内，至此迎春仪式毕。打春仪式是在迎春仪式之后，根据农历推算的立春时刻到来之前，知府、知县端坐大堂，文武官员陪坐两旁，并允许百姓自由参观。民间测算打春的时刻，是采用一根打通的长竹竿，插入地下，地面上露出一二尺高，将鸡毛疏松地填入竹筒内，待地气上升，竹筒内的鸡毛纷纷飞起，腾空飘荡，即意味打春时刻已到。此时知府、知县令芒童（芒神）持棒将春牛打碎，谓之"打春"。春牛腹内干果及铜钱滚落地上，参观群众一拥而上争相捡之，此谓"抢春"，预示来年五谷丰登、财源茂盛。

（七）水井与民俗

水井对中国民俗的影响很大，有诸如"除夕祀井封井"、"正月开井祀龙王"、"填仓节里请仓龙"、"二月二，龙抬头"、"俗以清明以淘井"、"六月六，贮井水"、"七夕天孙水"、"腊八"、"废井不塞"、"井瓶莫沉"等民俗。[①]

在楚地的一些地方，丧葬礼俗与水井有关。考古发现，春秋战国时期，在长沙地区有很多水井密集的地方，其中一些在墓坑附近，这说明水井与丧葬有关。在楚地，先民把打墓或者挖墓的事情称为打井。在安葬棺材之前，堪舆者执一雄鸡站在墓井中，用嘴咬破鸡冠，滴血于墓井的五方五位，即所谓的"掩煞"。随后将鸡上抛，鸡飞腾跳出墓坑，称此鸡为跳井鸡。这样的民俗，至今还在湖南等地的农村流传。

现在，我们还使用着很多与井有关的成语、俗语和歇后语，如成语有"井底之蛙"、"坐井观天"、"井蛙之见"、"井井有条"、"井然有序"、"井中求火"、"背井离乡"、"穿井得人"、"从井救人"、"渴而掘井"、"市井之臣"、"凿隧入井"等，其中有很多是以物喻人的；俗语有"井水不犯河水"、"井里打水往河里倒"、"出了井底又入海底"、"井要淘，人要教"、"井淘三遍吃甜水，人从三师武艺高"、"学如穿井"、"打井如修仓，积水如节粮"、"不怪自家麻绳短，只怪别人古井深"、"井深槐树粗，街阔人义疏"、"井水越打越来，力气越使越有"等；歇后语有"辣子一行茄一行——井井有条"、"挑水的逃荒——背井离乡"、"井底蛤蟆——目光短浅"、"井底的蛤蟆——没见过世面"、"井底结蜘蛛网——真值（织）得深思（丝）"、"井底的邮包——深重"等。

我们常常说的一句话，"栽下梧桐树，引来金凤凰"，也与水井有很大的关

---

① 吴裕成：《中国的井文化》，天津人民出版社 2002 年版。

系。为什么梧桐树可以招来凤凰呢？《诗经·大雅·卷阿》："凤凰鸣矣，于彼高岗。梧桐生矣，于彼朝阳。"《庄子·秋水》云："夫鹓雏发于南海而飞于北海，非梧桐不止，非练实不食，非醴泉不饮。"《说诗》引《毛传》云："梧桐，柔木也。"① 在先秦时期，先民认为水井中有龙神，而梧桐又可以招来凤凰，所以人民喜欢在水井边种梧桐树，这是民间龙凤呈祥民俗观念的最早表现。②

又如，我们经常说的"满招损，谦受益"，也是与先秦时期水井有关的。《尚书·大禹谟》记录的传说讲，禹治水有功，舜将帝位让给禹。禹即位之初逢三苗部族叛乱，禹兴兵征伐，三苗并没有顺服。作为治水时的旧臣，伯益给禹出主意："惟德动天，无远弗届。满招损，谦受益，时乃天道。帝初于历山，往于田，日号泣于旻天，于父母，负罪引慝。祗载见瞽瞍，夔夔斋栗，瞽瞍亦允若。至诚感神，矧兹有苗。"③ "满招损，谦受益"与伯益有关，更与水井有关。因为井以自满而得意时，正是招致汲取致损的时候；井因水少而谦逊时，它将得益——增加水量，增高水位。④ 这也从一个侧面证明伯益作井的可能性。

类似的还有如《墨子·亲士》："甘井近竭，招木近伐，灵龟近灼，神蛇近暴"；《庄子·秋水》："直木先伐，甘井先竭"；《庄子·天地》："凿隧而入井，抱瓮而出灌"；《荀子·荣辱》："短绠不可以汲深井之泉，知不几者不可与及圣人之言"；《荀子·儒效》："井井兮其有理也"等。这也说明水井在先秦时期对人们生活的影响，并为中国文化发展注入了活力和生机。

先民们除了认为水井中有龙神之外，还有水井代表村庄、水井下面有龙神保佑的观念。因而，在先秦时期，人们在水井边栽下梧桐树，从而引来金凤凰，构成了下有龙上有凤的意象，表达了原始先民对美好生活的向往和追求。

---

① 朱祖延：《尔雅诂林卷下（一）》，湖北教育出版社 1996 年版。
② 宣炳善：《"井上桐"的民间文化意蕴》，《中国典籍与文化》2002 年第 2 期。
③《尚书·大禹谟》。
④ 吴裕成：《中国的井文化》，天津人民出版社 2002 年版。

参考文献

［秦］吕不韦撰、纪丹阳译注：《吕氏春秋译注》，上海三联书店 2014 年版。

［汉］应劭撰、王利器校注：《风俗通义校注》，中华书局 1981 年版。

［汉］司马迁：《史记》，中华书局 1996 年版。

［汉］许慎著、班吉庆点校：《说文解字校订本》，凤凰出版社 2004 年版。

［晋］皇甫谧：《帝王世纪世本逸周书古本竹书纪年》，齐鲁书社 2010 年版。

［南朝·宋］范晔：《后汉书》，中华书局 2006 年版。

［南朝·梁］萧统：《文选》，岳麓书社 2002 年版。

［唐］欧阳询：《艺文类聚》，上海古籍出版社 2013 年版。

［唐］张彦远辑、洪丕谟点校：《法书要录》，上海书画出版社 1986 年版。

［宋］李昉等编：《太平广记》，中华书局 2006 年版。

［宋］乐史：《太平寰宇记》，中华书局 2007 年版。

［宋］欧阳修：《新唐书》，中华书局 2003 年版。

［宋］王存撰：《元丰九域志》，中华书局 1984 年版。

［宋］苏轼撰、孔凡礼点校：《苏轼文集》，中华书局 1986 年版。

［宋］洪兴祖：《楚辞补注》，中华书局 1983 年版。

［宋］郑樵撰、王树民点校：《通志二十略》，中华书局 1992 年版。

［宋］孟元老：《东京梦华录》，中华书局 2007 年版。

［清］王夫之：《姜斋诗话》，人民文学出版社 1961 年版。

［清］屈大均：《广东新语》，中华书局 1985 年版。

［清］严可均辑：《全上古秦汉三国六朝文》，商务印书馆 1999 年版。

［清］钱大昕：《十驾斋养新录》，上海书店出版社 1983 年版。

［清］王先谦：《荀子集解》，中华书局 1985 年版。

［清］顾祖禹：《读史方舆纪要》，中华书局 2005 年版。

〔清〕康有为撰、崔尔平注：《广艺舟双楫注》，上海书画出版社 1981 年版。

〔清〕马骕撰、王利器整理：《绎史》，中华书局 2002 年版。

〔清〕段玉裁：《说文解字注》，上海古籍出版社 1988 年版。

陈秉才译注：《韩非子》，中华书局 2007 年版。

陈勤建：《中国风俗小辞典》，上海辞书出版社 2008 年版。

程民生：《宋代地域文化》，河南大学出版社 1997 年版。

程英俊：《诗经注析》，中华书局 1999 年版。

郭沫若：《郭沫若全集·考古编》，科学出版社 1992 年版。

桂第子译注：《宣和书谱》，湖南美术出版社 2004 年版。

河南省文物研究所等：《登封王城岗与阳城》，文物出版社 1992 年版。

河南省文物研究所编：《河南考古四十年》，河南人民出版社 1994 年版。

贾文丰：《中原文化概论》，中州古籍出版社 2010 年版。

贾兵强：《科技黄河》，中国水利水电出版社 2014 年版。

李梦生：《左传译注》，上海古籍出版社 1998 年版。

李学勤主编：《十三经注疏》，北京大学出版社 1999 年版。

潘运告编著：《宣和画谱》，湖南美术出版社 2002 年版。

钱穆：《中国文化史导论》，商务印书馆 1994 年版。

乔志强编著：《中国古代书法理论解读》，上海人民美术出版社 2012 年版。

袁珂：《山海经校注》，上海古籍出版社 1980 年版。

袁珂编著：《中国神话传说词典（修订版）》，北京联合出版公司 2013 年版。

上海古籍出版社编：《唐五代笔记小说大观》，上海古籍出版社 2010 年版。

上海古籍出版社编：《汉魏六朝笔记小说大观》，上海古籍出版社 1999 年版。

史念海：《中国古都概说》，转引自史念海：《中国古都与文化》，中华书局 1998 年版。

舒新城：《辞海》，中华书局 1936 年版。

商务印书馆编辑部：《辞源》，商务印书馆 1979 年版。

谭其骧：《中国历史上的七大古都》，转引自谭其骧：《长水集续集》，人民出版社 1994 年版。

王星光、贾兵强：《中原历史文化遗产可持续发展研究》，科学出版社 2009 年版。

王玉堂主编:《农业的起源与发展》,南京大学出版社 1996 年版。

王玉哲:《中华远古史》,上海人民出版社 2000 年版。

吴裕成:《中国的井文化》,天津人民出版社 2002 年版。

吴浩坤等:《中国甲骨学》,上海人民出版社 1985 年版。

向柏松:《中国水崇拜》,三联书店上海分店 1999 年版。

徐光春:《中原文化与中原崛起》,河南人民出版社 2007 年版。

薛永年、赵力、尚刚:《中国美术史——五代至宋元》,中国人民大学出版社 2014 年版。

夏鼐:《中国文明的起源》,文物出版社 1985 年版。

杨天宇:《礼记译注》,上海古籍出版社 2004 年版。

姚春鹏译注:《黄帝内经》,中华书局 2010 年版。

张新斌:《中原文化解读》,文心出版社 2007 年版。

张进仓:《中华传统文化的活化石:中原庙会》,世界知识出版社 2015 年版。

张振犁:《中原古典神话流变论考》,上海文艺出版社 1991 年版。

张志孚:《中州文化》,辽宁教育出版社 1995 年版。

中华书局影印:《太平御览》,中华书局 1960 年版。

陈昌远:《谈中原文化研究》,《河南大学学报(社会科学版)》1994 年第 2 期。

范毓周:《中原文化在中国文明形成进程中的地位与作用》,《郑州大学学报(哲学社会科学版)》2006 年第 2 期。

方燕明:《中华文明探源工程中中原地区的考古发现与研究》,《郑州大学学报(哲学社会科学版)》2008 年第 4 期。

河南文物研究所:《河南贾湖新石器时代遗址第二至六次发掘简报》,《文物》1989 年第 1 期。

河南省文化局文物工作队:《河南偃师汤泉沟新石器时代遗址的试掘》,《考古》1962 年第 11 期。

何星亮:《华夏第一龙探析》,《东南文化》1993 年第 3 期。

贾兵强:《裴李岗文化时期的农作物与农耕文明》,《农业考古》2010 年第 1 期。

贾兵强:《大禹治水精神及其现实意义》,《华北水利水电学院学报(社科版)》2011 年第 4 期。

李民：《郑州商城在古代文明史上的历史地位》，《江汉论坛》2004 年第 8 期。

刘玉娥：《中原文化与中华文明》，《中华文化论坛》2006 年第 1 期。

陆草：《论中原武术文化》，《中州学刊》2007 年第 1 期。

马世之：《试论中原地区的古代文化与文明》，《中州学刊》1983 年第 4 期。

孟凯：《先秦道家崇"水"思想及其影响》，《学术论坛》2011 年第 3 期。

王彦武：《谈中原文化的几个问题》，《中州学刊》2001 年第 4 期。

王保国：《地理环境、农耕文明与中原文化的基本趋向》，《殷都学刊》2006 年第 1 期。

王恩涌：《文明起源的地理分析》，《北京大学学报（哲学社会科学版）》1995 年第 2 期。

王星光：《试论中国耕犁的本土起源》，《郑州大学学报（哲学社会科学版）》1987 年第 1 期。

吴海文：《伏羲文化在中原古代文明起源中的地位和作用》，《中州今古》2002 年第 3 期。

吴汝祚：《关于夏文化及其来源的初步探索》，《文物》1978 年第 9 期。

宣炳善：《"井上桐"的民间文化意蕴》，《中国典籍与文化》2002 年第 2 期。

严文明：《黄河流域文明的发祥与发展》，《华夏考古》1997 年第 1 期。

张应桥：《我国史前人类治水的考古学证明》，《中原文物》2005 年第 3 期。

赵会军：《略论河南历史文化名城保护问题》，《中原文物》2006 年第 1 期。